Theory of Childcare Teacher

보육교사론

우정순 | 김영옥 | 차승환
배진희 | 김란옥 | 김정실

태영출판사

머리말

보육교사는 어린이집에서 보육서비스를 제공하는 주체로서 영유아의 성장과 발달에 영향을 미치며 보육의 질을 결정하는 데 중심 역할을 한다. 이러한 보육의 질적 수준을 높이기 위해서는 대학 및 양성기관에서부터 교사로서의 지식, 기술, 태도를 기르는 과정이 중요하다. 예비보육교사들의 요구와 수준을 고려하여 좀 더 이해하기 쉽고 이들에게 반드시 필요한 내용을 토대로 2015년부터 현재에 이르기까지의 개정된 법령과 이슈가 되는 내용들을 중심으로 구성하려 노력하였으며 총 12장으로 구성된 세부적인 내용은 다음과 같다.

1장에서는 보육교사의 개념과 필요성을 중심으로 보육교사의 개념 안에서 보육의 의미와 다변화되는 현대사회 속에서의 교사와 학부모, 영유아에 대한 지원에 대하여 살펴보았다.

2, 3, 4장에서는 보육교사로서 신념과 효능감, 인권, 발달단계와 전문성 향상을 위한 내용으로 구성하였다.

5장은 예비교사로서 보육실습을 경험해야 하는 과정과 현장에서 실제로 이루어져야 하는 내용들을 살펴보았다.

6, 7, 8장에서는 평가인증에서 기초한 보육과정 운영과 상호작용을 살펴봄으로써 하루일과 안에서의 교사의 역할과 어린이집 안에서 보육교직원들과의 관계형

성, 조직문화와 교사의 직무스트레스가 교사에게 영향을 미치는 주요 요인들이라는 것을 설명하고자 하였다.

9, 10, 11, 12장은 2016년도 개정법에 따라 보육교사의 자격제도, 보수교육, 장학과 윤리에 대한 내용으로 구성하였다.

본서를 통해 대학 및 양성기관에서 예비보육교사를 지도함에 있어 작은 도움이 되는 안내서가 되기를 희망하며, 폭염에도 불구하고 좋은 교재를 만들어 가기 위해 항상 애써 주시고 기다려 주시는 김현태 사장님과 편집국장님께 감사드린다.

2016년 7월
저자일동

차 례

Chapter 1

보육교사의 개념 및 필요성

1. 보육교사의 개념

1) 보육의 의미

보육의 개념은 시대와 사회마다 다르게 정의되어 왔지만 사전적 개념으로 보면 보육(educare)이란 보호(care)와 교육(education)의 통합을 의미한다.

UN보고서에 의하면 '가정에서 정상적인 양육을 받지 못할 경우에 하루 중 일정 시간 동안 그 자신의 가정을 떠나서 받을 수 있도록 하는 조직적인 서비스가 보육이다'라고 정의되어 있다(장인협, 1996). '보호'는 가정과 같은 분위기를 조성하여 영유아의 심신의 세심한 보호를 통하여 정서적 안정감을 유도하는 것이고, '교육'은 영유아의 신체적 · 사회적 · 인지적 · 언어적 발달에 기여할 수 있는 경험을 제공하여 자기 존중감을 발달시키는 것(박혜원 · 김말경 · 김태경 · 류기자 · 민선영 · 박초아 · 원영미 · 최지현, 2008)이다. 즉, 영유아기의 신체적 보호뿐 아니라 교육적 차원에서 영유아의 긍정적 발달을 위해 적절한 활동과 경험을 제공하는 것을 말한다.

과거 보육의 의미는 영유아의 안전과 건강의 요구를 만족시키는 보호의 문제에 국한시켰고, 주로 빈곤층, 저소득층의 어머니가 취업을 하는 경우나 건강 및 여러 가지 특별한 사정으로 자녀를 돌볼 수 없을 때 가정이 아닌 다른 보육기관에서 영유아를 보호하는 탁아의 개념을 갖고 있었다. 그리고 유아를 위한 교육의 기능은 탁아와는 달리 유치원에서 담당하였다. 1990년대까지 이원화되어 있던 보호와 교육은 급격한 산업화, 공업화로 인한 사회경제 구조의 변화와 더불어 노동력 수급 구조의 변화, 여성의 지위에 대한 새로운 시각, 가족구조의 변화, 자녀수의 감소, 교육에 대한 투자욕구 증가 등의 사회적 변화로 인해 하나로 통합되었다(Essa, 1999).

결국 탁아시설에서도 단순히 여성의 근무시간 중의 영유아에 대한 보호뿐 아니라 교육의 기능이 함께하는 질적 탁아(quality day care) 또는 발달적 탁아(developmental day care)에 대한 요구가 증가하였다(이기숙, 2000). 또한 분리되었던 두 관점인 유아교육과 보호의 기능이 하나로 통합된 보육(education)의 개념이 발생하게 되었으며, 보육은 이제 광범위한 개념으로 영유아의 좋은 교육받을 권리를 보장한다는 보편적 보육의 관점을 강조하게 되었다.

「영유아보육법」에서 제시하는 보육의 목적 및 정의를 살펴보면 다음과 같다.

영유아보육법령 총칙 2014. 12. 30. 일부개정

가. 영유아보육법의 목적(영유아보육법 제1조)

영유아의 심신을 보호하고 건전하게 교육하여 건강한 사회구성원으로 육성함과 아울러 보호자의 경제적 · 사회적 활동이 원활하게 이루어지도록 함으로써 가정 복지 증진에 이바지함을 목적으로 한다.

나. 보육의 정의(동법 제2조)

- "영유아"란 6세 미만의 취학 전 아동을 말한다.
- "보육"이란 영유아를 건강하고 안전하게 보호 양육하고 영유아의 발달특성에 맞는 교육을 제공하는 어린이집 및 가정양육 지원에 관한 사회복지서비스를 말한다.
- "어린이집"이란 보호자의 위탁을 받아 영유아를 보육하는 기관을 말한다.
- "보호자"란 친권자 후견인, 그 밖의 자로서 영유아를 사실상 보호하고 있는 자를 말한다.
- "보육교직원"이란 어린이집 영유아의 보육, 건강관리 및 보호자와의 상담, 그 밖에 어린이집의 관리 운영 등의 업무를 담당하는 자로서 어린이집의 원장 및 보육교사와 그 밖의 직원을 말한다.

다. 보육이념(동법 제3조)

- 영유아의 이익을 최우선으로 고려하여 제공되어야 한다.
- 영유아가 안전하고 쾌적한 환경에서 건강하게 성장할 수 있도록 한다.
- 영유아는 자신이나 보호자의 성, 연령, 종교, 사회적 신분, 재산, 장애 및 출생지역 등에 따른 어떠한 종류의 차별도 받지 아니하고 보육되어야 한다.

라. 보육에 관한 책임(동법 제4조)

- 모든 국민은 영유아를 건전하게 보육할 책임을 진다.
- 국가와 지방자치단체는 보호자와 더불어 영유아를 건전하게 보육할 책임을 지며, 이에 필요한 재원을 안정적으로 확보하도록 노력하여야 한다.
- 특별자치도지사 · 시장 · 군수 · 구청장(자치구의 구청장을 말한다. 이하 같다)은 영유아의 보육을 위한 적절한 어린이집을 확보하여야 한다.

위의 목적에 의하면 보육서비스의 주대상은 "보편적 영유아 전체"임을 알 수 있으며, 보편적인 영유아의 자랄 권리를 보장하기 위하여 보육을 시행하여야 함을 강조하고 있다.

따라서 현대사회에서의 보육은 모든 영유아의 성장과 발달을 최종 목적으로 하며, 그 내용은 보호와 교육으로 영유아의 전인적 발달을 도모하는 포괄적인 서비스를 제공하는 것이라 하겠다.

표갑수(2000)는 보육의 기능을 사회사업적 측면에서의 예방적 기능, 보호기능, 교육적 기능, 가정의 지원 및 보상기능, 영유아의 욕구에 맞는 프로그램 개발의 기능, 가정의 지원 및 보상기능, 효율적인 조직기능으로 들고 있다. 구체적으로 살펴보면 다음과 같다.

첫째, 보육은 산업화가 가져온 사회발전이나 경제개발의 역기능 현상으로 가족의 기능을 보충해 주고 강화해 주는 역할로써 보다 적극적이고 예방적인 기능을 한다.

보육은 영유아의 전인적 인격형성을 위하여 심신발달에 위험을 주는 경제적 · 사회적 · 심리적 · 기타 환경적인 장애로부터 영유아를 보호하고 영유아의 건전한 발달을 위하여 모든 가능한 시설과 기회를 제공한다.

둘째, 보육의 일차적 기능은 보호의 기능이다.

보육은 하루 일과 중 많은 시간을 보호자가 영유아를 양육하기에 부적당한 경우, 보호자가 영유아를 양육할 수 있으나 영유아가 결함이 있는 경우, 가정에 결함이 있는 경우와 거주지역의 환경이 영유아의 양육에 부적당한 경우 등에 일차적인 기능의 보호를 하게 된다. 보육 시 가정에서 제공되는 기본적인 안정감, 양육자로서의 안전한 보호, 건강관리, 영양공급, 적절한 성장기회의 제공을 통해 성인은 영유아와 계속적인 관계를 형성한다. 이는 양육자와 따뜻한 인간적인 관계에서 얻어지며 신체적인 보호뿐만 아니라 정서적, 사회적 발달에 중추적인 역할을 하게 된다.

셋째, 보육의 교육적 기능으로, 보육은 초기의 보호적 차원에서 벗어나 영유아의 전인적 발달을 위하여 교육의 기능이 점점 더 강조되고 있다.

영유아의 신체적 발달은 물론, 인지적 · 사회적 · 정서적 발달을 위하여 의도적이며 조직적으로 발달에 필요한 경험이나 활동을 계획하고 실행 평가하는 교육 프로그램으로 운영하고 있다.

넷째, 가정의 지원 및 보상기능이다.

영유아가 원해서라기보다는 부모의 필요에 의해서 요구되는 서비스로 가능한 한 어머니가 양육자로 원래의 기능을 회복함으로써 영유아에게 최선의 보호가 가정에서 이루어질 수 있도록 영유아 복지적 측면에서도 도움이 동원되어야 한다. 즉 상담과 지역사회의 자원을 동원하여 공급함으로써 그 기능을 할 수 있다.

다섯째, 영유아의 전인적 성장과 최적의 발달을 위한 지역사회 연계 프로그램 개발 기능이 있다.

이러한 여러 학자들의 연구와 내용을 종합해 볼 때 보육이란 영유아를 안전하게 보호하고 건전하게 성장·발달할 수 있도록 교육함으로써 영유아, 가정, 국가, 사회가 지향하는 공공의 복지이념을 실현하는 구체적인 교육복지 서비스라고 할 수 있다(기순신 외, 2001).

2) 보육교사의 개념

보육교사는 어린이집에서 만 0~5세 영유아를 보호하고 교육하는 교사이며, 영유아의 전인적 성장이 이루어지도록 지원하고 안내하는 전문직이며 동시에 영유아의 부모를 지원하여 가정복지 증진에 기여하는 사람이다.

백혜리(2012)도 보육교사란 영유아의 교육과 보호뿐 아니라, 그들의 학부모를 위한 포괄적 서비스는 물론이고 두 수혜자의 이득과 권리보장을 적절히 조화시킬 수 있는 전문가를 의미한다고 정의 내리고 있다. 특히 영유아기는 환경의 영향을 많이 받는 시기이며, 영유아에게 교사는 교육의 중요한 인적 환경이 되며 영유아기는 교사 없이는 모든 교육활동이 진행되지 않을 만큼 절대적이라 할 수 있다. 보육교사는 어린 연령의 영유아를 대상으로 하는 직업으로, 영유아가 자신의 잠재력을 충분히 발휘하고 성숙한 인격을 가진 이상적인 인간으로 성장·발달할 수 있도록 돕는 사람을 의미한다. 보육교사를 보다 구체적으로 개념화하여 살펴보면 다음과 같다.

첫째, 보육교사는 영유아의 심신을 보호하는 양육자이며 교육하는 교수자이다.

보육교사는 영유아의 연령에 따라 강조하는 역할이 달라서 돌봄과 가르치는 일을 조화롭게 유지해야 한다. 영아반(만 0~2세) 교사는 영아의 연령이 어릴수록 기본적인 양육자의 역할과 온화하고 수용적인 역할이 요구되며 이와 함께 영아의 발달과 가능성을 촉진시켜 주는 역할에도 노력을 기울여야 한다. 영아를 위한 보육교사의 주요 역할로 영아의 발달적 특성을 이해하는 역할, 신뢰감 형성을 도와주는 역할, 영아의 기질적 특성을 존중해 주는 역할, 또래와의 상호작용을 돕는 역할, 놀이의 참여를 돕는 역할, 일상생활을 돕는 역할을 들 수 있다(여성부, 2003; 한국여성개발원, 2004).

영아반 교사와는 달리 유아반(만 3~5세) 보육교사는 보다 전문적인 교육적 역할이 더 강조된다. 유아반 교사는 유아가 자신의 잠재력을 스스로 발휘하고 자신의 성장과 발달에서 주도적 역할을 하도록 지원함으로써 발달의 결과뿐 아니라 발달의 과정을 중시하는 교수적 기술을 강조한다. 2006년 표준보육과정 교사지침에서 제시된 유아반 교사의 역할은 안내자, 격려자, 환경의 구성자, 제공자, 유아와 적극적인 상호작용자로서의 역할이다.

둘째, 보육교사는 부모를 지원하여 가정 복지 증진에 기여하는 자이다.

보육은 질병, 직업 등의 이유로 가정에서 영유아를 돌보기 어려운 여성을 위한 복지서비스의 역할을 수행해야 한다. 즉 영유아들은 자신들을 위해서 뿐 아니라 부모들을 위해서도 보육기관에 가야 하며, 보육교사들 역시 영유아들을 위해서 뿐 아니라 부모들이 사회생활을 할 수 있도록 영유아들을 원하는 시간까지 돌보아 주어야 한다. 가정 밖에서 영유아를 장시간 보육하는 것이 영유아에게 바람직한가의 논쟁은 여성의 사회진출이라는 시대의 흐름과 함께 논의가 된지 오래이다. 따라서 보육제도의 운영은 물론이고 제공되는 보육 프로그램의 내용에는 자녀의 양육과 관련된 부모의 요구가 수용되어야 한다.

또한 현대사회에서는 과거에 비해 이혼, 별거, 사고 등 가정의 안정을 위협하는 요인이 항상 존재하며, 부모됨에 대한 사전지식이나 준비 없이 부모가 된 경우와 경쟁적인 사회 속에서 자녀를 어떻게 키워야 할지에 대해 혼돈과 불안을 경험하는 부모가 늘고 있다. 보육교사는 부모로서 올바른 가치판단을 하고 양육하도록 가족을 위한 상담 및 부모교육으로 지원해야 한다.

이상의 내용을 요약하면 보육교사는 영유아의 전인적 성장을 위해 보호, 양육 및 교육을 담당하는 양육자 · 교수자이면서 영유아의 발달이 그를 둘러싼 환경과의 지속적인 상호작용의 결과임을 알고 영유아뿐 아니라 가족, 지역사회 등 다양한 환경체계까지 관심을 가지고 지원해야 하는 보육전문가라고 정의 내릴 수 있다.

3) 보육교사의 중요성

보육교사는 전 인생의 과정에서 볼 때 가장 변화의 가능성이 많은 영유아기의 보호와 교육을 담당하기 때문에 부모의 존재만큼이나 영유아들의 성장과 발달에 중요한 존재라 할 수 있다. 영유아 시기 보육 경험은 인간의 발달에 있어 특히 결정적인 영향을 미칠 수 있어 더욱 중요한 의미를 지닌다. 보육교사의 중요성을 구체적으로 살펴보면 다음과 같다.

첫째, 보육교사는 보육의 질을 결정한다.

보육에 대한 관심과 함께 보육의 질적 수준 향상에 대한 논의가 본격적으로 진행되면서 보육의 질과 영유아를 보육하는 보육교사의 전문성에 대한 중요성이 크게 대두되었다. Howes(1993)는 보육의 질을 구조상의 질과 운영과정상의 질로 개념화하였는데, 구조상의 질이란 교사 대 영유아의 비율, 집단 크기, 보육교사에 대한 교육과 훈련을 포함하는 규정적인 면이며, 과정상의 질이란, 발달적으로 적합한 활동의 준비, 영유아의 보육 상황에서 애정적이고 양육적이며, 민감한 보육을 뜻한다. 이처럼 보육의 질을 영유아와의 직접적인 상호작용이 이루어지는 과정적 질과 과정의 영향을 미치는 구조적 질, 즉 교사변인, 물리적 환경, 행정 등으로 구분한다. 영유아와의 상호작용시 보육교사의 행동은 보육 프로그램의 질을 결정하는 핵심 요인일 뿐 아니라 영유아의 전반적인 발달에 영향을 미치는 과정상의 질로서 연구자들의 지속적인 관심의 대상이 되어 왔다.

보육교사는 단순히 영유아를 가르치고 보육하는 것이 아니라 보육환경 내에서의 영유아의 삶의 질을 결정한다.

유아교육의 효과에 대한 연구들(Clark-Stewart, 1982; Fiene, 1995; Greenman, 1984; Howes, 1992; Love, Schochet & Mechstrouth, 1996; NAEYC, 1999; Scarr & Deater-Dekart, 1994) 등 많은 연구에서 보육의 질을 결정하는 중요한 요인으로 교사의 질, 교사의 교육, 훈련정도, 보육교사의 역동성 및 교사의 자질, 자격, 전문성 등을 구체적으로 제시하고 있다. 이와 같은 조건은 어린이집 안에서 이루어지는 보육과정과 관련된 것으로 교사와 영유아의 상호작용의 질, 교사의 민감성과 반응성, 교사-영유아-부모의 의사소통 그리고 발달에 적합한 교육활동 제공 등(McCartney, 1984; Whitebook, Howes & Phillips, 1989)에 영향을 미친다고 보고하고 있다. 영유아의 교육은 초·중·고등학교의 교육과정과는 다르게 일정한 교과서가 없고 표준보육과정을 기반으로 하여 보육과정을 구성하며, 어린이집의 철학이나 보육규칙에 따라 보육활동을 진행한다. 이처럼 보육교사가 영유아에게 보육경험을 제공할 때 영유아에게 바람직한 기준을 근거로 하지만, 이를 운영하는 과정에서는 많은 자율성을 가질 수 있다. 따라서 보육교사는 보육과정 운영에서 초·중·고 교사들보다 자율성이 더 요구되고, 동시에 전문적인 의사결정을 내려야 하기에 보육의 질을 결정하게 된다. 영유아를 대상으로 하는 교육에서는 교사가 발달과 학습에 미치는 영향력이 높은 연령의 아동을 대상으로 하는 교육에서보다 더욱 크다고 할 수 있다(염지숙·이명순· 조형순·김현주, 2008). 이는 영유아의 교육이 지식 위주가 아니라, 전인적 성장을 목적으로 하는 기초교육이기 때문이다.

둘째, 보육교사는 영유아의 전인적 발달을 이룰 수 있도록 한다.

보육의 목적은 영유아의 다양한 측면의 발달적 요구와 과업에 대한 책임을 인식하고 이에 부응하는 것이다. 이를 위해 보육교사는 영유아들의 전인적 경험을 도와줄 수 있는 보육과정을 계획하고, 환경을 조성하고, 통합적으로 운영하는 능력을 지녀야 한다.

영유아기는 신체, 인지, 정서, 사회 등 전 영역에 있어서의 발달이 급속하게 이루어지는 시기이며 이 시기의 발달은 생애 전반에 영향을 미치게 된다. 따라서 보육교사는 영유아가 가진 잠재력을 최대한 발달시키고 건강하게 성장할 수 있도록 적절하고 바람직한 보육환경을 제공해 주고 우수한 보육 프로그램을 계획하여 효과적으로 운영하는 능력을 지닌 전문적인 교육자의 역할을 수행할 수 있어야 한다.

셋째, 보육교사는 영유아들의 삶 속에 깊이 연관되어 있다(염지숙 외, 2008).

보육교사는 하루 일과 대부분을 영유아와 함께 생활하며, 보육교사가 지니고 있는 지식, 가치관, 태도, 인생관에서부터 행동, 정서, 말투, 표정에 이르기까지 영유아들의 성장과 발달에 결정적이고 절대적인 영향을 미치게 된다(임미혜, 2001). 즉 보육교사가 적합한 인성을 가지고 영유아에게 어떻게 상호작용하는가, 보육교사의 행동이 영유아에게 어떻게 모델링되는가? 등과 같이 모든 교사의 행동은 영유아의 인생에 매우 지대한 영향을 미친다. 특히 영유아기는 성장과 발달이 급속도로 이루어지는 시기로 그들의 욕구에 적절히 대처해 나가며, 영유아의 개별적 차이를 인정하고 도와주어 영유아의 잠재적인 능력 개발을 위하여 노력하여야 한다.

이와 같이 보육교사는 보육의 질과 영유아의 발달과 성장에 결정적인 영향을 미치는 중요한 변인임을 알고 보육교사직의 가치에 대해 정확하게 인식하여 영유아의 발달적 요구에 관심을 가지고, 영유아의 이익을 최우선적으로 고려하여 전인적 발달을 이룰 수 있도록 도와야 할 것이다. 이를 위해 좋은 보육교사가 되려고 노력해야 할 것이다.

좋은 영유아 보육교사가 되기 위한 12가지 달성 목표

① 보육을 통해 영유아의 전인적 성장을 도울 수 있도록 책임감을 갖고 노력하기
② 영유아의 발달에 호기심을 가지고 이를 이해하기 위해 학습하기

③ 영유아와 가족, 그리고 가르침에 대해 근본적으로 긍정적인 관점 유지하기
④ 교사가 영유아의 삶에 미치는 강력한 영향력 이해하기
⑤ 좋은 교사가 되기 위한 목표에 집중하기
⑥ 실수를 두려워하지 않고 도전하기
⑦ 변화에 유연하게 대처하고 끊임없는 도전을 기대하기
⑧ 전문적인 지식과 기술을 습득하기
⑨ 물리적 · 인적 자원을 활용하는 방법 배우기
⑩ 공동체 의식 형성하기 및 협력과 동료 지원하기
⑪ 도덕적 결정을 위한 문제해결 전략을 사용하기
⑫ 전문적 성장을 추구하기

출처: Jalongo & Eisenberg(2004). p. 12; 조혜경 외(2014). p. 25 재인용.

4) 보육교사직의 특성

보육교사직은 영유아에게 교육뿐 아니라 보호와 양육을 함께 제공한다는 고유의 특성을 지니고 있다. 보육교사가 갖추어야 할 직업적 특성을 살펴보면 다음과 같다.

첫째, 보육교사직은 교육에 대한 사명감이 투철하여야 한다.

보육교사는 교사에 대한 의존도가 높고 환경적 위험에 취약한 영유아를 보육하기 때문에 이들의 다양한 욕구를 충족시키기 위해서는 제2의 부모역할을 수행해야 한다. 이에 따라 보육교사는 부모역할과의 경계선이 명확하지 않고 보호자로서의 역할이 우선되는 직업적 특성을 갖는다.

특히 어린 연령을 대상으로 교육하는 보육교사는 영유아와의 개별적 관계형성이 매우 중요하다. 영유아와의 바람직한 관계형성을 위해 가장 기본이 되는 것이 영유아에 대한 무조건적인 사랑이다. 더불어 영유아의 발달적 특성에 대한 이해, 헌신, 봉사정신 등을 가지고 교육에 대한 사명감이 투철하여야 한다. 이러한 직업적 특성은 보육교사에게 많은 어려움과 한계를 느끼게 하지만, 영유아의 성장과 발달을 통해 보람을 느낄 수 있다는 점은 보육교사직이 가지는 큰 장점이자 가치일 것이다.

둘째, 보육교사직은 양육과 교육에 균형을 유지해야 하는 직업이다.

보육의 대상 연령이 만 0~5세이고, 보육 운영시간이 오전 7시 30분~19시 30분으로 보육교사직은 단순히 영유아를 가르치는 것에 한정되지 않는다. 영유아의 발달은 물리적으로나 정서적으로 안전하고 안정된 환경을 전제로 한다. 또한 영유아에게 학습은 주변 환경에 대한 탐색과 환경과의 상호작용을 통해 이루어지므로 영유아가 성인의 보호 아래 안전하게 세상을 탐색할 수 있도록 돕는 것이 무엇보다 중요하다. 어린이집에서 머무는 시간이 길어지고 보육연령이 낮아지면서 돌봄의 중요성은 더욱 강조되고 있다. 영유아에게 돌봄과 교육은 그 경계를 명확하게 구분하기 어려우며, 어떤 것이 더 중요하다고 말하기도 어렵다. 보육교사는 영유아를 보호, 양육, 교육하는 모든 일이 각각의 가치를 지니고 있음을 명심하고, 영유아의 연령과 개별적 상황에 따라 적절하게 적용해야 한다.

셋째, 보육교사직은 전문성이 요구되는 직업이다.

보육교사는 영유아의 발달을 촉진시켜 주기 위해 각 발달단계에 대한 여러 전문적인 지식을 적용하고 이해할 수 있어야 하며, 개별 영유아에 대한 관찰 및 평가와 더불어, 영유아의 안전과 건강한 발달을 이룰 수 있는 학습환경을 구성해야 한다. 또한 발달에 적합한 교육과정을 계획하고 수행하며, 영유아와의 지지적 관계를 형성하여 적절하게 지도하고 학급을 원만하게 운영할 수 있어야 한다. 영유아의 전인발달을 도모하기 위해서는 지역사회 연계교육과 어린이집에서 면밀히 관찰한 영유아의 행동과 관련 정보를 부모에게 제공함과 동시에 부모와 긴밀한 유대관계를 형성함으로써 영유아의 일상생활이나 신체발달, 질병 등 다양한 정보를 공유해야 하는 직업적 특성을 갖는다.

넷째, 보육교사는 지역사회 내 영유아 복지 전문가이기도 하다.

보육서비스는 포괄적인 관점에서의 교육복지 서비스의 특성을 지닌다. 보육서비스는 영유아의 교육과 보호 및 위생, 건강, 안전 등과 관련된 활동뿐 아니라 가족의 기능을 보강하고 지원하는 활동을 실행함을 의미한다. 이를 위해 보육교사는 지역사회와의 연계를 적극적으로 고려하여야 한다. 지역사회 내에 영유아를 위한 도서관, 박물관, 유적지 등과 같은 문화적 자원, 아동학대예방센터, 자원봉사센터, 육아종합지원센터, 가족 건강증진센터, 다문화지원센터, 급식지원센터 등과 같은 사회복지자원 등과 같은 지역사회의 조직들 간의 발굴과 연계를 통하여 보다 효율적인 포괄적 보육서비스가 가능해질 수 있다.

다섯째, 보육교사는 영유아의 권리 지킴이이다.

UN에서 1989년 제정한 아동권리협약에 따르면 영유아는 인간으로써의 존엄함을 지니고 태어난다. 또한 모든 영유아는 인간으로서의 4가지 기본적인 권리인 생존권, 보호권, 발달권, 참여권 등을 지닌다. 이러한 관점에 기초하여 보육교사는 보육하고 있는 영유아의 인권이 침해되는 경우가 발생하지 않도록 최선의 노력을 기울여야 하고, 이들의 권리를 보호해야 하며, 만약 영유아의 권리가 침해된 경우가 발생한다면, 이를 해결하기 위하여 지역사회에 신고, 후속조치 혹은 적극적인 보호 등의 최선의 노력을 하여야 한다.

2. 보육교사의 필요성

1) 변화하는 사회 속의 보육교사

현대 산업화와 핵가족화의 사회구조에서는 영유아에 대한 보호 및 교육의 문제가 더 이상 한 가정에 국한되는 것이 아니라 사회적 지원과 책임이라는 인식이 보편적이다. 1991년 「영유아보육법」의 제정 당시에 국가는 부모를 지원하는 수준에 머물렀다. 하지만 우리나라는 세계적으로 저출산 국가가 되었고, 지속적으로 출산기피 현상도 생겨났다. 따라서 국가는 보육이나 교육에 적극적으로 개입하게 되었고, 국가의 책임이 막중하다는 데에 힘을 싣고 있다. 이는 1991년 「영유아보육법」에서 보육의 1차적 책임이 부모라고 명시되었던 것이 2013년 「영유아보육법」에서는 보육사업의 대상을 모든 사회계층이라고 밝힌 것이 단적인 예라고 할 수 있다.

영유아보육법에서 언급된 보육교사의 업무와 관련된 법의 규정을 살펴보면 다음과 같다.

첫째, 영유아보육법 제2조(정의)에서 보육교사는 '보육교직원' 중 하나로 보호자의 위탁을 받아 6세 미만 영유아를 보육하는 자로 어린이집에서 영유아의 보육, 건강관리 및 보호자와의 상담 그 밖에 어린이집의 관리 · 운영 등의 업무를 담당하는 자를 의미한다.

둘째, 영유아를 위한 보육교사는 국가에서 그 자격과 경력 등에 대하여 관리하고 지원하는 전문가이다. 영유아보육법에서는 질 높은 영유아 보육서비스의 실행을 위하여 적합한 보육교사의 국가자격증제도의 운영, 경력관리는 물론이고 교사의 계속적인 전문적 성장을 유도하기 위한 승급 및 보수교육 기준을 마련하고 있다.

셋째, 영유아를 위한 보육교사의 업무로는 표준보육과정의 내용이 제시하는 영유아의 전인적인 성장을 위한 교육서비스와 함께 영유아의 안전과 건강관리를 위한 서비스를 실행할 의무가 주어진다.

우리나라는 급격한 사회의 변화로 불균형과 가족해체가 두드러지면서 확대가족의 급격한 감소로 대가족제도가 붕괴되고 핵가족화 현상이 나타났다. 또한 여성의 사회활동 및 경제활동 증가로 가족구조의 변화, 빈곤계층의 증가, 가구당 평균 자녀 수 감소, 한부모 가족의 증가 등으로 가정 내 자녀양육 기능의 약화와 사교육 열풍 현상이 더욱 두드러지고 있다. 이에 따라 보육수요가 증대되면서 그 욕구가 확대되기 시작하였고, 이에 따른 보육의 변화가 절실히 요구되기 시작했다. 과거 보육교사는 보모의 개념으로 탁아와 양육의 역할을 강조하였기 때문에 보육교사의 전문성을 인정하지 않았다. 그러나 현대사회에서 보육교사는 교수의 역할, 지역사회 구성원의 역할을 함께 수행해야 하므로 과거보다는 전문성을 많이 인정하고 있다. 보육교사의 전문성에 대한 가장 큰 오해는 영유아에 대한 교사의 역할에 대한 오해에 기인한다. 보육교사의 역할은 일반적으로 양육의 역할과 교수자로서의 역할로 정의된다. 이 두 가지의 역할은 전문가로서의 보육교사의 특수성이며, 두 가지 중 어떤 한쪽으로만 치우치지 않고 조화를 이루도록 역할을 수행하는 것이 바로 보육교사의 전문성 발휘의 핵심이라고 하겠다.

2) 영유아의 발달지원

보육교사는 단순히 영유아를 보호하기만 하는 것이 아니라 적극적으로 영유아를 교육함을 의미한다. 영유아의 학습을 지원하고, 지지하며, 그들의 삶에 도움을 주기 위한 교육이 이루어지도록 다음과 같은 준비가 필요하겠다.

첫째, 보육교사는 영유아의 성장과 발달에 대한 전문적인 지식을 가지고 있어야 한다.

보육의 대상 연령이 만 0~5세까지이므로 교사는 연령이 낮을수록 교육의 역할보다 양육의 역할이 증가하고 연령이 높을수록 양육의 역할보다 교육의 역할이 증가됨을 알 수 있다. 즉 만 2세 이하 영아의 경우, 영아의 연령이 어릴수록 기본적인 양육자의 역할과 온화하고 수용적인 역할이 요구되며, 이와 함께 영아의 발달과 가능성을 촉진시켜 주는 역할에 노력해야 한다. 이에 반해 만 3~5세 유아의 경우 보육교사의 역할(이은화 외, 1999; 윤애희 외, 2003)은 교육의 역할이 강조된다. 즉 유아에 대한 양육적 역할도 중요하지만 유아의 잠재력이 개발되고 성취될 수 있도록 보다 적극적인 교육적 개입을 시도하게 된다.

보육교사는 영유아의 발달적 요구에 관심을 가지고 언어적 · 비언어적 상호작용으로 항상 일관성 있는 반응을 해 주어야 하며, 연령에 따라 어떻게 자극하고, 어떻게 적절한 학습경험과 환경을 제공해야 할지 영유아의 발달적 특성에 적합한 역할 수행을 위한 전문적인 지식이 있어야 한다.

둘째, 보육교사는 보육계획 수립 및 실행능력이 있어야 한다.

보육교사는 보육계획의 수립을 위하여 보육과정의 영역별 목표와 내용에 따라 연령별 보육계획을 편성하고 운영한다. 연간, 월간, 주간 보육계획을 수립하되 계절이나 지역 내 특별 행사 또는 어린이집의 환경 등을 고려하여야 하며, 보육과정을 영유아의 연령, 발달수준, 흥미, 장애 등 개인차와 가정환경을 반영하여 각 어린이집과 지역사회의 특성을 고려한 수준별 보육 내용을 편성하여야 한다. 또한 편성된 보육과정은 보육 목표와 보육 내용에 적합한 보육 활동을 다양하게 선정하여 통합적으로 운영하고, 영역별 경험이나 활동을 균형 있게 제공함으로써 실천되도록 한다. 또한 보육계획을 문서화하여 보육 내용의 선정과 실시과정이 적절하였는지에 대한 운영 평가를 정기적으로 실행하여야 한다. 마지막으로 보육과정의 목표와 내용을 부모와 지역사회에 다양한 방법으로 알리고, 보육과정 운영 시 부모가 적극적으로 참여할 기회를 제공함으로써 가정과 지역사회의 긴밀한 협조를 얻는 등의 지역사회와의 협력을 시도하도록 수업설계에 대한 지식과 실행 능력을 갖추어야 한다.

셋째, 보육교사는 교육에 대한 뚜렷한 교육관과 철학이 있어야만 한다.

교육철학은 인간은 어떤 존재이며 어떻게 학습하고 성장하며 좋은 삶을 살기 위하여 무엇을 배워야 하는지에 대한 신념체계를 의미한다. 즉 영유아를 교육하기 위하여 보육교사는 다음과 같은 중요한 질문에 대하여 답을 하여야 한다. 보육의 목적은 무엇인가?, 어떤 지식이 가르칠 만한 가치가 있는가?, 영유아의 발달과 학습은 어떻게 평가되어야 하는가? 등과 같은 교육철학적 질문이다. 이러한 질문에 대한 대답은 교사들의 개인적인 사고체계에 따라 크게 차이가 있으며 교육철학은 교육이라고 하는 전문적 행위의 지침을 제공할 수 있어 중요하다.

보육교사는 자신의 보육철학이 있어야 보육실에서 수시로 발생하는 여러 가지 상황에서 올바른 의사결정을 내리고 영유아들이 교육적으로 올바른 선택을 하도록 제시해 주는 등 융통성 있게 반을 운영할 수 있다. 또한 보육적 가치관을 가지고, 영유아를 사랑과 믿음으로써 공평하게 대하며, 영유아 개개인의 개성을 존중하여 수용해 주고 교육활동 수행에 일관성 있는 방향성을 가져야 한다. 교사가 뚜렷한 교육철학을 지닐 때 자신의 일에 대한 소명감과 책임의식이 높고, 건강한 직업윤리를 가질 수 있다.

3) 부모의 양육지원

보육은 모든 영유아의 잘 자랄 권리를 보장하기 위해 질병, 직업 등의 이유로 가정에서 영유아를 돌보기 어려운 가정의 영유아가 전인적 성장을 할 수 있도록 지원하여야 할 뿐만 아니라 부모들이 자녀를 잘 양육할 수 있도록 영유아의 발달과 양육에 대한 유용한 정보를 제공해야만 한다. 영유아의 전인적 발달을 위해 보육교사와 부모가 공통된 목표를 가지고 서로 소통하며 관계를 원활히 유지하는 것은 무엇보다 중요한 일이다. 따라서 부모와의 관계형성 없이 어린이집에서의 보육만으로는 영유아의 발달과 교육적인 성과를 얻을 수 없음을 알고, 부모와 보육교사 간의 긍정적인 방향으로의 관계를 형성하고 유지하기 위한 방법으로 부모교육과 부모 상담이 이루어져야 한다.

영유아들의 발달에 있어 부모는 가장 큰 영향력이 있는 존재이다. 그렇기에 보육교사는 체계적이고 지속적인 부모교육을 병행함으로써 영유아의 전인발달을 돕고 건전한 민주시민으로 성장 · 발달할 수 있도록 노력을 기울여야 할 것이다.

부모는 부모 자신의 역량을 키우고, 유아 스스로 다양한 경험을 할 수 있는 환경을 마련하는 기회를 제공해야 한다. 하지만 바쁜 현대사회의 부모들은 자녀를 양육하면서 스스로 부모로서의 자질이 미흡하다고 생각하고 있으며(채영란 · 정효정, 2005), 자녀의 수가 적거나, 부모 자신들의 자아실현 또는 취업으로 인하여 영유아 발달을 이해하고 양육하는데 필요한 지식이나 정보, 양육기술이 부족한 실정이다. 따라서 영유아들의 문제행동에 민감하게 대처할 수 없는 경우가 발생하는 것이 현실이다. 많은 부모들은 전문보육기관에서 도움이나 협조받기를 원하고 있으며, 교사의 가치관, 교사와의 관계를 중요하게 생각하고 있다.

보육교사와 부모는 항상 영유아들에게 관심을 갖고 서로 정보를 공유하는 것이 중요하고 부모와 보육교사가 함께 보육을 실천할 수 있도록 기회를 마련해야 할 필요성이 있으며, 이는 부모교육을 운영하면서 시작될 수 있다.

부모교육이 일반적인 영유아들에 대한 지식과 정보의 전달이라면, 부모상담은 영유아의 개별적인 특성과 처한 상황에 따른 맞춤식 접근으로 문제행동을 보이는 영유아에 대해 가정과 보육기관이 함께 영유아를 효율적으로 지도하는 것을 말한다. 따라서 보육교사는 심각한 문제행동의 영유아가 아니라면 보육현장에서 부모와 합심하여 문제행동을 지도할 수 있도록 부모상담 시 필요한 태도와 능력을 갖추는 것이 필요하겠다.

Chapter 2

보육교사의 신념과 효능감

1. 보육교사의 신념

1) 교육적 신념

국어사전을 살펴보면, 신념은 어떤 사상이나 생각을 굳게 믿으며 그것을 실현하려는 의지를 의미하고 있다. 교육학 용어사전에 의하면 신념이란 판단, 주장, 의견 따위를 진리라고 생각하는 마음의 상태이며, 자기 생각을 굽히거나 의심하지 않으려는 의지 또는 심리적인 태도이다(서울대학교 교육연구소, 1995).

Reighart(1985)는 신념이란 사물, 사건, 사람 문제에 관한 개념으로 지식의 정의적인 요소와 함께 인지적인 요소로 정의하며 사람이 진리나 사실로서 받아들이는 정의, 인지나 신념 그리고 행동경향의 3가지 요소 중 하나로 기술하고 있다. 즉, 신념이란 굳게 믿는 마음이라고 할 수 있는 것으로 자기가 생각한 것에 대하여 굽히지 않으려는 정신적인 태도 혹은 지적인 형식을 말하는 것으로 의지적인 행위를 수반하는 것이다.

Pajares(1992)는 교사신념이란 교사가 판단하고 행동하는 과정에 영향을 주는 체계라고 하였고, 교사가 가지고 있는 아동관, 교육의 목적과 목표, 학습, 발달 및 교수행위의 과정, 평가의 준거 등에 대한 가정 등을 통합하는 총체적인 이해구조(단국현, 1998)를 의미하고 있다고 하였다.

보육교사의 신념은 교사가 영아를 대할 때 어떤 철학적 배경과 관점을 가지고 있는지를 의미하며 자신이 가진 신념에 따라 어떻게 가르칠 것인지 정하고 정보와 지식을 조직하는 역할을 하게 된다. 그리고 교사가 생각하는 신념에 따라서 교육활동의 내용과 질이 달라질 수 있다(이선애 · 이선미, 2006).

보육교사의 교육신념은 교수행동을 뒷받침하는 프로그램의 구성과 환경구성, 유아와의 상호작용 등의 의사결정 상황에 반영되며, 교수행위로 표출되어 교육과정의 계획 및 수행과정의 방향을 결정짓도록 한다(장영숙 · 황윤세 · 최미숙, 2004;

Wiseman, Cooner, & Knight, 1999). 따라서 같은 교재 · 교구일지라도 교사가 어떤 교육신념을 가지는지에 따라 그 의미와 효과가 달라질 수 있다(Fisher, Wilmore, & Howell, 1994).

배소연(1990)도 교사가 가지고 있는 교육적 신념이란 교사들이 대학에서의 강의나 교과서 등을 통해 배운 이론과 교육실습 등을 비롯한 여러 종류의 직 · 간접적인 현장경험, 교사가 된 이후의 실제 경험 등을 바탕으로 하여 교사가 자신이 쌓아가는 일종의 교육에 대한 교육관으로 이러한 교육적 신념은 교사의 의사결정과 행동에 기초가 되며 교사에 의해 내재적으로 소유된 것으로 무엇보다도 경험이 교육신념 구성에 중요한 역할을 한다고 하였다.

이상과 같이 교사가 가지는 교사신념은 교사가 되기 이전의 경험과 교육, 교사가 된 이후의 실질적인 경험과 교육을 통해 자신만의 체제를 갖추게 되는데 이러한 교사신념은 교사의 의사결정과 행동에 기초가 되며 교사가 가지고 있는 신념은 효과적인 교수를 위해 중요하다고 볼 수 있다.

2) 교육적 신념의 유형

모든 보육교사들은 교수활동, 관심분야, 교수기법과 경험에서 다양한 신념과 나름대로 개성을 가지고 있다. 학급에서 특수한 의사결정 문제는 교사의 교사신념에 바탕을 두고 개별적인 철학을 적용하므로 신념이나 인성체제에서 다른 교사들은 추구하는 목표, 행동에서 다르며 유아들에게 요구하는 반응도 또한 제각각 다르다고 볼 수 있다.

유아교육에 대한 교육신념은 학자들마다 조금씩 다르게 분류하고 있다. Peters, Neisworth와 Yawkey(1985)는 교사의 교사신념을 성숙주의-사회화 이론, 문화주의-행동주의 이론, 인지-발달적 이론으로 구분하였다. Decker와 Decker(1997)는 교사의 교사신념과 유아의 학습과 행동의 변화를 유전적으로 보는 성숙주의, 환경의 중요성과 강화를 중시하는 행동주의, 그리고 유아와 환경과의 능동적 상호작용을 통한 지식구성을 강조하는 상호작용주의로 구분하였다. 또한 보육교사의 신념을 분류하는 유형은 다양하나 국내에서 이루어진 교사의 신념에 관한 많은 연구에서는 교사신념 유형을 행동주의, 성숙주의, 상호작용주의로 분류하고 있다(임옥희, 2006).

(1) 성숙주의

성숙주의는 철학적으로 Rosseau에 근원을 두며, 심리적으로 인간발달이 예정된 패턴대로 전개되어 나간다는 Darwin, Hall의 이론과 표준행동 발달 기준을 제시한 Gesell에 의해 기초한다(윤미라, 2004). 성숙주의 신념을 가진 교사는 영유아에 내재되어 있는 발달의 단계에 근거하여 영유아가 성장하고 발달한다고 보는 견해이다(Gesell, 1946). 그래서 영유아의 학습을 위해서 성숙될 때까지 학습하는 시기를 기다리는 것이 중요하다(권창길, 1997; 이기숙, 1990). 보육목적은 자아확신, 자발성, 호기심, 자기규율 등을 발달시키므로 영유아의 정서적 · 사회적인 발달을 돕는데 있다(Kohlberg, 1973). 보육목표는 적절한 문제해결 방법을 찾지 못하면 사회적 행동에 문제가 발생하며 지적 발달을 저해한다고 가정하므로 사회 정서적 발달을 중요시하고 있다(김성미, 2012). 성숙주의 교육신념을 가지고 있는 교사의 역할은 영유아의 행동에 교사가 체계적이고 직접적인 변화를 주는 것이 아니고 영유아의 요구에 수용적으로 따르는 것이다. 그리고 교사는 영유아의 발달에 대해서 커다란 기대를 하여 영유아의 성숙수준을 넘어선 성취를 강요하지 않고 영유아의 내적 가능성에 따라 전인적 발달을 도모한다(임옥희, 2004). 또한 보육교사의 역할은 영유아가 자신의 욕구와 흥미에 따르도록 따뜻하고 안정된 환경을 제공하고, 활동에 참여하는 동안 의논의 대상이 되거나 안내해 주는 역할을 담당한다. 영아가 틀린 반응을 했을 때 정정해 주거나 틀렸다고 말을 하지 않고 개별적으로 상호작용하여 긍정적인 자아개념을 형성하도록 하며 즉흥적인 대화, 이야기 들려주기, 자발적인 대화를 강조하고 다양한 활동들을 통해 생각과 감정을 표현하도록 자극하고 자유롭고, 유도적으로 격려하는 역할을 한다(김현지, 2005).

(2) 행동주의

행동주의는 철학적으로 Locke에 근원을 두고, 심리적으로 Hall, Thorndike, Skinner, Watson의 이론으로 영유아 발달의 과학적 접근방법이다(김현지, 2005). 행동주의 이론은 영유아의 성장 · 발달은 환경적 요소가 중요하다고 강조한다. 성숙주의는 지식을 영유아 내부의 성숙에 의해 형성되어지는 것으로 보았으나 행동주의는 외부 환경에 의해서 영유아에게 전달되어지고 학습은 연속적이고 체계적으로 발달되어진다고 본다. 학습은 자극에 대한 반응의 관계로 보며 나아가서 학습은 계속적인 반복과 연습이 필요하며 모방을 통해서 학습자에 강화를 하거나 보상을 준다면 학습이 잘 된다는 것이다. 행동주의 학습 동기는 유기체의 외부환경으로부터 오며 바람직하고 수용 가능한 행동에 초점을 두고 강화하기 때문에 과정보다는 결과를 중요시하며 최종 행동에 관심을 둔다. 행동주의 교사들은 영유아들의 바람직한 행동을 위해서 지시하고 수정하여 적절한 강화를 통해서 영유아들의 행동 변화를 요구하며 전적으로 학습내용을 결정하는 책임은 교사에게 있다고 동의하고 있다(임옥희, 2004). 보육목표로는 인간의 성장 · 발달에 환경의 중요성을 강조하고 교육 또한 지식, 기능, 가치 그리고 사회적 · 도덕적 규칙을 한 세대에서 다음 세대로의 전달을 통한 학문적 기초를 형성하는 것으로 설정하고 있다.

행동주의 신념을 가진 보육교사의 역할에는 바람직한 반응 형태가 나타나기를 기다려 칭찬이나 눈에 보이는 보상을 통해 정확한 반응으로 재강화하고, 학습내용을 언어적으로 전달 또는 모델을 통해 영유아가 자극에 적절한 언어적 표현을 하거나 다른 적절한 반응을 보일 때 재강화한다(이영자 · 이기숙, 2002). 보육교사는 교재, 지식, 규칙 등을 적극적으로 지시하는 지시자, 설명을 해 주는 학습지시자, 지식을 전달해 주는 전달자, 강화해 주는 강화자, 모델을 제공하는 제공자로써 보육교사의 권위적인 역할을 강조한다(김수영, 1992).

(3) 상호작용주의

상호작용주의는 철학적으로 Kant의 비판철학과 Dewey의 실용주의 철학에 근원을 두고 있고, 심리학적으로는 Hunt와 Bloom의 이론에 기초하여 Piaget의 발생학적 인식론에 의해 전개되었다(문미옥, 1993). 상호작용주의에서는 영유아가 사회적 · 물리적 환경과의 상호작용을 통해 더 높은 수준의 발달을 성취하도록 도와주며 인간의 발달단계는 고정된 것이나 발달속도와 시간은 개인에 따라 다르며 또한 주위환경과 상호작용을 통해서 발달해 나가는 것으로 본다.

상호작용주의 교육 목적은 영유아가 사회적 · 물리적 환경과의 자연적인 상호작용을 통해서 구조화되어진 결과로서 훨씬 높은 수준의 발달을 성취할 수 있도록 도와주는 것이다.

보육교사는 계획을 세워 그 순서에 따라 영유아에게 활동 간의 균형을 유지하고 시간을 충분히 주고, 영유아가 활동시간 내에 완성하지 못하여 완성하고 싶어하면 기회를 제공하는 융통성을 가지고 있어야 한다. 또한 자극과 도전의 모델이 되어주고 풍부하고 다양한 경험을 가지고 영아와의 상호작용을 통해서 문제해결을 하고, 잘 준비되어 있는 다양한 재료로 매력 있는 활동을 구성해서 영유아들이 자발적으로 놀이를 하고, 조작하고, 탐색할 수 있는 기회를 제공해 주며 경험을 할 수 있게 해 주어야 한다(권창길, 1998; 임옥희, 2006).

상호작용주의 신념을 가진 보육교사의 역할은 영유아가 주변세계를 탐구하여 문제를 스스로 해결하는 능동적인 인격체로 보고 보육활동 시 주도권은 영유아에게 많이 주고 교사는 안내자이며, 촉진자이며, 조정가의 역할을 하여 영유아가 스스로 문제를 구성 · 해결할 수 있도록 한다. 영유아가 경험하도록 안내하고 실험하고 탐구하기 위한 기회를 제공한다(임옥희, 2004).

2. 보육교사의 효능감

1) 보육교사 효능감의 개념

Bandura(1997)는 자기 효능감을 '특정한 상황에서 기대(요구)되거나 의도하는 구체적인 결과를 얻기 위해 필요한 행위를 조직하고 실행하는 능력에 대해 그 개인이 갖는 신념'이라 정의하였다(최동선, 1996). 교사 효능감은 Bandura의 자기 효능감 개념을 교직이라는 특수한 상황에 적용한 것으로, 이는 교수와 학습간의 관계에 대한 교사의 신념으로 개념화될 수 있다. Ashton(1985)은 '학습자의 학습에 긍정적인 효과를 갖는 교사의 능력에 대한 신념'이라고 정의하였다. 또한 학습자의 학습에 긍정적인 영향을 미칠 수 있는 자신의 능력에 대한 신념이라고 한다(원정아, 2007). 다시 말해, 교사효능감이란 보육교사가 영유아에게 긍정적인 영향을 줄 수 있다는 자신에 대한 믿음으로 교사에게 있어 중요한 요인이라 할 수 있다(Gibson & Dembo, 1984; 장종윤, 2010에서 재인용).

교사효능감에는 두 가지 요소로 구분하는데 첫 번째는 일반적 교사효능감으로 영유아의 가정환경, 지능, 환경과 같이 교수-학습과 관련된 요인들을 일반적으로 교수를 수행하는 교사로서 얼마만큼 통제할 수 있다고 믿는가에 대한 신념이다. 두 번째는 개인적 교사 효능감으로 교사가 자신의 교수능력에 대해 가지고 있는 신념으로 영유아에게 긍정적인 변화를 가져 올 수 있느냐 하는 교사 자신의 교수능력에 대한 판단이다. 교사효능감은 일반적으로 영유아들의 발달과 성장을 도울 수 있다고 보는 교사의 상황-특수적 기대와 함께 교사 자신의 수행능력에 대한 믿음이나 영유아들의 발달과 성장에 대한 책임감과 또는 효율적인 교육에 대한 자신감 등의 개념을 포함하고 있다(이혜미, 2007).

교사효능감이 높은 교사는 스트레스 상황에서 스트레스를 덜 받으며 영유아들의 동기를 유발시키는데 높은 능력을 보였으며, 학구적인 면에 더 초점을 두었으며, 혁신적인 교수기술을 많이 사용하였다. 또한 질문을 더 많이 하고 영유아가 스스로 해답을 찾을 수 있도록 상호작용한다고 한다. 반면 교사효능감이 낮은 교사는 영유아들의 활동에 노력을 덜 하고, 영유아가 실패를 할 때 포기해 버리고, 영유아의 대답을 기다리지 못하고 직접 말을 해주었다. 또한 소그룹으로 활동을 하되 방해가 되면 쉽게 좌절하고, 보육실 내에서 권위주의적이고 엄격한 통제를 보였다(Gibson & Dembo, 1984; 장종윤 2010에서 재인용).

위에서 살펴본 내용을 종합해 보면 교사효능감은 자신에 대한 믿음으로 잘할 수 있다는 교사의 긍정적인 행위가 영유아들에게 전이되어져 영유아의 발달에 도움을 주는 것이다. 그러므로 어린이집에서 많은 시간을 함께 보내는 교사의 교사효능감은 교사 자신 뿐 아니라 영유아에게도 영향을 준다고 할 수 있다.

2) 자기 효능감의 기능 및 구성요인

(1) 자기 효능감의 기능

Bandura(1986)는 자기 효능감을 미래 행동에 대한 단순한 예측뿐만 아니라, 다음 세 가지의 심리사회적 기능에 대한 정보와 효과를 제시하였다.

(1) 어떤 행동을 할 것인가 하는 의사결정 과정에서의 선택에 영향을 줄 것이다. 결과적으로 자신의 능력에 대한 정확한 판단은 행동 결정에 중요한 영향을 미친다.

(2) 자기 효능감은 노력의 양과 지속력에 영향을 준다. 효능감 판단은 개인이 과제에 얼마나 많은 노력을 할 것이며, 또한 어려운 상황에 처했을 때 얼마나 오랫동안 지속될 것인지에 영향을 준다. 예를 들어, 자신의 능력을 의심하는 사람은 과제를 숙달하기 위해 더 많이 노력하고 더 오랫동안 지속할 것이다.

(3) 지각된 자기 효능감은 사고형태와 정서적 반응에 영향을 준다. 자신을 비효능적인 사람으로 판단하는 사람은 자신의 개인적 결핍을 생각하고 이와 반대로 자기 효능감이 높은 사람은 상황의 요구에 노력하고 주의를 집중할 뿐 아니라,

어려운 문제를 해결할 때 실패의 원인을 노력 부족으로 귀인시킨다.

(2) 자기 효능감의 구성요인

자기 효능감은 자신감, 자기 조절 효능감, 과제 난이도 선호 등의 세 가지 하위 요인들로 구성되었다(Bandura, 1986). 자신감이란 자신의 가치와 능력에 대한 개인의 확신 또는 신념의 정도라고 할 수 있으나, 자기 효능감을 구성하는 요소로써의 자신감은 자신의 능력에 대한 개인의 확신 또는 신념의 정도라는 축소된 의미를 적용할 수 있다(Sherer, Maddux, Mercandante, Prentice-Dunn, Jacobs, & Rogers, 1982).

자기 조절 효능감이란 개인이 어떠한 과제를 달성하기 위해 자기 조절, 즉 자기-관찰, 자기-판단인 인지과정과 자기-반응의 동기과정을 잘 사용할 수 있는가에 대한 효능기대라고 할 수 있다(Bandura, 1986, 1997).

즉, 자기 조절 체계가 인지 행동의 기본이기 때문에 인간은 자신의 행동을 관찰하고, 자신의 목표에 비추어 자신의 수행을 판단하고, 긍정적이라면 새로운 목표를 실정하고 부정적이라면 자신의 목표를 이루기 위해 부가적인 행동을 하는 반응을 보이게 된다(김아영, 1997).

과제 난이도 선호는 개인이 어떤 수행 상황에서 목표를 선택하고 설정할 때 어떤 개인 수준의 난이도를 선호하는가를 측정하는 것이다. 즉, 자기 효능감이 높은 개인은 도전적이고 구체적인 목표를 선택하는 반면에, 자기 효능감이 낮은 개인은 자신의 기술을 뛰어넘는 위협적인 상황을 무서워하고 피하려 하며, 그들이 조절할 수 있다고 생각하는 쉬운 과제만을 선택하고 행동한다(Bandura, 1997). 따라서 자기 효능감은 자신이 통제하고 다룰 수 있다고 생각하는 도전적인 과제를 선택하는 과정을 통해 표출된다.

(3) 보육교사의 효능감과 교사-영유아 상호작용

교사 자신의 능력, 인격, 태도, 행동, 언어 등의 행위의 대한 판단과 믿음으로 교사효능감은 보육실에서 교사 자신의 행동과 영유아들과의 상호작용에도 많은 영향을 주는 중요한 변인이다(김현지, 2008). 교사효능감은 교사-영유아 상호작용에서 교수과정의 판단을 하는 중요한 근거를 제공하고, 또한 교사효능감은 개방적 질문형식으로 상호작용을 하고 영유아가 스스로 해답을 찾을 수 있도록 하는 상호작용을 하여 문제를 해결하는 과정에서 영유아들의 제안과 시도를 수용하는 상호작용과 관련되어 있다고 하였다(안상미, 2002). 교사효능감이 높은 교사는 보다 나은 교수 방법을 찾으려고 하는 욕구를 가지고 있고, 진보적 · 혁신적인 방법을 수행하고 다양한 자료와 접근법을 시도하려고 자발적인 노력을 하고 있다고 하였다. 또한 교사효능감과 교사-영유아 상호작용과 정적 상관이 있는 것으로 밝혀졌고 교사효능감 중 개인적 교사효능감이 높을수록 교사-영유아 상호작용에 더 긍정적인 영향을 주는 것으로 나타났다(임옥희, 2006). 영유아와의 놀이장면에서 놀이에 대한 교사효능감이 높은 교사와 낮은 교사를 살펴보았는데 교사효능감이 높은 교사가 영유아와의 놀이에서 상호작용의 빈도가 높았다고 한다(신은수, 2000).

김수영(1992)은 교사효능감이 낮은 교사는 부정적인 태도가 형성되고, 결과적으로 교사 상황에서 상호작용을 피하게 된다고 하였다. 신은수(2000)는 놀이에 대해서도 교사효능감이 낮은 교사는 직접적 지시나 통제로 가르치고 교사의 교수행동은 영유아의 놀이를 위축시킬 수 있다고 하였다(최미애, 2000).

이상과 같이 살펴본 선행연구에서 교사효능감은 교사 자신에 대한 믿음으로 영유아에게 긍정적인 효과를 줄 수 있는 중요한 변인이며 보육실에서 교사-영아 상호작용에 영향을 주는 변인임을 알 수 있으며, 교사효능감이 높을수록 긍정적인 상호작용이 이루어지는 것을 알 수 있다.

Chapter 3

보육교사와 인권

1. 인권에 대한 이해
2. UN아동권리협약의 이해
3. 아동 및 영유아 보육교사의 권리증진 이해

1. 인권에 대한 이해

모든 인간은 사람이라는 존엄성을 공유하기 때문에 동등하며 인권은 모든 인간들이 태어날 때 받는 권리이다. 국가인권위원회에서 발간한 「인권의 해설」은 다음과 같다.

1) 인권의 특성

(1) 보편성

인권은 무엇보다도 모든 사람이 누구나 향유할 수 있는 권리다. 따라서 인권은 보편적 주체성이 인정되는 보편적 권리다. 이것은 부나 권력, 인종이나 성별 또는 장애 여부 등 인간을 둘러싼 어떠한 조건과도 상관없이 누구에게나 인권이 보장되어야 함을 의미하고 있다.

(2) 불가분성

시민적 · 정치적 · 경제적 · 사회적, 집단적 · 연대적 인권의 목록은 전체적으로 하나를 이루어 각 부분을 따로 떼어내서는 안 된다는 것을 의미하고 있다.

(3) 도덕성과 제도 초월성

인권을 그 구속력의 특성 내지는 규범성이라는 측면에서 볼 때, 인권이 갖는 또 하나의 특성은 그 구속력이 근본적으로 도덕적이라는 데 있으며, 즉 인권은 사람의 존엄성을 보호하기 위하여 필연적으로 담보되어야 할 권리이다. 인간성 자체가 사람 특유의 도덕적 본성인 만큼 이 권리는 사람인 이상 누구나 필수적으로 갖는다고 여겨지는 도덕적 권리라고 말할 수 있다.

(4) 실정법에 대한 우선성

인권의 도덕성과 제도 초월성으로 인하여 인권은 실정법에 대하여 우선성을 갖는다. 인권은 제도적 권리 및 실정법적 권리에 우선하는 지위를 갖게 된다.

2) 세계인권 선언

1948년 12월 10일 유엔 총회에서는 세계인권선언문을 채택하였다. 세계 최초로 인권과 기본적 자유가 한 사람 한 사람 모두에게 어디에서나 적용되는 것임을 알렸으며, 현재 사람들의 생활과 법률 제정에 영향을 미치고 인권 운동을 고취시키게 되었으며, 국제 인권법의 뿌리로 각종 국제 조약과 선언의 모범이며 많은 나라의 법과 헌법에 수용되어 있다.

세계인권선언은 지속적인 국내적 · 국제적 조치를 통하여 회원국 국민들의 보편적 자유와 권리신장을 위하여 노력하도록, 모든 인류가 '다 함께 달성해야 할 하나의 공통기준'이 되었으며 그 내용은 다음과 같다.

- **제1조** : 모든 사람은 태어날 때부터 자유롭고, 존엄하며, 평등하다. 모든 사람은 이성과 양심을 가지고 있으므로 서로에게 형제애의 정신으로 대해야 한다.
- **제2조** : 모든 사람은 인종, 피부색, 성, 언어, 종교 등 어떤 이유로도 처벌받지 않으며, 이 선언에 나와 있는 모든 권리와 자유를 누릴 자격이 있다.
- **제3조** : 모든 사람은 자기 생명을 지킬 권리, 자유를 누릴 권리, 그리고 자신의 안전을 지킬 권리가 있다.
- **제4조** : 어느 누구도 노예가 되거나 타인에게 예속된 상태에 놓여서는 안 된다. 노예제도와 노예매매는 어떤 형대로든 일절 금지한다.
- **제5조** : 어느 누구도 고문이나 잔인하고 비인도적인 모욕, 형벌을 받아서는 안 된다.
- **제6조** : 모든 사람은 법 앞에서 '한 사람의 인간'으로 인정받을 권리가 있다.
- **제7조** : 모든 사람은 법 앞에 평등하며, 차별 없이 법의 보호를 받을 수 있다.
- **제8조** : 모든 사람은 헌법과 법률이 보장하는 기본권을 침해당했을 때, 해당 국가 법원에 의해 효과적으로 구제받을 권리가 있다.
- **제9조** : 어느 누구도 자의적으로 체포, 구금, 추방을 당하지 않는다.

- **제10조** : 모든 사람은 자신의 행위가 범죄인지 아닌지를 판별받을 때, 독립적이고 공평한 법정에서 공평하고 공개적인 심문을 받을 권리가 있다.
- **제11조** : 범죄의 소추를 받은 사람은 자신을 변호하는 데 필요한 모든 것을 보장받아야 하고, 누구든지 공개재판을 통해 유죄가 입증될 때까지 무죄로 추정될 권리가 있다.
- **제12조** : 개인의 프라이버시, 가족, 주택, 통신에 대해 타인이 함부로 간섭해서는 안 되며, 어느 누구의 명예와 평판에 대해서도 타인이 침해해서는 안 된다.
- **제13조** : 모든 사람은 자기 나라 영토 안에서 어디든 갈 수 있고, 어디서든 살 수 있다. 또한 그 나라를 떠날 권리가 있고, 다시 돌아올 권리도 있다.
- **제14조** : 모든 사람은 박해를 피해, 타국에 피난처를 구하고 그곳에 망명할 권리가 있다.
- **제15조** : 누구나 국적을 가질 권리가 있다. 누구든지 정당한 근거 없이 국적을 빼앗기지 않으며, 자기 국적을 바꾸거나 다른 국적을 취득할 권리가 있다.
- **제16조** : 성년이 된 남녀는 인종, 국적, 종교의 제한을 받지 않고 결혼할 수 있으며, 가정을 이룰 권리가 있다. 결혼에 관한 모든 문제에 있어서 남녀는 똑같은 권리를 갖는다.
- **제17조** : 모든 사람은 혼자서 또는 타인과 공동으로 재산을 소유할 권리가 있다. 어느 누구도 자기 재산을 정당한 이유 없이 남에게 함부로 빼앗기지 않는다.
- **제18조** : 모든 사람은 사상, 양심, 종교의 자유를 누릴 권리가 있다.
- **제19조** : 모든 사람은 의사표현의 자유를 누릴 권리가 있다.
- **제20조** : 모든 사람은 평화적인 집회 및 결사의 자유를 누릴 권리가 있다.
- **제21조** : 모든 사람은 직접 또는 자유롭게 선출된 대표자를 통해, 자국의 정치에 참여할 권리가 있다. 모든 사람은 자기 나라의 공직을 맡을 권리가 있다.
- **제22조** : 모든 사람은 사회의 일원으로서 사회보장을 받을 권리가 있다.
- **제23조** : 모든 사람은 일할 권리, 자유롭게 직업을 선택할 권리, 공정하고 유리한 조건으로 일할 권리, 실업상태에서 보호받을 권리가 있다. 모든 사람은 차별 없이 동일한 노동에 대해 동일한 보수를 받을 권리가 있다.
- **제24조** : 모든 사람은 노동시간의 합리적인 제한과 정기적 유급휴가를 포함하여, 휴식할 권리와 여가를 즐길 권리가 있다.
- **제25조** : 모든 사람은 먹을거리, 입을 옷, 주택, 의료, 사회서비스 등을 포함해 가족의 건강과 행복에 적합한 생활수준을 누릴 권리가 있다.
- **제26조** : 모든 사람은 교육받을 권리가 있다. 초등교육과 기초교육은 무상이어야 하며, 특히 초등교육은 의무적으로 실시해야 한다. 부모는 자기 자녀가 어떤 교육을 받을지 '우선적으로 선택할 권리'가 있다.
- **제27조** : 모든 사람은 자기가 속한 사회의 문화생활에 자유롭게 참여하고, 예술을 즐기며, 학문적 진보와 혜택을 공유할 권리가 있다.
- **제28조** : 모든 사람은 이 선언의 권리와 자유가 온전히 실현될 수 있는 체제에서 살아갈 자격이 있다.
- **제29조** : 모든 사람은 자신이 속한 공동체에 대해 한 인간으로서 의무를 진다.
- **제30조** : 이 선언에서 말한 어떤 권리와 자유도 다른 사람의 권리와 자유를 짓밟기 위해 사용될 수 없다. 어느 누구에게도 남의 권리를 파괴할 목적으로 자기 권리를 사용할 권리는 없다.

3) 영유아 보육교사의 권리

인권은 영유아와 교사 모두에게 존중되어야 한다.

영유아 보육교사의 권리를 적극적 권리와 소극적 권리로 나누어 살펴보면 다음과 같다(국가인권위원회, 2011).

(1) 적극적 권리

- 교육 자유권(교육 자율성) : 교사의 활동이 자유롭고 창의성을 신장시킬 수 있는 학문의 자유권
- 생활 보장권(안정적 생활보장) : 확고한 교직관, 사명감을 가지고 교육에 전념할 수 있는 여건 조성
- 근무조건 개선권(만족스러운 근무조건 보장) : 근무시간, 원아 수, 잡무 등의 개선
- 복지후생제도 확충권(생활안정, 교육 전념을 위한 복지후생 대책) : 각종 보험가입, 퇴직금 적립, 연수비, 자녀교육비 지원 등 개선

(2) 소극적 권리

- 신분 보장권 : 교육기본법, 교원지위 향상을 위한 특별법에서 신분보장을 규정
- 쟁송제기권 : 위법 부당한 처분에 대한 소청, 행정소송권
- 불체포 특권 : 현행법 외에 교육현장에서 체포되지 않는 권리
- 교직단체 활동권 : 복지, 자질 향상 등 공동목표 추구 시 단체 활동할 수 있는 권리

4) 영유아보육법에 제시된 보육관련 권리 보장

영유아보육법에도 보육받는 영유아의 권리가 존중받도록 명시되어 있으며 그 내용은 다음과 같다.

> ★ 영유아보육법 제3조(보육이념)
> ① 보육은 영유아의 이익을 최우선적으로 고려하여 제공되어야 한다.
> ② 보육은 영유아가 안전하고 쾌적한 환경에서 건강하게 성장할 수 있도록 하여야 한다.
> ③ 영유아는 자신이나 보호자의 성, 연령, 종교, 사회적 신분, 재산, 장애, 인종 및 출생지역 등에 따른 어떠한 종류의 차별도 받지 아니하고 보육되어야 한다.

2. UN아동권리협약의 이해

1) 아동권리의 개념

사람의 권리란 태어남과 동시에 소유하게 되는 자연법적 권리이다. 성인에게 주어지는 권리가 아동에게도 그대로 적용되나, 아동은 아직 스스로 생존하고 보호할 수 없으므로 보호와 양육을 받아야 하는 권리가 추가된다. 그러므로 아동권리란, 아동이 사람으로서 누려야 할 기본적 제 권리를 총칭하는 것으로 그 주체인 아동이 태어나면서부터 성, 언어, 종교, 인종, 피부색, 능력에 관계없이 사람으로서 가지는 기본적인 권리이며, 생에 시기적 특수성에 입각하여 특별한 보호와 염려를 받을 권리를 말한다.

따라서 아동은 전통적으로 부모의 소유물 내지는 전적으로 보호와 감독 아래 놓여 있는 연약한 존재가 그렇다고 여겨진다. 그러므로 교육사상가들에 의하여 아동의 사람으로서의 고유의 가치와 권리가 주장되기 시작되면서, 지금의 아동은 독립된 인격을 가진 권리의 주체로 인식되고 있다(김성경 외, 2015),

대한민국 헌법 제10조와 제34조에 모든 국민은 인간으로서의 존엄과 가치를 가지며, 행복을 추구할 권리를 가지고 있으며 인간다운 생활을 할 권리를 가지고 있다고 명시되어 있다.

과거에 아동의 권리는 보호받지 못하거나 아동은 사회적 약자로서 중요하지 않은 존재로서 인격적 존엄성과 권리를 지닌 존재로서 가치를 인식하고 보호하지 못하였다. 아동에게 인권은 아동을 하나의 인격체와 권리의 주체자로 인식하고 차별 없이 살아갈 권리를 말한다.

표 3-1 UN아동의 권리선언 내용

구분	내용
차별금지	모든 아동은 인종, 피부색, 성별, 언어, 종교, 정치적 견해, 출생지, 재산, 문벌 및 기타 지위로 인하여 차별이 없어야 한다.
발달 · 아동 최선의 이익	아동은 특별한 보호를 받으며, 건강하고 정상적으로 자유롭고 존귀하게 신체적, 지능적, 도덕적, 정서적 및 사회적으로 성장할 수 있는 기회나 혜택이 제공되어야 한다.
발달	아동은 태어날 때부터 성명과 국적을 기질 권리가 있디.
사회보장 · 치료 · 보호	아동은 사회보장의 혜택을 받을 권리, 특별한 보살핌과 보호, 좋은 음식, 주거 및 의료서비스를 받을 권리가 있다.
교육 · 치료 · 보호	장애아동은 특별한 치료, 교육 및 보호를 제공받을 권리가 있다.
생존 · 보호 · 발달	아동은 가능한 한 부모와 가족의 책임 아래 양육되며, 이것이 불가능할 경우에는 정부가 특별한 양육과 보호를 제공할 의무가 있다.
교육 · 보호	아동은 무상교육을 받을 권리, 유희 및 오락 권리, 자신을 발달시키기 위하여 동등한 기회를 가질 권리, 교육받을 권리가 있다. 아동의 부모는 아동의 교육과 지도에 대해 특별한 책임이 있다.
아동 최선의 이익	아동은 언제나 최우선적으로 보호와 혜택을 받을 권리가 있다.
보호 · 발달 · 노동금지	아동은 방임, 학대나 착취로부터 보호받을 권리가 있다. 아동은 일정 연령이 되기 전까지는 노동을 해서는 안 되며, 건강을 해치거나 신체적 · 정신적 · 도덕적 발달을 가로막는 직업에 종사하거나 고용되어서는 안 된다.
보호 · 발달 · 교육	아동은 인종적, 종교적, 기타 형태에 의하여 차별을 조장할 우려가 있는 관습으로부터 보호되어야 한다. 아동은 평화, 이해, 관용, 세계시민의 정신으로 교육받아야 한다.

출처: 장인협 · 오정수(2001). 재인용.

2) 아동권리의 내용

아동권리의 내용은 제공(Provision), 보호(Protection), 참여(Participation)라는 '3P의 개념'을 들 수 있다(장인협 · 오정수, 2000).

(1) 제공(Provision)의 개념

아동의 생존에 필요한 인적 · 물적 자원을 제공받고 사용할 수 있는 권리를 말한다. 아동의 욕구와 관심을 인정하고 충족해 주고자 하는 것으로서 이름과 국적을 가질 수 있는 권리, 교육 및 보건서비스를 받을 수 있는 권리, 복지, 여가 및 문화 활동의 기회 제공과 보호가 필요한 요보호아동, 장애아동, 난민아동이 보호를 받을 권리를 의미한다.

(2) 보호(Protection)의 개념

아동은 열악하고 유해한 환경이나 행위로부터 보호받아야 할 권리를 말한다. 예를 들면, 신체적 · 성적 학대로부터 보호받을 권리, 문제 있는 부모로부터 격리가 가능한 권리를 말한다.

(3) 참여(Participation)의 개념

아동이 자신의 삶에 중요한 영향을 미치는 결정에 대하여 알고 능동적으로 참여할 수 있는 권리를 말한다. 아동의 동의가 필요한 의사결정에는 친권상실, 이혼, 입양 등에 아동의 의사가 존중되어야 하며 자신의 삶을 결정하는 데 간섭받지 않고 참여할 수 있는 권리이다. 성인기에 대한 준비로서 사회활동에 참여할 기회를 가져야 할 권리를 의미하며 정보 접근권도 여기에 포함이 되고 있다.

3) UN아동의 협약

UN아동권리 선언이 1959년에 채택되었고 각 국가에서 인권 관련법이 제정되었음에도 불구하고 세계 도처에서 아동학대, 착취, 빈곤, 질병 등 아동문제는 줄지 않고 있다. 이에 유엔은 아동권리선언(1959년)이 선포된 지 20주년을 맞이하는 1979년을 '국제 아동의 해'로 선포하였고, 아동권리선언을 협약으로 바꾸어 법률적 구속력을 강화하게 되었다. 1989년 11월 20일 제44회 유엔총회에서 아동에게 부여된 기본 권리들을 규정하는 조약을 승인하였다.

이것이 바로 「유엔아동권리국제협약(UN Convention on the Rights of the Child)」이다. 이는 아동을 인권의 주체로 인정하며 아동권리의 중요성을 강조한 국제적 의지표현이자 국제인권협약이다.

제54조로 구성된 유엔아동권리협약은 아동권리 보호를 목적으로 만들어졌으며 아동의 권리를 가진 주체로 인정하고 가장 많은 국가의 비준을 받은 협약이다. 또한 모든 인권의 영역을 포괄하고 있는 최초의 국제협약이라는데 큰 의의가 있다.

(1) 유엔아동권리 협약의 기본원칙

유엔아동권리협약은 다음과 같이 4대 기본원칙, 3개의 기본개념, 1가지 과정으로 이루어져 있다.

① 4대 기본원칙

- 생존권 : 생명을 유지하고 최상의 건강과 의료혜택을 받을 권리이며 적절한 생활수준을 누리고 안전한 곳에서 살며 충분한 영양을 섭취하고 기본적인 의료서비스를 받을 권리 등 아동이 살아가는데 기본적으로 있어야 할 권리이다.
- 보호권 : 차별로부터의 보호, 학대와 방임으로부터의 보호, 고아들과 난민아

동의 보호받을 권리, 응급상황으로부터의 보호를 말하며 이는 아동학대나 차별, 폭력, 고문, 전쟁, 노동 등 성장에 나쁜 영향을 주는 것으로부터 보호되어야 할 아동권리를 말한다.

- 발달권 : 정규적 · 비정규적인 교육을 포함하여 모든 종류의 교육을 받을 권리와 아동이 신체적 · 사회적 · 정서적 · 도덕적으로 성장하는데 필요한 평균 수준의 생활을 누릴 권리를 말한다. 이는 아동이 가지고 있는 잠재능력이 발휘될 수 있도록 교육의 기회와 다양한 문화 활동의 기회를 누리고 자유롭게 생각하며 정보를 얻을 권리이기도 하다.
- 참여권 : 아동이 자신과 관련된 모든 일에 대해 알고 자신의 의사를 자유롭게 표현할 권리를 말한다. 아동이 자신과 관련된 일을 결정하는 과정에 참여하여 자신의 의견을 표현하고 단체에 가입하거나 평화적인 집회에 참여할 수 있는 권리이기도 하다.

(2) 3개의 기본개념

- 아동의 정의(제1조) : 아동이라 함은 18세 미만의 모든 사람을 말한다.
- 비차별의 원칙(제2조 제1항) : 모든 아동는 성별, 종교, 인종, 국적 등 그 어떤 조건, 환경과 관계없이 차별 받아서는 안 된다.
- 아동최선의 이익(제3조 제1항) : 법원, 정부부처, 입법기관 등 공공기관과 민간기관인 사회복지기관 등은 아동과 관련된 활동을 결정할 때 아동에게 좋은 것이 어떤 것인지를 우선 고민해야 한다.

(3) 1가지 과정

아동권리 실현의 책임이 모든 사람에게 있음을 의미하며, 이는 아동의 권리를 보호하는 일은 정부, 국제기구, 가정, 학교를 포함한 우리 모두의 책임이라는 것을 뜻한다.

(4) 영유아 권리존중 보육

영유아보육기관은 유아기의 일부라고 인정되는 모든 영유아를 위한 공간이다. 여기서 영유아를 책임지고 있는 사람은 원장과 교직원 그리고 보육교사이다. 그러므로 보육기관에서의 원장과 보육교사는 영유아의 권리를 존중하는 보육에 직접적인 영향을 미치고 있으며, 이에 부모들은 자녀의 교육을 보육기관에 의지하면서 영유아가 진정한 권리주체로서 교육받는가에 대한 관심이 매우 높아지고 있다.

영유아는 인격 주체로서 행복하게 살아갈 권리를 갖고 있으며, 자신의 권리 못지않게 다른 사람의 권리도 소중함을 아는 존재이어야 한다. 그러기 위하여 부모와 보유기관에서의 역할이 매우 중요하다. 부모 다음으로 많은 시간을 보내는 보육교사는 영유아의 권리를 존중하는 보육을 담당해야 할 것이다.

보육과 유아교육에서 영유아의 의사결정 참여를 실질적으로 높이기 위해서는 일상생활 속의 생활양식을 꾸준히 바꾸어야 한다. 때로는 영유아의 의사능력이 비교적 낮기 때문에 의사 표헌을 하는데 일정한 한계가 있다고 여셔질 수 있다. 하지만 말 잘 듣는 영유아를 키우는 것이 아니라 자신의 의사를 적절하게 표현하는 영유아를 키우기 위해 환경을 조성하여 주면 된다. 영유아 권리존중은 영유아가 자신의 의견을 자유롭게 표현할 수 있도록 격려하고 그 목소리를 경청하고 존중하며, 영유아의 의견이 실현되도록 함께 탐색해 가는 활동을 하는 것이다.

즉, 영유아의 이해와 느낌, 그리고 생각을 잘 드러내도록 허용하고 북돋아 주기, 그들의 의사에 귀를 기울여 주는 것이 영유아 권리존중의 출발점이 될 것이다.

영유아가 자신의 의견에 따라 무엇인가를 선택할 때 영유아의 관심과 흥미가 요구된다. 영유아들은 이러한 흥미와 관심을 통해 어떤 일을 도모하고자 하는 동기를 갖게 된다. 어린이집 보육교사는 이러한 사실이 영유아의 이익을 보장하는 일이라고 이해하고 있다고 김진숙(2009)의 선행연구에서 나타나고 있다.

영유아 권리존중 보육은 영유아의 흥미와 관심을 최대한 존중하고, 영유아의 의지에 따라 활동하게 하게 한다. 이는 자율성을 의미하는 것이며, 영유아의 의사 존중과도 연관된다. 특히 어린이집 교사가 지닌 아동관, 가치관, 태도와 기술 등에 따라 영유아 권리존중에 영향을 미칠 것이다. 이러한 의미는 아동 최선의 이익을 의미한다.

하루 일과 존중은 영유아 보육 현장에서 실천하는 내용과 연관된다. 어린이집에서 영유아가 생활하는 하루 일과를 돌아보면, 등원, 정리시간, 화장실 가는 시간, 대 · 소집단 활동, 자유선택활동, 간식 및 점심시간, 낮잠시간 특별활동 시간 등 다양한 활동에서 영유아의 자율성과도 연관지어 볼 수 있는데, 자율적으로 자신의 흥미와 관심에 맞는 개별 특성에 적합한 활동을 선택함으로써 영유아가 자기 주도적인 삶을 살아가는 토대를 마련해 주는 것을 의미한다.

영유아 권리를 존중하는 보육은 영유아가 자신과 다른 사람, 서로의 생각과 느낌을 교환하여 더불어 건강하고 행복하게 성장 · 발달하도록 하는 것이다. 그리고 영유아의 성장권, 발달권, 교육권, 참여권을 보장하고 향상시키며, 영유아가 건강, 안전, 행복하게 성장 · 발달하도록 보살피고 교육하는 공적 · 사회적 서비스를 말한다(박수연, 2012).

3. 아동 및 영유아 보육교사의 권리증진 이해

1) 보육교사와 아동의 인권존중 이해

(1) 영유아 권리존중 보육

영유아 권리존중 보육은 유엔아동권리협약의 일반 원칙인 비차별의 원칙, 아동 이익 최우선의 원칙, 생존과 발달의 원칙, 의사존중과 참여의 원칙을 기본적 가치로 한다. 그러므로 영유아 최선의 이익을 우선으로 하고, 자신의 생각과 느낌을 자유롭게 표현할 뿐만 아니라 다른 사람의 생각과 감정을 이해하고 소통할 수 있으며, 어떤 이유로도 차별받지 않고 인간으로서의 존엄성을 인정받을 수 있도록 영유아의 권리가 존중되는 보육이 되어야 한다.

(2) 영유아 권리존중 보육의 특징

① 영유아 권리에 대해 민감한 교사의 태도가 발휘된다.

영유아의 권리를 민감하게 알아차려서 교사가 영유아의 관심과 욕구를 충족시켜 영유아의 관점에서 문제를 해결해 나간다. 영유아는 교사로부터 관심과 존중받고 있다는 느낌을 갖게 되고, 높은 자아 존중감과 긍정적 자아개념을 발달시킨다.

② 영유아를 존중하는 보육은 영유아가 삶의 주체자로서 주도해 나아갈 수 있도록 영유아의 주도성을 인정하는 환경이 조성된다.

영유아가 스스로 탐색하고, 의사표현에 참여하도록 허용하고 격려하는 분위기가 제공된다. 영유아는 능동적인 힘과 자기 조절능력이 발달하며 자율성과 자기 절제능력이 향상된다.

③ 영유아를 진심으로 사랑하고 공감하는 따뜻한 정서적 지원이 이루어진다.

교사와의 온정적인 관계를 경험한 영유아는 건강한 애착을 형성하여 자신이 신뢰 관계 속에서 존중받고 있는 존재임을 깨달아 자신에 대한 긍정적인 자아개념이 형성되며 또한 타인을 존중하고 배려하는 태도를 기를 수 있다.

(3) 영유아 권리존중 보육을 위한 포괄적 지원

영유아 권리존중을 보육하기 위해서는 교사, 부모, 아동을 위한 포괄적 지원이 필요하다.

① 보육교사를 위한 지원

보육교사는 육아종합지원센터의 영유아인권상담 전문요원과 상담을 통하여 도움을 받을 수 있다.

- 아동인권상담 전문요원은 보육교직원의 고충을 돕기 위하여 전화상담 및 전화상담 후 방문상담, 전문가 연계, 교사교육을 실시하고 있다.
- 보육교사는 육아종합지원센터 아동인권상담 전문요원을 통하여 전문기관을 연계받을 수 있다.
- 보육교사는 육아종합지원센터을 통하여 다음과 같은 도움을 연계 받을 수 있다.

- 이용안내 : 육아종합지원센터에 전화 예약 후 방문
- 서비스 내용

- 장애아 순회 지원 사업을 통하여 특수교사 현장 방문지원, 치료사 현장 방문지원, 원장 및 교사교육 등
- 부모교육, 가족상담 등
- 영유아 발달 모니터링, 영유아 발달 검사
- 아동심리상담(놀이치료, 치료놀이, 미술치료 등), 인지치료, 언어치료 등
- 온라인 부모 양육상담 등
- 교사를 위한 연수와 교육(아이조아컨설팅 등)

② 부모와 아동을 위한 지원

- 건강가정지원센터(http;//www.familynet.or.kr. ☎1577-9337)
- 정신건강증진센터(http;//www.g-health.kr)
- 중앙장애아동발달장애인지원센터(http;//www.brose.or.kr. ☎02-3433-0743)
- 지역사회 복지관
- 아동치료센터

③ 영유아 인권존중 보육을 위한 교사의 인식증진

보육교사는 영유아의 권리를 어느 정도 알고 있는지 알아보기 위하여 다음의 아동권리 인식지표를 점검해 볼 수 있으며 권리인식 점검을 통하여 민감성 향상을 도모할 수 있다.

표 3-2 **유아권리 인식 간편 진단**

구분	아동권리 인식내용	Y	N
1	유아는 어쩔 줄 모르거나 기분이 언짢을 때 전문가의 도움을 받을 수 있다.		
2	유아는 부모와 사는 것이 위험하지 않는 한, 부모와 함께 살며 그들과 시간을 보내야 한다.		
3	유아는 필요할 때 누군가 보살펴 주고 유아의 입장에 서서 말해 줄 수 있다.		
4	유아는 잘못을 하더라도 공평하게 대우를 받아야 한다.		
5	유아는 다른 사람에게 좋은 친구가 되어 줄 수 있다.		
6	유아는 아플 때 치료를 받을 수 있어야 한다.		
7	유아는 몸과 마음이 건강하게 성장할 수 있다.		
8	유아는 자신과 관련된 사항을 결정할 때 유아의 생각이 존중되어야 한다.		
9	유아에게 옷, 음식, 살 곳이 주어져야 한다.		
10	유아는 자신과 관련된 사항을 결정할 때에 필요한 정보에 접근할 수 있다.		
11	유아는 자신의 종교, 언어, 피부색, 종족과 신분 때문에 차별받지 않는다.		
12	유아는 자신과 관련된 계획이나 일을 할 때 자신의 입장이나 희망사항을 존중한다.		
13	유아는 좋은 친구를 사귈 기회를 가져야 한다.		
14	유아는 놀이를 즐기고 상상을 할 수 있다.		
15	유아는 자신이 원하는 사람과 친구할 수 있다.		
16	유아는 다른 사람의 종교, 언어, 피부색, 종족, 신분을 존중할 줄 안다.		
17	유아는 자신의 모든 능력과 재능을 계발할 수 있다.		
18	유아는 나쁜 일이 발생했을 때(전쟁,화재,지진,홍수,기아 등) 즉시 도움을 받는다.		
19	유아는 자신의 능력과 노력이 허락하는 한 최고의 교육을 받아야 한다.		
20	유아는 태어나서 자신만의 특별한 이름을 갖는다.		
21	유아는 자신만의 시간과 방해받지 않는 공간을 가질 수 있다.		
22	유아는 어른이 되기 전까지 전쟁에 참여하지 않는다.		
23	유아는 마음에 드는 물건을 돈으로 살 수 있다.		

24	유아는 자기 나이에 걸맞는 행동을 선택해서 할 수 있다.		
25	유아는 자신을 사랑하고 관심을 가져 주는 사람과 함께 있어야 한다.		
26	유아는 훌륭한 사람이 되기 위해 무엇이 옳고 그른지를 배울 기회를 가져야 한다.		
27	유아는 자기 방식으로 자유롭게 행동할 수 있는 사람으로 존중받는다.		
28	유아는 종교나 신념을 가질 수 있다.		
29	유아는 자신의 생각과 의견이 다른 사람으로부터 존중과 경청을 받는다.		
30	유아는 자신의 권리를 책임 있는 사람의 지지를 받는다.		
31	유아는 자신을 진정 생각해 주는 어른에게 관심과 지도를 받아야 한다.		
32	유아는 위험하거나 아동 나이에 맞지 않는 노동을 하지 않아야 한다.		
33	유아는 나이가 들면서 더 많고 큰 책임을 진다는 것을 배워야 한다.		
34	유아는 자신의 감정을 해칠 사람이나 상황으로부터 보호받아야 한다.		
35	유아는 공부할 장소를 가져야 한다.		
36	유아는 스스로 할 수 있도록 도와야 한다.		
37	유아는 자신과 다른 사람의 삶을 좋게 하기 위해서 일할 수 있다.		
38	유아는 다른 사람에게 사랑을 베풀 기회를 갖는다.		
39	유아는 배우기 위해서 바라는 만큼의 도움을 받을 수 있다.		
40	유아는 자신의 몸을 해칠 사람이나 상황으로부터 보호받아야 한다.		

출처: 보건복지가족부(2009). (아동권리협약과 함께하는)아동청소년의 권리: 보육교사용. 서울: 보건복지가족부.

표 3-3 **영유아 권리존중 보육일과 지키기 자가 진단표**

구분	자가 진단표	Y	N
1	영유아의 일상적인 등 · 하원 상태(모습)을 잘 알고 있다.		
2	영유아의 이름을 부르며 반겨 맞는다.		
3	영유아의 심신의 건강상태를 살피고 부모에게 물어 본다.		
4	부모의 영유아에 대한 투약 및 요구사항을 꼼꼼히 챙긴다.		
5	연락 없이 등원하지 않은 유아가 있으면 바로 보호자에게 연락하여 상황을 파악한다.		
6	영유아의 신체에 상처 등이 있을 때는 학대 가능성을 염두에 두고 주의 깊게 살핀다.		
7	정해진 식사시간을 맞추느라 아직 끝내지 않은 활동에 대한 과도한 제한을 가하지 않는다.		

8	식사 전후 손을 씻어 안전한 식사가 되도록 한다.		
9	영양이 충분하고 안전한 식재료로 만든 음식을 제공한다.		
10	영유아나 부모가 원하지 않는 식사시간 관련 의식을 하도록 강요하지 않는다.		
11	영유아나 부모가 원하지 않는 음식물을 먹도록 강요하지 않는다.		
12	영유아가 원하지 않는 양의 음식물을 먹도록 강요하지 않는다.		
13	보육교사와 영유아가 같은 식탁에서 식사함으로써 영유아의 요구에 즉각 응할 수 있도록 하며, 집에서 부모와 함께 먹는 느낌을 가지도록 한다.		
14	여유 있는 시간과 대화 등으로 즐거운 식사시간이 되도록 한다.		
15	영유아가 새로운 음식을 접하는 도전을 할 수 있도록 미리 준비한다.		
16	영유아가 충분한 휴식을 가질 수 있도록 환경을 갖추어 준다.		
17	영유아가 하고 싶지 않은 활동을 하도로 강요하지 않는다.		
18	영유아에게 하루 적어도 두 번 이상의 바깥놀이를 하도록 한다.		
19	영유아의 바깥놀이 시간을 교사간의 대화시간으로 인식하지 않는다.		
20	영유아가 자신 나름의 감정과 견해를 가지고 있으며 이를 표현할 수 있는 충분한 능력이 있음을 인식하고 인정한다.		
21	영유아의 개별적 관심과 표현을 중시하고 격려한다.		
22	영유아 간의 대화를 통한 지식공동체로서의 교실을 꾸며 가는 것을 중요하게 여긴다.		
23	영유아의 관심을 알아내기 위해 경청한다.		
24	질문을 할 때 영유아가 충분히 생각할 시간을 준다.		

④ 아동권리 자가 체크리스트

이 체크리스트는 보육교직원이 일상에서 아동의 권리를 보호하는지를 파악하기 위한 자가 체크리스트이다. 해당하는 문항에 체크(√)하시고 점수를 통해 아동권리에 대하여 민감도를 확인해 보세요.

※ 연구기관의 자료이므로 참고사항으로만 사용해 주세요.

표 3-4 **아동권리 자가 체크리스트(안)**

	항목	전혀 없음	1회	2회 이상	거의 매일
1	아동에게 원망적, 거부적, 적대적 또는 경멸적인 언어폭력을 한 적이 있다. · 아동에게 욕을 하거나 나쁜 말을 한 적이 있는 경우 : 돼지야!, 이 못생긴게, 멍청아!, 바보, 나가 죽어라 등 · 아동을 비판, 비난, 조롱, 모욕, 우롱한 적이 있는 경우 : 넌 혼자 이것도 못하니?, 애비 없는 자식, 너처럼 못하는 아이는 처음 봤다며 무시하는 행위 등				
2	아동의 인격이나 감정/기분을 무시하거나 모욕하는 행위를 한 적이 있다. 매운 음식을 먹을 때 물을 마시지 못하게 하는 행위, 음식을 먹는 속도가 느리다는 이유로 연령이 낮은 반으로 보내서 아동이 수치심을 느끼게 하는 행위 등				
3	아동에게 위협을 주는 언어나 행동을 한 적이 있다. 숫자 다 셀 때까지 해!, 엄마한테 일찍 데리러 오지 말라고 할거야!, 동생반이나 원장반으로 보내 버릴거야!, 엄마 아빠한테 이를 거야!, 집으로 내쫓을 거야!, 시키는 행동을 하지 않으면 그 아동이 바깥놀이를 하지 못하게 하는 행위 등				
4	아동에게 폭력적인 장면을 노출한 적이 있다. 아동에게 종사자 간 싸움 장면을 노출시키는 행위, 원장이 아동에게 폭력을 행사하는 것을 다른 아동이 목격하는 경우 등				
5	(자, 회초리, 긴 막대 등의) 도구로 아동을 위협한 적이 있다.				
6	화장실, 창고 등의 아무도 없는 빈 장소에 벌을 세우기 위해 아동을 가둔 적이 있다.				
7	긴급상황이 아닌 경우에도 아동을 재촉하거나 공포분위기 조성을 위한 목적으로 아동에게 고함을 지른 적이 있다. "당장 그만두지 않으면, 혼자 놔두고 갈 거야!"				
8	아동의 신체부위를 때린 적이 있다. 맨손이나 발로 때리거나 사랑의 매 등의 도구를 사용하여 때린 행위 등				

9	아동에게 신체적 손상은 입히지 않았지만, 고의적으로 아동의 신체를 가해하는 행위를 한 적이 있다. 아동의 팔을 당겨 서두르게 하는 행위, 아동의 머리나 엉덩이를 치며 행동을 중지시키는 행위, 먹기 싫어하는 음식을 억지로 입을 벌려 먹이는 행위, 아동을 꼬집거나 잡고 흔드는 행위, 목을 잡고 조르는 행위 등				
10	낮잠시간이나 놀이시간 등에 아동을 혼자 있게 하거나 아동 간 다툼을 방치한 적이 있다.				
11	아동에 대한 기본적 보호·양육을 소홀히 한 적이 있다. 아동이 적절한 음식을 충분히 제공받도록 하지 않거나, 식사 때가 되어도 식사를 제대로 챙겨 주지 않거나 상한 음식을 아동에게 주는 행위 등				
12	아동을 위험상황이나 비위생적인 환경에 방치한 적이 있다. 아동이 위험한 물건(칼, 압정, 핀 등)을 가지고 놀아도 내버려 두는 행위, 아동이 자는 낮잠시간에 책상 위에 의자를 두는 행위, 일부러 화상을 입게 하는 행위, 아동이 흘린 음식을 먹게 하거나 기저귀를 긴 시간 동안 갈아 주지 않는 행위 등				
13	아동에게 필요한 의료처치를 제공하지 않은 적이 있다. 아동이 몸이 아프다고 해도 보호자에게 알리지 않거나 병원에 데려가지 않고 그냥 내버려 두는 행위 등				
14	과도하게 신체접촉을 하거나 아동의 신체를 노출시킨 적이 있다. 기저귀갈이 할 때 다른 사람 앞에서 생식기를 고의적으로 노출시키거나 만지는 행위, 사람들 앞에서 속옷을 갈아입히거나 용변을 보도록 하는 행위				
15	음란비디오나 책을 아동에게 보여준 적이 있다.				

〈자가 체크리스트 사용방법〉

• 사용주기 : 근무개시 1주일 이내에 필수, 이후는 분기별 혹은 반기별(연 2회 정도) 사용을 권장합니다.

분류	세부내용
없다	당신은 아동 권리를 위해 최선을 다하고 있습니다.
1개 이상 '있다'에 체크한 경우	'예'에 해당하는 항목의 행동을 하지 않도록 주의가 필요합니다.

2) 영유아와 보육교사의 인권신장과 상호성

(1) 아동 권리존중을 위해 삼가야 할 대화의 유형

표 3-5 아동 권리존중을 위해 삼가야 할 대화유형

대화유형	예시	영유아에게 미치는 영향
명령, 지시	• "이것 좀 들어!" • "남 참견 말고 네거나 그려." • "빨리 장난감 치우지 못해!", "싸우면 혼날 줄 알아!"	명령과 지시 중심의 대화는 아이들 스스로 판단하는 능력을 상실하게 하고 자신감을 떨어뜨리게 하며, 남의 명령에 무조건 따르는 의타심을 키우게 한다.
경고, 주의, 위협	• "열 셀 동안 카펫에 모이지 않으면" • "조용히 하지 않으면 오늘 바깥놀이 없을 줄 알아!" • "당장 그만두지 않으면, 혼자 놔두고 간다" • "싸우면 애기반에 보낼 거야" • "너!이렇게 선생님 말 안 들으면… 이따가 너희 엄마가 데리러 오실 때… • "장난감 정리 안 하면 모두 치워 버릴 거야"	여기엔 그대로 따르지 않을 땐 벌을 주겠다는 뜻이 들어 있다. 이런 말투는 권위에 대한 저항감, 적개심을 갖게 하고, 벌을 피하려는 도피 또는 회피 행동을 배우게 할 뿐만 아니라 교사와의 친밀감을 상실하게 한다.
훈계, 설교, 도덕적 충고	• "그건 착한 아이가 할 짓이 아니야" • "나 같으면 당장 민수에게 사과하겠다", 가위로 자르면 되지 않니!"	도덕적인 충고를 하지만 아이들이 어른의 의도대로 도덕적 감화를 받지 않는 경우가 더 많다. 오히려 이런 말들은 아이들의 거부감을 일으키거나 자기 자신에 대한 비하감을 느끼게 만든다.

논리적으로 따지기	• "내가 분명 긴 바늘이 6자에 갈 때까지 밥을 다 먹으라고 이야기했으면 그렇게 했었야지 않니? • 옆에 00가 자꾸 말 시켜서 못 먹었다는 것이 이유가 될 것 같니?"	간혹 아이가 문제 행동을 하거나 실수를 한 것에 따지기를 좋아하는 어른이 있다. 하지만 아이들이 어른을 화나게 하려고 일부러 하는 것은 아니다. 아이들을 궁지에 몰아넣는 대화는 아이와 어른과의 관계에 갈등을 증폭시키고 아이들의 행동의 변화보다는 그럴듯한 변명을 고민하게 만든다.
비판, 비난, 조소, 모욕, 우롱	• "문에다 더럽게 손자국을 냈구나! 왜 매일 이 모양이니? 넌 도대체 어떻게 된 거니? 선생님이 몇 번이나 이야기했어?" • "너처럼 맨 날 늦는 게으른 사람을 누가 좋아하겠니?" • "글쎄 너는 그 나이가 되도록 젓가락질을 못하는 거니?" • "네 나이가 몇인데? 너처럼 00을지 지리도 못하는 애는 처음 봤다." • "아직도 멀었어." • "넌 어째 그 모양이니? 생각이 없는 아이야" • "넌 도대체 무슨 생각으로 사는 거야? 생각이 없는 아이야" • "바보처럼 그것도 못해?" • "이걸 그림이라고 그려 놓은 거야? 발로 그렸니?"	아이의 말이나 행동을 어른의 기준에 따라 평가하여 내리는 말이다. 반항하거나 자존심을 상하기 쉽고, 자기 비하적, 자기 조소적 성격이 될 가능성이 높고 자신을 상실하게 되면 적극적 사고나 행동을 피하게 되고 창의적 사고를 못하게 된다. 특히 아이의 행동에 창피를 주거나 다른 사람들이 모여 있는 곳에서 아이들을 개인적으로 창피를 주는 것은 아이의 마음에 상처를 주는 일이다.
해석, 분석, 진단	• "네 녀석이 화내는 건 분명 거짓말이 탄로 나서 당황했기 때문이야" • "네가 잘못해 놓고 겁이 나니까 말을 더듬고 있는게 분명해" • "선생님을 골리려고 그랬지?" "도대체 네가 그러는 이유가 뭐야?"	아이의 감정에 충분한 이해 없이 단정해 버리는 것도 아이에게 좋은 영향을 주지 못한다. 아이들은 훈계만 하고 단정하는 어른에게 자신의 속마음을 털어놓지 못한다.
욕설하기	• "어이구 먹는 꼴 좀 봐라. 완전 돼지 같네!"	실제로 아이들에게 욕설을 퍼붓는 부모나 교사가 있다. 칭찬은 아이들의 영혼에 산소를 넣어주는 것과 마찬가지라고 하는데, 이에 반해 욕설은 아이들의 영혼에 상처를 주고 아이들을 분노하게 만들므로 지양해야 한다.

비교하기	• "왜 너는 다른 아이들보다 가만히 앉아 있질 못하는 거니. 어? 무슨 문제가 있는 거야?" • "▲▲야 너도 네 친구들처럼 싹싹하고 예의 바를 수 없니?" • "00좀 봐라." • "경호 반만큼이라도 따라 해봐."	비교는 아이들의 개성을 존중하지 않는 성인의 일정한 잣대 때문에 생겨난다. 어른의 말에 반감을 갖게 하고, 열등의식을 갖게 하며 상대 아이에게 적개심을 갖게 한다.
교사주도의 일방적 서약, 약속정하기	• "오늘 제 시간 안에 이것 못하면 바깥놀이 못 나간다고 했지? 그러니 이거 다할 때까지 못 나가는 줄 알아!" • "현장학습 때 장난친 사람은 다음에 다시는 안 데려간다."	어른 주도로 일방적 약속을 정하고 그에 맞게 행동하는 것은 표면적으로는 합리적인 것처럼 보이지만 아이들의 상황이나 의견이 전혀 반영되지 않았다. 이는 약속이 아니라 어른의 일방적인 의사 전달일 뿐이다.
유아감정 부정하기	• "그만 좀 울어라. 사내 녀석이 울긴! • "그 따위 일로 화내는 사람이 어디 있냐?"	아이의 감정은 어른의 판단에 의해서 평가될 것이 아니라 있는 그대로의 감정을 이해하고 존중해야 한다.

(2) 영유아을 위한 적절한 행동모델

연령	행동특성	행동이면에 있는 욕구
0세	– 자주 울기	– 의사표현의 중요 수단 – 우는 이우를 찾아봄(배고픔, 피곤함, 기저귀, 몸이 불편함, 너무 더움, 너무 추움 등)
1세	– 20개월 이후 대 · 소변 가리기 실수	– 불안, 심리적 퇴행 등으로 인함 – 이 연령의 유아에게 흔히 나타나는 현상
2세	– 자기가 하고 싶은대로 하려고 고집부리기(유모차에 타지 않고 밀어 보려고함, 카트를 밀려고 함, 장난감을 가지고 싶어 하고 떼를 부림)	– 신체발달, 인지발달이 급격하게 이루어지면서 자신의 생각대로 행동하고 싶어함
3세	– 발로 차기	– 대부분의 유아의 경우 특별히 공격적인 요구를 가지고 발로 차기를 하기보다는 누군가 발로 차기와 비슷한 행동을 하는 것을 보았거나 자신을 방어하기 위한 수단으로 사용

4세	– 주변을 돌아다님(예: 부모가 쇼핑할 때 관심 있는 대상이 눈에 들어오면 전후 사정 고려하지 않고 그것을 향해 돌진함) – 욕심부리기	– 주변을 탐색하고 싶어함 – 자기 소유물의 의미를 알게됨
5세	– 거짓말하기	– 자기가 목적한 바를 이루고 싶거나, 문제를 스스로 해결하는 방법을 찾거나 관심 등을 끌고 싶은 경우에 거짓말을 함

(3) 영아를 위한 올바른 지도

영아에게는 간단한 단어를 사용한다. – 영아에게는 간단하게 말한다. 8~10개월 된 영아는 간단한 요구를 이해할 수 있다. – 편안하고 따뜻한 목소리를 사용하는 것이 바람직하며 거칠거나 신체적으로 강압하는 것은 비효과적이고 영아가 두려움을 느끼게 된다.
영아에게 해야 할 것을 보여주고 설명한다. – 영아가 하기를 희망하는 행동을 보육교사가 직접 보여주고 말로 설명한다. – 영아들이 어떻게 행동해야 하는지 알고 있다고 기대해서는 안 되므로 보육교사는 끈기 있게 상호작용해야 한다.
제안이나 요구를 반복하고 기다린다. – 영아에게는 시범을 한 번 이상 해 주어야 한다. – 영아는 보육교사가 부드럽게 요구할 때에 잘 따른다. – 또한 '싫어'라고 반응하기도 하므로 잠시 기다리거나 다시 요구한다. – 자기주장을 반항으로 해석하지 말아야 한다. – 성급해 하거나 서두르지 말고 반복이 필요하며 특별한 요구를 지닌 영아는 더 많은 시간이 필요하다.
대안적인 행동이나 물건을 제공하여 영아의 주의를 분산시킨다. – 대체물을 제시하거나 흥미 있을 만한 것을 가리키면서 주의를 끈다. – 언어적으로 요구하거나 아이의 손에서 물건을 뺏는 것은 영아에게 적합하지 못하다. – 적절하지 않은 행위나 사물로부터 주의를 분산시키고, 무엇을 할지 제안하며 어떻게 할지를 보여주면 영아와 힘겨루기를 피할 수 있게 된다.
안전의 위험이 있을 경우, 지사를 따르지 않는 영아를 안아서 옮긴다. – 영아의 흥미를 분산시키면서 간단하고 우호적이고 확고하게 이동시키는 것이 효과적이다. "혼자서 밖에 있는 것은 안전하지 못해"라고 조용한 목소리로 설명해 주어야 한다.

(4) 유아를 위한 올바른 지도

유아의 행동을 주의깊게 관찰한다. – 유아의 행동을 관찰하고 파악한다. – 부적합한 행동을 하게 하는 물리적 환경, 소리, 사람, 시간 등이 있는지 살펴본다.
유아의 주의를 집중시킨다. – 주의집중을 위한 다양한 방법을 사용한다. – 적절한 상호작용 및 동화, 손유희 등을 통해 주의를 집중시킨다.
문제가 될 만한 행동을 파악하여 사전에 조정해 준다. – 문제가 될 만한 행동을 파악한다. – 실수를 일으킬 만한 환경은 미리 조정해 준다.
반응을 위한 충분한 시간을 준다. – 유아의 행동을 실천하기 위한 충분한 시간을 준다. – 곧바로 반응할 것을 요구하지 않으며 재촉하지 않는다.
정해진 규칙과 절차를 세분화하여 알려 준다. – 한 번에 한 가지씩 알려 준다. – 유아의 각 행동 별로 적합한 보상을 한다. – 항상 규칙을 잘 따르기를 기대하지 않는다.
적절한 지도방법을 선택한다. – 안전, 위생, 권리를 위협하는 것이 아니라면 일부 행동은 자연스럽게 넘긴다. – 행동한 것에 대한 결과로 창피를 주지 않는다.

출처: Marjorie J. Kostelnik, Alice Phipps Whiren, Anne K. Soderman, Kara M. Gregory(2009). 영유아의 사회정서 발달과 교육. 박경자 · 김송이 · 권연희 · 김지현 역, 교문사).

(5) 영유아 권리존중 하루 일과별 사례 및 교사의 역할

표 3–6 **만 0~1세 하루 일과별 교사의 역할**

하루 일과	아동권리를 존중하지 않는 사례	교사역할
등원 및 맞이하기	엄마와 헤어지기 힘들어 하는 영아를 엄마와 분리할 때 – "이러면 엄마 힘들지?" "씩씩하게 헤어져야 착한 친구지?"	엄마와 함께 있고 싶은 영아의 마음을 헤아려 따뜻한 스킨십을 하며 마음을 안정시킬 수 있는 상호작용을 해 준다.
	아침을 못 먹고 등원한 영아를 잘 챙겨 달라는 부탁을 받았을 때 – "아침에 일찍 일어나서 밥 먹고 오지	– "00가 아침을 못 먹었구나" – "우리 교실에 들어가서 맛있게 먹자."

	– "네 거니까 혼자서 먹으세요. 선생님은 친구들 도와줘야 해요."	
놀이시간	인형에 관심을 보이는 영아에게 놀이방법을 안내할 때 – "자 이제 인형 가지고 혼자 놀아~"	"00는 아기인형을 업어 주고 싶구나. 자 포대기로 업혀 줄게" 하며 인형을 가지고 놀이하는 방법을 안내한다.
	놀잇감을 가지고 영아들끼리 갈등상황에 놓여 있을 때 – "너희들 또 싸우니? 이러면 너희들은 놀이할 수 없겠다."	놀잇감의 개수를 충분히 준비하여 영아들의 놀이상황 시 분쟁이 일어나지 않도록 하며, 함께 놀이할 때의 방법을 이야기해 준다.
정리정돈	정리를 안 하는 영아에게 많은 양의 놀잇감 정리를 시킬 때 – "00는 또 정리 안하는 구나." – "다음에 놀이하지 마세요." – "제자리가 어딘지 모르니?" – "잘 정리해 봐."	장난감 바구니를 제시하고 '우리 장난감을 집에 넣어 주자'하면서 정리 바구니에 담아 보도록 한다. 교사도 정리하는 모습을 보여주고, 함께 정리해 본다.
점심시간	계속같은 자리에 앉는 것을 고집하는 영아가 있을 때 – "너 또 그 자리에 앉는다고 우는 거니? 왜 그 자리에만 앉는 거야?"	앉고 싶은 자리를 고집하는 영아는 그 자리에 앉을 수 있게 배려한다.
	지나치게 돌아다니며 식사하는 영아를 지도 할 때 – "돌아다니면서 먹으면 안 돼" – "저기 00는 밥 안 먹고 돌아다니네" – "얘들아 저렇게 돌아다니면 되니?"	돌아다니며 먹는 영아는 조금씩 돌아다니는 횟수를 줄일 수 있게 돕는다. "00야 우리 2번만 앉아서 먹어볼까?" 하며 영아들이 있는 곳으로 가서 먹이지 말고 영아들을 불러 자리에 와서 먹도록 한다.
	음식을 많이 흘리며 먹고 떨어진 음식을 주워 먹는 영아가 있을 때 – "또 흘렸네, 잘 먹어야지"	영아가 적절한 양을 먹을 수 있도록 배식을 해 주고, 가정과의 연계를 통해 올바른 식습관을 가질 수 있도록 돕는다. 음식을 흘리지 않게 바르게 앉을 수 있도록 도움을 주고, 흘린 음식이 있을 시에는 먹지 않는 것이라는 것을 알려주며 교사가 신속하게 정리를 도와준다.

기저귀 갈이 (화장실 가기)	응가를 한 영아가 있을 때 – "또 응가 했니?", "집에서 하지." – "너무 많이 먹었나 보네" – '선생님이 지금 바쁘니까 조금 있다가 봐줄게'라며 기저귀를 바로 갈아 주지 않고 '조금 이따 해 줄게 기다려 봐'라고 이야기한다.	00가 응가를 했구나. '우리 깨끗이 씻자'라며 갈아주고, 응가는 더러운 것이 아니라는 것을 이야기하며 상호작용을 한다. 또 기저귀는 수시로 확인하고 영아가 불쾌감을 느끼지 않게 자주 갈아준다.
	표현을 못하는 영아가 실수(응가 또는 쉬)를 했을 때 – "응가(쉬)를 했으면 말을 해야지~" – "아휴! 힘들어 죽겠네"	영아를 인정해 주고, 모든 사람의 배변을 자연스러운 것이며 좀 더 크면 실수하지 않을 것이라며 심리적으로 불안하지 않도록 긍정적으로 상호작용을 해 준다. 또한, 바로 젖은 옷을 갈아입을 수 있도록 도와준다.
낮잠 시간	잠을 못자는 영아가 있을 때 – "경찰 아저씨 데려 가세요"하며 이불을 머리 위로 덮은 후 토닥인다. – "왜 잠을 안자니? 힘들어 죽겠네"	조용한 음악을 틀어주고 영아가 편안하게 잠잘 수 있게 돕는다. 기저귀를 확인해 보고 깨끗이 갈아주며 낮잠을 잘 수 있게 도우며, 영아의 잠자는 습관을 고려하여 이불은 적당히 덮어 준다.
	장난감(손수건)을 안고 자는 영아가 있을 때 – "주세요~ 치우고 자야지!" – "잘 때는 이런 거 정리하라고 했지?"	편안한 옷을 입고 양말을 벗고 영아가가 좋아하는 장난감(손수건)을 안고 잠을 잘 수 있게 돕는다. – '00가 장난감(손수건) 찾는구나, 선생님이 장난감(손수건) 줄게요
	잠을 못자는 영아가 있을 때	잠을 못자는 영아는 교사와 함께 조용한 놀이를 한다.
	울면서 일어나는 영아가 있을 때	자고 일어난 영아를 '잘 잤니?'하면서 따뜻하게 안아 준다.

표 3-7 **만 2세 하루 일과별 교사역할**

하루 일과	아동권리를 존중하지 않는 사례	교사역할
등원 및 맞이하기	양육자와 헤어지기 힘들어하는 영아가 있을 때	영아의 정서를 충분히 인정해 주고, 부모와 만날 시간에 대해서

	– "울며 애기되는데?", "울음 뚝 그쳐요."	이야기를 해 준다.
	등원하는 영아가 교사에게 인사를 했을 때 – 대충 인사하거나 인사를 받아 주지 않은 경우	환한 미소로 등원하는 영아를 맞이해 준다.
놀이시간	집에서 가져온 장난감 무조건 꺼내지 못하게 할 때 – "선생님이 이거 가져오지 말라고 했는데 – "다음에 또 가져오면 뺏을 거예요."	부모님께 요청하여 장난감을 가져 오지 않을 수 있도록 하고 영아에게 왜 놀이하면 안 되는지에 대해 이해시킨 후 나중에 놀이할 수 있도록 약속한다.
	영아가 함께 놀이하자며 요구해 왔을 때 – "선생님은 일해야 하니까 친구랑 놀아."	자유놀이 시간에 교사는 영아들과 함께 놀이를 하며 개별적으로 접촉을 하여 영아의 발달 정도나 흥미를 파악한다.
	발음이 미숙한 영아에게 같은 단어를 여러 번 반복하게 할 때	녹음기를 통해 영아의 목소리를 녹음해서 들어볼 수 있도록 하고 올바른 발음으로 이야기할 수 있도록 한다.
	갈등 상황을 만드는 영아가 있을 때 – "친구 힘들게 하는 사람은 혼자 놀이해요." – "애기처럼 욕심내는 친구는 동생 반에 가요."	또래 친구와 놀이하기 힘든 영아의 경우는 교사와 함께 안정적으로 놀이한 뒤, 다시 놀이할 수 있도록 한다.
실외활동	실외놀이가 끝난 시간에 더 놀고 싶어하는 영아가 있을 때 – "너 혼자 여기서 놀이해. 우리는 들어갈거야." – "너 자꾸 이러면 경찰아저씨에게 잡아가라고 전화할 거야."	영아의 마음을 인정해 주고, 더 놀이할 수 없는 상황을 설명해 주며 이해할 수 있도록 한다.
정리정돈	놀잇감을 정리하지 않은 영아가 있을 때 – "정리도 못하니? 00는 정리에 방해가 되니 그냥 앉아 있어. 정리 안할 거면 놀이도 하지 말도록 해. 우리는 정리하고 재밌는거 할건데 00는 재밌는거 못하겠다."	활동을 정리하고 다른 활동으로 전환할 때는 미리 알려주어 놀이를 마무리짓도록 배려한다. 놀잇감을 손에 쥐어 주고, 교사와 함께 정리할 수 있도록 한다.
점심시간	바르지 않은 자세로 식사를 하는 영아가 있을 때 – "왜 이렇게 움직이면서 먹니. 바르게	간식이나 식사시간은 교사와 영아가 개별적 친밀감을 형성할 수 있는 좋은 시간이므로 바르게 식

	앉 아야지, 아기 같구나." – "똑바로 앉아서 빨리 먹어라 너 자꾸 그러면 밥 먹을 수 없어."	사하는 모습을 보여 준다. 점차적으로 바른 태도록 식사할 수 있도록 돕는다. (꼭꼭 씹어 먹기, 편식하지 않기, 바르게 앉아 먹기, 스스로 먹기, 감사하며 먹기 등)
	식사를 모두 마친 영아 중 화장실에 가려고 하는 영아가 있을 때 – "누가 밥 먹을 때 화장실에 가라고 했니."	자유롭게 화장실을 다녀올 수 있도록 하되, 한 번에 많은 영아가 함께 가지 않도록 한다.
	음식을 많이 흘리며 먹는 영아가 있을 때 – "언제까지 밥을 흘리며 먹을 거니? 애기니?"	음식을 흘리지 않도록 바르게 앉을 수 있도록 도움을 주고, 흘린 음식이 있을 시에는 영아가 스스로 정리하도록 유도하고 영아가 힘들어할 때에는 교사가 정리를 도와준다.
화장실 가기	손을 씻기 위해 화장실에 간 영아가 손을 씻지 않고 물장난만 하고 있을 때 – "누가 물장난하라고 했니?"	손을 씻는 방법을 설명하며 시범을 보여주고 함께 손을 씻은 후 젖은 옷을 갈아입을 수 있도록 도와준다.
낮잠 시간	장난을 치거나 이야기를 하며 낮잠을 자지 않는 영아가 있을 때 – "00는 아기 반에 가서 자고 와야겠다. 이야기하지 않아요. 이야기하면 친구 자는데 방해가 되요."	낮잠을 잘 때는 잠이 쉽게 들 수 있도록 방을 어둡게 하여 안정된 분위기를 마련해 준다. 교사도 함께 누워 영아가 안정되도록 하며 조용한 음악을 틀어주거나 동화를 읽어 준다.
귀가지도	가지고 놀이하던 장난감을 집으로 가지고 가려는 영아가 있을 때 – "이렇게 가져가면 도둑이에요."	장난감을 갖고 싶은 마음을 이해해 주며, 함께 사용하는 물건을 어린이집에서 함께 사용해야 함을 반복적으로 이야기해 주어 이해할 수 있도록 해 준다.

표 3-8 **만 3세 하루 일과별 교사역할**

하루 일과	아동권리를 존중하지 않는 사례	교사역할
등원 및 맞이하기	유아가 기분이 좋지 않게 등원했을 때 – "왜 이렇게 애기처럼 울어요."	유아의 기분을 묻고 기분이 좋지 않은 이유를 들어주고 휴식

	"형님처럼 와야지."	하거나 기분이 좋아질 수 있도록 이야기 나눈다.
	유아가 어제 있었던 일을 이야기할 때 – "선생님이 지금 친구들 물건 정리하느라 바쁜 것 보이지?"	유아의 이야기를 들어주고 상호작용하여 준다.
	가방이나 옷을 스스로 정리하는 것을 어려워하는 유아가 있을 때 – "형님이니까 혼자 해봐"	교사가 부분적으로 도와주며 스스로 할 수 있도록 돕는다.
	오전에 간식을 싸오는 유아가 있을 때 – "집에서 먹지 왜 어린이집으로 가져오니?"	싸온 도시락에 관심을 가져 주고, 편하게 먹을 수 있도록 분위기를 조성해 준다.
놀이시간	서로 같은 교구를 가지고 논다고 다툴 때 – "자꾸 싸우면 동생 반 줘버릴 거야."	어떻게 하면 사이좋게 나누어 놀이 할 수 있을까 생각해 볼 수 있도록 대화를 하여, 유아들 스스로 규칙을 정해 놀이할 수 있도록 한다.
	친구의 잘못을 고자질하는 유아가 있을 때 – "고자질하면 나쁜 친구예요."	
	만든 작품을 선생님께 자랑하는 유아가 있을 때 – '어, 어~'하며 무성의한 반응이나 유아가 부르는데 못들은 척할 때	'와~~멋지게 만들었는데? 역시 00는 대단한 걸~하며 성취감을 느낄 수 있는 말을 한다. 유아에게 항상 관시을 많이 가지고 1:1로 돌아가며 모든 유아들에게 긍정적 상호작용을 해준다.
	다른 친구에게 방해되는 행동이나 안전사고가 유발될 행동을 하는 유아가 있을 때 – 타임아웃을 적용하기 – "미워할 거야, 못난이야."	'바르게 하려면 어떻게 해야 할까?' 등의 질문으로 상호작용 방법이나 행동을 수정할 수 있는 기회를 제공한다.
정리정돈	정리를 하지 않고 돌아다니는 유아가 있을 때 – "친구들은 다 정리하는데 너만 뭐해? 왜 놀고 있는 거야? 빨리 정리해."	친구와 함께 정리할 수 있도록 유도하고 정리가 되지 않을 때는 교사가 함께 정리하는 것을 도와준다.
대 · 소집단 활동	수업시간에 집중하지 못하고 친구와 떠드는 유아가 있을 때 – "자꾸 떠들거니? 친구들한테 방해되잖아."	유아가 집중할 수 있도록 손유희로 집중을 할 수 있는 분위기를 만들어 준다.

	– “생각하는 의자에 혼자 앉아 있어라.”	
	수업시간에 바르게 앉아 있지 않는 유아가 있을 때 – “누가 선생님 안보고 누워 있니?” – “얘들아 **좀 봐라. 애기처럼 자기하고픈 대로 하는구나.”	바르게 앉아 있는 유아를 칭찬하여 바르게 앉을 수 있도록 유도한 후, 바르게 앉을 때 격려와 칭찬으로 강화한다.
	수업이 진행되고 있는데 계속 말을 하는 유아가 있을 때 – “선생님이 말씀 끝나면 얘기하라고 몇 번 이야기했니?”	유아들이 하고 싶은 이야기가 있는지 물어 보고 수업을 진행한 후에 이야기하는 시간을 갖자고 이야기한다.
점심시간	식사를 모두 마친 후에 화장실에 다녀오고 싶다는 유아가 있을 때 – “식사 전에 다녀오라고 했는데 너는 왜 말을 안 듣니?”	화장실에 가고 싶다는 유아를 다녀오게 한 후, 식사시간을 마치고 대집단으로 모여 유아들과 식사 전이나 후에 화장실을 다녀올 수 있도록 제안한다.
	음식 먹기 싫어하는 유아가 있을 때 – “이거 다먹야 놀이할 수 있어” – 먹기 싫어하는 음식 더 주는 행동	다 먹지 않아도 됨을 설명하면서 음식이 유아에게 주는 좋은 영향을 설명하고 유아의 의사를 물어 본 후 존중해 준다.
	늦게 먹는 유아가 있을 때 – “너만 남았어, 얼른 먹어야지!” – “먹기 싫어하는 음식 더 주는 행동”	유아가 편안하게 밥을 먹을 수 있도록 격려하고 지원하고 기다려 준다. 또한 먹을 수 있는 양을 함께 정한 후 그 약속을 지킬 수 있도록 한다.
	식사시간에 자리를 정할 때 – “선생님이 앉으라는 자리에 앉으세요”	유아가 자신이 앉고 싶은 자리를 선택해서 앉을 수 있도록 한다.
	식사시간 내내 밥과 물을 함께 먹는 유아가 있을 때 – “누가 밥 먹을 때 물 먹니?”	물을 마시고 싶을 때 언제든지 먹을 수 있지만 밥과 물을 함께 먹으면 좋지 않은 이유를 설명해 주고 유아의 의사를 물어 본 후 존중해 준다.
화장실 가기	화장실에서 물장난을 하여 옷이 물에 젖은 유아가 있을 때 – “애기처럼 물놀이하는 친구네”	물에 젖었을 때 감기에 걸릴 수 있고 옷이 젖어 불편함을 언어로 표현하여 주고 다시 한번 친구들과 화장실 사용할 때 물을 사용하여 장난치지 않도록 지도한다.

낮잠 시간	낮잠을 자고 일어나서 이부자리 정리를 할 때 - "자 이제 네가 한번 이불 정리해 봐. 이제는 혼자 할 줄도 알아야지~!"	이부자리를 정리할 때 도움이 필요한 유아는 교사가 돕고 스스로 할 수 있는 유아들은 격려해 준다.
	장난을 치거나 이야기를 하며 낮잠을 자지 않는 유아가 있을 때 - "지금 안자고 있다가 늦게 잠들어서 깨울 때 안 일어나려고 그러지? 자 빨리 자야지~ 언제까지 떠들 거야?"	잠이 잘 들 수 있도록 교실 환경(조명, 음악 등)을 조성해 주고 토닥여 주며 돕는다. 잠을 안자는 유아가 조용히 놀이할 수 있는 공간을 마련하고 가정과 연계하여 수면 시간을 조정한다.
실외 활동 및 견학	친구와 줄을 서지 않고 경로 이탈하는 유아가 있을 때 - "자 앞 친구 보고 줄 맞춰서 가야지." - "앞 친구 어깨에 손 올리고 앞에 보며 가자."	경로 이탈이 잦은 친구는 교사와 함께 손을 잡고 앞에서 같이 걸을 수 있도록 한다.
	관찰하고 견학하는 중 뛰어다니는 유아가 있을 때 - "선생님 잃어 버리면 어떻게 하려고 그러니 너 혼자 여기 있을 거야?"	친구의 손을 잡고 함께 할 수 있도록 유도하고 교사가 반복적으로 이름을 불러 집중할 수 있도록 지도한다. 현장학습을 나가기 전 유아들과 '선생님과 즐겁게 현장학습을 하려면 어떻게 해야 할까?' 하며 이야기 나눈다.
	체험활동을 하지 않고 거부하는 유아가 있을 때 - "이게 뭐가 무서워 애기들도 다하는데……"	아동이 거부하면 교사와 함께 체험해 볼 수 있도록 유도하고 체험해 보는 것을 거부하면 억지로 체험하지 않고 눈으로만 관찰할 수 있도록 교사가 함께 설명하여 준다.

전국 아동보호전문기관 현황 (2016. 1. 5 현재)

연번	시도명	기관명	관할 시군구	기관 대표번호
0	보건복지부	중앙 아동보호전문기관	개별 사건 처리하지 않음	02-558-1391
1	서울특별시	서울특별시 아동보호전문기관	강남구, 송파구, 강동구, 서초구, 동작구, 관악구	02-2040-4242
2		서울특별시 동남권 아동보호전문기관	강남구, 송파구, 강동구, 서초구, 동작구, 관악구	02-474-1391
3		서울특별시 동부 아동보호전문기관	성동구, 동대문구, 광진구, 중구, 노원구, 중랑구	02-2247-1391
4		서울특별시 강서 아동보호전문기관	강서구, 양천구	02-3665-5183~5
5		서울특별시 은평 아동보호전문기관	은평구, 종로구, 강북구	02-3157-1391
6		서울특별시 영등포 아동보호전문기관	구로구, 금천구, 영등포구	02-842-0094
7		서울특별시 성북 아동보호전문기관	성북구, 도봉구	02-923-5440
8		서울특별시 마포 아동보호전문기관	마포구, 용산구, 서대문구	02-422-1391
9	부산광역시	부산광역시 아동보호전문기관	중구, 서구, 동구, 영도구, 남구, 사하구, 수영구	051-240-6300
10		부산광역시 동부 아동보호전문기관	연제구, 동래구, 해운대구, 금정구, 기장군	051-507-1391
11		부산광역시 서부 아동보호전문기관	부산진구, 북구, 강서구, 사상구	051-714-1391
12	대구광역시	대구광역시 아동보호전문기관	중구, 동구, 서구, 북구, 수성구	053-422-1391
13		대구광역시 남부 아동보호전문기관	달서구, 남구, 달성군	053-623-1391
14	인천광역시	인천광역시 아동보호전문기관	부평구, 남구, 중구, 동구, 옹진군	032-434-1391
15		인천광역시 북부 아동보호전문기관	서구, 계양구, 강화군	032-515-1391
16		인천광역시 남부 아동보호전문기관	남동구, 연수구	032-424-1391

17	광주광역시	광주광역시 아동보호전문기관	동구, 서구, 남구, 북구, 광산구	062-385-1391
18	대전광역시	대전광역시 아동보호전문기관	동구, 중구, 서구, 유성구, 대덕구	042-254-6790
19	울산광역시	울산광역시 아동보호전문기관	중구, 동구, 남구, 북구, 울주군	052-245-9382
20	경기도	경기도 아동보호전문기관	수원시, 의왕시, 군포시, 안양시, 과천시	031-245-2448
21		경기도 북부 아동보호전문기관	의정부시, 양주시, 동두천시, 포천시, 연천군	031-874-9100
22		경기도 성남 아동보호전문기관	성남시, 광주시, 양평군, 하남시	031-756-1391
23		경기도 고양 아동보호전문기관	고양시, 파주시	031-966-1391
24		경기도 부천 아동보호전문기관	부천시, 김포시	032-662-2580
25		경기도 화성 아동보호전문기관	화성시, 오산시	031-227-1310
26		경기도 남양주 아동보호전문기관	구리시, 남양주시, 가평군	031-592-9818
27		안산시 아동보호전문기관	안산시	031-402-0442
28		경기도 용인 아동보호전문기관	용인시, 이천시, 여주시	031-275-6177
29		경기도 시흥 아동보호전문기관	시흥시, 광명시	031-316-1391
30		경기도 평택 아동보호전문기관	평택시, 안성시	031-652-1391
31	강원도	강원도 아동보호전문기관	춘천시, 홍천시, 철원군, 화천군	033-244-1391
32		강원도 동부 아동보호전문기관	강릉시, 속초시, 인제군, 고성군, 양양군	033-644-1391
33		원주시 아동보호전문기관	원주시, 횡성군, 영월군, 평창군	033-766-1391
34		강원도 남부 아동보호전문기관	동해시, 태백시, 삼척시, 정선군	033-535-5391
35	충청북도	충청북도 아동보호전문기관	청주시, 증평군, 진천군, 괴산군, 음성군	043-217-1391

36		충청북도 북부 아동보호전문기관	제천시, 충주시, 단양군	043-645-9078
37		충청북도 남부 아동보호전문기관	옥천군, 영동군, 보은군	043-731-3686
38	충청남도	충청남도 아동보호전문기관	세종특별자치시, 천안시, 아산시, 당진시	041-578-2655
39		충청남도 남부 아동보호전문기관	논산시, 계룡시, 공주시, 서천군, 금산군, 부여군	041-734-6640~1
40		충청남도 서부 아동보호전문기관	서산시, 보령시, 태안군, 홍성군, 예산군, 청양군	041-635-1106
41	전라북도	전라북도 아동보호전문기관	전주시, 정읍시, 진안군, 완주군	063-283-1391
42		전라북도 서부 아동보호전문기관	익산시, 군산시, 김제시, 부안군, 고창군	063-852-1391
43		전라북도 동부 아동보호전문기관	남원시, 순창군, 임실군, 장수군, 무주군	063-635-1391~3
44	전라남도	전라남도 아동보호전문기관	순천시, 여수시, 광양시, 구례군, 곡성군, 보성군, 고흥군	061-753-5125
45		전라남도 서부권 아동보호전문기관	목포시, 해남군, 영암군, 무안군, 완도군, 진도군, 신안군	061-285-1391
46		전라남도 중부권 아동보호전문기관	나주시, 담양군, 화순군, 장흥군, 강진군, 함평군, 영광군, 장성군	061-332-1391
47	경상북도	경상북도 남부 아동보호전문기관	경주시, 경산시, 영천시, 군위군, 의성군, 청도군	054-745-1391
48		경상북도 북부 아동보호전문기관	안동시, 영주시, 문경시, 영양군, 예천군, 봉화군	054-853-0237~ 8
49		경상북도 동부 아동보호전문기관	포항시, 영덕군, 울진군, 청송군, 울릉군	054-284-1391
50		경상북도 서부 아동보호전문기관	구미시, 김천시, 상주시, 칠곡군, 성주군, 고령군	054-455-1391
51	경상남도	경상남도 아동보호전문기관	창원시, 밀양시, 양산시, 거제시, 통영시, 고성군, 함안군, 합천군, 의령군, 창녕군	055-244-1391 055-635-9752 055-367-1391

52		경상남도 서부 아동보호전문기관	진주시, 사천시, 하동군, 남해군, 거창군, 함양군, 산청군	055-757-1391
53		김해시 아동보호전문기관	김해시	055-322-1391
54	제주 특별자치도	제주특별자치도 아동보호전문기관	제주시	064-712-1391~2
55		서귀포시 아동보호전문기관	서귀포시	064-732-1391~2

Chapter 4

보육교사의 발달단계 및 전문성 향상

1. 보육교사의 관심과 발달단계
2. 보육교사의 전문성과 자기개발

1. 보육교사의 관심과 발달단계

1) Fuller와 Case의 교사관심과 발달단계

Fuller는 교사가 되는 과정이 여러 단계에서 개인의 관심사가 달라진다고 하였다. 그는 교사가 되는 과정의 각 단계에서 나타나는 관심사에 대하여 다음과 같이 설명하였다(Fuller & Bown, 1975).

(1) 1단계 : 관심사 이전 단계

영유아를 가르쳐 본 경험이 없는 예비교사들(학생)이 갖는 단계로써 아직 보육교사로서의 뚜렷한 관심사를 가지기 어렵다. 예비교사들은 보육 현장에서의 실습을 통하여 영유아들을 가르치는 경험을 함으로써 비로소 보육교사로서의 관심사를 형성하게 된다. 따라서 보육교사로서의 관심사를 발달시키기 위해서는 보육실습 경험이 필수적이다. 실습의 과정을 통하여 이론적인 전문지식을 고착화하고 현실적인 보육현장을 이해하고 받아들임으로써 교사로서의 자신의 역할과 본분을 알고 교사로서 필요한 전문지식의 습득과 현실을 직시하려고 노력하는 단계이다.

(2) 2단계 : 초기관심사 단계-보육교사 자신에 대한 관심

영유아들을 가르치는 경험을 시작한 초기에는 영유아보다는 교사 자신에 대한 관심에 집중하게 된다. 즉, 자신이 보육교사로서 보육현장에서 생존할 수 있을 것인가 혹은 교실에서 일어나는 여러 상황을 제대로 통제할 수 있는 능력을 갖출 수 있을 것인가 하는 것에 가장 많은 관심을 가지게 되는 것이다. 이 시기에 보육교사는 영유아들의 개별적 요구를 반영하는 것과 교실 상황을 통제해야 하는 역할 사이에서 갈등을 겪게 된다. 영유아들이 문제행동을 보이거나 특이한 행동양식을 나타낼 때 교사로서 어떻게 상황을 수습해야 할지에 대한 관심이 높아지고 생활지도 능력이 부족하다고 느낄 때 자신감이 낮아지는 부정적인 감정을 경험하기도 한다. 따라서 이 시기에는 영유아의 문제행동 지도방법이나 특수한 요구를 지닌 영유아를 돕는 방법에 대한 교육이 필요하다. 교실 상황 통제 능력과 보육교사로서의 생존 자체에 대한 관심은 이후 보육교사로서의 직무 수행에 대한 관심으로 옮겨 간다. 즉, 보육교사로서 지녀야 할 충분한 지식을 자신이 가지고 있는 것이지, 자신이 선정한 교육 내용이 담당 학급 영유아들에게 적절한 것인지, 계획한 활동과 관련된 교수 자료를 구할 수 있을 것인지 여부 등 보육교사로서의 직무 수행에 영향을 주는 요소들에 관심을 두게 된다.

(3) 3단계 : 후기 관심사 단계-학생의 발달과 성장에 대한 관심

초임 보육교사와 달리 경험이 많은 보육교사들은 자기 자신에 대한 관심에서 벗어나 학생의 발달과 성장에 대한 관심으로 옮겨 간다. 즉, 보육교사의 경우 담당학급 영유아의 학습과 발달에 필요한 적절한 지원을 하고 있는지, 효과적인 교수-학습 방법이 무엇인지, 영유아의 성장과 발달이 잘 이루어지고 있는가? 평가할 수 있는 방법이 무엇인지, 보육교사가 계획한 대로 영유아들이 실제로 잘 배우고 성장하고 있는 것인지 등에 대한 관심을 가지게 된다. 영유아의 발달과 학습에 대한 관심이 주를 이루게 되는 이 시기에는 효과적인 교수-학습 방법에 대한 세미나와 워크숍 그리고 영유아의 학습과 발달을 평가할 수 있는 방법에 대한 교사교육에 관심을 보이게 된다. 이는 보육교사로서의 가장 성숙한 관심사 단계에 해당하며 다른 사람의 평가뿐만 아니라 보육교사 자신의 반성과 평가가 중요하게 작용하는 시기이다.

Fuller와 Case(1969)에 의하면, 위에서 제시한 바와 같이 보육교사로서의 관심사는 교직 경험에 따라 발달해 가는 것이기 때문에 각 시기별 관심사를 적절하게 반영한 교사교육이 제공되어야 한다. 예를 들면, 교실 상황 통제에 대한 관심이 높은 단계의 보육교사들에게는 정서적으로 발달 경로를 벗어난 영유아, 화가 난 상황에서 통제를 못하는 영유아, 정상적인 발달경로를 벗어난 영유아, 매우 산만하거나 집중하지 못하는 영유아 등 독특한 사례에 대한 집중적인 분석과 탐구, 문제해결방법에 대한 브레인스토밍 등이 포함된 교사교육이 효과적이다. 또한 영유아의 학습과 발달에 집중된 관심을 보이는 단계에 있는 보육교사에게는 교수-학습 상황을 영유아의 시각에서 이해하고 영유아의 학습과 발달을 효과적으로 평가하기 위하여 일화기록, 그림 분석, 포트폴리오 평가, 영유아와의 대화 녹음 및 분석, 수업상황을 촬영한 동영상 분석 등의 방법이 포함된 교사교육이 도움이 된다.

2) Katz의 교사관심과 발달단계

Katz(1995)는 보육교사들이 전문가로 성장해 나가는 과정에서 발달적 경로를 거치게 된다는 것을 제시하면서 교사의 발달단계에 따라 다르게 나타나는 관심사를 반영하여 교사교육을 제공함으로써 보육교사의 전문적 성장을 효율적으로 도울 수 있다고 하였다. Katz가 제시한 보육교사 발달에 따른 관심사는 크게 4단계로 구분된다(문혁준 외, 2010, 재인용). 이에 준하여 보육교사 발달에 다른 관심사에 대해서 설명하면 다음과 같다.

(1) 1단계 : 생존기(Stage Ⅰ- Surival)

교사가 된 후 첫해 동안 교사의 최대 관심사는 교직 생활에서 자신이 생존할 수 있을 것인가에 관한 것이다. 초임교사들은 영유아들과 하루를 무사히 잘 지낼 수 있을 것인가 또는 이 일이 과연 자신에게 적합한 것인지, 동료교사들과 부모들과도 원만한 관계를 맺으며 살 수 있는 것인지 등 보육현장에서 생존하는 것에 대한 염려를 하게 된다. 이 과정에서 실제 교실에서 매일같이 접하게 되는 당면과제를 원만하게 해결하지 못하면 스스로 보육교사로서의 자질을 의심하고 자신감을 상실할 수도 있다. 그래서 이 시기의 교사에게는 경력교사나 원장 또는 프로그램 조력자 등의 적극적인 지지와 이해, 격려, 위로와 세심한 지도 등이 필요하다.

(2) 2단계 : 강화기(Stage Ⅱ-Consolidation)

교사가 된 후 첫해가 끝날 즈음에 대부분의 교사는 자기 자신이 생존할 수 있다는 안도감과 함께 교실 상황에서의 위기를 잘 극복하고 이겨낼 수 있는 능력이 있는 존재로 여기게 된다. 교직 생활 2년이나 3년차가 되면 어느 정도의 안정감을 갖고 생존에 대한 즉각적인 관심에서 벗어나 일반적으로 문제를 제기하는 개별 영유아와 문제 상황에 대한 관심을 가지게 된다. 예를 들면 부모와 떨어지기 힘들어하는 영유아를 어떻게 도와줄 수 있을 것인지, 자신의 감정을 잘 조절하지 못하는 영유아들을 어떻게 지도하는 것이 좋을지, 집단생활에서 어려움을 경험하거나 또래의 활동을 방해하는 영유아들을 도울 수 있는 효율적인 방법이 무엇인지 등 영유아들을 잘 지도할 수 있는 방법에 관심을 두게 된다. 즉, 제1단계에서 초임교사가 영유아들의 발달 특성과 기대감을 갖고 있었다면 2단계에서는 자신이 알고 있는 일반적인 영유아들과는 다른 양상을 보이는 영유아들을 알아보기 시작한다. 이러한 시각으로 궁금해하는 내용에 대하여 정보를 알아본다거나 경력교사들과의 아이디어 교환은 교사들이 이 시기의 발달과제를 성취하는데 도움이 될 것이다. 같은 발달단계에 있는 다른 교사들과의 감정공유의 기회도 연구를 하거나 초임교사들이 느끼는 부적절한 좌절을 어느 정도 해소시켜 줄 수 있을 것이다.

(3) 3단계 : 갱신기(Stage Ⅲ-Renewal)

교사가 된지 대부분 3년에서 4년이 지나면 반복되는 일상에 지치고 싫증을 느끼게 된다. 이때 보육교사는 기존에 자신이 주로 사용해 오던 교육방법(새로운 교수매체, 교수기법, 접근방법, 새로운 아이디어 등)에 대해 돌아보면서 개선되어야 할 점이나 새로운 교육적 접근을 찾기 위해 노력한다. 이 단계의 교사는 다양한 프로그램이나 각종 세미나 등의 연수기회를 통해 자신이 속해 있는 보육을 함께하는 동료들을 만나는 것이 필요하다는 것을 알기도 한다. 그래서 전문가협회의 회원이 되거나 모임에 참여하면서 넓은 인간관계를 맺으려고 노력하며 독서와 저널 그리고 교육영상 청취 등을 통하여 자신의 교수활동을 면밀히 살펴보기도 한다. 즉 이 시기에는 자신을 알고 싶어하는 시기이므로 전문적인 재교육과 보수교육을 통하여 교사로서의 전문성에 한 발 더 가까이 나아가는 시기이다.

(4) 4단계 : 성숙기(Stage Ⅳ-Maturity)

경력 5년 이상이 되는 대부분의 교사들은 보육교사로서의 자신감을 갖게 되고 유능감을 형성하게 된다. 이제는 일상적인 관심에서 벗어나 좀 더 근본적인 질문을 하게 된다. 예를 들면, 보육교사로서 자신이 지니고 있는 아동관이나 보육철학은 무엇이며, 영유아들이 궁극적으로 어떤 사람으로 자라나길 바라는지, 영유아의 학습과 발달의 원동력이 무엇인지 등에 대해서 보다 깊은 관심을 가지게 된다. 이 전에는 보육교사로서 매일매일 직면하는 실제적인 교실중심의 상황에 관심이 집중되었다면 이제는 보다 근본적이고 철학적인 질문들에 의미를 두게 된다. 그러나 단지 경력이 쌓이는 것만으로 모든 교사들이 성숙기에 도달하는 것은 아니므로 현직 교사의 관심사에 따라 적절한 현직교육과 지원이 이루어져야 한다. 이시기의 교사들은 컨퍼런스와 세미나에 참여할 기회와 전문 학위를 위한 학업을 필요로 한다. 이처럼 교직 경험에 따라 보육교사가 가진 관심사가 달라지기 때문에 각 단계에 맞는 효과적인 교사교육 방법도 다르게 진행하게 된다.

Katz는 교사의 발달단계에 따른 교사 교육방법을 다음과 같이 제안하였다.

① 먼저 생존기에 있는 교사들에게는 개별 교사가 처한 상황에 대해서 잘 이해하는 선배교사들의 지원과 격려 그리고 특정한 상황에 맞는 교수 전략과 영유아들의 행동에 대한 구체적인 대처방법들을 알려주는 상황중심의 교육이 필요하다. 일회성으로 그치는 세미나와 워크숍보다는 초임교사가 처한 상황에 대해서 잘 알고 있는 선배교사의 지속적인 지원이 가장 큰 도움이 된다.

② 강화기에 접어든 교사들은 자신을 도울 수 있는 선배교사와 함께 특정한 문제 상황을 해결해 나가거나 특정한 영유아를 돕기 위한 방법을 탐구하는 과정에 참여함으로써 도움을 받게 된다. 즉, 자신의 감정을 잘 조절하지 못하는 영유아가 있다면 이 문제를 해결하기 위해서 교사가 그동안 어떤 방법을 사용해 보았으며 이에 대한 해당 영유아의 반응은 어떠했는지 이 영유아가 자신의 감정을 잘 조절하지 못하는 원인이 무엇인지, 이 문제를 해결하기 위해서 부모와 어떻게 협력할 것인지 등에 대해서 보다 경험이 많은 유능한 교사와 함께 의논하면서 자신의 교실 상황에 맞는 가장 적절한 방법을 알게 된다.

③ 갱신기에 접어든 보육교사는 자신과 다른 교육 프로그램을 사용하는 교사들과 만나서 논의하는 것을 좋아하고 학술세미나와 워크숍 그리고 전문 단체에서 제공하는 교사교육 프로그램에 자발적으로 참여하는 경향이 있다. 또한 자신이 수업하는 모습을 동영상으로 촬영하여 자기 평가를 하거나 다른 어린이집을 방문하여 동료교사들의 수업을 참관하는 것이 교사로서의 성장에 도움이 된다. 마지막으로 성숙기에 접어든 교사들에게는 워크숍이나 학술세미나에 참여하는 기회를 제공하는 것이 필요하며, 대학원에 진학하여 공부하거나 이전보다 폭넓은 지식을 탐구하기 원한다. 보육교사의 관심사에 대한 이해는 보육교사의 발달과업과 연결되고 가장 효율적인 교사교육의 내용과 방법을 결정하는 데 도움이 되므로 이에 대한 지속적인 연구와 논의가 필요하다. 보육교사의 관심사를 최대한 반영하기 위해서 최근에는 집단으로 이루어지는 보수교육 뿐만 아니라 일대일의 만남을 통해서 일정한 기간 동안 목표를 정해서 이루어지는 멘토링 형식의 교사교육에 대한 요구가 제기되고 있다. 멘토링은 지식과 경험을 가지고 있는 사람이 멘토가 되어 도움을 필요로 하는 사람과 지속적으로 발전할 수 있도록 지원하는 것으로써 전문성을 충분히 갖춘 교사가 후배교사에게 모델링이 되어 주고 교수-학습 방법과 정서적인 지원을 함께 제공함으로써 교사의 전문성이 향상되도록 돕는 과정이다(Scott, 1999). 우리나라 보육교사들은 경력에 상관없이 멘토링 참여의사가 높으며, 경력이 낮을수록 인간관계에 기초한 교사 자질 향상을 위한 멘토링을 필요로 하는 것으로 나타났다. 또한 보육 프로그램에 대한 명확한 개념을 형성하지 못한

보육교사들이 멘토링에 참여한 이후에는 보육 프로그램에 대한 이해와 수행 능력이 향상된 것으로 보고되고 있다.

2. 보육교사의 전문성과 자기개발

- 보육교사는 전문성 향상을 위해 교사의 지적 능력이 필요하며 전문화된 지식을 바탕으로 영유아에 대한 사전적, 사후적 지식을 갖추고 있어야 하며 보육교사로써의 중요성과 목적을 이해하고 이에 따른 책임감과 의무감을 갖추어야 한다.
- 보육교사의 자기개발이라 함은 어린이집에서의 조직개발과 개인적인 자기개발, 경력자로써의 자기개발을 위한 경력개발 등이 있다.

1) 보육교사의 전문성

보육교사의 전문성은 영유아에게 양질의 보육을 제공해 주기 위해 보육교사 자신이 갖추어야 할 지식과 기술이며 다양한 경험을 바탕으로 전문적인 능력을 갖추어야 한다.

표 4-1 **교사의 전문적 발달을 위한 예시적 활동**

내용 영역	예시적 활동
교육목표 및 교육계획	– 교육 목표 수립에 관한 협의, 연수, 공동작업 – 교육계획서 수립에 관한 협의, 연수, 설문조사, 공동작업
교육철학 및 교직관	– 교육철학 및 현대교육사조에 관한 연수 – 교사의 사명감, 근무 자세, 직무, 교사의 관리와 의무 등에 관한 연수
교육과정 및	– 교육과정의 편성 및 운영에 관한 협의, 연수

교과지도	- 교과별 · 학년별 · 영역별 교과지도 목표에 관한 협의 - 교재연구의 공동 추진 - 학습지도안 공동작성 - 교수-학습 방법에 관한 연구, 협의 - 개별화(수준별) 및 수업모형의 공동개발 - 창의성 교육에 관한 연구, 협의, 연수 - 예 · 체능 협도학습 연구, 협의 - 초등학생 영어 수업지도 방법에 관한 연수 - 절대평가, 수행평가 등 학습평가에 관한 협의, 연수 - 교과별 · 학년별 수업연수 연구 및 수업공개 활동 - 교과지도의 제반 내용에 관한 연구, 협의, 연수 - 학교(유치원 · 어린이집) 내 · 외 및 교과협의회(연구회) 활동 - 녹화와 녹음을 통한 수업분석 활동 - 몬테소리 교육에 관한 연수 - 유치원 · 어린이집 혼합반 운영에 관한 연수 - 각종 현장학습, 학예행사에 관한 연구, 협의 연수
생활지도	- 영유아 · 아동 · 청소년의 특성에 관한 연구, 연수 - 생활지도 활동의 이론과 실제에 관한 연구, 연수 - 인성교육에 관한 연구, 연수 협의 - 진로지도의 이론과 실제에 관한 연구, 연수 - 상담기법에 관한 연구, 연수 - 레크리에이션 지도기법에 관한 연구, 연수 - 각종 심리 · 인성 검사 활용방법에 관한 연구, 연수
특별활동 지도	- 특별활동 지도의 이론과 실제에 관한 연구, 연수 - 학생회활동 지도의 이론과 실제에 관한 연구, 연수 - 학교(유치원 · 어린이집) 행사의 계획한 실천에 관한 협의 - 클럽활동 지도 능력 배양을 위한 연구, 연수 - 각종 의식행사, 체육행사에 관한 연구, 연수, 협의
학급경영	- 학급경영의 이론과 실제에 관한 연구, 연수 - 학급경영안의 작성과 활용에 관한 연구, 연수 - 학급환경 조성 방법에 관한 연구, 연수
교육기자재 및 자료활용	- 멀티미디어 활용에 관한 연구, 연수 - 각종 실험 · 실기 · 실습 기자재 활용에 관한 연구, 연수 - 각종 기자재, 교구, 자료활용에 관한 연구, 연수 및 관련자료 공동 제작
컴퓨터 활용	- 컴퓨터 활용법에 관한 연수 - 인터넷 활용과 컴퓨터 통신에 관한 연구, 연수 - 컴퓨터를 활용한 학습지도안 및 수업자료에 관한 연수 및 공동 제작
학부모 · 지역사회 관계	- 교사-학부모의 관계 및 학부모 면담 기법에 관한 연수 - 학교운영위원회의 기능과 운영 방법에 관한 연수

	– 학부모의 학교(유치원 · 어린이집)교육 참여방안에 관한 연구 – 협의(학급경영 공개의 날, 학부모 수업참관의 날, 학부모 초빙 교사직원 연수, 학부모 1일 교사 · 보조교사제도, 부모 참여 수업, 학부모 프로그램 등) – 가정통신문을 활용하여 학교(유치원 · 어린이집) 홍보 및 학부모 참여 유도 연구
교육연구	– 현장 연구 방법에 관한 연수 – 현장 연구의 개인 추천 또는 공동 추천 – 각종 연구대회 및 공모전에 개인 출품 또는 공동 출품
교육 정보 · 시사	– 변화하는 교육개혁 및 교육제도 · 정책에 관한 연수 – 인터넷과 컴퓨터 통신을 통한 교육정보의 수집, 분석, 배포 – 각종 교육 서적, 신문, 전문지를 통한 교육정보의 수진, 분석, 배포 – 각종 교육에 관한 사회적 이슈나 문제에 관한 연수

출처: 이윤식(2004). 학교경영과 자율장학. 경기: 교육과학사.

〈평가인증에 따른 보육교사의 전문성 향상〉

6-4 어린이집은 개별 보육교직원의 전문성 향상을 위해 노력하고 있다.

- 보육교직원은 체계적인 오리엔테이션과 지속적인 재교육, 객관적인 업무평가와 제언 등을 경험하면서 어린이집에서 맡은 업무와 영유아발달에 대한 지식을 보충하고, 최근 교수방법 등을 경험하면서 어린이집에서 맡은 업무와 영유아발달에 대한 지식을 보충하고, 최근 교수방법 등을 이해하고 적용할 수 있게 된다. 이를 통해 보육교직원으로서의 전문성을 향상할 수 있으며, 결과적으로 영유아에게 안정적인 양질의 보육서비스를 제공할 수 있다.
- 새로운 보육인력 대상 업무 관련 오리엔테이션의 실시, 원장 및 보육교사의 직무 교육 이수, 다양한 재교육 기회의 제공, 보육교사의 교수법에 대한 관찰과 지도, 보육교직원에 대한 근무평가, 연간 교사교육 계획의 수립, 보육교사 자신의 전문성 향상을 위한 노력 등을 평가한다.

6-4-2 원장과 보육교사는 직무교육을 이수하였다.

원장과 보육교사는 정해진 기간 내에 직무교육을 받은 후 관련 기관의 증빙서류를 비치하고 있음(증빙서류 : 직무교육 수료증 사본 또는 이수확인증, 교육통합관리시스템, 경력증명서 등).

6-4-3 보육교직원에게 다양한 재교육의 기회를 제공한다.

· 보육교직원이 참여한 재교육 관련 기록을 관리하고 있음.
· 다양한 재교육이 1회 이상 이루어짐.
· 대상 : 원장, 종일제 보육교사
· 내용 : 보육, 아동발달 등에 관한 다양한 재교육
※ 직무, 승급교육은 다양한 재교육으로 인정 안됨.
· 방법 : 어린이집 자체교육, 외부교육(학회, 워크숍, 육아종합지원센터 교육 등), 온라인 교육 등

6-4-4 보육교사의 교수법에 대한 관찰과 지도가 연 1회 이상 이루어진다.

· 보육교사의 보육과정 운영, 상호작용과 교수법에 대한 능력 향상을 위하여 원장이나 경력교사가 보육실을 참관하여 관찰한 후, 이에 대한 토의 및 지도가 연 1회 이상 이루어짐.
· 원장, 경력교사, 외부전문가 등이 종일제 보육교사의 보육활동 및 놀이 진행, 영유아와의 상호작용 등을 관찰한 후 지도가 이루어짐.

6-4-5 보육교직원에 대한 근무평가가 이루어진다.

· 원장이 보육교직원 대한 근무평가를 연 1회 이상 실시한 기록이 있음.
· 대상 : 종일제 보육교사
※ 기타 종사자의 경우, 어린이집 상황에 따라 실시 가능.

6-4-6 보육교사의 경력 및 요구를 고려하여 교사교육 연간 계획을 수립하고 있다.

- 교사교육 연간 계획이 개별 보육교사의 경력 및 요구에 따라 차별화된 내용으로 수립되어 있음.
- 신입교사와 경력교사를 위한 교사교육 연간 계획이 수립되어 있음.
- 보육교사의 요구를 반영하여 교육 계획이 수립되어 있음.

2) 보육교사의 자기개발

- 보육교사는 자기개발을 통해서 정확한 통찰력과 지식을 갖추고 영유아의 발달에 맞는 보육을 수행해야 한다.
- 보육교사는 전문성을 기반으로 자기개발을 통한 보육적인 환경을 계획하고 준비하여 교육목표를 달성하기 위해 적절한 보육활동을 선택하여 실시하여야 하며, 각 연령에 맞는 교수방법을 선택하여 보육해야 하고, 영유아를 관찰하고 평가해야 하며 이를 바탕으로 부모와 면담하고 상담하는 등 여러 가지 역할을 수행해야 한다.
- 보육교사는 자기개발을 위한 보육활동에 필요한 지식, 교육과정 및 교사에 대한 전문적 지식, 보육교사에 대한 바른 태도 등을 갖추고 있어야 하며 이를 위하여 다양한 자기개발이 이루어져야 한다.

표 4-2 교사의 자기개발 영역

영역	교사의 전문적 발달	교사의 개인적 발달	학교의 조직적 발달
목표	교육과정 운영의 효율화	교사 개인의 성장 · 발달	학교 조직운영의 효율화
초점	교육과정 운영	교사 개인	학교 조직
내용	교사들의 교과지도, 생활지도, 특별활동지도를 포함하는 교육활동 전반에 있어 안정 · 숙달 성장을 도모하는데 관련되는 내용	교사들이 개인적 · 신체적 · 심리적 · 가정적 · 사회적 영역에서 안정 만족 · 성장을 도모하는데 관련되는 내용	학교의 조직 환경 및 조직 풍토를 긍정적으로 변화시켜 학교 내에서 교사들의 삶의 질을 향상시키는 것과 관련되는 내용

	- 교육목표 및 교육계획 - 교육철학 및 교직관 - 교육과정 및 교과지도 - 생활지도 - 특별활동 지도 - 교육기자재 및 자료 활용 - 컴퓨터 활용 - 학급경영 - 교육연구 - 학부모 · 지역사회 관계 - 교육 정보 · 시사 등	- 교사의 성격 및 취향 - 교사의 신체적 · 정서적 건강 - 교사의 취미활동 - 교사의 종교활동 - 교사의 가정생활 - 교사의 사회생활 등	- 학교경영 조직 - 학교경영계획 및 경영평가 - 교직원 간 인간관계 - 교직원 인사관리 - 의사소통 및 의사결정 - 학교의 재정 · 사무 · 시설관리 - 학교의 제규정 - 학교의 대외적인 관계 등
이론	- 아동발달 이론 - 학습심리 이론 - 교육과정 이론 - 교수학습 이론 등	- 성인심리 이론 - 정신의학 이론 - 성인발달 이론 - 사회심리 이론 등	- 조직발달 이론 - 인간관계 이론 - 학교조직 이론 - 집단역학 이론 등

출처: 이윤식(2002). 학교경영과 자율장학. 경기: 교육과학사.

〈평가인증에 따른 보육교사의 자기개발〉

4-7 보육교사는 대 · 소집단 활동을 연령에 적합하게 운영한다.

- 보육과정을 통해 영유아는 새로운 지식이나 기술, 태도 등을 배우게 된다. 이를 위해서 보육교사는 개별적인 보육활동 및 놀이와 함께, 이와 균형을 맞추어 교사 주도적인 대 · 소집단 활동을 운영한다.
- 원칙적으로 영아반에서는 영아의 개별적으로, 발달적 특성을 고려하여 계획적이고 의도적인 대 · 소집단 활동을 진행하지 않아야 한다. 다만, 교사의 의도에는 없지만 영아의 흥미나 요구에 의해서 일부 실행될 수는 있다. 유아반에서도 유아의 연령별 발달적 특징을 고려하여 집중 시간, 일주일 내 실시 횟수, 활동의 내용 및 진행 방법을 계획하여 실행하여야 한다.
- 대 · 소집단 활동은 보육목표에 따라 유아에게 정보를 제공하거나 기술 습득의 모델을 보여주는 것이 포함되는 등 교사 주도적 접근의 성격이 강하지만, 계획 과정에서 유아의 사전 경험이나 지식, 발달 수준, 흥미에 적합한 활동을 경험할 수 있도록 선정하여야 한다. 또한, 보육교사가 일방적으로 활동을

이끌어 나가지 않고 영유아의 반응에 기초하여 융통적으로 진행하도록 하고, 자유선택활동(자유놀이)과 연계가 되었을 때 대 · 소집단 활동의 효과를 높일 수 있다.

4-7-1 영아 : 의도적인 대집단 활동을 진행하지 않는다. 유아 : 대 · 소집단 활동과 개별 활동이 균형 있게 이루어진다.

【 영아 】

- 보육교사는 영아의 발달적 특성을 고려하여 계획적이고 의도적인 대 · 소집단 활동을 진행하지 않음.
- 1~2세 영아의 경우, 보육교사가 해당반 영아를 대상으로 일과 운영 시 전이시간(예: 실외활동 전후, 낮잠준비 시간, 급간식 전후, 기타 단체로 손씻기, 이닦기 등)에 일부 소집단 활동(예: 손유희, 노래 부르기 등)을 진행함.
- 0세 영아의 경우, 영아 - 보육교사와의 개별 활동으로만 이루어짐.
- 보육교사가 의도하지 않거나 계획되지 않은 활동 진행과정에서 영아의 요구나 흥미에 의해 자발적인 소집단 활동으로 전개되는 것은 가능하나, 이 때에도 영아 주도적인 접근에 원칙을 두고 지도하고 있음.

【 유아 】

- 보육교사는 유아들이 대 · 소집단 활동과 개별 활동을 균형 있게 경험하도록 일과를 진행함.

4-7-3 보육활동의 내용에 적절하고 영유아에게 친근한 실물이나 입체자료를 활용한다.

- 영유아가 발달적 특성을 고려하여 활동 내용과 관련한 실물, 입체자료를 제시함.
- 보육교사의 준비 편의성 때문에 그림이나 사진, 파워포인트 자료 등 평면자료에만 의존하는 것은 부적절하지만, 활동의 내용이나 특성상 사진이나 동영

상을 사용할 수 있음.

4-7-4 보육교사는 영유아의 개별적 반응을 적극적으로 수용하되, 전체 영유아의 관심을 고루 반영하도록 노력한다.

- 보육교사는 일방적으로 설명하지 않고, 활동 주제와 관련하여 영유아의 생각이나 경험 등을 이끌어 내고, 이에 대해 적극적으로 반응함.
- 적극적인 한두 명의 영유아에게만 기회를 주지 말고, 모든 영유아들이 고루 참여할 수 있도록 영유아들의 흥미, 요구 등을 파악하여 적절히 참여하게 함.
- 이미 이야기를 한 유아보다 이야기를 하지 않은 유아부터 기회를 주는 등 가능한 많은 영유아의 의견을 경청하거나 활동에 참여하게 함.

4-7-5 영유아가 일방적으로 기다리거나 지루해하지 않도록 집중시간을 고려하여 진행한다.

- 보육교사가 주도적으로 활동을 진행할 때에는 영유아의 흥미와 발달 수준, 활동 특성에 따라 적절하게 활동 소요시간을 계획하여 운영함.
- 흥미로운 도입 활동(예: 손유희, 관련 수수께끼 등)으로 주의집중을 유도하는 것이 바람직하나 너무 오랜 시간을 보내지 않음.
- 보육교사는 활동을 진행하며 영유아의 흥미(영유아의 표정, 신체 움직임, 집중 정도 등으로 파악)에 따라 지루하지 않고 적정하게 운영 시간을 조절함.
- 대·소집단 활동의 진행 중 영유아의 주의가 흩어질 때는 간단한 손유희나 사전에 교사와 영유아 간에 익숙한 방법(예: 소리 없이 입모양 내기, 아는 신호 보내고 영유아가 반응하기 등) 등으로 주의집중을 도움.
- 보육교사는 영유아가 일방적으로 교사의 설명이나 전달을 듣고 있지 않도록 주제와 관련한 영유아의 사전 경험이나 생각을 이끌어냄. 이때에도 말하는 영유아 이외에 이를 듣고 있는 다른 영유아들의 집중 시간을 고려하여 한 명의 영유아당 할애하는 시간 등을 고려하여 조절함.

4-8 보육교사는 보육과정 및 영유아에 대해 주기적으로 평가한다.

보육과정에는 개별 영유아나 집단이 달성해야 할 목표와 세부내용이 포함되어 있다. 영유아의 발달 수준과 흥미에 맞추어 연간, 월간(또는 주간) 보육내용을 적절하게 계획하고, 그것이 제대로 실행되었는가를 정기적으로 평가하며, 이러한 평가내용을 다음 보육과정의 주제나 소주제, 활동 계획 시 반영하는 것은 보육 과정 운영에 있어 매우 중요하다. 또한, 개별 영유아가 어떠한 보육활동과 놀이를 경험하였고, 일상생활에 대한 참여 등을 주기적으로 관찰하여 기록하는 것은 영유아에 대한 정확한 이해에 도움이 되고 다음 보육과정 계획에 기초를 제공한다.

4-8-1 놀이, 활동, 일상생활에서 개별 영유아의 반응, 행동을 객관적으로 관찰하여 주기적으로 기록한다.

· 보육교사는 영유아별로 놀이와 활동, 일상생활을 모두 포함하여 일과 전반에 걸쳐서 나타나는 자연스런 행동을 관찰하고, 영유아가 참여하였던 활동 정도와 내용을 기록함.

· 보육교사는 영유아가 변화하는 발달 과정을 충분히 알 수 있도록 주기적으로 기록하고 있음(유아 : 월 1회 이상 / 영아 : 월 2회 이상).

4-8-2 개별 영유아의 일상생활, 실내외 놀이 및 활동 전반에 걸쳐 고루 관찰한 내용이 기록되어 있다.

· 일상적 양육 및 기본생활습관(급간식, 낮잠, 배변 등), 실내외 놀이 및 보육활동이 골고루 관찰 · 기록되어 있음.

· 영유아의 관찰 내용은 표준보육과정 영역 중 한두 영역에 치우치지 않도록 고르게 기록되어 있음.

【영아 관찰 기록 작성 시 고려사항】

· 영아 발달 특징상 일상생활과 관련되어 관찰 · 기록되는 부분이 유아보다

상대적으로 많을 수 있으나 관찰·기록을 통해 영아의 전반적인 모습을 파악하기 위해서는 놀이 및 보육 활동 장면에 대한 관찰과 기록이 함께 포함되어야 함.

4-8-3 영유아의 변화과정을 파악할 수 있도록 관찰·기록 외에 활동결과물 등 추가적인 정보를 주기적으로 수집하여 평가에 활용한다.

【영아】

끼적이기를 한 종이, 키와 몸무게를 잰 측정치, 신체, 언어나 음률활동에 참여하는 동영상, 종이벽돌로 쌓기놀이하는 사진 등 다양한 자료들을 주기적으로 수집하고 있음.

【유아】

블록으로 구성한 입체물을 촬영한 사진, 언어 및 음률활동 동영상, 미술활동 결과물 등 다양한 방법을 통해서 추가적인 정보를 수집하고 있음.

(좀 더 심도 있는 정보가 필요한 경우 표준화된 어휘력 검사, 발달검사 등을 평가에 활용할 수 있음)

4-8-4 각 반의 보육일지에 보육과정을 평가한 내용이 있다.

각 반별 보육일지에 일일(또는 주간) 보육내용의 실행과 평가가 기록되어 있음(일과 운영에 대한 총평이 기록되어 있으며, 이때 일부 활동의 평가가 포함됨).

【보육과정 평가 시 고려사항】

- 매일 진행하였던 활동과 자료가 영유아의 발달과 학습에 적절한 수준이었는지
- 영유아의 흥미에 적합하였는지
- 일과가 영유아의 신체리듬과 심리적 상태 등을 고려하여 적절하게 운영되었는지

- 영유아가 특별히 관심을 가졌던 활동은 무엇이었는지
- 활동의 시간 배정은 적절했는지
- 영유아의 개인을 어떻게 반영하였는지
- 어떤 점을 더 수정·보완해야 하는지 등

4-8-5 각 반에서는 보육과정 운영 평가 내용을 다음 보육계획에 반영한다.

각 반별로 보육일지에 평가된 내용이 다음 보육활동 계획에 반영되어 있음.

Chapter 5

보육실습 경험하기

1. 보육실습의 목적과 법적 기준
2. 보육실습의 준비와 계획
3. 실습지도의 실제

1. 보육실습의 목적과 법적 기준

1) 보육실습의 목적

보육실습이란 교사가 되고자 준비하는 학생이 어린이집 현장에서 예비보육교사의 역할을 직접 경험해 보는 과정이다. 또한, 국가가 발급하는 '보육교사 자격증'을 취득하기 위해 필수적으로 이수해야 하는 과목이며, 대학에서 배운 이론과 지식을 현장에서 실제 적용해 보는 핵심적 과정이다(한국보육진흥원, 2013).

보육실습을 실제적, 형식적 목적으로 분류해 보면 다음과 같다.

(1) 보육실습의 실제적 목적

- 보육철학 및 보육이론을 체험적으로 이해한다.
- 교수-학습 방법을 배우고 익힌다.
- 교육현실을 이해하고, 이론과 현장의 접목을 바르게 인식한다.
- 교사로서의 자신을 이해하고, 교사로서의 자질을 함양한다.
- 영유아를 바르게 이해하고 교사로서 영유아의 전인적 발달을 도모할 수 있는 능력을 기른다.

(2) 보육실습의 형식적 목적

보육실습의 형식적 목적은 관련법에 제시된 교사 자격을 취득하는 것으로서 영유아를 위한 바람직한 교사가 되기 위하여 예비교사들이 성실히 실습에 임하는 데 있다고 할 수 있다(우정순, 2015).

2) 보육실습 관련 법적 기준

보육실습은 어린이집에서 4주간 보육교사의 직무를 이해하고 체험해 보는 것으로서 법적 기준이 충족되어야만 보육실습으로 인정받을 수 있으므로, 예비보육교사는 보육실습 관련 법적 기준을 살펴보고, 올바르게 인식함으로써 향후 자격취득에 발생할 수 있는 문제들이 없도록 준비한다.

영유아보육법 시행규칙(개정 2012. 8. 17) 제12조 제1항에서 정하고 있는 법적 기준으로서 보육실습기관 및 보육실습 지도교사, 보육실습 시기 및 실습인정 시간, 보육실습의 평가에 대한 기준이 명시되었다.

(1) 보육실습기관

보육실습은 법적으로 인가받은 정원 15인 이상의 어린이집, 교육과정과 방과후과정을 운영하는 유치원으로 한다. 이러한 법적 기준에 대한 충족 이외에 평가인증을 받은 어린이집, 보육실습을 보내 본 경험에 따라 어린이집의 질적 수준이 높다고 판단되는 곳, 실습지도교사가 최선을 다해 예비교사를 지도하고자 하는 것 등 학생들이 좀 더 우수한 곳에서 실습을 경험할 수 있도록 실습기관에 대한 신중한 선정이 요구된다.

(2) 보육실습 지도교사 자격조건

보육실습은 보육교사 1급 또는 유치원정교사 1급 자격을 가진 자가 지도해야 하며, 실습지도교사 1명당 보육실습생을 3명 이내로 지도해야 한다.

(3) 보육실습 교과목 및 학점기준

보육실습은 '보육실습' 교과목으로 이수하는 것이 원칙이다. 보육실습 교과목에서 다루어야 할 내용은 보육실습 준비과정, 보육실습을 위한 기초 및 지도 내용,

보육실습 실시(4주), 보육실습 평가 등으로 구성할 수 있다. '보육실습' 교과목은 평가점수가 80점(B학점) 이상인 경우에만 보육실습을 이수한 것으로 인정된다. 2014년 3월 1일부터는 보육실습 교과목을 3학점으로 이수해야 한다.

(4) 보육실습 이수시기 및 기간

보육실습은 '보육실습' 교과목이 개설된 학기 중(직전 및 직후 방학 포함)에 반드시 해야 한다. 보육실습은 4주, 160시간 이상 연속으로(월요일 ~ 금요일) 해야 하며 1일 8시간 동안 하는 것이 원칙이다. 이때 평일 오전 9시부터 오후 7시 사이의 보육실습기관 운영 중에 실습을 하여야만 실습시간으로 인정된다.

2. 보육실습의 준비와 계획

보육실습 계획은 실습하는 어린이집의 다양한 상황들이 고려되어져야 하며, 원장님이나 지도교사의 철학과 교육관 등에 따라 다를 수 있다. 그러므로 실습생은 사전 방문 시 사전교육을 통해 충분한 이해를 하고 계획을 하여야 한다.

1) 실습준비

보육실습은 보육교사 자격을 취득하기 위한 필수조건으로 실습생에게 형식적, 실질적 측면에서 큰 의미가 있다. 실습을 앞둔 실습생의 가장 두드러진 심리적 특징 중의 하나는 '불안'이라 할 수 있다(류왕효, 2005). 예비교사는 실습기관의 학급에서 영유아들을 가르칠 것에 대한 흥분과 정서적으로 복잡하고 불안함에 사로잡히게 되고, 자신의 실수가 유아의 장래에 영향을 준다는 두려움에 더욱 심화된 불안감을 갖게 된다(윤기영 외, 1997). 그러나 4주간의 보육실습을 위해 무엇을 준비하고 배우게 될 것인지 목적의식을 분명히 하면 보다 효과적인 보육실습이 될 수 있다. 보육실습을 준비하는 과정은 다음과 같다(윤희경 외, 2013).

2) 사전 방문하기 및 사전교육

사전 방문은 실습생의 입장에서 정규실습을 원활히 하기 위해 필요한 사전 정보와 안내를 받기 위한 목적이 있다. 또한 실습기관의 입장에서도 실습생을 맞이하고 구체적인 실습지도를 준비하는 기회가 된다. 만일 사전 방문 없이 정규 첫날 실습생을 맞이할 경우 서로에 대한 낯설음 등으로 보육일과에 지장을 초래할 수 있다. 보육실습생은 실습 시작하기 전 최소 일주일 이내에 실습기관에 미리 전화로 기관의 일과에 영향을 주지 않는 시간으로 방문 일정을 잡은 후 기관을 방문하고 사전교육을 받는다.

사전 방문 시 실습생에 대한 첫 이미지는 실습 내내 영향을 미칠 수 있으므로 실습생은 보육실습의 시작이라 생각하고 바른 태도와 예의를 갖추도록 한다. 또한, 단순히 어린이집에 인사만 하러 가는 과정이 아니므로 실습생은 자신을 소개하는 구체적인 서류나 포트폴리오 등을 준비한다.

사전 방문과 사전 교육을 통해 다음의 사항을 숙지한다(한국보육진흥원, 2013).

- 실습기관의 보육철학 및 프로그램 운영방침을 파악한다.
- 실습기관의 현황(보육교사, 영유아, 시설)을 파악한다.
- 보육실습을 하게 될 반의 특성(연령, 인원수, 성비, 영유아의 특성, 하루일과 등)을 파악한다.
- 보육실습 기간 중 행사 일정을 파악한다.
- 실습기관의 보육실습생 준수사항, 유의사항을 파악한다.
- 보육실습에 필요한 준비물을 점검한다.
- 실습기관의 위치, 거리 및 교통편을 확인한다.
- 보육기관의 종류

표 5-1 보육기관의 종류

보육기관의 종류	기관의 특성
국 · 공립어린이집	국가와 지방자치단체가 설치 · 운영(위탁운영 포함)하는 시설로서 지역주민 자녀를 보육아동 정원의 50% 이상 보육하는 시설
법인어린이집	「사회복지사업법」 의한 사회복지법인이 설치 · 운영하는 시설
직장어린이집	사업주가 사업장의 근로자를 위하여 단독 또는 공동으로 사업장 내 또는 그에 준하는 인근지역과 사원주택 등 사업장 근로가 밀집 거주지역에 설치 · 운영하는 시설(국가 또는 지방자치단체장이 소속 공문원을 위하여 설치 · 운영하는 시설을 포함한다) 단, 보육아동 정원의 1/3 이상이 동 사업장 근로자의 자녀이어야 한다.
가정어린이집	개인이 가정 또는 그에 준하는 곳에 설치 · 운영하는 시설로 20인 이하 어린이집
부모협동어린이집	보육대상 부모 15인 이상이 조합을 결성하여 그들의 자녀를 스스로 보육하기 위하여 설치 · 운영하는 시설
민간어린이집	사회복지법인이 아닌 비영리법인, 비영리단체 또는 개인이 설치 · 운영하는 시설로서 직장어린이집, 가정어린이집 또는 부모협동어린이집이 아닌 시설로 21인 이상 어린이집
영아전담어린이집	상시 영아 20명 이상을 보육하고 있는 시설(국 · 공립, 비영리법인, 가정어린이집)
장애아전담어린이집	상시 장애아 20명 이상 보육하고 있는 시설(국 · 공립, 비영리법인, 가정어린이집)

출처: 보건복지부. 보육사업안내(2014).

3) 보육실습 준비하기

보육실습생은 실습에 앞서 준비물과 서류를 꼼꼼히 체크하고 준비하여 실습에 참여 한다. 보육실습을 위한 실습생의 준비물과 서류의 내용은 다음과 같다.

표 5-2 **보육실습 준비물**

준비물	내용
실습생 이름표	실습 첫날부터 종료되는 날까지 이름표를 착용해야 한다. 소속대학과 전공, 보육실습생 이름을 기록한 자신의 이름표를 마련하여 실습 기간 동안 왼쪽 가슴에 착용한다. 영유아들의 안전을 위하여 헝겊 같은 재질이 부드럽고 각이 둥그런 것으로 준비한다.
작은 수첩과 펜	실습의 전반적인 관찰과 지도교사의 지도 수령, 실습일지 작성 등을 위한 메모수첩으로 쉽게 꺼내 쓸 수 있도록 손안에 들어갈 수 있을 정도의 크기를 선택하는 것이 좋다.
실내화 또는 덧신(필요시)	실내에서 신을 수 있는 실내용 신을 준비하되, 굽이 높은 슬리퍼보다 덧신이나 덧버선과 같은 것으로 준비한다.
실외놀이용 신발 (필요시)	실외놀이용으로 운동화 등의 편안한 신발을 준비한다.
여벌 속(필요시)	영유아를 보육하는 과정에서 실습생이 옷이 더럽혀지거나 젖을 수 있으므로 필요하다면 여별의 옷을 준비하면 유용하다.

표 5-3 **보육실습 준비서류**

서류	내용
보육실습생 신상카드	사진을 꼭 첨부하여 작성하고 어린이집에 제출한다. (사전 방문시 제출을 하였다면 재제출은 하지 않아도 된다.)
보육실습생 서약서	보육실습시, 보육실습생이 지켜야 할 내용이 담긴 서약서이다. 보육실습생의 이름과 연월일을 작성하고 서명을 한 뒤, 하단에 00어린이집 귀중임을 기록한다.
건강진단 결과서 (보건증)	건강진단 결과서는 실습생이 영유아 지도 시 면역력이 약한 영유아에게 옮길 수 있는 전염성(간염, 결핵, 장티푸스 등)을 갖고 있는지 유무를 영유아교육기관에서 확인할 수 있도록 제출하는 서류이다. 가까운 보건소나 병원에서 검진을 받도록 하며, 결과가 나오기까지 1주일 이상 걸리는 경우도 있으므로 가능한 2~3주 전에는 건강검진을 받도록 한다.
자기소개서	기관에서 원할 경우에는 자기소개서를 정확하게 작성하여서 제출한다(성장과정, 성격의 장단점, 학교생활, 지원동기 및 포부 등).

성범죄 조회 결과서	기관에서 보육실습생에게 성범죄 조회를 하겠다고 하면 이와 관련된 서류를 제출하여 허락한다. 기관의 원장이 경찰서에 문의하여 성범죄 조회 결과서를 받게 된다.
실습비	실습비는 사전방문 시 미리 납입을 하거나 실습기관명의 통장으로 입금을 하고 실습기관에서 영수증을 발급받도록 한다.
보육실습일지	보육실습일지는 공인된 양식이어야 한다.

3. 실습지도의 실제

1) 주차별 보육실습

보육실습은 어린이집의 상황과 지도교사의 교육관에 따라 다르지만 일반적으로 4주에 걸쳐 참관부터 종일 수업까지 경험하게 되며, 보육교사로서의 직무를 전체적으로 수행하게 된다. 보육실습이 시작되는 첫 주는 주로 전체적인 오리엔테이션과 보육실제의 전반적인 관찰이 진행되는 참관실습을 하게 된다. 주차별 보육실습의 내용은 다음과 같다.

주	보육실습 내용
제1주 (참관 실습)	· 실습생 · 보육교직원 · 원아의 소개 및 상호 인사 · 보육실습기관 및 보육실습에 대한 오리엔테이션 · 영유아 관찰 및 참관 – 보조교사 역할, 자료 정리, 뒷정리 · 영유아 보육활동 관찰 및 부분수업 참여 · 일지 쓰는 법 지도 · 보육실습일지 작성 – 지도교사 검토
제2주 (참여 실습)	· 영유아 관찰기록 · 지도교사 보조 및 관찰 · 1일 1~2개씩 부분수업 진행 – 자유선택활동 참여 · 부분수업에 필요한 교재 · 교구 제작 · 부분수업에 대한 평가 및 수정 – 지도교사, 실습생 · 보육실습일지 작성 – 지도교사 검토

주	보육실습 내용
제3주 (참여 실습)	· 1일 부분수업 2~3개씩 부분수업 진행 및 연계보육활동 실시(예: 이야기 나누기+게임) · 교재 · 교구 제작(반나절 수업, 종일보육에 필요한 교구 제작) · 반나절 수업 진행 및 평가 · 영유아 관찰 평가 · 4주의 종일(반나절) 보육활동계획안 작성 : 지도교사 및 원장 검토 – 종일(반나절) 보육활동에 필요한 교구 어린이집 자료 파악 및 교재 · 교구 준비
제4주 (반나절/종일 보육)	· 반나절 및 종일 보육활동 실시 – 반나절보육: 등원부터 점심시간 전까지 – 종일보육: 등원부터 하원까지 · 보육활동에 필요한 교재 · 교구 준비 : 지도교사 검토 · 종일보육활동 평가 : 원장, 지도교사, 실습생 · 보육실습 총평가 : 원장, 지도교사, 실습생 · 실습 마무리 : 실습생 평가표, 최종평가 자료, 성적표, 일지, 출근부 정리

2) 보육계획안 작성

어린이집에서는 영유아가 일년 동안 경험할 보육내용을 미리 구체적으로 계획하여야 하며, 이를 문서로 작성하여야 한다. 즉 일년 동안의 전반적인 보육내용을 계획하는 연간 보육계획안을 먼저 수립하고, 이에 따라 월간(또는 주간) 및 일일 보육계획을 세워야 한다. 먼저 연간 보육계획안은 어린이집에서 영유아를 위해 계획하는 한 해의 전체적인 보육내용으로써, 다루어야 할 주제와 다루어질 내용 및 행사 일정 등을 근거로 계획한다. 월간(또는 주간) 보육계획안은 연간 보육계획안에 기초하여 영유아가 생활에서 경험하고 배울 수 있는 구체적 내용을 각 일과에 맞추어 계획한다. 어린이집에서 이러한 연간, 월간 및 주간, 일간 보육계획안을 계획할 때는 '국가수준의 표준보육과정' 내용을 참조로 보육과정을 계획 · 운영하는 것이 바람직하다(어린이집평가인증 지침서, 보건복지부).

보육계획은 작성 주기나 시간의 단위에 따라 연간, 월간, 주간, 하루의 일과를 작성하게 되는데 각각의 시간별 보육계획은 다음의 요소를 포함한다(3-5세 연령별 누리과정 지원을 위한 시 · 도청 강사요원 중앙연수자료집(2012). 교육과학부, 보건복지부, 육아정책연구소).

주기나 시간	보육계획 내용
연간보육계획	• 어린이집에서 1년 동안 진행되는 전체적인 프로그램의 내용으로 주제, 소주제, 행사 일정을 근거로 작성함 • 전년도에 실시되었던 보육실행의 결과를 토대로 주제의 적절성, 기간이나 시기의 적절성 등을 평가한 후 이를 기초 • 해당 학급의 연간보육 방향을 제시 • 주제, 소주제, 목표, 행사, 부모교육 내용이 포함
월별/주제별 소주제계획 (교구 · 교재 및 환경구성 계획)	• 연간보육계획에서 선정된 주제를 중심으로 4–5개의 하위 소주제, 다루어질 내용(개념)을 정하여 유목화함 • 연간 보육계획 내용을 당월 주 단위로 계획함 • 주제와 관련하여 흥미영역별로 제시할 교구 · 교재를 정리하고 교실 환경구성을 계획함
주간보육계획	• 연간보육계획안의 주제 및 소주제를 기초로 해당 주안의 내용을 각 어린이집에 맞게 월~토요일까지 수정 · 보완하여 운영(영아의 월령 및 능력, 흥미, 어린이집의 특성 등) • 활동 유형 및 교구제작 여부 등을 고려하여 활동을 안배함 (영유아 주도: 교사주도, 기존 교구, 새로 제작이 필요한 교구 등)
일일보육계획 및 실행 평가 (아동관찰 및 평가)	• 주간보육계획을 바탕으로 하루 일과 시간과 그에 따른 보육활동을 계획함 • 주간보육계획안에서 선정한 활동을 기초로 반별 일일계획을 수립 (활동의 난이도, 활동 간 연계, 요일 흐름 및 일과진행, 영아의 흥미와 반응 등을 고려하여 계획함) • 일과 진행 후 실시된 활동과 실시되지 않은 활동, 계획된 활동 외에 유아의 흥미에 따라 추가로 실시된 활동 등을 기록함 • 일일계획 수립 후 계획한 활동대로 진행하려고 하기보다 영아의 발달정도, 건강상태, 놀이실 상황, 영아의 흥미와 관심 등을 관찰하여 융통성 있게 운영함 • 평가란에는 일과 운영, 활동 평가(유아의 흥미 및 반응, 활동의 성취도, 발달의 적합성, 전개 시 난이도 조절여부, 문제점) 위주로 기록함 – 평가를 기초로 다음 날의 계획에 반영 – 개별 영유아의 관찰기록이 되지 않도록 유의 • 실행된 활동의 평가 결과를 기초로 주간 보육계획안에 활동의 난이도, 교수방법상 중요한 팁, 계획하지 않았지만 실행된 활동 등을 기록하여 내년 보육계획 수립에 반영토록 함

3) 실습교사의 보육활동 계획안

(1) 보육활동 계획안 작성방법 및 절차

실습교사들이 작성하는 보육활동 계획안의 방법 및 절차는 보육실습 지도교사의 지도 아래, 보육활동의 주제를 선정하고 영유아들과 진행할 부분수업 활동계획안을 작성하고 필요한 교구·교재를 제작 또는 준비한다. 활동에 필요한 준비를 철저하게 준비한 후 활동을 실시하고 지도교사의 평가 및 조언을 듣는다.

(2) 보육활동 계획안의 작성

① 주제 : 어린이집의 월간주제를 기록한다.

② 주제 선정 이유 : 교육과정의 학문적 입장, 국가·사회·가장의 입장, 어린이의 입장, 교사의 입장에서 본 주제의 필요성과 의의를 쓴다.

③ 목표 : 본 주제를 통해 이루고자 하는 목표를 구체적으로 진술한다.

④ 활동계획 : 활동시간, 내용 및 활동, 준비사항 그리고 관련요소 등을 기록한다.

⑤ 실습생의 평가 : 활동을 진행하며 어려웠던 점이나 특별히 영유아의 반응이 좋았던 점들을 기록하며 보육활동시 궁금했던 점들을 기록하여 지도교사의 조언을 구한다.

(3) 보육활동 계획안 작성시 유의점

보육활동을 실시하기 전에 활동목표, 내용, 방법, 평가의 과정을 흐름에 따라 구체적으로 계획한 문서인 수업계획안은 실습교사가 미리 작성하여 지도교사의 허락을 받은 후에 실시해야 한다. 보육활동 계획안 작성 시 일반적인 유의사항은 다음과 같다.

① 목표가 명확해야 하며, 내용 및 활동방법이 간결하면서도 체계적으로 짜여

야 한다.

② 영유아의 발달 및 활동목표가 활동계획안에 반영되도록 한다.

③ 활동시간을 잘 고려하여 작성하고, 영유아의 흥미 변화에 따라 대처할 수 있도록 융통성 있게 계획하여야 한다.

④ 보육활동 전에 반드시 지도교사의 지도와 조언을 받는다.

4) 보육활동 계획안의 실제

(1) 부분수업계획안

부분수업이란 하루 일과 중 한 가지 활동을 실습교사가 준비하고 수행하는 것을 의미한다. 부분수업계획안은 한 가지 보육활동을 진행하기 전에 작성하는 것으로 실습교사는 실습 두 번째 주부터 부분수업을 시작하게 되는데 부분수업 진행 전 지도교사와 충분히 협의하고 지도를 받은 후 계획하고 실행한다. 부분수업의 내용은 이야기 나누기, 율동, 새노래 배우기, 동시나 동화 듣기, 동극하기, 게임하기, 조형활동 등 다양한 활동 중 하루에 한 가지 정도씩 2-3가지의 활동을 계획한다.

부분수업계획안을 작성할 때 가장 중요한 것은 활동이 연령에 적합해야 한다는 것이다. 또한 현재 진행 중인 주제에 맞게 구성하고, 어느 활동을 진행할 것인지와 하루 일과 중 어느 시간에 진행할 것인지에 따라서 계획을 세워야 한다. 활동방법의 도입 · 전개 · 마무리 단계의 소요시간과 필요한 준비물, 구체적인 활동내용을 상세하게 기록한다. 일반적으로 부분수업계획안에는 주제와 목표, 활동명, 활동내용, 대상연령, 필요한 준비물, 소요시간 등이 기록된다.

(2) 종일수업계획안

종일수업은 보육교사처럼 하루의 일과 전체, 즉 영유아를 아침에 맞이하고, 급 · 간식 지도하는 것, 보육활동을 진행하고 하원시키는 하루 일과의 전체과정을 실습교사가 완전히 책임지고 수행하는 것을 의미한다.

- 종일수업계획안은 3주 후반부터 지도교사와 협의하여 보육계획안을 작성한다. 부분수업계획안과는 달리 영유아의 등원시부터 귀가할 때까지의 모든 활동을 계획해야 하기 때문에 그동안 관찰했던 하루일과를 세부적으로 계획하여야 한다. 또한 활동시 필요한 준비물과 유의점을 준비 기록해 두고 4주차에는 지도교사와 원장에게 결재를 받는다.
- 종일수업계획안에는 수업진행 날짜와 대상연령, 주제 및 목표, 활동시간, 활동내용, 준비물 및 유의점을 기록한다. 또 활동은 정적인 활동과 동적인 활동이 골고루 분배되도록 계획하고, 산책이나 바깥놀이를 일과에 반드시 포함시키도록 한다.

5) 보육일지 작성

보육실습일지는 실습을 하는 동안 필요한 모든 기록을 할 수 있도록 구성된 기록장이다. 실습기간 동안 보육교사로서 갖추어야 할 교사의 역할, 영유아에 대한 이해, 학급운영에 대한 능력, 운영에 대한 이해를 높일 수 있는 다양한 내용들을 실습일지에 세부적으로 기록한다. 실습한 내용을 기록한 후, 실습교사는 자신의 도장을 먼저 찍고, 보육실습 지도교사에게 실습일지를 제출한다. 실습일지의 내용과 규격은 각 어린이집의 방침에 따라 달라질 수 있다.

- 주제 : 하루의 활동을 포괄할 수 있는 큰 주제명으로, 어린이집에서 받은 주간 교육계획안과 일치하도록 기록한다.
- 보육목표 : 어린이집의 보육목표와 동일하게 기록한다.
- 활동시간 및 활동명 : 하루 일과를 시간별로 나누어 기록하고, 시간에 활동한 활동명을 기록한다.
- 활동내용 : 지도교사의 상호작용 방법, 활동의 구체적인 내용, 영유아 지도방법, 부적응 아동의 지도방법, 영유아의 반응 등을 자세하게 기록한다. 가능하

다면 활동의 결과물을 사진으로 찍어 일지에 첨부하는 것도 추후 좋은 자료가 된다(사진을 찍을 경우 반드시 담임교사와 협의해야 하며, 찍는다면 초상권의 문제로 영유아의 얼굴이 정면으로 나오지 않도록 찍는다).

- 준비사항 : 준비사항은 주로 교사의 역할을 기록하는데 두 교사가 함께 있다면 교사 각 개인의 역할을 나누어 기록한다. 또한 활동에 필요한 자료를 구체적으로 기록하고, 유의해야 할 사항이 있으면 기록한다.
- 실습과제 : 지도교사가 실습교사의 전문성을 키우기 위해 부여하는 과제로 실습교사는 그동안 배웠던 전문서적을 참고하여 기록한다. 이러한 과제는 이론적으로만 배웠던 보육의 지식들을 현장에 접목시킬 수 있는 바람직한 방법이다.
- 실습생 평가 : 하루 일과와 실습내용, 보육활동 전반에 관한 소감과 반성, 결심 등을 기록한다.
- 보육실습 지도교사의 조언 : 지도교사는 실습교사가 기록한 일지의 내용을 참고하여 수업 및 영유아 지도 등에 대해서 조언과 전달 및 지시사항을 기록한다.

Chapter 6

평가인증에 기초한 보육과정 운영과 상호작용

1. 하루일과 운영과 교사의 역할

1) 보육과정 운영과 교사의 역할

보육교사는 일상생활이 편안하게 이루어지도록 일과를 운영한다.

보육교사는 영유아들이 어린이집에서 머무르는 동안 스스로 가치 있다고 느끼고 독립된 개체로 존중받고 있다고 느낄 수 있도록 지원해야 한다. 이는 편견 없이 영유아를 항시 존중하며, 등원 시 반갑게 맞이하고, 차분하게 보호자를 만나 귀가할 수 있게 배려하는 것으로 표현될 수 있다.

보육교사는 일상적 양육과 관련된 부분에서 집처럼 편안하고 자연스러우며 안정적으로 운영하도록 한다.

등원부터 하원까지 일상적인 상황에서 보육교사는 개별 영유아마다 가지고 있는 특성에 관심을 가지고 존중하며 편안하게 지낼 수 있도록 배려해 준다. 이를 통해 영우아가 개별적인 배려와 존중을 받는다고 느끼게 되어 심리적인 안정감을 가지고 생활할 수 있으며, 자존감 향상을 돕는다.

(1) 등원 시 개별 영유아를 반갑게 맞이한다.

보육교사는 영유아가 등원할 때 형식적인 인사가 아니라 개별 영유아의 이름을 부르거나 눈맞춤, 미소로 반갑게 인사를 나누어야 한다.

등원하는 영유아를 맞이하느라 나머지 다른 영유아를 소홀히 하지 않아야 한다(영유아 맞이하기 방법의 예).

영유아가 교사에게 먼저 보여주거나 자랑하는 것(옷, 소지품 등)에 대해 긍정적으로 반응해 주고, 간단하게 주말 지낸 이야기, 어제 귀가 후나 등원 길에 일어난 이야기를 경청해 주어야 한다.

필요 시 영유아가 일과에 기대를 가지도록 오늘 진행될 활동에 대해 짧게 소개하거나 보여주어야 한다.

영유아가 늦게 등원하여 모든 교사가 활동을 진행하는 상황이라 마중을 나가지 못하는 경우, 교사는 활동 중 자기 자리에서 영유아와 부모와 눈을 마주치고 인사하며 영유아의 이름을 부르며 반갑게 맞이해야 한다.

부모와 분리가 어려운 영아의 경우, 영아가 부모와 편안하게 헤어질 수 있는 순간까지 기다려 주어야 한다.

평소 좋아하는 놀잇감이나 자료, 활동 등으로 영아에게 일과에 대한 기대감과 흥미를 유발시켜야 한다.

영아를 부모로부터 강제로 분리시키거나 영아의 울음을 무시하고 달래 주지 않는 등의 행동을 하지 않아야 한다.

(2) 씻고 닦는 일상 경험이 연령에 적합하게 편안한 분위기에서 생활화되도록 격려한다.

영유아는 일과 중 계획된 시간대(급간식 전후, 실외놀이 후, 배변 후 등)나 필요한 경우에 자연스럽게 스스로 씻거나 씻어 달라는 요구를 한다.

보육교사는 손씻기, 세수, 이닦기, 배변 후 뒤처리 등 영유아의 신체를 만지거나 씻길 때, 영아를 안아서 이동할 경우에는 언어로 자연스럽게 설명해 주어야 한다.

씻는 과정 또는 씻은 후의 모습, 개운한 기분 등을 이야기하거나, 씻기와 관련된 노래를 불러 주어야 한다. (예) '세수하니까 더 깨끗해졌네!', '어디 보자! 치하니까 이가 반짝반짝 하네! 00기분도 좋지?', '엉덩이가 뽀송뽀송 깨끗해졌네, 시원하고 좋지?' 등

보육교사는 씻고 닦는 과정에서 영유아의 옷이 젖었을 때 귀찮아하거나 눈치를 주지 않고 옷을 갈아입도록 안내하거나 갈아입혀 주어야 한다.

【교사의 역할】

[영아반 보육교사]
- 영아(2세)
- 보육교사는 영아가 씻는 과정을 곁에서 지켜보며 단계적으로 언어화하여 안내해야 함.
(예) '소매를 걷고, 이제 물을 틀어 보자.' 등
- 영아가 스스로 할 수 있는 부분을 칭찬, 격려하여 자조성 발달을 돕되 과정 중 개별 영아의 준비된 정도에 따라 교사가 직접적인 도움을 주어야 함.
- 영아(0-1세)
- 보육교사는 개별 영유아를 씻겨 주며 그 과정에서 일부분 스스로 할 수 있도록 기회를 주고, 편안하고 즐겁게 씻는 과정을 함께 즐겨야 함.
(예) '볼도 씻고, 이마도 씻어 보자', '거울 좀 봐봐, 얼굴이 깨끗해졌네! 등

[유아반 보육교사]
- 보육교사는 유아가 씻기의 전 과정을 습관화할 수 있도록 지속적으로 안내, 관리하고 있어야 함.
- 유아 스스로 할 수 있는 부분을 하도록 안내하고 지켜보며 개별적으로 잘 안 되는 부분을 말로 표현해 주어야 함.
(예) '소매를 걷을까?', '비누를 꼼꼼히 칠해 보자'. '윗니, 아랫니, 어금니도 치카치카' 등

(3) 안정된 분위기에서 간식과 식사 시간을 운영한다.

개별 영유아의 연령, 발달 수준, 개인차 등을 고려하여 급간식 지도를 하며 전반적으로 서두르지 않고 편안하고 즐겁게 식사 분위기를 조성해야 한다.

보육교사가 정한 규칙과 식사 시간에 맞춰 엄격하게 지도하지 않아야 한다.

(예) 교사-영유아 간 대화가 없고 일방적, 지시적이거나, 영유아 간 상호작용을 제지하는 등

【교사의 역할】

[영아반 보육교사]
- 보육교사는 영아의 수유 시 영아를 팔에 안고 우유병을 잡아 주며 눈을 맞추고 자연스럽게 대화를 시도해야 함.
- 영아에게는 모든 음식이 새로운 경험이 될 수 있으므로 적응할 시간을 충분히 주고, 영아의 먹는 속도를 고려하여 융통성 있게 반응해야 함.

> • 발달이 빠른 영아인 경우, 스스로 먹을 수 있는 기회를 제공하고 올바른 식습관 지도를 병행해야 함.
>
> [유아반 보육교사]
> • 바람직한 식습관과 식사예절을 지도하되, 지속적인 격려와 칭찬 등 긍정적인 방법을 사용해야 함.
> • 유아 혼자 먹도록 방치하지 않고, 유아의 연령, 발달 수준 등을 고려하여 유아가 스스로 먹을 수 있도록 개별적으로 지도해야 함.
> (급간식 지도의 예)
> • 식습관 지도 : 음식을 대하는 자세, 식사하는 자세, 먹은 자리 정리하기 등
> • 식사 예절 : 돌아다니지 않고 먹기, 손으로 먹지 않기, 식사도구로 장난치지 않기 등

(4) 영유아가 편안한 분위기에서 잘 수 있도록 낮잠시간을 운영한다.

4세 이하의 종일반 영유아는 반드시 낮잠시간을 계획, 실행한다.

5세라 하더라도 필요시에는 낮잠(또는 휴식)시간을 운영해야 한다.

영유아가 편안하게 잠들 수 있는 환경과 분위기를 조성해야 한다.

편안한 복장과 자세로 잠자리에 들도록 하기, 창문의 커튼 등으로 보육실의 자연채광 조절하기, 조명을 어둡게 하기, 적절한 온도와 습도 유지하기, 편안하고 조용한 음악을 틀거나 그림책 읽어 주기 등을 운영해야 한다.

보육교사는 전반적인 낮잠 과정에서 편안하고 안전한 낮잠이 되도록 지원해야 한다.

낮잠시간 동안 보육실 비우기, 보육실에 있지만 영유아의 낮잠 양상을 살피지 않고 다른 업무만 보는 등 영유아의 관리 및 낮잠 지도를 소홀히 하지 않아야 한다.

영아(0-1세, 2세)의 경우, 낮잠자기 전에 기저귀를 갈아주면서 긴장감을 풀어 주어 쾌적하게 잘 수 있도록 도와주어야 한다.

(5) 개별 영유아의 낮잠 특성을 고려한다.

개별적인 영유아의 낮잠 습관을 수용하고, 개인차에 따라 개별적인 지도를

해야 한다.

보육교사는 영유아가 잠이 드는 동안 등을 토닥이거나 옆에 함께 있으면서 안정적으로 잠들 수 있도록 도와주어야 한다.

잠이 깬 영유아를 안아 주는 등 기분 좋게 일어나도록 기다려 주고, 낮잠에서 일찍 깨어난 영유아는 한쪽에서 쉬거나 조용한 활동을 하도록 배려해야 한다.

【교사의 역할】

[영아반 보육교사]
- 오래 자거나 짧게 여러 번 자는 영아, 예민하여 작은 소리에도 깨는 영아, 우유병을 빨거나 애착물(베개나 이불, 인형 등)이 있어야 잠이 드는 영아, 너무 어두우면 잠들지 못하는 영아 등 매우 다양한 습관을 지니고 있으므로 보육교사는 이러한 개별 습관을 사전에 파악하여 배려해야 함.

[유아반 보육교사]
- 낮잠을 계획하여 시도하였으나 잠을 못 이루는 유아, 또는 5세 유아에게는 휴식을 취하거나 조용한 활동을 할 수 있도록 배려하여 낮잠시간이 지루한 시간이 되지 않게 해야 함.

(6) 자연스러운 배변 경험이 이루어지도록 고려한다.

보육교사는 영유아의 연령(월령)과 준비 정도, 개인차를 고려하여 융통성 있게 개별적으로 지도해야 한다.

【교사의 역할】

[영아반 보육교사]
- 영아(0–1세)
- 기저귀 갈이 진행 시, 영아와 눈을 맞추고 대화를 시도하고 다리 주무르기 등, 영아의 신체를 자극하면서 배변 활동을 자연스러운 놀이처럼 진행하여 편안하고 즐거운 분위기를 조성해야 함.
- 영아(2세)
- 배변훈련에 개인차가 있으므로 긍정적인 배변 경험이 되도록 가정과 연계하여 일관성 있게 지도해야 함.

> • 배변 실수의 경우 너그럽게 수용하여 차츰 영아 스스로 할 수 있도록 격려해야 함.
>
> [유아반 보육교사]
> • 화장실 사용 시 유아별 주비 정도를 고려하여 도움을 제공해야 함.
> • 화장실 사용 시 교사는 유아와 자연스럽게 대화를 나누고, 배변 실수를 할 경우 긍정적으로 반응하는 상호작용을 해야 함.
> • 청결습관 형성 및 올바른 화장실 사용방법(기다리기, 옷 벗기, 용변 보기, 뒤처리하기, 옷 입기, 손씻기, 물 잠그기, 이닦기 등)을 몸에 익혀 자신감을 키울 수 있도록 지도해야 함.
> • 스스로 화장실을 사용할 수 있는 유아에게는 손을 잘 씻었는지, 뒤처리는 잘 했는지 등을 개별적으로 묻고 살펴보며 확인해야 함.

(7) 영유아가 편안하게 보호자를 기다리고 귀가하도록 배려한다.

일부 영우아가 귀가를 시작하더라도 남아있는 영유아들은 귀가할 때까지 안정된 분위기 속에서 자신의 보호자를 기다릴 수 있도록 해야 한다.

보육교사는 영유아가 흥미롭게 몰입할 수 있는 활동을 제공하고 상호작용 해야 한다.

빠른 귀가를 위하여 영유아의 옷을 미리 다 갈아입히고 기다리게 하지 않아야 한다.

영유아가 있는 공간 한쪽에서 보육실을 청소하는 등 영유아를 방치하거나 어수선한 분위기를 조성하지 않아야 한다.

2) 영유아를 위한 일과운영과 교사의 역할

· 영아의 하루 일과는 발달특성을 고려하여 통합적으로 이루어진다.

· 하루 일과를 통해서 기본적인 생활을 습득하게 되며, 또래와의 지속적인 놀이를 통해서 갈등과 해결을 통해 자립심이 형성되기도 하며 그 속에서 삶에 필요한 기술과 방식을 습득하여 함께 공존하는 세계를 배우게 된다.

· 유아반의 하루 일과는 등원, 대 · 소집단활동, 실내자유선택활동, 정리정돈, 실외놀이, 간식시간, 휴식, 점심시간, 낮잠시간, 귀가 등이 포함되어 있다.

이러한 하루 일과는 과정중심, 활동중심 등을 중심으로 체계적으로 이루어져 하루 일과를 구성하고 있다.
- 유아는 하루 일과를 통해서 교사와 또래와의 관계를 형성하며 궁극적으로는 어린이집에서 사회 및 정서적 안정감을 갖게 된다.

영유아는 대·소근육 발달을 위해 연령에 적합한 신체활동에 참여한다.

- 영유아기는 신체발달이 급속히 이루어지면서 다양한 신체활동을 시도하고 경험하며 연령에 따른 운동능력의 차이가 매우 크게 나는 시기이다.
- 영아기에는 누워 있다가 앉고 서고 걷는 과업을 성공적으로 성취하고 조절할 수 있다.
- 건강한 영아는 고개 들기, 뒤집기, 앉기, 기어다니기, 일어서기, 걷기, 달리기 등 이동운동이 빠르게 성장하고, 손뻗기, 움켜쥐기, 잡기, 던지기 등 소근육 조직능력이 순차적으로 발달해 간다.
- 유아기는 영아기에 발달된 신체와 운동능력이 좀 더 균형 있게 숙달되어 가는 시기이다.
- 유아는 던지기, 오르기, 미끄럼타기, 내려오기, 좁은 곳 통과하기, 자전거 타기, 서로 잡고 쫓아다니기 등 다양한 활동을 하며 몸의 균형을 유지하고 대근육 뿐 아니라 소근육도 정교하게 발달해 간다. 따라서 영유아기는 일과 중 일정 시간 동안 충분히 반복적으로 다양한 신체활동에 자발적으로 참여하고 이를 즐기도록 해야 한다.

(1) 영유아는 다양한 감각기관을 활용하여 주변 환경을 탐색하는 경험을 한다.

- 다양한 감각기관(청각, 미각, 촉각, 후각, 시각)을 활용한 일상적 경험이 일 과중에 자연스럽게 나타나도록 해야 한다.
- 주변의 다양한 소리를 주의 깊게 듣는 경험을 하도록 해야 한다.

(예) '손을 씻을 때 물소리가 어떻게 나니?' 등
· 일상에서 미각을 사용하는 경험을 하도록 해야 한다.
(예) 간식 및 식사 시 음식 맛보기, 여러 가지 과일 맛보기 등
· 주변의 일상자료에서 다양한 촉각을 경험하도록 한다.
(예) 밀가루 반죽을 손으로 주무르기, 낙엽의 바삭거림을 손으로 느껴 보기 등
· 일상에서 후각을 사용하는 경험을 하도록 한다.
(예) 로션을 바르며 냄새 맡기, 음식의 냄새를 맡아 오늘의 식단 맞춰 보기 등
· 영아(0-1세, 2세)의 경우, 모든 흥미영역, 일과 전반에서 다양한 감각을 느끼는 경험을 하도록 해야 한다.
(예) 영아용 감각책, 바닥이나 벽면에 붙인 여러 감각판 등을 만지며, '부드럽구나', '매끈매끈 하네' 등 언어로 느낌을 표현해야 한다.

(2) 영유아는 신체 균형과 조절 능력 향상을 위한 대근육 신체활동을 경험한다.

· 영유아는 팔, 다리, 목, 허리 등 대근육의 움직임을 조절하고 균형을 잡는 신체활동을 경험하도록 해야 한다.
(예) 평균대 위를 여러 가지 방법으로 걸어 보기, 바닥에 붙어 있는 직선 또는 곡선의 색테이프를 따라 영유아 걷기 등
· 영아(0-1세)의 경우 머리를 가누고, 앉고, 서고 걷는 등의 신체활동을 경험하도록 해야 한다.

(3) 영유아는 실내외 공간에서 대근육 신체활동에 자발적으로 참여한다.

· 영유아는 하루에 한 번 이상 실내외 공간에서 걷기, 뛰기, 잡기, 오르고 내리기, 뛰어넘기 등의 신체 움직임을 경험하도록 해야 한다.

- 영유아가 신체활동에 자발적으로 참여하여 자신의 움직임(시작, 강도, 지속시간, 마무리 등)을 스스로 선택할 수 있도록 해야 한다.
- 영유아는 다양한 놀잇감을 활용하여 대근육 신체활동을 경험하도록 해야 한다.
- 영유아는 실내외 공간에서 기본적으로 구비된 놀잇감을 활용하여 신체 움직임을 경험하도록 해야 한다.
  (예) 큰 블록을 놓고 건너 뛰어 보거나 그 위를 걸어 보기 등
- 영유아는 다양한 놀이기구를 활용하여 몸을 이동하며 움직이는 신체활동을 경험하도록 해야 한다.
  (예) 자전거 타기, 작거나 큰 공을 굴리고 이를 빠르게 또는 느리게 잡으러 가기 등

(4) 영유아는 눈과 손의 협응과 소근육 조절을 향상하는 신체활동을 경험한다.

- 영유아는 일상에서 눈과 손을 협응하여 소근육을 조절할 수 있는 경험을 해야 한다.
  (예) 보이는 물체에 손을 뻗어 물건 잡기, 컵에 물 따르기, 옷의 단추 끼우기, 젓가락 사용하기 등
- 영유아는 소근육을 조절할 수 있는 다양한 활동을 경험하도록 해야 한다.
  (예) 잼잼, 곤지곤지, 밀가루 반죽을 밀어서 찍기 틀로 찍기, 펀치, 구멍 난 곳을 따라 끈을 끼우기 등

(5) 보육교사는 영유아가 자신의 신체를 긍정적으로 인식하고 움직이도록 지원한다.

- 영유아가 일상에서 자신의 신체(예 : 손, 발, 무릎, 어깨, 목, 배 등)를 움직이는 경험을 할 때, 보육교사는 영유아가 자신의 신체를 긍정적으로 인식하도록 신체의

부분이나 움직임을 언어로 구체적으로 표현해야 한다.

(예) '00가 손을 위로 올려서 흔들 수 있구나', '발가락이 움직이네', '(허리를 움직이며) 지금 움직인 부분이 어디일까, 한번 돌려 볼까?' 등

(6) 보육교사는 영유아의 운동능력 숙달과 새로운 도전을 지원한다.

- 보육교사는 영유아가 자신감 있게 신체를 움직이고 스스로 반복해 보도록 격려해야 한다.
- 보육교사는 영유아가 자신감을 가지도록 언어적, 비언어적으로 격려해야 한다.

  (예) '00는 쌩쌩 달리는 자동차처럼 빨리 기어가네, 00는 이제 공을 잘 찰 수 있게 되었구나' 등
- 낮은 단계부터 천천히 시도하도록 해야 할 행동을 구체적으로 표현하며 반복적으로 참여하도록 해야 한다.

  (예) '옆에 있는 난간을 잡고 한 발 한 발 천천히 올라가 볼까?', '다시 한번 해 볼래? 이번에는 더 잘할 수 있을 것 같은데' 등
- 보육교사는 영유아가 새로운 신체활동에 도전해 볼 수 있도록 지원해야 한다.
- 영유아가 새로운 신체활동에 도전할 때, 보육교사는 활동에서 요구되는 중요한 신체적 움직임을 구체적으로 기술해 주어 영유아가 그 행동에 집중할 수 있도록 해야 한다.

  (예) 공 던지기를 할 때, '공 잡은 손을 조금만 더 뒤로 빼었다가 던져 볼까?', 자전거 타기를 할 때, '(손으로 가리키며) 이번엔 오른쪽 다리에 힘을 세게 주어 밀어 볼까?' 등
- 보육교사는 영유아에게 운동능력이 숙달되어 가는 모습을 구체적으로 표현해 주고 한두 가지 요소를 바꾸어 새로운 시도를 할 수 있도록 격려해야 한다.

  (예) '와~ 팔을 조금 더 높게 올리니까 콩주머니가 바구니 안으로 쏙 들어

갔네', '바구니를 좀 더 멀리 놓아 두고 콩주머니를 던져 볼까?' 등

- 보육교사는 개별 영유아의 수준별 차이를 고려하여 적합한 새로운 시도를 할 수 있도록 격려하며, 새로운 도전을 지나치게 두려워하거나 거부하는 영유아에게는 일방적으로 강요하지 않아야 한다.

영유아는 연령에 적합한 다양한 언어활동에 참여한다.

- 영유아기에는 듣기, 말하기, 읽기, 쓰기 능력이 급속히 발달하고 다른 사람과 자신의 의사를 소통하는 기초능력이 형성되기 때문에 발달에 적합한 다양한 언어활동을 경험해야 한다.
- 어린 영아는 출생 후 첫울음을 터트린 후 옹알이나 다양한 단발음으로 자신을 표현하고, 이후 한 단어, 두 단어로 된 문장을 사용하게 된다.
- 유아기는 점차 문장이 길어지고 정교화되며, 들었던 이야기에 대한 이해력이 향상될 뿐 아니라 기초적인 문해 능력을 형성하게 된다.
- 다양한 언어활동을 경험하면서 영유아는 최적의 구어 및 문어 능력이 발달하며 자신의 생각과 느낌을 말과 글로 좀 더 정확하게 표현해 나간다.

(1) 보육교사는 일과 중에서 영유아가 자연스럽게 듣는 능력을 향상시키기 위한 언어적 모델이 된다.

- 보육교사는 모든 일과에서 영유아에게 단어, 문장, 이야기 등을 들려줄 때, 영유아와 시선을 맞추어야 한다.
- 보육교사는 영유아가 이야기를 할 때마다(영아의 경우, 비언어적인 표현도 포함) 말이 끝날 때까지 기다리고 집중하며 들어야 한다.
- 보육교사는 영유아가 이해할 수 있는 어휘와 문장을 사용해야 한다.
- 보육교사는 영유아에게 익숙하고 친숙한 어휘를 사용해야 한다.
- 보육교사는 영유아와 이야기할 때 영유아가 어려워하는 어휘를 알아듣기

쉽게 풀어서 설명해야 한다.

- 보육교사는 영아(0-1세, 2세)에게 말할 때 주로 세 단어 이하 정도의 짧고 분명한 내용을 담은 문장으로 반복하여 말하며, 억양, 강조 등을 다양하게 사용해야 한다.
- 보육교사는 일과의 상황에 적합한 말투를 구사해야 한다.

(예) 영유아와 개인적 대화를 나눌 때는 좀 더 자연스러운 말투를 사용해야 함. 소집단의 영유아가 있을 경우에는 분명하고 또렷한 음색으로 말해야 함. 낮잠 잘 때에는 작고 부드럽게 말해야 함 등

(2) 유아는 자신의 생각이나 느낌을 자연스럽게 말로 표현할 수 있는 다양한 경험을 한다(영아는 울음, 옹알이, 단어 등으로 자신의 욕구나 감정을 표현할 수 있는 다양한 경험을 한다).

- 영유아는 일과 중 언제나 원할 때에 자신의 생각이나 느낌, 욕구를 표현해야 한다.
- 영유아가 이를 표현했을 때 보육교사는 신속하게 반응해야 한다.
- 영유아가 자신의 생각이나 느낌, 욕구를 표현하기 위해 많이 기다리도록 통제 받거나 지시받는 경우가 거의 없어야 한다.

【교사의 역할】

[영아반 보육교사]

- 보육교사는 일과 중 영아의 발달 수준에 따라 옹알이, 한 단어, 짧은 문장 등으로 자신의 욕구나 감정을 적절히 표현할 수 있도록 격려해야 함.

(예) 영아가 현재 하고 있는 행동을 언어로 다시 말해 주기. 영아가 옹알이나 다양한 몸짓으로 소리를 낼 때 주의 깊게 들어주며, 눈을 맞추고 정다운 목소리로 반응하기 등

- 영아 자신과 관련되어 있거나 영아가 흥미 있어 하는 자료를 활용하여 영아의 관심을 끌고 반응을 활발히 이끌어 내야 함.

(예) 영아가 좋아하는 물건, 자신이나 또래 사진, 가족사진보며 이야기 나누기 등

[유아반 보육교사]
- 유아는 발달 수준에 적합하고 흥미로우며, 직접 경험을 바탕으로 한 언어활동에 참여해야 함.
  (예) 유아와 관찰했던 동물에 대해 이야기 나누기, 유아의 가족사진 보며 이야기 나누기 등

(3) 보육교사는 일과 중에서 영유아가 사용하는 몸짓, 표현 등의 비언어적 행동을 관찰하고 적절히 반응한다.

- 보육교사는 영유아가 자신의 생각을 표현할 때 사용하는 비언어적 행동(몸짓, 손짓, 시선, 표정, 자세 등)을 세심히 관찰해야 한다.
  (예) 고개 끄덕거림, 손가락으로 사물 가리키기, 말의 속도가 느려짐, 입술을 씰룩거림, 손을 둥글게 반복해서 돌림 등
- 보육교사는 영유아가 사용하는 비언어적 행동의 의미를 알고, 파악된 내용을 언어적, 비언어적으로 표현해 주어야 한다.
  (예) '00가 졸립구나', '기저귀가 젖어서 불편하구나' 등의 언어적 반응, 고개 끄덕이기, 미소 등 비언어적 반응

(4) 연령과 흥미에 적합한 그림책을 개별적으로 읽고 듣는 경험을 하고, 유아의 다양한 질문에 대해 이야기 나눈다(영아가 좋아하는 그림책을 반복적으로 대화를 하듯 읽고 듣는 경험을 하고, 영아의 표현에 반응해 준다).

【교사의 역할】

[영아반 보육교사]
- 일과 중 영아가 원할 때는 개별적으로 그림책을 반복하여 읽어 주어야 함.
- 그림책의 문장이나 어휘를 처음부터 끝까지 그대로 읽어 주려 하기보다는 영아가 보거나 듣길 원하는 장면에 대하여 대화를 하듯이 이야기를 들려주어야 함.
- 그림책 읽기 시 나타나는 영아의 표현에 반응해야 함.
- 영아가 손가락으로 그림책에 있는 사물을 가리키거나 어떤 부분에 한동안 시선이 머무는 등의 비언어적 반응을 보일 경우, 보육교사는 이에 대해 언어적으로 반응해야 함.

- 영아가 손가락으로 그림책에 있는 사물을 가리키거나 어떤 부분에 한동안 시선이 머무는 등의 비언어적 반응을 보일 경우, 보육교사는 이에 대해 언어적으로 반응해야 함.
- 영아가 읽기 흉내를 낼 때 이를 듣고 이해하는 반응을 해야 함.

(영아와의 책 읽기 방법의 예)
- 그림책을 읽을 때, 교사는 영아를 자신의 무릎에 앉히거나 같은 방향을 나란히 앉아 읽어 주어야 함.
- 그림책을 읽으며 교사는 '여기 좀 봐', '이게 뭐니?' 등과 같은 질문으로 영아의 주의를 끌고 영아의 대답을 기다려 줘야 함.
- 그림책을 읽는 도중에 영아가 책장을 넘기려 하면 이를 제지하지 않고 존중해 주어야 함
- 책을 읽는 도중에 영아가 책에 나오는 사물을 찾아오거나 말로 표현하면 잠시 책을 읽어 주는 것을 멈추고 영아의 말과 행동에 반응해 주어야 함.

[유아반 보육교사]
- 유아는 자신이 읽고 싶은 책을 스스로 선택하도록 해야 함.
- 일과 중에 유아가 원할 때 보육교사는 유아에게 개별적으로 그림책을 읽어 주어야 함.
- 그림책을 읽는 과정에서 속도, 흥미 있는 이야기 나누기 등에 대한 결정을 유아 스스로 하도록 해야 함.
- 그림책을 읽을 때 보육교사는 유아가 시도한 다양한 질문이나 이야기에 대해 적절하게 반응해야 함.
  (예) 책에 그려진 그림에 대해 질문하기, 이야기와 연관되어 떠오르는 자신의 경험 이야기하기, 인물이나 상황에 대한 이야기를 할 때 등
- 유아의 질문에 대해 보육교사는 적절하게 다양한 반응을 해야 함.
  (예) 유아가 말한 내용을 그대로 수용하기, 다시 질문하기, 유아가 또 다르게 생각해 보도록 제안하기, 유아들과 함께 상상적 생각을 해보기 등

(5) 유아가 글자에 흥미를 갖도록 일상생활에서 친숙한 환경 인쇄물을 자주 보는 경험을 한다(영아가 원할 때 언제나 끼적일 수 있도록 지원한다).

【교사의 역할】

[영아반 보육교사]
- 영아의 끼적이기가 개별적으로 나타날 때마다 자유롭게 할 수 있도록 격려해야 함.
- 영아가 원할 때는 기다리지 않고 쉽게 접근하여 끼적이기를 할 수 있는 정해진 공간이 있어야 함.
- 영아가 자발적으로 끼적이기를 하는 것을 더 즐길 수 있도록 다양한 크기와 재질의 종이(예:

> 달력 뒷장, 신문지, 전지, 박스를 크게 편 종이 등)를 제공 하여 자유롭게 끼적이기를 할 수 있도록 해야 함.
>
> [유아반 보육교사]
> - 영유아가 글자에 흥미를 갖도록 일상생활에서 반복적으로 자주 노출되는 친숙한 환경 인쇄물을 보육실 내외에서 활용해야 함.
>   (예) 매일 먹는 우유곽의 상표명 '00우유'를 오려 언어카드로 사용하기, 마트 전단지에서 사진 오려 책 만들기, 자주 먹는 과자 상자로 블록 만들기, 영유아들이 사용하고 있는 치약 상자를 오려서 벽에 붙여 두고 누가 누구랑 같은 치약을 사용했는지, 그 치약의 이름은 무엇인지를 알아보기 등
> - 글자의 형태(모음과 자음)를 베껴 쓰거나 자모음 이름을 알도록 보육교사가 지시적으로 가르치지 않아야 함.
> - 환경 인쇄물과의 친숙한 경험 상황이 당일 관찰되지 않을 경우, 환경 인쇄물 을 활용한 활동결과물, 활동사진 등으로 확인 대체해야 함.

(6) 선, 그림, 발명철자 등을 자발적으로 사용하여 영유아가 자연스럽게 자신의 의미를 표현한 쓰기 결과물이 있다.

- 영유아가 자신이 생각한 것을 철자 형태와는 상관 없이 자발적으로 쓰기를 표현하도록 지원해야 한다.
  (예) 선이나 면으로 끼적이기, 그림 그리기, 철자와 비슷한 형태이지만 영유아가 나름대로 개발한 다른 모양의 철자로 자기 이름 쓸 때 지원해야 한다.
- 영아의 경우, 자신의 손과 팔을 의도적으로 움직이는 즐거움과 선을 그을 때나타나는 흔적을 즐기는 정도의 활동을 경험하도록 지원해야 한다.
- 보육교사는 영유아와 의미 있는 쓰기물 결과에 대해 상호작용 해야 함.
  (예) 보육교사가 영유아의 쓰기물 아래에 영유아가 불러 준 단어나 내용을 그대로 받아 적어 주기 등
- 영유아의 자발적이 쓰기 결과물을 보육실 내에 제시하여 영유아에게 의미 있는 쓰기를 격려해야 한다.
- 자발적 쓰기 지원 과정이 당일 관찰되지 않을 경우, 자발적 쓰기 결과물 등으로 확인 대체가 가능해야 한다.

영유아는 일상에서 예술을 자연스럽게 경험하고 표현할 기회가 있다.

영유아기에는 주변 일상에 펼쳐진 아름다움을 보고 즐기며 언어 이외의 즐거운 방식으로 자신의 느낌을 표현할 기회가 가능한 많이 주어져야 한다. 일상생활에서 운율이 있는 친근한 노래와 연주곡, 빗방울 소리, 바람에 흔들리는 잎의 움직임 등을 자연스럽게 보고 듣고 즐길 때, 영유아는 아름다움을 지각하게 되고 심미감 발달의 기초를 이룬다.

다양한 악기나 동작을 위한 소품, 주변의 자료나 폐품, 미술자료 등을 활용하여 영유아 자신의 감정이나 생각을 음악 및 동작, 미술로 자유롭고 자발적으로 표현하도록 하는 것은 풍부한 감성을 발달시킨다.

음악 및 동작, 미술, 극과 관련한 경험은 모든 영유아들이 매우 좋아하는 활동이지만, 성인의 지시와 주도로 이루어지면 이러한 즐거움을 느끼지 못하고 수동적으로 된다. 따라서 영유아가 활동을 스스로 시작하고 직접 참여하는 과정의 즐거움을 느끼도록 격려한다.

(1) 일상에서 들리는 소리나 움직임에 관심을 갖고 탐색해 보는 경험을 한다.

- 보육교사는 영유아가 일상에서 들리는 소리나 움직임에 관심을 갖고 탐색해 보는 경험을 할 수 있도록 격려해야 한다.
- 영유아가 어떤 소리를 귀 기울여 조용히 듣고 있을 때, 보육교사는 함께 조용히 귀 기울여 주는 행동을 보여야 한다.
- 보육교사는 실내외에서 우연히 들리는 주변의 소리에 대해 항시 주의를 기울이고 있다가 개별 영유아의 소리에 대한 관심을 이끌어 내야 한다.
  (예) 새소리, 물소리, 비 떨어지는 소리, 망치로 두드리는 소리, 태극기가 펄럭이는 소리 등
- 영유아가 움직임에 대한 표현을 어려워할 경우, 보육교사는 그 움직임을 말과 몸짓으로 동시에 표현해 주어야 한다.

(예) '태극기가 펄럭펄럭 이리저리 움직이고 있네', '공이 데굴데굴 00에게 굴러 오네' 등

(2) 주변 환경에서 색과 모양, 질감 등의 아름다움에 관심을 갖는 경험을 한다.

- 보육교사는 영유아가 일상생활에서 아름다운 색과 모양, 질감에 관심을 갖고 경험할 수 있도록 격려해야 한다.
- 색이나 모양 이름을 중점적으로 영유아들에게 알려주거나 묻지 않아야 한다.
  (예) 뭉게구름이 많이 있는 하늘을 바라보며 '와, 구름이 무엇처럼 보이니?' 등
- 아름다움에 관심을 갖는 경험이 당일 관찰되지 않을 경우, 색, 모양, 질감 등의 아름다움을 느낄 수 있도록 전시한 것들이 있거나 이에 대해 관심을 갖는 장면을 찍은 사진 등으로 확인 대체 가능해야 한다.

(3) 자신의 생각과 느낌을 노래, 리듬, 움직임으로 표현하고 즐기는 경험을 한다.

- 영유아는 자신의 생각과 느낌을 노래로 표현하고 즐기는 경험을 해야 한다.
- 보육교사는 영유아가 개별적으로 좋아하는 노래를 교사가 미리 파악하고 있으며, 영유아가 흥이 나서 혼자 부를 때 곁에서 유심히 들어주는 몸짓을 하거나 잘 모르는 구절을 따라 불러 주며 함께 즐기는 경험을 해야 한다.
- 보육교사는 영유아가 좋아하는 노래를 함께 즐기기 위해 음률영역이나 일상에서 개별 또는 소집단으로 노래를 불러야 한다.
- 영유아가 신체 및 악기, 사물 등을 이용하여 리듬이 있는 소리를 만들고 강약을 조절하며 즐기는 모습이 계획된 활동이나 일과 중에 자연스럽게 나타나도록 해야 한다.
  (예) 손뼉을 치거나 손으로 바닥을 치며 리듬 맞추기, 밖에서 발로 구르며 리듬 맞추기, 손으로 다리를 치면서 리듬 맞추기 등

· 영유아가 자발적으로 악기(예: 리듬막대, 소고, 탬버린 등)를 이용하여 여러 가지 리듬을 만들어 보고 소리를 들을 때 보육교사는 제지하지 않고 격려해야 한다.

(예) 리듬에 맞추어서 고개를 끄덕여 주기, 리듬을 손뼉으로 맞추어 주기 등

· 영유아가 일상에서 음악이나 리듬 있는 소리를 들으며 자신의 신체를 움직이거나 거울을 보며 움직이기를 즐기도록 격려해야 한다.

(예) 영아의 팔이나 다리에 방울이 달린 고무줄을 끼워 주어 거울을 보며 음악에 따라 몸을 흔들기, 실내외에서 리본막대, 한삼, 보자기 등의 도구를 가지고 움직이며 즐기기 등

(4) 다양한 미술 자료를 이용하여 자신이 원하는 방식으로 입체 또는 평면으로 꾸며 본다.

· 영유아가 다양한 자료를 활용하여 자르기, 접기, 찍기, 입체로 구성하기 등을 하며 자신이 원하는 것을 표현하는 활동이 일과 중에 자연스럽게 나타나도록 해야 한다.

(다양한 자료의 예) 신문지, 잡지 등 다양한 종이류, 돌이나 낙엽 등의 주변의 자연물, 폐품, 크기가 다양한 상자, 찰흙, 노끈, 실 등

· 보육교사가 계획한 활동 이외에 영유아가 원하는 다른 것을 꾸미거나 만들 수 있도록 지원해야 한다.

· 보육교사는 영유아가 자신의 발달 수준에 맞는 활동을 원하는 방식으로 시도할 수 있도록 격려해야 한다.

· 보육교사가 미술활동을 계획하여 제시할 수는 있지만, 샘플을 제공하여 똑같은 순서로 만들도록 하거나 모든 영유아가 똑같은 결과물을 만들도록 강요하지 않아야 한다.

(예) 영아는 크레파스와 같은 간단한 미술 재료를 가지고 긁적거리기, 큰

붓으로 그리기, 도장 찍기, 종이 찢기, 간단한 가위질하기 등

(5) 보육교사는 영유아의 창의적 표현을 존중하고 격려한다.

- 보육교사는 영유아가 자신만의 독특한 반응이나 생각을 자발적으로 표현해 보는 예술 활동에 참여하도록 지원해야 한다.
- 보육교사는 영유아가 경험하는 과정을 즐기도록 말과 표정, 몸짓, 억양 등으로 격려해야 한다.
  (예) 끄덕이기, 미소짓기, '와, 그렇게 몸을 흔들어 보았니?', '물감을 섞어 쓰니까 다른 색이 나오는구나. 아주 좋은데?', '아주 재미있게 보이는걸, 선생님도 00처럼 흔들어 봐야지', '그렇게 튕겨도 소리가 나는구나!' 등
- 보육교사는 교사의 지시로 완성된 결과물을 만들도록 하는 경우가 거의 없어야 한다.
- 영유아가 새롭게 만든 것이나 독특한 움직임 등은 다른 영유아에게 잠시 소개할 기회를 주어 영유아의 개별적이고 창의적인 표현을 격려해야 한다.

〈창의적 표현을 격려하는 예술 활동의 예〉

- 음악활동 : 자신이 하고 싶은 말과 이야기를 소리나 즉흥 리듬으로 다른 친구에게 전달해 보기, 친숙한 이야기에 맞추어 장면에 적당한 배경음을 리듬악기로 친구들과 함께 만들어 보고 이를 공연해 보기 등
- 동작활동 : 다양한 음악이나 소리, 리듬을 듣고 그 느낌을 신체로 표현해 보기, 스카프나 보자기 등의 여러 소품을 이용하여 음악에 따라 자유롭게 표현해 보기, 이야기의 내용을 듣고 몸으로 장면을 표현해 보기, 내가 빵이 되어 반죽되고 부풀어 오르는 과정을 몸으로 나타내 보기 등
- 미술활동 : 작은 샘플 화장품 뚜껑들만 모아 찰흙에 붙여서 뚜껑이나 자동차나 집 만들기, 밀가루 반죽에 주워온 돌이나 나뭇가지로 모양 내기 등

(6) 나와 다른 사람이 만든 리듬, 노래, 미술작품, 움직임을 관심 있게 듣고 지켜보는 경험을 한다.

- 영유아가 일과에서 다양한 음악, 미술작품, 춤 등을 자연스럽게 반복하여 경험하도록 해야 한다.
  (예) 낮잠 준비할 때 자장가 듣기, 아침 등원할 때 잔잔하면서 흥겨운 음악 듣기, 점심 먹고 쉬면서 편안한 음악 듣기, 실내외에서 밝고 경쾌한 음악 듣기 등
- 보육교사는 영유아가 일과 중에 자신 또는 다른 사람이 만든 리듬, 노래, 미술작품이나 움직임을 보는 기회나 활동을 마련하고, 영유아들이 아름다움이나 독특함을 느낄 수 있도록 격려해야 한다.
  (예) '00는 초록색으로 자동차를 칠했구나. 선생님도 00가 칠한 초록색 자동차를 타고 싶은데?', '와, 그렇게 00가 움직이는 모습을 보니 풍선이 둥실둥실 날아가는 것처럼 보이네', '△△는 00가 움직이는 것을 보니 어떤 느낌이 드니?' 등
- 보육교사는 미술작품 감상하기, 음악 감상하기 등을 진행할 때 영유아의 개별적 흥미와는 상관없이 미술가나 음악가 정보, 작품 내용 정보 등의 지식을 전달하지 않아야 한다.
- 유명 미술 작품을 분석하여 관련 지식을 전달하는 활동이나 모든 영유아가 동일한 행동이나 답을 하도록 하지 않아야 한다.

영유아는 친숙한 주변 환경에서 자발적인 자연탐구 활동을 경험한다.

영유아의 주변에는 수많은 물체, 자연물과 자연현상 등이 있으며 이것들은 크게 작게 변화하고 움직이기도 한다. 그러나 주변 성인이 이러한 주변 환경에 주의를 집중하고 충분히 관찰할 기회를 제공하지 않으면 영유아의 탐구 경험은 활발히 일어나지 않는다.

영유아가 스스로 주변을 탐색해 보고, 어떤 변화가 있는가를 관찰하며, 자신이 궁금했던 것을 자발적으로 찾아보고 해결하는 과정은 수나 과학적 지식 습득보다도 더 중요하다. 이러한 과정에서 영유아는 성취감을 느끼게 되고 또 다시 궁금한 것을 찾아가면서 수·과학적 문제해결 능력의 기초를 기르게 된다. 따라서 보육교사는 영유아가 주변 환경을 자발적으로 탐색하도록 탐구과정을 존중하고 이를 격려해 주며 영유아가 주변 환경을 직접 만지고 관찰할 수 있도록 지원해야 한다.

(1) 주변 환경에서 쉽게 접하는 다양한 자료를 감각적으로 탐색하는 경험을 한다.

- 영유아가 주변 환경의 자연물을 만지고, 냄새 맡고, 보고 듣는 감각 경험이 일과 중 자연스럽게 이루어지고, 보육교사는 이를 격려해야 한다.
- 보육실 내외에서 계획적, 비계획적으로 제공된 다양한 질감, 모양, 향이 나는 자연물들을 접할 수 있는 기회가 있으며 이때 보육교사는 탐색 경험을 격려해야 한다.
- 보육실 내에 촉감, 모양의 색, 냄새 등의 탐색을 위한 자연물(예 : 향이 나는 모과, 표면이 꺼끌꺼끌한 오이 등)이나 다양한 감각 자료들을 영유아들이 쉽게 탐색할 수 있도록 해야 한다.

(2) 주변 환경에서 쉽게 접하는 사물을 이용하여 연령에 적합한 수세기, 비교 등 수활동 경험을 한다.

- 영유아는 주변 환경에서 쉽게 접할 수 있는 사물을 이용하여 생활과 관련된 수세기를 일상에서 경험해야 한다.
- 0-1세 영아의 경우, '있다'와 '없다'를 구별하고, '한 개'와 '여러 개'의 수량을 지각하는 경험을 하도록 지원해야 한다.
- 2세 영아의 경우, 많고 적음을 구별하게 되면서 세 개 가량의 구체물을 말하

여 세어 보고, 일대일 대응해 보면서 수량을 인식하게 되는 경험을 하도록 지원해야 한다.

- 주변의 친숙한 사물을 이용하여 실외나 일상에서 기초적인 수 경험이 이루어지도록 지원해야 한다.
  (예) 친구에게 포크 하나씩 나눠 주기, 종이접시에 붙은 동그라미 개수만큼 빨래집게를 접시 모서리에 꽂아보기, 낙엽 중 크기가 큰 순서대로 놓아보기, 우리반 친구들이 좋아하는 과일은 무엇인지 그래프 만들기 등
- 보육교사는 영유아의 수 개념 습득을 위하여 학습지를 사용하지 않아야 한다.

(3) 친근한 동식물이나 자연물을 직접 관찰하거나 관련 자료를 탐색하는 경험을 한다.

- 보육교사는 영유아들이 실외놀이터, 산책 등을 통해 여러 동식물이나 자연물을 관찰하는 경험을 하도록 해야 한다.
- 관찰하고 주워온 것을 보육실 안에 영유아들이 지속적 관심을 갖도록 제시해야 한다.
  (예) 다양한 모양의 잎사귀, 낙엽, 다양한 표면의 돌, 나무토막, 열매 등
- 직접 관찰하는 경험이 당일 관찰되지 않을 경우, 보육일지에서 관련 활동 진행 여부를 확인 대체가능해야 한다.

(4) 보육교사는 일상생활과 연계하여 수, 분류, 자연형상 등의 내용에 대해 자연스럽게 이야기 나눈다.

- 보육교사는 일상생활과 연관지어 자연스럽게 수세기, 분류, 자연현상 등에 대해 이야기를 나누어야 한다.
- 보육교사는 정리시간, 전이시간, 견학 등과 연관지어 수세기, 분류 등에 대해 이야기를 나누어야 한다.

(예) '같은 블록끼리 바구니에 담아 정리해 보자', '자기 이름 중에' 정이라는 글자가 있는 친구들이 있지? 모두 일어나 볼까?', '이 친구들 중에 긴팔 옷을 입은 친구는 몇 명일까?', '오늘은 그 친구들이 실외놀이를 하러 밖으로 먼저 나가자' 등

- 보육교사는 일상생활에서 자연스럽게 자연현상과 관련된 어휘를 사용해야 한다.
  (예) (유리창에 빗방울이 떨어지는 모습을 같이 관찰하며) '비가 오니까 유리창에 무엇인가가 많이 붙어 있네? 쭉 흘러내리네!' 등
- 등·하원 시간에 영유아의 옷차림을 보고 날씨에 대해서 자연스럽게 이야기를 나누어야 한다.
  (예) '오늘 00는 긴팔로 된 두꺼운 옷을 입고 왔구나. 날씨가 어떤 것 같아?', '선생님도 바람이 불고 추워서 긴팔 옷을 입었단다' 등
- 황사, 미세먼지, 자외선 등의 현상에 대해 연령에 적합한 어휘를 사용하여 일상에서도 어떻게 대처를 해야 하는가에 대한 이야기를 나누어야 한다.
  (예) '00야 오늘은 눈에는 안 보이는데 아주 따가운 빛이 저기 하늘에서 내려와서 00의 얼굴에 닿는단다. 그것을 어려운 말로 자외선이라고 해. 그래서 오늘은 밖에서 놀 때 꼭 모자를 쓰자.' 등

(5) 보육교사는 영유아의 자발적이고 능동적인 탐구과정을 격려한다.

- 보육교사는 영유아가 관심을 보이며 궁금해하는 것이 있을 경우 관심을 지속시키고 확장해 주기 위해 스스로 탐색할 시간을 충분히 제공하고 언어적 상호작용을 해 주어야 한다.
  (예) '물고기가 어떻게 움직이고 있니? 무슨 소리가 들리니?' 등
- 보육교사는 다음에 진행될 현상이나 과정을 미리 지시하거나 설명하며 인과 결과를 미리 알려주는 정보적 언어를 거의 사용하지 않아야 한다.

(6) 유아는 자연현상 알아보기, 여러 가지 물체 탐색하기, 도구와 기계에 관심 갖기 등의 다양한 탐구활동을 경험한다(영아는 주변의 실제 사물과 자연물의 질감이나 모양을 직접 만져 보는 경험을 한다).

【교사의 역할】

[영아반 보육교사]
- 주변의 사물, 물과 모래, 잎사귀, 과일 등 영아가 관심 있어 하는 실제 사물과 자연물의 모양을 집중적으로 보거나, 질감을 만져 보면서 반복적으로 탐색하는 경험을 해야 함.
  (예) 모래가 손가락 사이로 빠져 흘러내리는 것에 관심을 갖기, 모래에 물을 뿌리면 모래가 뭉쳐지는 감각을 느껴 보기, 젖은 모래를 모양 틀에 눌러 담아 보기 등
- 이러한 경험들이 당일 관찰되지 않을 경우, 보육일지에서 관련 활동 진행 여부를 확인 대체 가능해야 함.

[유아반 보육교사]
- 주변의 사물이나 자연물을 만져 보거나 도구와 기계에 관심을 갖도록 하는 경험이 특정 주제와 상관없이 지속적으로 제공되고 있어야 함.
  (예) 계절 변화나 날씨 등의 자연 현상 알아보기, 돌, 물, 흙을 만져 보기, 자석이나 정전기처럼 눈에 보이는 여러 물체를 알아보기 주변에서 자주 보는 도구나 기계를 여러 흥미영역에서 직접 활용해 보기 등
- 이러한 경험들이 당일 관찰되지 않을 경우, 보육일지에서 관련 활동 진행 여부를 확인 대체 가능해야 함.

영유아는 발달 수준과 흥미에 적합하게 역할 및 쌓기놀이를 충분히 한다.

영아기에 충분히 상상놀이를 즐긴 유아는 표상능력이 점차 확대되고 사회적 경험이 누적되면서 좀 더 복잡한 역할놀이로 발달해 간다. 일상생활에서 보고 들었던 엄마, 아빠의 말, 음식점놀이, 가게놀이, 결혼식놀이 등 영유아가 여러 번 사전 경험을 했던 것 중 흥미를 끌었던 내용에 대해서는 다시 역할놀이로 재현한다. 따라서 영유아가 속한 지역사회의 특성, 연령, 자신이 사전에 경험한 내용에 따라 영유아가 참여하고 싶어하는 역할놀이의 주제나 내용이 달라진다.

쌓기놀이는 단순한 구성에서부터 길고 높은 쌓기 구성, 폐쇄 공간 구성, 복잡한 구성 등 단계를 거치며 발달해 간다. 영유아는 쌓기놀이에 오랜 기간 참여하면서

입체적 구성 능력의 발달, 창조의 즐거움, 집중력, 또래와의 협력 등을 경험한다.

쌓기놀이에서 영유아는 종이벽돌 블록이나 단위블록처럼 같은 모양의 블록으로 길게 잇고, 높게 쌓고, 원하는 입체를 쌓고 부수고 다시 구성하는 과정을 수없이 반복한다. 원활한 쌓기놀이를 위해서는 동일한 블록의 양이 충분하고, 놀이 공간이 넓어야 하며, 충분한 시간 확보가 전제 조건이 된다.

(1) 보육교사는 영유아의 역할(상상) 및 쌓기놀이 수준과 좋아하는 놀이 주제를 파악하고 있다.

- 보육교사는 영유아가 좋아하는 역할(상상)놀이 주제가 영유아의 경험에 바탕을 두고 이루어짐을 알고, 영유아가 흥미로워하는 역할(상상)놀이 주제를 지원하기 위한 관련 놀잇감과 소품을 마련해야 한다.
- 보육교사가 영유아의 쌓기놀이 수준을 파악하고 있어 이에 적합한 다양한 블록과 소품을 마련하여 비치하고 있어야 한다.

(2) 영아가 자발적으로 이야기 순서가 있는 상활을 꾸며서 역할놀이를 하도록 지원한다(영아가 자발적으로 단순한 상상놀이를 하도록 지원한다).

【교사의 역할】

[영아반 보육교사]
- 보육교사는 영아들이 쉽게 상상놀이를 할 수 있도록 실물과 유사한 구체적인 자료를 준비해 두어 자료를 보고 쉽게 상상적 행동을 이끌어 낼 수 있도록 지원해야 함.
  (예) 전화기, 아기 업는 포대기, 우유병, 인형, 모자, 핸드백 등
- 영아가 자발적으로 상상놀이를 지도할 때, 보육교사는 상상 속의 영아의 행동에 언어로 반응해 주며 상상놀이를 주도하지 않아도 됨.
- 영아가 단순한 행동을 반복하며 상상놀이를 할 때마다 교사는 이를 격려해 주어야 함.

[유아반 보육교사]
- 유아가 자발적으로 역할놀이의 주제를 선택하고, 놀이의 역할 선정, 놀이의 시작과 끝, 진행과정을 또래와 협의하여 스스로 진행해야 함.

- 보육교사는 유아가 자신이 좋아하는 역할놀이를 반복적으로 지속할 수 있도록 지원해야 함.
- 유아가 모두 동시에 같은 놀이(예 : 시장놀이, 서점놀이)에 참여하도록 보육교사가 역할놀이를 계획하고 주도하여 진행하지 않아야 함.

(3) 보육교사는 영유아가 쌓기놀이에 몰입하도록 격려한다.

【교사의 역할】

[영아반 보육교사]
- 영아는 단순하게 쌓고 무너뜨리거나 담고 쏟는 등의 활동을 반복하므로 보육교사는 이를 함께 지켜봐 주고, 즐거워해 주며 다시 쌓아 보도록 격려해야 함.

(예) 한두 개의 블록을 더 사용하여 위로 쌓아 보기, 블록을 옆으로 늘여 놓기, 다리를 세워 만들어 보기 등

[유아반 보육교사]
- 보육교사는 유아의 쌓기놀이 중 아래의 상황을 고려하여 유아가 쌓기놀이에 몰입 할 수 있도록 지원해야 함.
- 혼자 또는 또래와 협력하여 균형 있게 진행되는지, 쌓기놀이 진행과정에 문제가 없는지, 쌓기놀이 시 위험한 부분은 없는지, 쌓기놀이 시 아이디어를 새롭게 적용하는 부분이 잘 구성되고 있는지, 더 제안할 사항은 없는지 등을 고려하여 지원해야 함.
- 보육교사는 새로운 놀이 상황을 제안하거나, 부족한 부분을 보충하는 등 유아의 쌓기놀이의 수준이 점차 복잡하고 정교한 수준으로 발달해 갈 수 있도록 지원해야 함.

(예) 영유아가 직접 들어가 눕거나 앉을 수 있는 정도의 폐쇄적인 모양으로 집을 만들기, 의자를 넣어서 버스를 만들기 등.

(4) 역할(상상) 및 쌓기놀이를 위한 충분한 공간과 놀이시간을 제공한다.

- 역할 및 쌓기놀이는 입체물 구성 등을 위한 공간을 필요로 하기 때문에 놀이 공간을 확보해 주어야 한다.
- 역할놀이와 쌓기놀이가 연계될 때 놀이가 더욱 활성화될 수 있으므로 두 흥미영역을 가까이 배치하고, 필요할 경우 두 놀이가 서로 연계되도록 격려해야 한다.
- 보육교사는 역할 및 쌓기놀이를 지속하기 위해 연속된 시간으로 최소 한

시간 이상의 놀이시간을 매일 제공해 주어야 한다.

- 역할 및 쌓기놀이를 위해 제공하는 놀이시간은 별도의 시간을 배정하기보다 자유선택활동 시간(자유놀이) 내로 배정하는 것이 바람직하다.
- 자유선택놀이 시간(자유놀이)을 끝내고 정리 정돈을 하려고 할 때 보육교사는 영유아의 역할 및 쌓기놀이 진행 정도를 관찰하여 놀이가 활발히 지속되고 있다면 평소보다 십여 분 정도 놀이시간을 더 융통적으로 배려해야 한다.

(5) 보육교사는 역할 및 쌓기놀이가 또래와 협력하여 확장되도록 격려한다(영아는 보육교사는 또래로부터 방해받지 않고 상상 및 쌓기 놀이를 지속할 수 있도록 지원한다).

【교사의 역할】

[영아반 보육교사]
- 영아는 연령에 따라 또래에 관심이 없이 개별적으로 상상놀이와 쌓기놀이를 하므로 보육교사는 영아 간에 서로 방해가 되지 않고 놀잇감으로 인해 분쟁이 발생하지 않도록 지원해야 함.

[유아반 보육교사]
- 보육교사는 연령 및 발달 수준에 따라 또래와 협력하여 놀이가 확장되도록 격려해야 함.

(6) 보육교사는 영유아의 놀이 발달 수준에 적합하게 다양한 상호작용을 한다.

- 보육교사는 개별 영유아의 놀이 발달 수준에 적합하게 상호작용해야 한다.
- 보육교사는 영유아의 역할놀이 진행 상황에 따라 지원 정도를 달리해야 한다.
- 역할놀이가 원활히 진행될 때에 보육교사는 역할놀이를 관찰하거나 놀이친구로서 역할놀이에 참여해야 한다.
  (예) 미용실놀이에서 손님으로 참여하기 등
- 보육교사는 영유아의 놀이가 시작이 잘 되지 않거나 놀이 중간에 흥미를

잃어갈 경우, 역할, 제안, 필요한 소품 추가 또는 새로운 아이디어 제안 등의 방법으로 놀이가 지속되도록 지원해야 한다.

2. 영유아를 위한 일과운영과 교사의 역할

1) 영아-교사의 상호작용

- 영아기에는 건강한 성장과 신체 발달을 하는 시기로, 성인과의 언어적, 비언어적 상호작용을 통해 언어가 발달되며 언어적인 의사소통을 시작하면서 사회적으로 관계를 맺고자 하는 욕구가 발달되기도 한다. 이는 타인에 대한 기본적인 신뢰감이 형성되는 시초가 되기도 하고, 안정적인 애착이 형성되기 위해서는 교사의 올바른 양육태도가 중요하다고 할 수 있다.
- 교사의 상호작용은 영아 자신의 놀이를 쉽게 이해하도록 돕고, 놀이에 대한 자신감과 성취감을 느끼게 함으로써 영아의 놀이를 단순한 탐색에서 시작하여 점차 복잡한 놀이로 확장시키는 계기를 마련해 주기도 한다.
- 교사의 상호작용은 영아들이 또래 간에 사회적 관계를 형성하도록 하며, 놀이가 즐겁게 유지될 수 있도록 극대화시켜 주기도 한다.
- 교사의 상호작용은 영아의 놀이 시 문제행동이 일어났을 때 민감하고 적절하게 개입해 줌으로써 영아들은 새로운 질서와 규칙, 관계형성에 대한에 대한 이해를 습득하는 계기가 되기도 한다.
- 교사와의 상호작용은 놀이를 쉽게 이해하도록 돕고, 놀이에 대한 자신감과 성취감을 느끼게 함으로써 놀이를 단순한 탐색에서 복잡한 놀이로 확장시키는 계기를 마련하기도 한다.
- 교사의 적절한 상호작용은 모든 놀이에 영향을 미친다.
- 교사 상호작용은 영아들이 또래 간에 사회적 관계를 형성하는데 도움이 되

며, 놀이가 더 오래 유지되도록 돕는다.

- 교사의 민감한 반응적 상호작용은 영아의 행동에 긍정적이고 놀이의 질이 보다 풍부해지는데 영향을 미치며, 교사의 놀이 참여 정도가 높을수록 영아는 표현적이고 순응적인 행동을 더 많이 한다.
- 교사의 적절한 개입은 새로운 놀이를 배우고, 영아가 놀이를 통해 새로운 것을 습득해 가는데 도움을 준다.

(1) 인정해 주기

- 영아의 마음을 읽어 주기
- 영아들을 평등하게 인정해 주기
- 영아의 긍정적인 행동과 태도에 대하여 그대로를 인정해 주기

(2) 관심 가져 주기

- 영아의 이름을 불러 주어 관심을 표현한다.
- 영아가 표현하는 욕구에 주의를 기울여 관심을 보여야 한다.
- 영아가 관심을 가지고 탐색하는 것에 관심을 보여야 한다.
- 영아가 보이는 부정적인 행동보다는 긍정적인 행동에 초점을 마주어 주의를 기울여 관심을 보여야 한다.

(3) 표현해 주기

- 따뜻한 눈빛과 말로 표현해 주어야 한다.
- 스킨십을 통해 애정을 표현해 주어야 한다.
- 구체적인 칭찬과 격려로 표현해 주어야 한다.
- 민감한 반응으로 애정을 표현해 주어야 한다.

2) 유아-교사의 상호작용

- 유아는 기본생활습관을 형성하는 시기로 또래와의 긍정적인 관계를 통해서 사회적 유능감이 형성되기도 한다.
- 유아기에는 스스로 선택하고 실천에 옮겨 책임지는 경험을 통해 자기 주도성과 책임감도 발달하게 된다.
- 유아기에는 언어기능이 발달하는 뇌의 부분이 활성화되고, 논리 수학적인 사고를 발달시키는 인지능력도 발달하게 되므로 상호작용을 좀 더 논리적이고 조직적으로 사고할 수 있는 기회를 지속적으로 제공해 주어야 한다.

(1) 인정해 주기

- 유아가 하는 행동에 관심을 보이며 유아가 즐겁게 활동에 참여하도록 긍정적인 격려를 해 주는 행동이다.
- 유아가 활동에 지속적으로 참여하는 효과가 있으나 칭찬이 지나치면 활동과제에 대한 유아의 동기를 약화시킬 수도 있으므로 적절한 수준의 인정이 중요하다.
- 유아의 활동 상황에 근거하여 긍정적으로 격려하는 것이 좋다.

(2) 모델링해 주기

- 교사는 암시적인 모델을 보이기와 명시적인 모델 보이기가 있으며, 직접적인 행동이나 다른 형태의 지도를 통해 유아에게 기술이나 바람직한 행동방식 및 활동 방법을 제시해 준다.
- 교사의 일상생활에서의 바람직한 행동을 솔선수범하여 일관된 행동을 하면서 유아들이 자연스럽게 내면화될 수 있게 암시적인 모범 보이기와 특정 상황에서 행동을 직접 수행하는 면시적인 모범 보이기로 이야기할 수 있다.

(3) 촉진하기와 지지하기

- 개방형 질문을 통해 확산적인 생각을 할 수 있도록 한다.
- 교사의 참여 여부에 따라 다르지만, 어떠한 상황에서의 행동을 할 때 좀 더 잘 이해하고 촉진될 수 있도록 지지해 주는 것을 말한다.

(4) 비계 설정하기

- 비계 설정하기는 유아가 현재의 발달수준을 기대되는 능력에 도달하도록 적합한 학습 방법을 사용하여 도움을 주거나 도전의 기회를 제공해 주는 방법을 말한다.
- 교사는 각 유아의 현재 발달 상태나 학습 수준을 관찰하여 파악하고 새로운 수준의 능력이나 이해로 나아갈 수 있도록 도움을 제공하여 상호작용하도록 한다.

(5) 함께 구성하기

- 교사와 유아가 함께 프로젝트 활동이나 과제를 계획, 수행하는 것을 말하며 교사와 유아가 모두 학습자이면서 동시에 교사가 되는 것을 말한다.

(6) 시범 보이기

- 유아가 하는 활동이 잘못된 방법으로 이루어졌을 때 교사가 교수방법으로 직접 시범을 보이면 유아는 활동의 결과를 관찰하여 수정하도록 하는 방법을 말한다.

영유아는 연령에 적합하게 자신과 가족, 주변 사회에 관심을 갖는 경험을 한다.

- 영유아기는 긍정적인 자아존중감의 기초를 형성하는 중요한 시기로 자신과 가족, 주변 사람과 사회에 대해 관심을 갖도록 다양한 경험을 해야 한다.
- 영아기는 정서가 분화되면서 여러 감정을 느끼고 안정적 애착을 형성하게 된다. 주양육자와 형성된 애착 관계는 이후 주변 사람과 밀접한 관계를 이루는데 지속적인 영향을 미치므로 어린이집에서 교사와 영아 간의 안정적 애착 형성은 매우 중요하다.
- 유아기에는 자신을 소중히 여기며 자율성이 증가하고 가족, 교사 및 어린이집 내 다른 성인과의 밀접한 관계형성으로 확대된다. 이러한 과정에서 유아는 자신감을 형성하고 주변 사람에 대한 기본 신뢰를 형성하게 되며 점차 사회에 관심을 가지고 사회적 관계를 넓혀 나갈 수 있는 준비를 하게 된다.

(1) 보육교사는 유아가 자아존중감을 높이도록 격려한다(영아가 자신을 알아가는 즐거운 경험을 하도록 격려한다).

【교사의 역할】

[영아반 보육교사]
- 영아반 보육교사는 반복되는 일상적 양육을 통해 영아가 자신을 알아가는 경험을 자주 격려해야 함.
- 영아의 사진을 보육실 여러 곳에 붙여 두고, 영아가 사진을 볼 때마다 영아의 이름을 친숙하게 불러 주어야 함.
- 기저귀 갈이 시간에 영아가 전신 거울을 통해 자신의 신체를 보고 이리저리 움직여 볼 때, 보육교사는 영아의 시선을 따라가며 말로 반응해 주어야 함.

[유아반 보육교사]
- 유아반 보육교사는 일상에서 유아의 자아존중감을 높이도록 행동을 구체적으로 묘사해 주는 방식으로 격려해야 함.
  (예) 유아가 스스로 손을 씻거나, 신발을 신발장에 넣거나 동생의 손을 잡아주는 등의 행동을 보였을 때, 보육교사는 '00이가 혼자 손을 깨끗이 씻네', '혼자서도 신발을 잘 넣는구나', '동생의 손을 잡아서 도와주는 00이는 이제 형(언니)이 되었네' 등 유아가 하는 행동을 그대로 이야기해 주고 격려해야 함.

(2) 보육교사는 영유아가 자신의 감정을 알고 자연스럽게 표현하도록 격려한다.

- 보육교사는 개별 영유아의 감정을 언어적, 비언어적 행동으로 공감해 주거나 위로해 주며 그대로 수용해 주어야 한다.
- 보육교사는 일과 중에 수시로 나타나는 개별 영유아의 다양한 감정(기쁨, 슬픔, 분노, 공포 등)을 읽어 주어야 한다.
  (예) '00이가 기분이 무척 좋구나', '△△가 화가 났구나.' 등
- 보육교사는 표현하기 어려워하는 영유아의 감정을 표현해 주며 영유아가 자신의 감정을 긍정적으로 인식하도록 지원해야 한다.
  (예) '00이가 좋아하는 △△네', '00이가 넘어져서 다리가 아픈데, 친구가 호~ 불어 줘서 기분이 조금 나아졌어? 등

(3) 보육교사는 영유아가 자신의 부정적 감정을 타인에게 피해가 되지 않게 표현하도록 지도한다.

- 보육교사는 영유아가 분노, 슬픔, 두려움, 공포 등 여러 부정적 감정을 지닐 수 있음을 우선 인정해 주고 이를 따뜻하게 공감해 주는 언어적, 비언어적 행동을 보여 주어야 한다.
  (예) 영유아가 떼를 쓰거나, 소리를 크게 지르며, 울거나, 물건을 집어 던지며 화를 내는 등의 부적절한 방법으로 자신의 부정적 감정을 나타낼 때, 낮고 차분하지만 수용적 목소리로 '친구가 00의 것을 가져가서 많이 속상했구나.' 등으로 영유아의 감정을 먼저 인정해 주고 공감해 주어 감정이 누그러지도록 해야 함.
- 보육교사는 영유아가 현재 느끼는 감정을 적합한 단어로 표현할 수 있음을 알려 주고 말로 표현하는 모델링을 보여주어야 한다.
  (예) '(친구가 블록을 많이 가져가 소리를 지르는 영아에게) 친구한테 같이 해 보자고 해 볼까? 등

⑷ 영유아는 자신의 가족이나 친구의 가족에 대해 관심을 가지는 경험을 한다.

【교사의 역할】

[영아반 보육교사]

- 영아반 보육교사는 보육실 벽면에 개별 영아의 가족사진을 붙여 두고 영아가 원할 때는 사진을 보고 안정감을 느끼도록 해야 함.
- 가족들의 목소리, 얼굴 모습이 담긴 자료 등을 보육실에 비치하여 영아들이 원할 때 언제나 듣고 보며 가족과 가까이 있음을 느낄 수 있도록 지원해야 함.
  (예) 부모님이나 형제, 자매, 조부모 등이 들려주는 동화, 이야기, 노래 등을 녹음한 것 듣기, 가족과 주말에 놀러 갔던 사진 보기, 엄마가 OO이를 그린 그림이나 함께 만든 인형으로 놀이하기 등
- 보육교사는 영아가 부모, 조부모 등과 어린이집에서 매일 헤어지고 다시 만나는 과정을 편안하게 경험하도록 격려해야 함.
- 등원 시 영아에게 지난 밤 집에서 있었던 일을 물어서 가족 간에 지냈던 일을 즐겁게 기억하도록 격려해야 함.
- 하원 시 영아가 다시 집으로 돌아가 가족을 만날 수 있음을 이야기하여 매일 가족과의 만남과 헤어짐에 대해 예측할 수 있도록 격려해야 함.

[유아반 보육교사]

- 유아반 보육교사는 유아가 자신이나 친구의 가족에 대해 관심을 갖도록 일상에서 친구의 부모, 형제, 조부모 등을 만나면 누구인지 알려주고 인사를 하는 기회를 자연스럽게 갖도록 해야 함.
- 영유아가 특정 연간 주제와 관계없이 가족에 대한 관심을 지속적으로 가질 수 있도록 이와 관련된 활동을 진행해야 함.
  (예) 유아들과 가족사진을 보고 이야기하기, 따로 사는 할머니나 할아버지, 삼촌, 고모, 이모 등 생각나는 가족에게 그림카드 만들어 보내기 등

⑸ 어린이집에 있는 담임교사와 주변의 친근한 성인과 만나는 경험을 한다.

【교사의 역할】

[영아반 보육교사]

- 영아는 발달 특성상 자기중심적이고 타인에 대한 관심이 많지 않으므로 보육교사는 어린이집 내외에서 기회가 있을 때마다 보육교사나 가족 이외의 성인, 즉 원장, 조리사, 다른 영아의 부모 등을 자연스럽게 반복적으로 소개해야 함.

(예) '원장님 안녕하세요. 00이도 원장님께 인사해 볼까?', '손도 흔들어 볼 수 있어?' '00가 손을 흔드니까 원장님이 기뻐하시네.' 등

- 보육교사는 다른 영아의 가족사진이나 어린이집 내 성인들의 사진을 보면서 타인에 대한 관심을 높이도록 언어적 상호작용을 해야 함.

[유아반 보육교사]

- 보육교사는 일과 중 복도, 식당, 실외놀이터, 유희실 등의 장소에서 다른 반 교사나 원장, 또래의 부모, 조리사 등의 성인을 만났을 때, 새로운 사람일 경우 소개하고 익숙한 사람들일 경우 반갑게 인사를 나누는 등 관심을 갖도록 지원해야 함.
- 유아가 담임교사 뿐 아니라 다른 반 교사, 원장, 또래의 부모, 조리사 등 같은 기관 내에서 마주치는 성인들과 의도적인 만남의 기회를 규칙적으로 계획하여 실행하며 다양한 성인과의 상호작용 기회를 지원해야 함.

(예) 유아가 만든 요리를 원장이나 다른 반 교사를 초대하여 시식회을 가져보기, 몇몇 부모가 학부모 일일교사로 참여하여 유아들에게 책읽어 주기 등

(6) 보육교사는 영유아가 일상경험, 놀이, 활동에서 스스로 할 수 있다는 성공감, 자신감을 높여 가도록 격려한다.

- 보육교사는 일과 중 매번 반복되는 일상 경험을 중요시하여 영유아가 자신이 해야 할 일을 스스로 하도록 충분한 시간과 기회를 제공해야 한다.

  (예) 영유아가 편안하게 옷의 단추를 하나하나 끼우기, 신발을 천천히 혼자 신도록 하기, 신발을 벗어서 신발장에 넣기 등

- 보육교사가 활동을 진행할 때 영유아의 발달 수준에 적합한 구체적 지원을 하여 영유아의 성공감, 자신감을 조금씩 높이도록 격려해야 한다.

  (예) 영아가 가위로 종이를 직선으로 자를 때 교사가 종이 끝을 팽팽히 잡아 주기, 옷의 단추를 끼우려고 할 때 단춧구멍이 잘 보이도록 옷을 잡아 주기 등

보육교사는 영유아와 신뢰로운 관계를 형성한다.

- 어린이집은 영유아가 장시간 동안 보육되는 곳이므로 안정감과 편안함을

느끼는 것이 무엇보다 중요하며, 이를 위해서는 영유아와 보육교사 간의 신뢰로운 관계 형성이 가장 우선되어야 한다.

- 영유아가 처음으로 어린이집에 왔을 때 모든 것에 낯설어하는 것은 당연하다. 이 과정에서 무작정 영유아에게 적응하라고 재촉하기보다 서서히 새로운 환경에 익숙해지고 새로운 성인인 보육교사와 천천히 관계를 맺어 가도록 한다. 이러한 관계 형성은 이후 영유아가 보육교사를 믿고 따르는데 있어 중요한 영향을 미친다.
- 보육교사와 영유아 간에 신뢰로운 관계 형성은 영유아가 타인과 긍정적 관계를 맺고 더 넓은 사회적 관계 및 안정적 정서발달을 이루는데 중요한 역할을 한다.

(1) 영유아의 정서 상태나 기분을 파악하여 미소, 안아 주기 등 신체적으로 반응하며 수용한다.

- 보육교사는 일과 중 모든 영유아의 정서적 상태나 기분을 만감하게 파악하기 위해 영유아를 지속적으로 관찰해야 한다.
- 보육교사는 영유아의 다양한 반응에 대해 적절한 신체적 반응을 하며 전반적으로 긍정적인 끄덕임, 미소, 토닥거림 등으로 영유아의 기분을 수용해 주어야 한다.

(2) 영유아의 정서적 상태나 기분을 따뜻하고 자연스러운 말로 표현하며 민감하게 반응한다.

- 보육교사는 영유아의 정서적 상태를 개별적이고 자연스럽게 말로 표현해 준다.

  (예) '기분이 좋아 보이는구나', '화가 났나 보구나', '부끄러워서 그래?', '슬퍼서 눈물이 났어, 왜 그럴까?' 등

· 영유아의 기분을 있는 그대로 언어로 표현할 수 있도록 하며 따뜻하게 수용해 주어야 한다.

(예) '잠이 덜 깼나보다. 아직 벌떡 일어나고 싶은 마음이 안 드나 보네. 조금 더 있다가 일어날까?' 등

· 보육교사는 영유아가 표현하지 못하고 있는 상황을 민감하게 알아차리고, 이를 언어로 표현할 수 있도록 하며 자연스럽게 반응해야 한다.

(예) '00아, 오늘 어디가 불편하지?' 등

· 보육교사는 개별 영유아의 정서를 수용할 때 민감하고 따뜻한 반응과 표현으로 안정감을 주어야 한다.

(예) 몸을 낮춰 눈높이를 맞추기, 따뜻하고, 부드러운 표정 및 말투 사용하기, 개별 영유아의 이름 부르기 등

(3) 영유아가 불안정하고 부정적인 정서를 표현할 때 그대로 수용하고 안정감을 느끼도록 반응한다.

· 대부분의 영유아는 언어적 표현보다 표정, 행동, 몸짓으로 불안정하고 부정적 정서를 표현해야 한다.

(예) 울음, 짜증, 화냄, 또래에게 소리를 지르기도 하고 밀치기도 한다. 또는 블록을 집어던짐 등

· 보육교사는 영유아가 여러 부정적 정서를 나타내기 전부터 그 상황이 벌어지기까지의 과정을 지속적으로 관찰하는 것이 바람직하다.

· 보육교사는 영유아가 때론 신체적으로 불편하거나 심리적으로 불안하고, 화나고, 좌절감을 느끼는 등의 부정적 정서를 울음이나 소리를 지르는 등의 방법으로 표현하더라도, 안아 주거나 등을 토닥이며 영유아의 현재의 감정을 그대로 수용해 주어야 한다.

· 보육교사는 영유아가 조금 마음이 안정된 후에 부정적 정서의 원인을 파악해야 한다.

(4) 보육교사는 영유아의 요구에 대해 일관성 있고 예측 가능하게 반응한다.

- 보육교사는 일과 중에 영유아의 개별적 특성에 따라 나타내는 정서적 반응을 미리 파악하고 다양한 요구나 질문에 대해 매번 일관성 있게 반응해야 한다.
- 영유아가 요구를 하였을 때 언어적 표현뿐 아니라 몸짓, 눈길 표정, 음성 등으로 영유아의 요구를 알고 있다는 신호를 일관성 있게 보내야 한다.
- 영유아가 무엇인가를 요구하였을 때 그냥 바라보기만 하며 반응을 보이지 않거나 무시하는 행동, 성급하거나 부적절한 반응 등이 없어야 한다.
- 영유아의 요구를 잘 이해하지 못했을 경우, 보육교사는 이를 다시 분명하게 확인해야 한다.

  (예) 영유아의 표정, 행동 등을 주의 깊게 관찰, 주변 상황을 살펴서 그 요구가 맞는가를 영유아에게 다시 묻기 등
- 영아는 언어로 표현하는 능력이 제한적이어서 울음이나 거부 행동 등으로 자신의 요구를 표현하는 경우가 많으므로 보육교사는 개별 영아의 의사표현 방식을 민감하게 파악하고 졸음, 아픔, 불편함 등 원인을 파악하여 신속하게 반응해 주어야 한다.
- 만일 영유아의 요구를 받아들일 수 없다면 그 이유를 발달 수준에 맞게 설명해 주되, 일관성이 있어야 한다.

(5) 보육교사는 개별 영유아의 기질, 생활리듬, 놀이 선호 등을 파악하여 민감하게 상호작용한다.

- 보육교사는 일과 내내 개별 영유아의 놀이를 세심히 관찰해야 한다.
- 보육교사는 개별 영유아의 기질을 파악하고 있으며, 이를 고려하여 상호작용 해야한다.
- 까다로운 기질의 영유아가 어떤 면에서 더 까다로운지, 그래도 그 중에 좋아하는 것은 무엇인지를 파악하고 있어야 한다.

(예) 소리, 맛, 음식의 냄새, 신체접촉, 낮잠, 화장실 사용, 낯선 환경 등

- 순한 기질의 영유아에게는 주변의 놀잇감 등을 소개하거나 새로운 관심을 갖도록 자극을 주어야 한다.
- 영유아의 목소리, 웃음, 눈짓, 몸짓, 표정 등을 잘 관찰하여 영유아가 관심을 가지고 있는 것을 지속하도록 격려하고 영유아의 발달 수준에 더 필요한 자극을 적절히 제시해야 한다.
- 보육교사는 영유아에게 필요 이상의 과도한 자극을 주거나 영유아가 관심 없어 하는 무언가를 하도록 강요하지 않아야 한다.
- 영아는 개별적 기질, 신호에 있어 개인차가 크므로 보육교사는 영아의 개별적 신호, 반응과 행동을 파악하여 민감하게 상호작용해야 한다.

보육교사는 개별 또는 집단으로 영유아와 바람직한 언어적 상호작용을 한다.

- 보육교사는 집단 내에서 영유아와 하루 종일 상호작용을 하며 지낸다.
- 영유아는 일년 내내 보육교사와 관계를 맺으며 지내기 때문에 보육교사의 언어적 상호작용의 질은 영유아의 언어, 사회, 정서 및 인지발달에 큰 영향을 미친다.
- 보육교사가 영유아와 언어적으로 상호작용을 하기 위해서는 여러 가지 측면에 신경을 써야 한다.
- 보육교사는 상호작용을 할 상대방인 영유아의 요구나 질문을 민감하게 파악하여 영유아가 이해할 수 있는 내용과 방법으로 적절히 반응해 주고 그 반응을 이해했는가를 살펴야 한다.
- 보육교사와 영유아 간의 언어적 상호작용은 집중적인 듣기, 영유아가 전달하는 내용 해석하고 이해하기, 영유아가 이해할 수 있는 내용으로 교사가 영유아에게 말을 전하는 과정이 순환되며 반복된다.
- 보육교사는 영유아의 언어적 신호뿐만 아니라 비언어적 신호를 민감하게 해석할 줄 알아야 한다. 특히 영아는 언어로 표현하는 것을 어려워하기 때문

에 영아가 사용하는 비언어적 행동을 정확히 이해하고 민감하게 반응해 주어야 한다.

· 영유아는 주변 환경에 대해 호기심이 많고 에너지가 왕성하기 때문에 안정감이 있는 환경에서는 성인에게 수많은 질문과 요구를 한다.

- 보육교사는 이러한 영유아의 상호작용 시도에 대해 그치지 않고 허용적인 분위기를 형성하면서 영유아가 보육교사에게 생각, 느낌 등을 자연스럽게 표현하도록 격려해야 한다.

(1) 보육교사는 영유아의 개별적 요구나 질문을 집중하여 듣는다.

· 보육교사는 영유아가 요구나 질문을 할 때 영유아에게 시선을 맞추고 고개를 끄덕이는 등 수용적 표정을 지으면서 영유아의 말을 끝까지 들어야 한다.

(예) 한 영유아의 요구를 듣고 있는 중 다른 영유아가 요구를 해오는 경우, 보육교사는 수용적인 표정을 지으며 '지금 이 친구와 이야기를 하고 있는데 조금만 기다려 줄 수 있겠니?'라고 말해 주고, '많이 기다렸지, 기다려 줘서 고마워, 00는 선생님에게 어떤 말을 하려고 했어?' 등 이후에 말을 걸어온 영유아의 요구에도 잊지 않고 응답해 주어야 한다.

(2) 유아의 개별적 요구나 질문에 적절한 말로 민감하게 반응한다(영아와 눈을 맞추고 옹알이, 영아가 낸 소리 반복하기, 말하기 등을 자주한다).

【교사의 역할】

[영아반 보육교사]
- 보육교사는 영아의 발달 특성을 이해하고 영아의 다양한 요구나 질문에 대해 민감하게 반응해 주어야 함.
- 출생에서 1세까지의 영아는 울음과 옹알이, 단발음 등으로 자신의 생각과 느낌, 요구를 나타내는 시기이므로, 그 소리를 반복해 주면서 영아의 요구를 즉시 파악하고 이를 수용하며 해결해 주도록 반응해 주어야 함.

- 1세 영아는 정확하지 않은 발음으로 한 단어나 두 단어로 자신의 요구를 표현하기 때문에 보육교사는 영아의 요구를 해결해 주고자 즉시 반응해 주어야 함.
  (예) '무~'라고 영아가 말했을 때 '00이가 물이 먹고 싶구나. 물을 먹을까?'라고 물어 보고 물을 따라 주어야 함.
- 2세 영아는 두세 단어로 이루어진 짧은 문장을 사용하여 성인에게 매우 많은 요구와 질문을 하며, 특히 '이게 뭐야?'라는 질문을 하루에도 수없이 반복하기 때문에 보육교사는 개별 영아의 끊임없는 질문에 대해 '응, 사과지', '우유네' 등과 같이 지속적으로 반응해 주어야 함.
- 보육교사가 영아의 반응을 어떻게 받아들이고 있는가를 잘 살펴보고 영아가 더 궁금한 것이 없는지 파악해야 함.

[유아반 보육교사]
- 자유선택활동 시간에는 각 흥미영역에서 유아의 개별적 놀이나 활동이 활발히 이루어지고 유아의 개별적 요구나 질문이 많이 일어나므로, 보육교사는 전체 유아를 항시 관찰하고 있다가 개별적인 요구나 질문에 즉시 언어적으로 반응해야 함.
- 실외놀이 시간에는 소집단이나 개별로 유아가 다양한 질문이나 요구를 하므로, 보육교사는 항시 유아의 놀이 진행을 관찰하고 있다가 유아의 개별적 요구에 적합한 말로 즉시 반응해 주어야 함.
- 점심이나 낮잠 등의 일상적 양육 시간에 보육교사는 자신이 해야 할 역할에만 집중하지 않고 개별 유아가 요구해 오는 다양한 내용에 대해 즉시 민감해야 언어적 반응을 해 주어야 함.

(3) 보육교사는 영유아가 이해할 수 있는 내용으로 부드럽게 이야기한다.

- 보육교사는 영유아가 알아들을 수 있는 어휘를 사용하여 짧고 정확한 문장으로 이야기해야 한다.
- 보육교사는 영유아에게 말을 할 때 부드러운 표정과 톤으로 내용을 전달해야 한다.
- 보육교사는 불필요하게 길게 설명하거나 교사 주도적으로 지식과 정보를 제공하지 말아야 한다.
- 영유아가 이해하기 어려운 내용일 경우 영유아의 이해 수준에 맞게 설명해 주어야 한다.

(4) 보육교사는 위협, 비난, 조롱 등 부정적 평가 언어를 사용하지 않는다.

- 보육교사는 일과 중에 위협, 비난, 조롱 등 영유아를 부정적으로 평가하는

말과 행동을 하지 말아야 한다.

- 일과 중 보육교사는 영유아에게 '선생님 말 안 들어서 또 잃어버렸잖아' 등과 같이 비난하는 말 대신 영유아가 해야 할 구체적인 행동을 알려주어야 한다.
  (예) '00야 잃어버려서 속상하겠다. 선생님하고 다시 찾아보자. 그리고 다음부터는 바구니나 서랍장에 넣어 두자. 그러면 잃어버리지 않을 거야' 등
- 일과 중 보육교사는 영유아에게 '앞으로 나오면 안 돼', '선생님이 허락할 때까지 만지지 말고 보고만 있어' 등과 같이 영유아의 행동을 제지하는 명령, 지시, 통제와 같은 언어 대신에 영유아의 행동을 긍정적으로 이끄는 언어를 사용해야 한다.
  (예) '00야 조금만 뒤로 가주면 다른 친구가 잘 보일 것 같은데' 등

(5) 영유아가 허용적인 분위기에서 자유롭게 질문하고 개별적 요구를 표현하도록 기다려 준다.

- 영유아의 요구나 표현을 허용하는 분위기의 보육실에서는 영유아들끼리 집중해도 잘 해결되지 않을 경우, '선생님, 이거 어떻게 하면 돼요?' 등처럼 보육교사에게 정보나 판단을 즉시 물어 보는 행동이 자연스럽게 나타나야 한다.
- 보육교사는 말하는 속도가 느리고 반응을 천천히 하는 영유아나 표현을 어려워하는 영유아를 잘 관찰하고 언제라도 교사에게 질문을 하면 허용될 수 있음을 부드럽게 알려 주어야 한다.
  (예) '00야 선생님에게 할 말 있으면 꼭 해줘. 00가 무엇을 하고 싶은지, 무엇이 궁금한지 말을 해 주어야 선생님이 알 수 있거든' 등
- 보육교사는 영유아가 자유롭게 자신의 요구나 질문을 하였을 때, 질문을 계속 유도하는 허용적이고 격려하는 말을 해야 한다.
  (예) '00는 그렇게 생각했구나?', '00가 무엇을 그렸는지 이야기해 줄래?',

'참 재미있는 질문이구나, 왜 그렇게 생각했니?' 등

(6) 영유아의 요구나 질문에 대해 미소, 집중하기 등 비언어적 상호작용을 한다.

- 보육교사는 영유아의 요구나 질문에 대해 언어적 표현과 함께 몸짓, 표정 등의 비언어적 행동을 부드럽고 상황에 적절하게 사용해야 한다.
  (예) 끄덕이기, 미소짓기, 경청하는 표정, '음~' 등의 수용적 억양, 영유아에게 따뜻한 시선 보내기, 영유아와 눈맞추기 등
- 보육교사는 영유아가 사용하는 비언어적 행동을 주의 깊게 바라보고 영유아가 말하는 동안 이를 비언어적인 행동으로 적절히 나타내야 한다.
  (예) 영아가 손가락으로 가리키는 곳을 함께 시선을 옮겨 가며 바라보아야 함

보육교사는 영유아들간의 긍정적인 상호작용이 활발히 이루어지도록 격려한다.

- 보육교사는 일과에서 자연스럽게 또래 간의 상호작용이 이루어지도록 기회를 마련하고, 격려해 주며 긍정적인 모델을 보여주어야 한다.
- 영유아는 또래 간의 친밀도를 높이고자 서로 이름을 부르고 안아 주며 즐거워하기도 한다. 어린 반 동생들이 넘어지지 않도록 손을 잡아 도와주고 즐거움을 느끼기도 한다.
- 또래가 정성껏 만든 것을 부수지 않는다는 약속을 지키고, 줄을 서서 차례를 기다리는 규칙도 배우며, 힘든 것을 같이 나누어 들어주는 배려 등을 통해 사회적 규칙을 점진적으로 배워 나간다.
- 친사회적 행동은 사회에서 반복적이고 긍정적 경험을 통해 습득되기 때문에 교사는 계획안 활동을 통해 일방적으로 가르치기보다는 일성에서 기회가 될 때마다 자연스럽게 경험하도록 하고 모델링을 보여 지원해야 한다.
- 어린이집이라는 작은 사회에서 영유아가 다른 또래나 다른 연령의 영유아에

대해 관심을 가지고 함께 즐겁게 지낼 수 있도록 서로 도움을 주고 배려하며 공동체의 즐거움을 나눌 수 있도록 기회를 제공하고 격려해 주어야 한다.

(1) 유아가 일상에서 또래와 긍정적 상호작용을 하도록 격려한다(영아가 일상에서 또래를 자연스럽게 관찰하거나 관심을 갖도록 격려한다).

【교사의 역할】

[영아반 보육교사]

- 보육교사는 일과 중 손유희, 노래 등을 통해 다른 또래에 대해 자연스럽게 관심을 가질 수 있도록 기회를 마련해 주어야 함.
- 0–1세 영아는 또래에 대한 관심이 많지 않으므로 영아가 정서적으로 편안할 때 다른 영아에게 관심을 갖도록 유도하고 교사가 대신 말을 걸어 주며 모델링을 보여야 함.
  (예) 다른 영아의 사진을 함께 보여주거나 다른 영아가 곁에서 놀이할 때 'OO야 안녕, 나는 △△야, 너도 인형에게 우유를 주고 있구나' 등
- 1세 영아가 또래보다는 보육교사에게만 상호작용을 시도할 경우, 보육교사는 또래 간의 상호작용이 일어날 수 있도록 보육교사가 영아끼리의 정서 표현 등의 긍정적인 상호작용을 자주 격려해야 함.
  (예) 바라보기, 미소짓기, 옹알이, 이름 부르기 등 옆에서 놀기 등
- 2세 영아가 일상에서 또래 간에 관심을 갖거나 상호작용을 할 때마다 격려해야 함.
  (예) 보육교사는 영아가 옆의 친구를 바라볼 때, 'OO가 △△를 보고 웃고 있네, △△도 웃어 줄까?' 등의 말이나 행동으로 바람직한 상호작용 모델을 보여주어야 함.

[유아반 보육교사]

- 보육교사는 또래 간의 상호작용이 긴밀히 이루어지도록 이들의 언어나 행동, 표정, 놀이 진행과정 등을 잘 관찰하여 적절한 시기에 긍정적 상호작용을 격려해야 함.
- 일과에서 또래와 함께 긍정적 정서를 표현하는 경험을 나누며, 느껴지는 생각과 느낌을 말과 행동으로 표현하도록 격려해야 함.
  (예) 유아가 서로 웃고, 껴안고, 다정한 목소리로 말하기, 유아가 만든 작품이나 편지를 주고받기 등
- 일과에서 또래와 다양한 경험을 서로 나누고 배우며, 배려하는 경험을 할 기회를 자연스럽게 자주 제공해야 함.
  (예) 또래 간의 나누기, 기다려 주기, 도와주고 도움받기, 놀잇감을 서로 나누어 사용하기, 놀잇감을 사용하고 있는 친구에게 물어 보고 나서 가져가기, 또래에게 나도 놀이에 참여해도 되는가를 묻기 등
- 또래 간 상호작용을 격려하기 위해 보육교사가 제안을 해 주는 경우, 일방적인 지시로 끝나지 않도록 유아에게 행공의 결과에 대한 긍정적인 또래 반응을 설명해 주어야 함.

(예) '00에게 뭐라고 말하고 싶니?', '그래 000야 고마워!', '00가 나눠 주니까 △△가 참 좋아하는구나!' 등
- 일과에서 자연스럽게 유아 간에 양보하는 행동과 서로 나누는 말에서 작은 실천을 반복하도록 격려해야 함.
- 유아에게 '배려, 경청' 등과 같이 어려운 용어를 주입식으로 설명하는 대집단 활동을 하지 않아야 함.

(2) 보육교사는 영유아가 일과에서 다른 영유아와 자연스럽게 만나 친사회적 행동을 발달시키는 기호를 제공하고, 이를 격려한다.

- 영유아는 복도나 현관, 실외놀이터, 유희실 등에서 다른 반이나 다른 연령의 영유아와 자주 만나므로 보육교사는 이 공간에서 서로 관심을 갖고 도움을 주고받거나 상호작용이 이루어질 수 있도록 격려해야 한다.
  (예) 동생반 아이를 만났을 때 신발 신는 것을 도와주거나 옷 입는 것을 도와주는 등의 도움주기, 반갑게 인사하기, 형님반 유아가 무거운 것을 들어주는 등 도움을 받았을 때 고마움 표현하기 등
- 다른 반이나 다른 연령의 영유아와 만날 기회를 의도적으로 갖고 다양한 또래와의 상호작용을 지원해야 한다.
  (예) 공동 작업한 작품을 다른 반 친구들을 초대하여 보여주기, 동생반에 가서 자신들이 연습한 노래나 극을 공연하고 재미있는 부분 가르쳐 주기 등
- 영유아가 다른 영유아와 도움을 주거나 받는 등 친사회적 행동이 관찰되는 경우, 보육교사는 이에 따른 적절한 상호작용을 해 주어야 한다.
  (예) 도움을 준 영유아에게 '친구를 도와주는 00 덕분에 △△가 쉽게 옮길 수 있었네', '친구를 도와주는 00를 보니 선생님 마음이 행복해지는구나', '도움을 받는 영유아에게 ', '00가 도와주니 쉽게 옮길 수 있었지?', '이럴 때 친구에게 뭐라고 이야기해 주면 좋을까?', '그래, 고마워라고 말하면 좋을 것 같네.'

(3) 영유아가 자신의 감정이나 생각을 또래에게 말로 표현하도록 격려한다.

- 보육교사는 영유아가 또래 간의 감정을 알 수 있도록 언어로 표현하는 기회를 자주 제공하고 이를 격려해야 한다.
- 보육교사의 일방적인 지시가 아닌, 영유아들 간에 자신의 생각을 말로 표현할 기회를 자연스럽게 갖도록 해야 한다.
  (예) '00의 생각은 어떤지 물어 볼까' 등
- 0-1세 영아의 경우, 보육교사가 다른 영아를 향해 시선을 주고 시선이나 손 흔들기 등의 간단한 행동으로라도 또래에게 말을 걸어 표현하는 모습을 보여주어야 한다.
  (예) '00가 △△를 보고 웃고 있네. 서로 안녕 인사해 볼까?' '00야 안녕, 손을 흔들면 △△가 좋아하겠네, 손을 흔들어 보자. 안녕' 등

(4) 보육교사는 영유아가 연령에 적합하게 함께 지켜야 할 약속과 규칙을 알고 지속적으로 익혀 가도록 격려한다.

- 보육교사가 어린이집과 보육실 생활 중 안전에 문제가 되는 사항을 영유아의 입장에서 약속과 규칙으로 함께 정하고 이를 자율적으로 지키도록 지도한 자료가 있어야 한다.
  (예) 흥미영역에서 지켜야 하는 약속을 그림이나 글로 표현한 것 등
- 보육교사는 약속과 규칙을 일방적으로 설명하고 지시하지 않아야 한다.
- 약속과 규칙이 많을 경우, 오히려 이를 지속적으로 익혀 나가는 것이 어려우므로 대상연령의 영유아가 지킬 수 있는 행동 중 최소의 것들로 선정하며, 보육교사는 연령 및 발달 수준에 적합하게 지도해야 한다.

【교사의 역할】

[영아반 보육교사]
- 0–1세 영아는 분명한 약속과 규칙을 정하기보다 반복적으로 알려주는 정도로 지도해야 함(놀잇감 1~2가지 정도는 어디다 두어야 하는지를 알려주고 매순간 안전과 분쟁에 대해 철저히 관찰하기 등).
- 2세 영아는 가장 최소한의 약속과 규칙을 반복적으로 이야기해 주고 행동으로 보여주어야 함(친구를 때리지 않기, 다른 친구가 놀고 있는 놀잇감을 빼앗지 않기, 정리시간에 놀이했던 놀잇감을 가져다 두기 등).

[유아반 보육교사]
- 문제가 자주 발생하는 3~4가지 정도 상황을 정해서 몇 개월 동안 함께 지켜 나가도록 반복해서 지도해야 함.
  (예) 쌓기놀이 영역의 경우 다른 친구가 만든 것을 부수지 않기, 다른 친구가 사용하고 있는 놀잇감은 그 친구에게 부탁을 한 후 기다렸다가 그 친구가 주면 고맙다고 말하고 사용하기, 블록을 던지지 않기 등

(5) 영유아가 서로 다름을 인정하고 존중하도록 격려한다.

- 보육교사는 일상에서 또래의 생각을 다양하게 묻고 이를 모두 존중하는 태도를 보여야 한다.
- 보유교사는 영유아의 행동들이 맞고 틀린 것이 아니라 서로 조금씩 다르고 그 행동 모두는 존중받아야 한다는 점을 일과에서 말이나 행동, 태도를 보여주어야 한다.
- 또래가 자신이 생각한 행동이나 모습과는 다르다는 이유로 틀렸다고 할 경우에 보육교사는 서로의 생각이 다를 수 있고, 다른 또래의 생각이 모두 존중되어야 함을 반복적으로 지도해야 한다.

보육교사는 영유아의 어려움과 문제 상황을 파악하고 이를 적절히 지도한다.

- 영유아 간의 다툼이나 문제 상황은 집단생활에서 항시 발생하며 영유아는 이로 인해 부정적 정서를 표출하게 된다.

- 보육교사는 문제 상황이 언제 일어나는지, 부정적 정서가 어느 때 주로 나타나는지를 반드시 지켜보고 연령과 상황에 따라 적절한 지도를 해야 한다.
- 영아기와 3세 초기에는 발달 특성상 부정적 정서를 느낄 때 비언어적인 행동을 통해 표출하려 하기 때문에 사전에 이를 미리 파악하여 적절히 개입한다.
- 부정적 정서는 누구나 느끼는 감정임을 우선 수용하되 다른 또래들에게 피해가 가지 않도록 하는 것이 중요하다.
- 작은 다툼이나 항시 벌어지는 문제의 경우, 긍정적인 방식으로 영유아들 간에 스스로 해결해 나가도록 반복적으로 지도한다면 영유아는 점차 갈등상황을 다룰 수 있는 사회적 기술을 익혀 나갈 수 있다.
- 영유아의 행동은 여러 가지 요인으로 인해 영향을 받는다. 영유아의 발달수준, 기질, 어린이집의 공간 크기와 영유아의 수, 어린이집 교사와의 애착정도, 놀잇감의 수, 날씨, 요일, 영유아의 건강 상태 등 많은 요인이 영유아의 부정적 감정과 문제행동 유발에 영향을 미친다.
- 보육교사는 어느 때, 어떤 요인에 의해서 문제행동이 많이 발생하는지 등에 대해 예측을 할 수 있으면 바람직하다.
- 실제 문제행동이 일어났을 경우 영아반 보육교사는 즉시 위험 요소를 해결한다.
- 유아반일 경우, 감정을 우선 수용하되 보육교사가 문제를 대신하여 직접 해결해 주기보다 점진적으로 유아들끼리 스스로 문제를 해결할 수 있는 기회를 제공해야 한다.

(1) 영유아가 부정적 정서 등을 표현할 때 우선 안정을 찾도록 도와주고 원인을 파악한다.

- 보육교사는 영유아가 부정적 정서를 표현할 때 우선 따뜻한 말로 현재의 감정을 그대로 수용해야 한다.
  (예) '00이가 무척 속상했구나', '00이가 많이 화가 났구나' 등

- 보육교사는 영유아가 부정적 정서를 표현할 때 수용적인 비언어적 행동을 하여 안정을 찾을 수 있도록 해야 한다.
  (예) 가볍게 안아 주면서 토닥이기, 등 쓸어 주기, 시선을 주며 끄덕여 주기, 손잡아 주기 등
- 보육교사는 개별 영유아가 어떤 말이나 행동으로 보다 쉽게 안정을 찾을 수 있는지 잘 파악하고 있어 영유아의 특성에 맞게 위로해 주어야 한다.
- 부정적 정서의 원인은 교사 스스로도 예측 가능하나 영유아가 표현할 수 있을 경우 직접 질문하여 원인을 파악하고자 노력해야 한다.
  (예) '00가 많이 속상한가 보네, 왜 속상한지 선생님에게 말을 해줄 수 있겠니?' 등

(2) 영유아가 부정적 정서 등을 적절하게 표현하도록 도와준다.

- 보육교사는 영유아가 부정적 정서를 적절하게 표현할 수 있도록 해야 한다.
- 유아와 2세 영아의 경우, '속상해요, 화나요, 힘들어요' 등 자신의 부정적 감정을 상대방이 알 수 있도록 말로 표현할 수 있도록 지도해야 한다.
  (예) '00야, 무엇 때문에 속상한지 선생님에게 말해 주겠니?', '00야 왜 속상한지 그 친구에게 말해 주겠니?' 등
- 0-1세 영아의 경우, 수면, 배고픔 등의 생리적 욕구가 우선적으로 충족이 되었는지 항시 살펴보아야 한다.
- 영유아는 자신이 느끼는 부정적 정서를 말로 표현하는 데 한계가 있으므로, 연령 및 발달 수준에 따라 대안적 놀이를 제시해야 한다.
- 유아와 2세 영아의 경우, 부정적 정서를 해소할 수 있도록 물놀이, 밀가루 반죽놀이, 신체놀이 등과 같은 대안적인 놀이를 제시해야 한다.
- 0-1세 영아의 경우, 부정적 정서를 해소할 수 있도록 신체놀이 등이 충분히 이루어지도록 해야 한다.

(3) 활동자료나 공단을 충분히 확보하여 영유아 간의 다툼이나 문제 상황이 발생하지 않도록 한다.

- 보육교사는 영유아가 사용할 놀잇감(자료)과 공간을 충분히 마련하여 다툼이 일어나지 않도록 해야 한다.

【교사의 역할】

[영아반 보육교사]
- 영아의 발달 특성을 고려한 놀잇감 구비 및 활동 공간 마련해야 함.
- 좋아하는 놀잇감을 영아 수만큼 모양, 색, 크기가 똑같은 것들이 구비되어 있어 다툼이 일어나지 않도록 해야 함.
- 다른 또래가 우연히 팔을 뻗어 놀던 것을 치거나, 의도적으로 손을 뻗어 자기가 놀던 것을 가져가지 않도록 영아의 혼자놀이 공간을 마련해야 함.

[유아반 보육교사]
- 여러 가지 상황을 고려하여 유아가 사용할 놀잇감을 아래와 같이 충분히 마련해야 함.
- 하루 동안 유아가 계속 사용할 가능성이 있는 놀잇감
  (예) 단위블록, 종이벽돌 블록, 쌓기영역에서 소품으로 사용할 작을 동물 인형, 자동차 등
- 유아가 동시에 사용하는 같은 종류의 놀잇감
  (예) 소꿉 놀잇감, 블록류 등
- 같은 활동을 하는 또래들이 모두 개별적으로 동시에 사용하는 놀잇감
  (예) 밀가루 반죽이나 찰흙, 모래놀이의 찍기틀 등
- 보육교사는 놀이의 진행과정이나 활동참여 유아 수에 따라 흥미영역 공간을 융통적으로 조정하여 각 흥미영역에서 이루어지고 있는 유아의 놀이나 활동을 위한 공간을 충분히 마련해야 함.

(4) 영유아 간의 다툼이나 문제 발생 시 상황을 파악하려고 한다.

- 보육교사는 영유아 간의 다툼이나 문제가 발생할 경우, 보육교사가 급히 결론을 내리거나 일방적으로 정리하기보다 해당 영유아에게 원인이나 과정을 물어 상황을 상세히 파악해야 한다.
- 영아의 경우, 발달 특성상 언어 표현 능력이 부족하고 자율적인 나누기와

문제해결이 어려우므로, 보육교사가 평소에 잘 살펴서 문제 상황을 빨리 파악하여 신속하게 대처해야 한다.

(5) 영유아 간의 다툼이나 문제 상황 발생시 신체적 상해가 일어날 경우를 제외하고 유아가 원인을 서로 이해하고 해결하도록 지도한다.

【교사의 역할】

[영아반 보육교사]

- 영아 간 다툼이나 문제 상황이 발생했을 경우, 보육교사는 즉시 적극적으로 개입하여 안전사고를 미연에 방지해야 함.
- 보육교사가 영아 간의 문제를 개입하여 안전을 유지한 후, 양쪽 영아의 감정을 수용하고, 영아가 이해할 수 있게 간단히 이유를 설명하며 교사가 모델링으로서 긍정적 행동을 보여주어야 함.
  (예) '00가 △△의 놀잇감을 가져가서 화가 났구나. 다음 번에는 △△야 이것 가져가도 돼? 라고 물어 볼 수 있겠어? 그러면 △△도 화가 나지 않고 같이 재미있게 놀이를 할 수 있을 것 같아.' 등

[유아반 보육교사]

- 유아 간 다툼이나 문제 상황이 발생했을 경우, 보육교사는 유아에게 먼저 스스로 문제를 해결할 수 있는 기회를 주고 관찰하며, 필요한 경우 대안을 제시해 주어야 함.
- 유아가 직접적인 해결을 원하여 보육교사에게 또래의 잘못을 설명할 경우, 두 명 모두 상대방의 입장을 들어 볼 수 있는 기회를 갖도록 해야 함.
  (예) '00는 △△가 하는 말을 들었지?', '△△도 어떤 생각을 하는지 00에게 말해 줄 수 있겠지?' 등
- 유아가 상대방의 입장을 잘 이해하지 못할 경우, 상대방의 입장에서 생각해 보고 표현해 보도록 하며, 보육교사도 신중히 이들의 말을 듣는 모델을 보여주어야 함.
  (예) '00가 만약에 △△가 되었다고 생각해 보자. 그러면 △△는 어떤 느낌일까?' 등
- 유아 간에 서로 문제를 해결하였을 경우, 보육교사는 이들을 칭찬해 주고 이러한 행동이 지속되도록 해야 함.
- 보육교사가 다툼의 원인에 대한 파악은 하지 않고, 교사가 주도하여 다툼을 종결시키고, 교사가 해결방법을 일방적으로 제시하지 않아야 함.
  (예) 다투었던 두 유아를 벌세우기, '누가 이 놀잇감을 먼저 갖고 놀았니?', '그럼 00가 잠시 더 갖고 놀다가 △△에게 양보하자' 등 보육교사가 직접 해결방안 제시하기 등

Chapter 7

보육교사의 관계형성

1. 보육교사와 영유아의 관계
2. 보육교사와 동료교사와 관계
3. 보육교사와 원장과의 관계
4. 어린이집 교직원과의 관계
5. 보육교사와 부모
6. 기관 구성원 간의 협력을 위한 지침

사람은 출생하면서부터 다른 사람과의 관계를 통하여 삶을 영위하여 나가게 된다. 특히 교육과정을 마치고 학생이 아닌 교사라는 전문가로서 교직을 수행하는 것은 영유아를 대상으로 교육하는 것뿐만 아니라 행정업무를 수행하고, 나아가 가장 바람직한 방향으로 교육적 효과를 극대화시키기 위하여, 그들을 둘러싼 인적 환경과의 상호작용을 통한 원만한 인간관계를 형성해 나가는 것까지를 포함하는 것을 의미하고, 따라서 교직을 수행해 나가면서 맺어야 할 영유아, 부모, 교직원들과의 인간관계 특성과 관계형성에 있어서의 전략들을 살펴보기로 한다.

1. 보육교사와 영유아의 관계

어린이집에서 어려운 근무환경에서 보육교사직을 그만두지 못하는 것은 영유아들 때문이다. 요즈음 영유아들이 어린이집에서 보내는 시간이 증가하면서 보육교사와 영유아 간의 관계는 부모-자녀 간의 관계만큼이나 요긴해지고 있으며, 보육교사와 영유아는 어린이집에서 많은 시간을 함께 보내며 서로에게 영향력을 행사하고, 인생의 전반부를 시작하는 영유아에게 있어 보육교사는 의미 있는 타인의 역할을 한다. 따라서 보육교사는 영유아를 하나의 인격체로 존중하고, 이들의 권리보장을 위하여 노력하며, 건강한 전인발달을 이루어지도록 힘을 기울여야 한다(정옥분 외, 2015). 보육교사들의 쏟는 정성과 사람만큼 영유아들도 보육교사를 신뢰하고 사랑하고 있음을 느낄 때 보람을 느끼며, 인간관계에 대하여 지식과 의사소통의 방법도 모르는 영유아들과 진실한 관계를 맺기 위하여 보육교사의 노력이 중요하다. 그러므로 여기서는 보육교사와 영유아의 관계를 원활하기 위하여 보육교사의 태도에 대하여 살펴보고자 한다(박선해 외, 2013).

1) 관계의 특징

영유아가 보육교사와 관계를 형성할 때는 보육교사의 아동관, 교육관, 교육신념 등에 따라 그 양상이 남달라질 것이며, 영유아의 건강한 발달을 일차 목적으로 기관 내 보육을 담당하는 인간이다. 부모-자녀관계와 같이 보육교사와 영유아 간의 관계는 겉모양의 측면 수직적 관계로 비춰지기는 하나, 실질적으로는 함께 한다는 동반자적 의미가 강하다. 보육교사와 영유아는 하루 일과 중 많은 시간을 공유하며 긴밀한 유대감을 쌓고, 서로를 지지해 주는 역할을 한다. 때로는 수직관계의 잘못된 양상이 아동학대와 같은 사건으로 이어지는 일도 있으며, 이는 상하관계의 폐단을 드러내는 것으로 보육교사가 영유아를 존중하지 않고 힘의 원리로 지배하고자 하는 성향으로 일어난 결과라 할 수 있으며, 영유아는 시간의 흐름에 따라서 여러 가지 발달 영역에서 성장을 보이며, 보육교사는 영유아 발달을 적절히 지원하기 위하여 발달에 적절한 자극을 제공하여야 한다. 그래도 영유아를 객관적으로 관찰하면서 연령별 발달기준치에 도달하였는지 살피고, 영유아의 요구에 민감하게 반응해야 하며, 이러한 보육교사의 역할을 수행하는 과정에서 영유아의 성장 변화를 확인할 수 있으며 영유아의 반응에 만족감을 느낄 수 있다. 따라서 보육교사와 영유아는 학습자와 교육자의 만남이므로 이에 대하여 기본적인 관계적 특성이 존재하므로 다음과 같이 정리하고자 한다.

- 교사와 영유아는 인격체 간의 관계이다.
- 목표가 있는 관계이다.
- 학습의 동반자 관계이다.

2) 바람직한 관계형성

어린이집이라는 낯선 환경에서 영유아가 잘 적응할 수 있도록 보육교사는 노력하여야 한다. 어린이집에 처음 입소하는 영유아들에게 인적 · 물적 환경은 모두 새로울 수밖에 없으며, 물리적 환경은 영유아의 호기심을 자극할 수는 있으나 인적 환경인 보육교사가 제시하는 방식에 따라 그 정도는 달라질 수 있다. 그러므로 보육교사는 영유아가 호기심을 보이는 놀잇감을 사용하도록 권하면서 영유아에게 접근을 시도하고, 따뜻한 시선과 미소로 우호적으로 반응해 주면서 영유아가 편안함을 느낄 수 있도록 하는 것이 요구된다(정옥분 외, 2015).

(1) 영아와의 관계

영아와의 관계에서 보육교사는 부드럽고 따뜻한 상호작용을 하여야 하며, 보육교사는 시선 마주치기, 미소짓기, 격려하기, 우호적이고 반응적으로 이야기하기 등 영아와의 관계에서 언어적 · 비언어적 방법들을 고루 활용해야 한다. 특별히 영아와의 관계에서는 몸을 사용하여 영아와 정서적인 유대관계를 형성할 수 있으며, 만 2세 이하의 영아들은 언어 사용이 원활하지 못하므로, 제한된 언어능력으로 보육교사와 상호작용할 때에는 몸을 통하여 표현하는 의사전달을 어렵지 않고 매우 쉽게 할 수 있다(이순형 외, 2013).

- 영아기는 신체적 · 인지적 · 사회정서적으로 과격한 성장을 이루는 시기로서, 영아발달은 월령에 따라서 뿐 아니라 개인별로도 수준차를 크게 보인다.
- 영아를 담당하는 보육교사는 우선 영아발달에 대해 바르게 이해하고 있어야 한다.
- 영아의 개별적 욕구에 민감하게 반응해야 한다.
- 영아가 주양육자와 맺는 정서적 유대감인 애착은 가정에서는 부모, 주로 엄마와 맺고, 어린이집에서는 보육교사와 결합한다.

영아와 보육교사 사이에 형성된 애착은 어린이집 적응에 영향을 미치므로 보육교사는 영아에게 신뢰를 바탕으로 한 일관된 양육태도를 보이며 영아와 안정된 애착을 형성하는 것이 중요하다. 그러므로 영아반을 맡고 있는 보육교사는 언어적으로 의사표현이 미성숙한 영아의 표현방식을 잘 알아차려 민감하게 반응하여 주어야 하며, 다시 말해 영아가 보내는 신호를 인식하고 바르게 해석하여 즉각적이고 적절하게 반응하여 주어야 한다. 이러한 과정에서 영아는 보육교사에게 믿음이 생기고 자신을 드러낼 수 있게 되어야 한다.

따라서 Piaget의 감각운동기는 다음과 같다.

- 영아기는 감각이라는 자극을 통하여 운동이라는 반응을 보이는 시기이다.
- 영아는 감각 및 지각기관이 발달하면서 오감능력을 향상시켜 나간다.
- 영아의 감각적 욕구를 충족시키기 위해 보육교사는 이와 관련된 놀잇감을 제공해 줄 수 있고 신체접촉을 촉진하는 놀이를 계획해 볼 수 있다.
- 무엇보다 영아에게 필요한 환경은 장시간 부모와 떨어져 있으면서 불안해하지 않고 편안한 상태에서 하루 일과를 보낼 수 있는 환경일 것이다.

그러므로 정서적 편안함을 느낄 수 있도록 보육교사가 영아와 상호작용 시 언행에 있어 따뜻함을 지녀야 하고, 영아가 관심을 가지고 활동할 수 있는 교구들을 비치하며, 서적도 영아의 감각적 욕구를 충족할 수 있는 여러 가지 소재의 것들로 마련하여 두는 것이 중요하다(정옥분 외, 2015).

① 영아의 일상생활지도법과 상호작용

교사-영아 사이의 상호작용은 다음과 같다.

- 서로간의 자극의 전달을 주고받으면서 상호교류가 일어나는 과정을 말한다.
- 상호작용은 비언어적인 상호작용과 언어적인 상호작용을 포함한 포괄적인 의미를 말하며 언어적 상호작용과 비언어적 상호작용 속에서 영유아 자신의 감정과 신념을 자기가 속한 문화와 사회에 적합한 수행방법으로 표현할 수 있고, 이를 통하여 영유아는 정보를 익히고 내면화할 수 있다.
- 교수-학습 과정에서 일어나는 교사-영유아의 상호작용은 교사-영아 사이의 의사 소통을 의미하는 것으로 교사가 영유아를 보호하고 교육하는 과정에서 나타나는 전반적인 태도 및 행위를 의미한다.

- 적절한 물리적 환경의 준비— 안전하고 적절한 수의 놀잇감과 발달에 적절한

놀잇감을 준비한다.

- 일대일 혹은 소집단 활동장려—영아들은 여러 명보다는 두 명이 있을 때 가장 긍정적 상호작용을 하므로 일대일 혹은 소집단으로 상호작용할 수 있는 기회를 마련한다.
- 또래간의 상호작용의 기회제공—또래간의 상호작용을 통하여 사회적 기술을 익히므로 주고받기 게임 등을 충분히 활용한다.
- 사회적 행동의 모델제공—사랑스러운 감정의 표현이나 분노 등의 감정을 행동이 아닌 말로 표현할 수 있게 정서 표현의 말을 가르쳐 준다.
- 갈등의 중재—보육교사는 영아를 잘 관찰하여 갈등의 조짐을 잘 파악하고 너무 감정이 북받쳐 있을 때 냉정을 되찾도록 분리시킨다. 갈등해결을 위하여 문제 상황을 침착하고 사실적인 방법으로 설명하고 갈등을 최소화하기 위하여 주의를 돌리거나 부드러운 지시를 해 주어야 한다.
- 적절한 훈육—훈육을 위하여 제일 먼저 명확한 한계를 전달하는 것이 중요하고, 잘못된 행동에 대해 죄책감을 느끼지 않도록 하여야 하며 고립시키는 형태의 훈육을 피하고 부적절한 행동에 대하여 대안을 제공해 주어야 한다.

② 긍정적인 상호작용과 부정적인 상호작용

표 7-1 **긍정적인 상호작용과 부정적인 상호작용(예시)**

구분	범주	항목	내용
긍정적 상호작용	애정적	신체접촉	▸ 영아와의 신체접촉 행동(예: 안아주기,쓰다듬기, 엉덩이, 토닥거리기, 뺨에 뽀뽀하기, 머리 빗겨주기 등)
		눈맞춤(미소)	▸ 가까이 있건 멀리 떨어져 있건 영유아와 눈빛을 교환하면, 영유아에게 미소를 보내는 행동
		영아관찰	▸ 가까이 있건 멀리 떨어져 있건 영아들의 행동에서 눈을 떼지 않고 항상 주시하는 행동
		칭찬, 격려	▸ 영아의 말이나 행동을 칭찬 또는 격려해 주

			는 행동(또래 간 상호작용을 격려하는 행동 포함)
	참여적	질문,제안, 설명	▸놀이 속 또는 일반적인 대화 중에 영유아에게 질문이나 제안 또는 설명을 하는 행동
		이야기 들어주기	▸영아에게 하는 말을 경청하는 행동
		책읽어 주기	▸영아에게 책을 읽어 주는 행동
		도와주기	▸영아를 도와주는 행동
부정적 상호작용	통제적	금지, 지시	▸영아가 하려는 행동을 못하도록 제시하거나 지시적인 언어를 사용하는 행동
		위협(협박)	▸영아의 행동을 통제하기 위해 협박을 하는 행동(예: 너 자꾸 그렇게 약속지키지 않으면 아기반에 보낼꺼야!)
		비난, 짜증	▸영아의 행동에 대하여 비난을 하거나 짜증을 내는 행동(예: 너 또 그랬니? 아유, 왜 선생님이 이야기했는데, 또 그렇게 했니?)
	방임적	유아의 요구에 무응답	▸영아가 질문을 하거나 어떤 요구를 할 때에 이에 대한 아무런 반응을 하지 않은 행동
		멍하니 앉아 있기	▸영아들이 옆에 있어도 함께 놀이를 하지 않고 딴 생각을 하거나 하품을 하는 행동

출처: 우정순 외(2015). 유능한 교사의 첫출발! 보육실습.

표 7-2 **개방형 질문과 폐쇄형 질문의 비교**

개방형 질문	폐쇄형 질문
▸영아에게 여러 개의 단어와 구로 반응하도록 촉진하는 것	▸영아에게 비언어적 반응이나 한두 단어로 된 대답을 하게 하는 것
▸한 가지 이상의 옳은 대답을 가지고 있는 것	▸질문에 정답이 정해져 있는 것
▸보육교사는 영아가 어떤 대답을 할지 알지 못하는 것	▸질문의 답을 교사가 이미 알고 있는 것
▸영아가 생각하게 하고 자신의 생각을 정리하고 이야기하는 시간을 주는 것	▸영아에게 빠른 반응을 요구하는 것
▸영아의 독창적인 생각을 중시하는 것	▸영아의 생각을 유사성이나 사실에 근거해서 생각하라고 하는 것
▸영아들이 추론하도록 하는 것	▸영아에게 정보만을 말하는 것
▸영아의 사고와 문제 해결에 초점을 두는 것	▸영아에게 명명화에 초점을 맞추는 것
▸영아들이 상상하도록 하는 것	▸영아에게 기억만을 회상하라고 하는 것

개방형 질문	폐쇄형 질문
▸"00는 다음에 무슨 일이 일어날 것 같으니?"	▸"이것은 어떤 모양이니?"
▸"00는 어떻게 할 수 있을까?"	▸"몇 마리의 소를 보았니?"
▸"00의 생각은 어떠니?"	▸"어느 동네에 사니?"
▸"00라면 어떻게 하겠니?"	▸"기분이 어떠니?"
▸"000야~ 00한다면 어떤 일이 일어날까?"	▸"오늘은 누가 널 어린이집에 데리고 왔니?"
▸"00는 00에 대하여 어떻게 생각하니?"	▸"가방은 어디에 있니?"
▸"00는 어떻게 설명할 수 있겠니?"	▸"이것이 무엇인지 알고 있니?"

출처: 우정순 외(2015). 유능한 교사의 첫출발! 보육실습.

표 7-3 **비효과적인 칭찬과 효과적인 칭찬의 비교**

효과적인 칭찬	비효과적인 칭찬
· 영아를 인정하기 ◇"00은 다양한 색을 사용해서 그림을 그렸구나!"	· 영아를 평가하는 것 ◇"그림을 잘 그렸구나!"
· 영아를 구체적으로 칭찬하기 ◇"00는 그림을 열심히 그렸구나!" ◇"00는 무엇을 그릴지 결정하는데 많은 시간을 보냈구나!"	· 영아를 일방적으로 칭찬하는 것 ◇"잘했어."
· 영아의 발전에 대한 것을 수행과정을 비교하기	· 영아들 끼리 비교하는 것 ◇"너는 누구보다도 가장 재미있게 글을 썼구나!"
· 영아의 행동에 대한 즐거움과 만족으로 연결하기	· 영아의 행동을 외적 보상과 연결하는 것 ◇"너는 책을 세 권 읽었구나. 상자에서 스티커 가져가라."
· 영아가 성공한 것을 노력과 능력으로 보기	· 영아의 과제가 쉬운 것으로 돌리는 것 ◇"저건 쉬워서 빨리 한 거야!"
· 영아에 대한 생각을 많이 하고 칭찬하기	· 영아를 생각하지 않고 칭찬하는 것
· 영아를 자연스러운 목소리 톤으로 칭찬하기	· 영아에게 칭찬할 때 가성이나 무표정한 톤으로 칭찬하는 것
· 영아의 개별화에 맞추어 칭찬하기	· 영아를 항상 똑같이 칭찬하는 것
· 영아가 하는 상황(작업)을 방해하지 않고 칭찬하기	· 영아가 작업하는데 방해하면서 칭찬하는 것

출처: 우정순 외(2015). 유능한 교사의 첫출발! 보육실습.

표 7-4 놀이 시 보육교사의 상호작용 개입

행 동	예 시
1. 일대일로 안내하기 (보육교사는 영아의 눈높이에 맞추어서 질문하기)	· 보육교사는 자신을 영아의 수준에 맞추고, 영아와 눈을 맞추면서 그림에 대하여 이야기하고 싶어하는 영아의 욕구에 반응하여야 한다. ◇ "00의 그림에는 어떤 이야기가 있는지 궁금한데 이야기해 줄 수 있겠니?"
2. 질문하기 (개방형 질문하기)	· 보육교사는 극 놀이 영역에서 자동차를 운전하는 흉내를 내고 있는 영아를 관찰한다. ◇ "00는 어디 가서 무슨 일을 할 거니?"
3. 모델링하기 (놀이상황에 적합한 모델링을 보이기)	· 영아가 언어영역에서 아무것도 하지 않고 앉아 있다. 보육교사는 영아의 옆에 앉아서 종이 한 장을 꺼내서 뭔가 쓰기를 한다.
4. 따뜻하게 하기 (절제된 따뜻함으로 하기)	· 영아는 엄마와 작별인사를 한 후 스트레스 증상을 보인다. 보육교사는 영아에게 가까이 앉아서 뭐하고 싶은지, 혹은 동화를 듣고 싶은지 부드러운 목소리로 안심시킨다.
5. 격려하기 (칭찬보다는 격려, 과정에 초점을 두고, 경쟁과 비교는 피하기)	· 영아는 블록으로 만든 집을 보러 오라고 보육교사를 초대한다. "선생님, 이것 좀 보세요. 내가 만든 집이예요."하고 상기된 목소리로 말한다. ◇ "00가 만든 집이 있구나! 이 집에는 누구누구가 살고 있니?" 보육교사도 같은 어조로 대답해 준다.

출처: 우정순 외(2015). 유능한 교사의 첫출발! 보육실습.

표 7-5 영아 일상생활 활동 시 상호작용

구분	교사의 지도내용 및 상호작용 전략	상호작용의 예
등원 및 맞이하기	· 영아와 눈마주치기 · 스킨십 시도하기 · 영아에게 관심표현하기 · 부모와의 이별이 어려운 영아의 마음 인정하기	· "00가 오늘은 파란 옷을 입고 왔네~" · "선생님은 00를 사랑해~" · "00가 오늘 웃으면서 인사를 해 주니 선생님 마음이 너무 기뻐~" · "00가 오늘은 정말 기분이 좋구나~" · "00가 엄마랑 헤어지는게 슬프구나~ 선생님은 00가 너무 보고 싶었는데~" · "00가 오늘도 선생님이랑 즐겁게 놀이해 보자~ 어제 00가 놀이했던 뽀로로 인형 찾으러 가볼까?"

기저귀 갈기 및 배변	• 영아의 불편한 상태 함께 느끼기 • 영아에게 허락 구하기 • 배변에 대한 긍정적인 태도 보이기	• "00의 기저귀가 많이 젖었네, 불편하지? 선생님이 도와 줄게~" • "00가 쉬를 아주 잘했네~ 시원하지?"
수유 및 이유식	• 영아의 배고픔 함께 느끼기 • 영아와 눈마주치기 • 수유와 이유행동에 대해 격려하기	• "00의 입으로 젖꼭지가 쏙 들어가네~" • "00가 정말 많이 배가 고팠구나~ 이 음식 먹고 건강해지자~" • "00가 너무 배고팠구나~ 선생님하고 냠냠 먹어 보자~"
식사 및 간식	• 영아의 개별적인 식습관을 고려하여 배려하기 • 영아의 경험에 대해 함께 나누기 • 편안하고 즐거운 분위기 조성하기	• "00가 오늘은 김치를 모두 다 먹기 힘들구나~ 그럼 두 번 먹어 볼까? 세 번 먹어 볼까?"
양치질 및 손씻기	• 영아의 신체 소중히 다루기 • 영아의 의사 존중하기	• "00가 얼굴을 깨끗하게 씻어 볼까?" • "00눈은 어디 있나~ 요기~~" • "거울 속에 보이는 00의 얼굴이 정말 깨끗하구나.~ 00도 기분이 좋지?"
낮잠 및 휴식	• 영아의 개별 낮잠 습관 배려하기 • 안정감을 주는 환경 만들기 • 영아와 스킨십하기	• "00가 많이 졸립구나~ 선생님하고 코~ 잘까?" • "00가 이불에 누워 볼까? 누우니깐 참 편안하겠구나~" • "00가 좋아하는 자장가 노래 불러 줄까?"
옷 입고 벗기 및 신발신고 벗기	• 영아에게 관심 표현하기 • 영아의 상태 배려하며 진행하기	• "00 신발 신기가 어렵구나~ 선생님이 기다려 줄게~" • "00는 오늘 정말 편한 운동화를 신었네.~ 선생님하고 산책 가서 콩콩콩 뛰어 보자~"
정리정돈	• 영아와 함께 정리하기 • 영아의 행동에 대해 긍정적인 반응하기	• "선생님도 00랑 함께 정리 해야지~" • "우와~ 00가 정리를 잘 하는구나~ 교실이 깨끗해지니 선생님 기분도 좋아지는 걸~"
귀가하기	• 영아와 스킨십하기 • 개별적인 시간 충분히 갖기	• "00야, 내일도 웃으면서 만나자" • "내일은 00가 좋아하는 뽀로로 인형을 어부바해 주자!"

출처: 우정순 외(2015). 유능한 교사의 첫출발! 보육실습.

(2) 유아와의 관계

현재 급속한 경제성장과 여성의 사회참여가 많아지면서 핵가족화 등에 따라서 어린 자녀들의 보호와 교육을 전담할 전문적인 교육기관의 요구가 증대되어, 이러한 사회적 요구에 따라 어린이집이나 유치원 및 종일반이 확대되는 등 유아교육 분야에 여러 가지 양적·질적 변화가 이루어지고, 유아들이 교육 및 어린이집 및 유치원에서 지내는 시간이 점차 길어짐에 따라 보육교사는 유아에게 많은 영향을 미칠 뿐 아니라 발달을 촉진시키는 데 중요한 역할을 한다(이은상 외, 2013).

- 유아기는 꾸준한 성장을 보이는 시기로서, 운동능력을 발달로 할 수 있는 신체 활동이 많아지고, 언어발달로 의사표현이 자유로워지며, 사회성 발달로 또래들과 함께하는 놀이를 즐기는 시기이다.
- 유아도 영아들처럼 발달에 있어 연령차와 개인차를 보이므로, 유아 한 사람 한 사람이 보이는 요구에 보육교사는 민감하게 반응해야 한다.
- 보육은 보호와 교육의 의미를 내포하지만, 영아기의 보육은 보호적 차원이, 유아기의 보육은 교육적 차원이 강조되는 경향이 있다.
- 유아기는 교육적 활동이 주로 이루어지는 시기로 볼 수 있으며, 이러한 교육과정을 진행하는 중에 보육교사는 유아를 격려하고 칭찬하는 것이 필요하다.

유아가 할 수 있는 것이 많아지고 자기주장도 늘면서 유아들 사이의 갈등 상황이 발생하기도 한다. 이런 문제 상황에서 보육교사가 해결자로서의 역할을 하여야 할 때도 있다. 보육교사는 직접적으로 관찰한 내용만을 가지고 언급하여야 하며, 일관된 방식으로 공정하게 문제를 해결하여야 한다. 또한 문제해결 방식이 동료교사들과 다르다면 서로간의 합의가 이루어져야 한다. 유아는 담임교사와의 상호작용뿐 아니라 등·하원 시간에 따라 당직교사와 상호작용을 하여야 하는데도 보육교사들 사이에 지도방법에 관하여 의견의 일치가 반드시 이루어져야 한다.

- 유아기는 기본생활습관을 형성해 가는 시기로서, 보육교사는 유아들은 자신

의 힘으로 올바른 생활습관을 익힐 수 있도록 지도하는 것이 필요하다.

- 몸을 깨끗이 하는 것 뿐만 아니라 올바른 식습관 및 인사습관을 익히는 등 기본생활습관에 관하여 내용을 교육자인 보육교사가 학습자인 유아에게 전달하기 보다는 직접 모범과 시범을 보임으로써 유아가 자연스럽게 익히도록 하여야 한다.
- 모방과 기억능력이 발달함에 따라 유아는 어린이집에서 일어난 일을 가정에서 시연해 보기도 한다.
- 보육교사는 유아들의 훌륭한 역할 모델이 되도록 평소 올바른 말과 행동을 해야 한다.

한편, Piaget는 유아기를 전조작기로 표현하며, 상징적사고, 자기중심적 사고, 물활론적 사고, 인공론적 사고, 전환론적 추론 능력을 보이는 시기라고 하였으며, 유아는 이런 사고능력의 발달로 가상놀이를 즐기고, 자기 나름의 방법으로 생각하고 표현하는 것을 볼 수 있다. 이런 사고와 행동은 유아기의 자연스러운 과정으로 보육교사는 유아기에 대하여 이해를 기초로 하여 유아의 반응에 적절한 피드백을 해 주어야 하고, 어린이집 환경은 보육교사와 유아 비율이 일 대 다수로 이루어져 있어 보육교사가 다양한 유아의 반응에 즉각적으로 피드백을 제공하기 어려울 때도 있으며, 또 가능한 한 모든 유아의 반응에 피드백을 해 주도록 노력하며, 바로 피드백을 해 주지 못할 경우 나중에 줄 것이라는 것 정도는 이야기하는 것이 중요하다(정옥분 외, 2015).

보육교사가 유아의 발달과 어린이집과 유치원에서의 적응을 도와주기 위하여 유아를 인격체로 존중해야 한다. 한 사람 한사람이 가지고 있는 능력과 가능성을 인정하고 발휘할 수 있도록 도와주어야 하는 등 유아와 긍정적인 관계를 맺는 것이 필요하며, 보육교사가 유아와 바람직한 관계형성을 맺기 위하여 고려하여야 할 점들을 보육교사의 학습자 존중 측면, 보육교사의 학습자 개인차 존중 측면, 보육교사의 공평성 존중 측면, 보육교사의 시범(모범)성 측면으로 분류하여 살펴보고자 한다(이은상 외, 2013).

① 보육교사의 학습자 유아의 존중 측면

보육교사와 학습자인 유아의 바람직한 관계형성은 먼저 보육교사가 유아를 한 인격체로 존중해야 하는 문제에서 비롯되며, 아무리 그러하더라도 유아들이 월령상으로 보육교사에 비하여 작고 미성숙할지라도 그들은 성인과 똑같이 평등하고 존중받아야 할 존엄성이 있으며, 따라서 보육교사는 학습자 유아들의 한 사람 한 사람의 인격을 존중하며, 유아들의 권리를 최대한으로 보장하여 주려는 긍정적이고 적극적인 자세를 가져야 한다.

② 보육교사의 학습자 유아들의 개인차 존중 측면

교육의 목적은 한 사람 한 사람의 잠재 가능성을 최대한으로 개발 · 신장하는 데 있으므로 보육교사는 유아들의 저마다의 각기 다른 개성을 존중하여 그들의 타고난 무한한 가능성을 발휘할 수 있도록 도와주어야 한다. 그러므로 가장 이상적인 지도방법은 개별화된 지도방법이다. 또한 유아 한 사람 한 사람의 각기 다른 소질과 능력에 따라 적절한 교육을 실시하는 것이 바람직하다.

③ 보육교사의 공평성 존중 측면

사람은 누구에게나 다른 사람으로부터 사랑과 인정을 받고 싶어하는 것이 본능이다. 성장기에 있는 유아들을 자신을 지도하는 보육교사로부터 애정과 인정을 받고 싶어하고, 보육교사의 애정표시에 매우 예민한 반응을 나타내는 발달단계에 있다. 따라서 보육교사는 유아와의 사람 관계형성에서 편애와 공평성에 특별히 유의해야 한다. 유아가 행동이 바르고 예절 바른 경우, 용모가 수려하고 단정한 경우, 보모의 사회경제적 지위가 높은 경우, 부모가 보육교사에게 물심양면으로 도움을 주는 경우에는 편애의 조건이 될 수 있다. 이는 평범한 인간이 갖게 되는 심리적인 현상이라고 할 수 있다. 따라서 편애는 교육에 있어서 많은 부작용을 조성할 수 있으므로 지양되어야 할 보육교사의 수칙이라고 할 수 있다. 보육교사의 편애는 유아에게 오만과 우월감을 줄 수 있고 다른 유아들로부터 시기와 질투의 대상이 될 수 있으며, 집단생활에서 소외되고 고립될 수 있다. 또 보육교사에 대한 믿음이나 신뢰를 떨어뜨려 결국 바람직한 교육활동하기 어렵게 만들기도 한다.

보육교사는 유아가 가지고 있는 특수한 외적인 조건을 기준으로 특정한 대상에게만 애정을 주는 존재가 되어서는 안 된다. 학급 유아 개개인의 능력이나 개성 혹은 성장환경 등을 고려하여 한 사람 한 사람의 유아들이 자신의 능력을 발휘하고 개발 할 수 있는 기회를 균등하게 제공해 줄 수 있어야 한다.

④ 보육교사의 시범(모범)성 측면

보육교사는 교육의 주체이며, 교육이 잘되고 못되는 것은 직접 유아교육을 담당하고 있는 보육교사의 능력에 달려 있다는 것은 당연한 논리로 받아들이고 있다. 따라서 유아가 바람직한 인간으로 성장하는 것은 가정, 사회 등의 영향도 있으나 무엇보다 직접 지도를 담당한 보육교사의 영향력이 매우 크다고 할 수 있다.

정신적 · 육체적으로 성숙과정에 있는 유아들은 그들의 주변에서 가장 존경스럽고 권위를 지닌 보육교사를 유아들의 바람직한 모델로 바라보고 추종하는 경우가 많다. 따라서 보육교사는 평소의 말과 행동, 예의범절, 정직성, 약속, 근면, 성실성, 공명성 등의 태도가 은연중에 유아에게 영향을 준다는 것을 명심하고 솔선수범하는 생활 자세를 확립하여야 한다(박선해 외, 2013).

· 유아와의 상호작용—상호작용은 사람들 간의 관계뿐만 아니라 모든 환경, 현상을 포함하는데 유아들 간의 영향을 미치고, 관계를 맺는 과정을 말한다. 유아교육기관에서의 중요한 상호작용은 유아 간의 상호작용, 유아와 보육교사의 상호작용이라 할 수 있다. 보육교사는 유아와 행동, 말과 행동, 비언어 등 여러 가지 방법을 통하여 직접, 간접적으로 상호작용하며, 때때로 유아 간의 상호작용에 개입하기도 하고, 유아와 개별적 혹은 집단적으로 상호작용하게 된다.

보육교사와 유아의 상호작용은 유아의 놀이를 격려하고, 사회 정서발달을 지원할 수 있도록 민감하고 수용적인 보육교사를 강조하고 있다. 수용적인 보육교사의 상호작용이란 보육교사가 유아에게 빠르고 직접적이며 따뜻하게 반응하고, 유아에게 여러 가지 기회를 제공하고 유아들의 감정이나 흥미를 민감하게 지각하고 이를 정교화시키는 것을 의미한다. 보육교사와 유아의 상호작용은 유아기 학습과 발달에 결정적인 영향을 미친다. 유아의 학습과 발달을 지원하기 위하여 보육교사의 다양하고, 적극적인 상호작용이 요구되므로 상호작용을 위하여 구체적인 방안을 살펴보고자 한다(우정순 외, 2015).

표 7-6 **유아발달 특징에 따른 상호작용**

구분	내 용
인정하기	인정하기란 유아가 실제적이고 구체적인 행동을 할 수 있도록 격려하고 지지하는 기술이다. 보육교사는 유아가 하는 활동에 대하여 주의를 기울이고 긍정적이고 격려하는 이 교수 유형은 유아가 지속적으로 참여하도록 하지만, 칭찬을 과도하게 사용하게 되면 과제에 대하여 유아의 동기 유발이 감소될 수 있으므로 적절한 수준의 인정이 중요하다.
모델보이기	보육교사가 바람직한 행동의 방법을 보여주는 것을 의미, 암시적인 형태와 명시적인 형태로 나눠진다. 암시적인 모델보이기는 공손하게 대화하는 것이 바람직하기 때문에 보육교사 자신이 유아에게 정중하고 친절하게 이야기하는 것을 통하여 모델을 보이는 것을 의미한다. 명시적인 모델 보이기는 활동의 시작과 진행 시 꼭 필요한 정보를 제공하거나, 힌트, 조언 또는 코치하면서 모델을 보이는 것을 의미한다.
조성하기	유아가 준비되었을 때 다음 단계로 진행할 수 있도록 일시적인 도움을 제공하는 것이다. 예를 들어 유아가 균형감을 획득할 때까지 잠시 동안 자전거 뒤를 성인이 잡아 주는 것이나, 실수할 것을 두려워하지 않고 마음껏 해보도록 격려하는 것 등을 의미한다.
지지하기	조성하기와 유사하지만 교사의 참여도에서 차이가 있다. 조성하기는 어떤 상황에서의 행동의 시작과 끝을 결정하는 상황을 말한다. 예를 들어 자전거의 뒷부분을 잡는 상황이라면 조성하기는 유아가 놓으라고 말하는 것이고, 지지하기는 유아와 보육교사가 함께 결정하는 것이다.
비계설정하기	보육교사가 도전적 활동을 준비하여 유아가 현재의 발달수준을 높일 수 있도록 도움을 제공하는 교수 유형이다. 발달에 적절한 교육과정과 평가는 항상 유아의 현재 발달을 고려하여야 하나 앞으로 발전하도록 도전적이기도 하여야 한다. 유아가 잠재적 가능성에 도달할 수 있도록 하려면 비계설정하기는 보육교사의 필수적인 상호작용이며 성공적인 비계설정을 위하여 보육교사는 우선 유아를 관찰하여 유아가 현재 그들의 학습주기에서 어느

	위치에 있는지를 파악하여 새로운 수준의 능력이나 이해할 수 있도록 도움을 제공하여 상호작용하도록 한다.
함께 구성하기	비계설정하기보다 좀 더 지시적인 교수전략으로 유아와 함께 활동을 하거나 프로젝트를 하는 것을 말한다. 예를 들어 교실에서 유아와 보육교사가 함께 블록을 구성하거나 소꿉영역에서 역할을 나누어 맡아서 놀이하는 것을 말한다.
시범보이기	함께 구성하기보다 좀 더 지시적인 교수 방법으로 적극적인 참여자는 교사이고 반면에 유아는 시범보이는 결과를 관찰하는 것이다. 이러한 시범보이기는 활동이 확실히 잘못된 방향으로 진행되고 있거나 위험한 경우에 적합한 유형이다.
지시하기	다양하게 정의될 수 있지만 유아가 한 가지 방법으로 활동을 하도록 특별한 지시를 하는 것을 의미한다. 예를 들어 "신발 끈은 이렇게 묶는 거야. 따라 해 보렴". "여기 요리 순서표가 있어. 이 순서대로 해야지"라고 지시하는 것이다.

출처: 우정순 외(2015). 유능한 교사의 첫출발! 보육실습.

• 보육교사-학습 과정에서 이루어지는 유아의 상호작용—보육교사들은 교수-학습활동을 계획하고 실행하기 위해 주제나 상황, 교과의 특성에 맞는 질문을 할 수 있어야 하므로 보육교사는 진행되는 교육의 목적에 부합되는 사려 깊은 질문 내용을 선정하고, 유아의 사고가 확장될 수 있도록 융통성 있는 상호작용을 할 수 있어야 한다. 여러 가지 질문에 대해 생각해 보고 활용할 수 있도록 하여야 한다.

표 7-7 **학습과정에서 유아의 상호작용**

구 분	내 용
기억하기(지식)	• 이 책의 주인공 이름은 무엇이었니? • 어떤 동물들이 나올까?
이해하기(이해)	• 게임을 할 때 지켜야 할 약속은 무엇이니? • 기차보다 빠른 것은 무엇이 있을까?
전이하기(적용)	• 만약에 내가 나무라면 어떻게 할까? • 네가 그린 아파트를 블록으로 만들어 볼까?
관련짓기(분석)	• 같은 색끼리 묶어 보겠니? • 염소가 좋아하는 음식들의 비슷한 점은 무엇이니?

	·사자와 호랑이의 같은 점은 무엇일까?
창조하기(종합)	·말은 어떤 종류의 음식을 좋아한다고 할 수 있니? ·점토를 만들 수 있는 가루에는 어떤 것들이 있을까?
판단하기(평가)	·(그래프를 보며)우리 반 친구들 중에 키가 가장 큰 친구는 누구니? ·잘 달리는 자동차를 만들기 위해서는 무엇으로 만들면 좋을까?

출처: 우정순 외(2015). 유능한 교사의 첫출발! 보육실습.

표 7-8 **확산적 질문의 예**

예측하기 상황	"~~하면 어떻게 될까?" 이 그림 다음 장면은 뭐가 나올까?" 왜 그렇게 생각하니?"
비교하기 상황	"고양이와 개의 비슷한 점음 무엇이니? 다른 점은?"
문제해결하기 상황	"고양이가 마음대로 놀 수 있는 집을 만들려면 어떻게 만들어야 할까?" "넘어진 친구가 옆에 있을 땐 어떻게 해야 될까?"
상상하기 상황	"만약에 이 세상에 태양이 없으면 어떻게 될까?" "만약에 물이 모두 없어진다면 어떻게 될까?"
지식 적용하기 상황	"포도와 모양이 같은 것을 찾아볼까? 왜 그렇게 생각했니?" "말에게 어떤 먹이를 주면 좋을까?"
이전경험 나누기 상황	"놀이동산에 가본 경험이 있었니? 거기서 무엇을 했니? 자동차를 관찰하면서 새롭게 발견한 것이 있니?"
대안 제시하기 상황	"길을 잃었을 때 집을 찾아올 수 있는 방법은 무엇일까?" "이 블록으로 또 다른 건축물을 만들 수 있는 방법은 어떤 것이 있을까?"

출처: 우정순 외(2015). 유능한 교사의 첫출발! 보육실습.

2. 보육교사와 동료교사와의 관계

보육교사는 업무특성상 동료교사와 우호적인 관계를 맺으며 협조하는 것이 가장 중요하다. 어린이집의 규모에 따라 보육교사가 함께 생활하는 동료교사와의 수는 적게는 4명 전후에서 많게는 20여 명 전후가 되기도 한다. 작은 규모 어린이집의 경우 가정적인 분위기를 느낄 수 있다면, 큰 규모 어린이집의 경우에는 보다 체계적이라고 할 수 있다. 동료교사들끼리는 어린이집이라는 공간을 공유하고 영유아의 건강한 발달을 촉진하는 공동의 목표가 있으면서도 다른 한편으로는 각자 담당 영유아의 보육을 일차적으로 맡는 책임자라고 할 수 있으며, 동료교사들은 영유아보육에 관한 의견을 나누며 협력 관계를 유지하기도 했지만, 서로의 사적 · 공적 이야기를 나누는 중 의견이 맞지 않아 갈등을 빚는 경우도 있다. 동료교사들 사이의 관계는 보육교사의 직무만족도에 영향을 미치며 이직(移職)을 결정하는 요인이 되기도 한다(정옥분 외, 2015). 따라서 간혹 오해와 갈등이 생겨나기도 하고 지나친 경쟁과 업무스트레스 등으로 자칫 동료 보육교사의 존재나 소중함을 잊기가 쉬우며 경우에 따라서는 심각한 조직 내 불화를 야기하기도 한다. 그러나 동료 교사는 어린이집과 유치원의 목표를 추구하는데 있어서 없어서는 안 될 소중한 동반자이자 선의의 경쟁 상대이다. 동료와의 관계는 보육교사의 소진과도 관련이 높다. 동료관계가 좋지 않음은 보육교사의 정서적 고갈과 비인간화 그리고 소진 경험을 높이며 개인적 성취감을 낮게 하고, 보육교사가 동료교사와 바람직한 관계에 결합은 결국 보육의 질을 높이는 효과가 있을 것이라 깊이 생각되어 헤아려진다.

1) 관계의 특징

보육교사는 일일 근무시간이 길어 기본적으로 함께하는 시간이 길고, 행사 준비 등 공동으로 준비하는 업무가 많다. 또한 어린이집에서 동료교사들 사이의 관계는 원장과 보육교사 사이의 상하관계와는 구분되는 수평적인 관계라고 볼 수 있다. 동료라는 차원에서는 대등한 관계임이 분명하나, 때로는 주임교사와 같은 직책이 주어진 보육교사와 일반 보육교사는 그들 간 다른 입장을 의사나 태도를 분명하게 드러내기도 한다. 이는 어린이집마다 다른 양상을 보이며, 주임교사 직급에 대한 무게를 어느 정도 두는지에 따라 보육교사들 사이의 관계는 수평적 그것이 아니라면 동등한 관계가 아니라 위와 아래의 관계로 이루어질 수도 있다.

보육교사들은 어린이집에 입사 연도가 조금씩 다르기는 하나, 그들의 보육업무는 대체로 동일하다. 그러므로

① 보육관련 의사결정을 내리는 데 있어 동등한 입장을 취한다.
② 동료교사들은 각자의 반을 담당하면서 보육관련 내용을 공유하며 서로의 의견을 나눈다.
③ 신입교사의 경우는 경험 부족으로 인하여 어린이집 생활에 적응하는데 시간 필요하고, 연차가 높은 보육교사의 경우는 경험이 풍부하나 타성에 젖어 나태해질 수도 있다.
④ 신입교사는 부모와 상담하는 부분을 어려워하고, 경력교사는 노련한 반면 솔선수범 의지가 약한 경향이 있다.
⑤ 보육교사들은 서로의 모습을 통하여 자극을 받으며 발전 가능한 방향으로 성장해 가기 위하여 노력을 기울여야 한다.

동료의 사전상 의미는 같은 직장이나 부분에서 함께 일하는 사람으로 명시되어 있으며, 어린이집 내 동료교사는 어린이집이라는 직장에서 보육이라는 업무를 함께 보는 보육교사라고 규정할 수 있으며, 동료교사들 사이에 배정받은 영유아의 연령이 다르지만 이들은 보육이라는 업무를 공동으로 맡는 협력자라고 볼 수 있다. 즉, 영유아보육에 있어 바람직한 교수방법에 대하여 함께 고민하고, 문제 상황 발생 시 해결책을 함께 모색하며 상호 협력관계를 유지하는 것이 바람직하다. 뿐만 아니라 어린이집 내 행사를 준비하는 데 있어 공동 작업을 진행하여야 할 경우 역할분담을 통하여 일의 효율성을 높이는 것이 가장 중요하다.

2) 바람직한 관계형성

보육교사들은 어린이집 내 다양한 연령으로 구성되어 있다. 이들 사이의 관계는 직장 내에서 동료관계이자 선후배 관계로 엮어 있으며, 새로이 말해서, 동료관계는 일로 만난 관계이므로 보육교사가 자신에게 주어진 역할을 충실히 수행한다면

동료 사이에 발생할 수 있는 문제를 줄일 수 있을 것이다. 또 동료교사들 사이에는 기본적으로 지켜야 할 예의가 있으므로 직장 선후배 사이에 기본 예의를 갖춰 서로를 대하는 것이 필요하다.

① 선후배관계는 연령, 입사 연도로 볼 때는 상하의 수직관계일 수 있으나, 권한 면에서는 그렇지 않으므로 선배는 후배를 포용할 수 있어야 하고, 후배는 선배의 올바른 모습을 따를 수 있어야 한다.

② 입사 선배라는 이유로 후배에게 버릇없는 말과 행동을 해서도 안 되고, 후배 또한 선배를 맹목적으로 추종하기보다는 옳고 그름을 따져 올바른 모습을 배울 수 있어야 할 것이다.

③ 보육교사는 담임교사로서의 역할 이외에도 어린이집 내 행정관련 기타 업무를 담당한다.

④ 보육교사들은 교사회의를 통하여 역할분담 관련 업무분장표를 작성하고 자신의 역할을 숙지한 후 이에 맞춰 임무를 수행한다(표 7-9 참조).

⑤ 보육교사가 자신의 역할을 충실히 이행하지 않을 경우, 이는 동료교사에게 피해를 주는 것이므로 제 역할을 제대로 수행하여야 한다.

동료교사들은 경쟁자이기보다는 협력자·조력자로서 서로의 고충을 나눌 수 있어야 한다. 영유아보육 및 부모상담 시 어려운 부분에 대하여 함께 이야기 나누고 해결책을 모색해 보며 서로를 지지하여 주는 역할이 무엇보다 필요하다고 하겠다.

표 7-9 **보육교직원 업무분장표(예시)**

구분	담당	업무내용	비고
주요 업무	원장	· 원의 전반적인 교육 및 운영계획 / 견학 및 행사 계획 · 업무분장, 감독, 근무평정 등 업무관리 · 시설설비 및 재정관리 / 운영 및 교육 정보 수집 · 해정당국 및 단체와의 관계유지 / 일지 취합 검사	· 전체 청소 구역 관리

	교사	· 보육활동 진행 및 준비 / 보육일지 작성 · 각 보육실의 환경 구성 및 청결관리 / 학부모 상담 · 영유아에 대한 관찰 일지 및 보고서 작성 · 영유아 건강 및 안전관리 / 영유아 영양 및 급식관리	· 담당 교실 관리
기타 업무	교사 OOO	· 영아반의 전반적인 교육내용 관리 · 연간보육계획안, 주간보육계획안, 일일보육계획안 작성 · 원아 관리 및 관찰지도 / 소모성 교재 점검 및 신청 · 시청각 기자재관리(OHP, 빔프로젝터, 비디오 카메라 등) · 안전관리(소화기 점검), 비상 대피훈련 담당	· 계단 청소 · 외부 청소
	교사 OOO	· 입학상담 및 자원봉사자 담당 / 위생 소독 · 식단표 작성 및 주문 담당 / 화분 관리 · 게시판(주간보육계획안, 주간식단표, 월행사) 담당 및 관리	· 화장실청소 · 화장실 수건 관리
	교사 OOO	· 유아반의 전반적인 교육내용 관리 · 연간보육계획안, 주간보육계획안, 일일보육계획안 작성 · 원아관리 및 관찰 지도 / 교재 · 교구 정리 및 관리 · 행사일지 작성 / 비디오 및 테이프 정리 담당	· 실외 놀이터 청소
	교사 OOO	· 사무실 도서 정리 및 관리 / 업무일지 작성 · 종이, 시트지, 코팅지, 복사지(복사기) 등 지류 정리 및 관리 · 약품장 관리 및 약품사용 대장 담당 생일잔치 계획 및 준비	· 현관 청소
	운전자 OOO	· 차량안전 준수사항 · 차량 내 소화기 관리	· 차량 청결
	조리사 OOO	· 1층 물컵 관리 / 식자재 주문 및 관리 · 2층 정수기 물컵 관리	· 수족관, 화초관리 · 세탁기관리

출처: 보건복지부(2014a). 2014 어린이집 평가인증안내(40인 이상 어린이집).

보육경험 과정에서 보육교사들은 사람관계를 가장 힘들어하였는데, 여기서 언급된 사람관계에는 동료교사와의 관계가 포함된다(나석희 · 이현진, 2012). 동료교사와의 관계 및 원장과의 관계를 내포한 사람관계가 보육교사의 직무만족도에 큰 영향을 미치는 것으로 나타났다. 이처럼 동료교사와의 관계는 보육교사의 직업만족도에 영향을 미치고, 더 나아가 영유아 발달에까지 간접적인 영향력을 행사할 수 있으므로 동료교사들 사이에 원활한 관계유지를 위하여 보육교사 자신의 힘으로 마음의 문을 열고 다가가는 노력이 필요하다(이병록, 2011 재인용).

(1) 선배교사와 후배교사의 관계

보육교사 경력에 따라 동료교사지만 위계적인 특성도 지닌다. 또한 공동담임제로 운영하는 학급에서 선배교사와 후배교사가 짝지어진 경우, 후배교사는 정교사임에도 보조교사와 같은 역할을 수행하게 되는 경우도 있다. 이러한 경우, 직무만족도가 떨어지고 궁극적으로는 직장을 옮기는 원인이 되기도 한다. 또한 부정적 관계를 형성하지 않기 위하여 선배와 후배교사 사이 서로에 대하여 이해가 선행되어야 한다. 후배교사는 선배교사의 현장경험과 지식을 인정하고 존중하는 태도가 필요하고 선배교사는 후배교사의 패기와 학교에서 배운 것을 현장에 적용하여 나가는 과정을 격려하며 잘 이끌어 나갈 수 있어야 한다.

(2) 동료교사의 장학

보육교사는 동료교사 관계가 다른 업무와 구별되는 특징 중 하나가 동료장학이다. 보육교사는 동료교사와 교육활동의 계획, 실천 및 평가에 대하여 의견을 나누는 과정을 통하여 새로운 지식이나 정보를 얻고, 발생 가능한 문제를 사전에 예방할 수도 있으며, 발생한 문제를 해결하는 지혜를 모으기도 한다. 동료교사의 활동계획을 보거나 실제 활동 진행을 참고하여 교수능력을 향상시킬 수도 있으며, 특정 주제를 정하여 교사 워크숍을 개최하기도 하고 큰 행사 후에는 평가회의를 열어 동료교사와 활동 수행에 대하여 정보를 공유하고 평가과정을 통하여 서로에게 도움이 되는 지식을 공유하며 동료장학을 통하여 전문성을 발달시켜 나아가야 한다(성미영 외, 2015).

3. 보육교사와 원장과의 관계

어린이집을 총괄하는 어린이집 원장은 보육교사와 그 밖의 직원을 지도 · 감독하며 영유아를 보육하는 직책이다(영유아보육법 제3장 제18조). 원장은 보육교사의 채용면접부터 보육교사와 관계를 형성하며, 채용 후 퇴직 전까지 원장과 보육교사는 직장 내 상하관계로 연결되어 있으며, 보육교사는 어린이집의 총괄 책임자인 원장의 보육철학 및 운영방침을 숙지하고 어린이집 업무를 수행하여야 하며, 원장은 보육교사의 의견을 경청하여야 한다. 보육교사와 원장 사이 상호작용이 원만하게 이루어지는 한 어린이집에서 오랫동안 보육 경험을 함께 쌓을 수 있지만, 이들 사이에 관계가 지내는 사이가 두텁지 아니하고 거리가 있어서 서먹서먹할 경우 오랜 시간 동안 함께 일하는 것은 힘들 수 있을 것이다.

1) 관계의 특징

보육교사와 원장은 어린이집에서의 관계는 직장 내 상하관계로 수직적인 관계라고 할 수 있다. 입사 연도에 따른 보육교사들 사이 선배와 후배 관계에서 나타나는 수직 성향과는 다른 양상을 띠고 있다. 어린이집 운영의 전반적인 책임을 맡고 있는 원장은 영유아보육과 관련하여 보육교사에게 지시사항을 전달하고, 보육교사는 이를 따르도록 되어 있다.

① 보육교사가 영유아의 역할모델이 되듯이, 원장은 보육교사의 역할모델로서 보육교직원이 갖춰야 할 인격과 소양을 겸비하고 다른 사람의 모범이 되어야 한다.

② 보육교사는 원장을 역할모델 삼아 보육교직원이 갖춰야 할 성품을 유지하기 위하여 노력해야 한다.

③ 원장은 리더십을 발휘하여 보육교사를 포함한 보육교직원들의 후생복지에 관심을 갖고 권리보장에 힘써야 한다.

④ 보육교사는 원장의 보육철학에 맞춰 영유아보육을 담당하며 운영지침에 근거하여 업무수행을 해야 한다.

⑤ 원장과 보육교사의 관계는 상하 · 수직관계로 대변되지만, 다른 한편 공동의 목표를 갖고 어린이집 운영에 참여하는 동반자적 입장도 있다.

원장과 보육교사는 영유아의 건강한 성장을 촉진하기 위하여 함께 노력하는 사람으로 각자 실제 수행역할은 다르지만 뜻을 함께하는 공동사회라고 할 수 있다.

(1) 어린이집 원장의 운영방침 따르기

어린이집에서 보육교사는 원장의 교육관과 운영방침에 따라야 하며, 보육교사는 자신이 근무하는 어린이집의 기본적인 교육 프로그램이나 교육적으로 추구하는 바를 인정하고 함께 협력하여야 한다. 어린이집 원장이 전체의 교육 프로그램이나 교육적인 방향을 설정하면 이를 구체적인 활동으로 계획하고 실행하는 것은 보육교사가 담당할 업무이기 때문에 원장과 보육교사의 교육활동에 대하여 의견은 공유되어야 한다. 따라서 원장은 보육교사들을 대상으로 하는 교육연수 프로그램을 실행하거나 워크숍 등의 기회를 적극 활용하여 원장이 추구하는 교육 프로그램이나 방향 등에 대하여 적극적으로 보육교사들에게 이해시키고, 그것이 제대로 실현되고 있는지를 점검하는 과정을 지속적으로 실행하여야 한다(성미영 외, 2015).

(2) 보육교사와 원장의 적정한 거리 유지하기

원장과 보육교사는 적절한 거리감을 유지하는 것이 바람직하다. 너무 가깝거나 격이 없는 관계도 좋지 않고 너무 멀어서 서로에 대하여 이해가 부족한 관계도 적절하지 않다. 서로 간에 적절한 거리를 유지하고 서로를 존중하며 예의를 지키는 선에서 긍정적이고 협조적인 관계를 유지하여야 하는 것이 필요하다.

(3) 원장에게 업무보고

어린이집의 관련된 다양한 업무 사항을 보육교사는 원장에게 보고하여야 한다. 출퇴근 및 보육일지, 행사계획, 교육활동계획 및 평가, 가정통신문 작성 등 다양한 업무에 관련사항은 물론 학급 운영 시 발생되는 문제나 학부모와의 관계에서 발생하는 문제 등은 긍정적으로 원장의 책임 하에 있다. 그러므로 업무와 관련된 사항에 대하여 지속적으로 원장에게 보고하여 함께 협의하며 처리하여야 한다(성미영 외, 2015 재인용).

2) 바람직한 관계형성

어린이집 원장의 운영방침과 교육철학에 대하여 보육교사는 존중하여야 한다. 어린이집에 따라 원장과 보육교사의 연령차가 많은 경우도 있고 그렇지 않은 경우도 있으며, 연령차가 많은 경우에는 연령으로만 보아도 위계가 분명하나, 연령차가 많지 않을 경우에는 다소 관계 규명이 어려울 때가 있다. 또 동일한 어린이집에서 보육교사직을 수행하다가 원장이 되는 경우, 기존 동료교사들과의 연령차가 많지 않을 때에는 동료교사였다가 상하관계로 바뀌면서 서로의 역할에 대하여 충분히 이해할 시간이 필요할 수도 있다. 하지만 원장과 보육교사의 역할은 명확히 구분되기에 각자의 위치에서 자신의 일에 충실하도록 노력하여야 한다.

① 보육교사의 직무만족도에 있어 원장과 보육교사의 관계는 보육교사들과의 관계만큼이나 필요한 변수로 작용한다.

② 보육교사는 원장과의 관계상 어려움을 호소하기도 하고, 이로 인하여 직업 만족도도 낮아진다는 연구 결과들이 있다(나석희 · 이현진, 2012; 이병록, 2011).

③ 어린이집 내 부정적 사람관계는 업무 효율성을 떨어뜨리고, 직무수행 만족도도 낮게 만든다.

④ 원만한 관계를 형성하고 유지하는 것은 직업만족도를 높이는 데 필요하다.

한편, 직장 내 부하는 상사의 호의성, 자신의 의사에 대하여 상상의 경청, 성과 평가에 대하여 상사의 인지, 부하의 능력에 대하여 상사의 신뢰도 등으로 인하여 상사로부터 스트레스를 받는다(Cooper & Marshall, 1986). 아랫사람은 윗사람이 하달하는 것을 받는 입장이 커서 상사의 언행에 주의를 기울일 수밖에 없다. 다른 한편으로, 윗사람은 아랫사람을 평가하는 데 있어 객관성을 보여야 하고, 형평성에 어긋나지 않는 기준으로 평가하여야 한다.

보육교사가 영유아를 편애하여 다른 아이들이 불공정한 상황에 놓이지 않도록 하는 것이 필요한 것처럼, 원장이 특정 보육교사를 편애하는 것은 어린이집 전체 분위기를 흐릴 수 있으므로 각별히 주의해야 한다.

보육교사는 영유아보육과 관련하여 모든 사항을 원장에게 보고하여야 한다. 원장은 대체로 직접적 보육은 하지 않고 관리 · 감독하는 입장이다 보니 영유아보육시 일어난 상황, 그리고 학부모와 보육교사 사이에 발생한 문제에 대하여 보육교사를 통하여 듣게 된다. 보육교사는 문제 상황에 대하여 있었던 사실 그대로 즉각적으로 전달해야 한다. 사실을 감추다가 더 큰 문제를 초래할 수 있으므로, 반드시 특이 사항에 대하여 보고해야 한다. 원장은 어린이집 내 총책임자로서 보육교사의 말에 주의를 기울이고, 어린이집 내에서 일어나는 상황을 모두 파악하고 있어야 하며, 이를 통하여 어린이집이 원활히 운영되도록 노력해야 한다.

4. 어린이집 교직원과의 관계

어린이집에는 원장과 보육교사 이외에 보육을 직접적으로 담당하지 않는 관리와 행정을 담당하는 교직원들이 있다. 이들은 담당업무에서는 보육교사와 많은 차이가 있지만 궁극적으로 어린이집 운영을 위하여 필요한 업무들을 담당하고 있으며, 직접적으로 보육을 담당하지는 않지만 보육교사가 보육을 행하는 데 꼭 필요한 업무를 담당하며 간접적인 영향을 미치고, 어린이집 내에서 지속적으로 상호작용하여 서로 영향을 주고받는 관계이기 때문에 서로 원활한 관계를 유지하는 것이 바람직하다(성미영 외, 2015).

1) 관계의 특징

어린이집의 보육교사는 동료 교직원과의 관계 맺음을 통하여 정보를 공유하기도 하고 서로의 전문적 지식과 기술을 상호 발전시켜 나가는 영향력을 주고받는 관계이다.

또한 보육교사와 교직원 사이의 관계는 교직생활에서 직무만족에 가장 큰 영향을 미치는 요소 중 하나이다. 다른 기관에 비하여 소규모의 사람관계가 형성되기는 하지만, 엄연히 어린이집도 하나의 사회이며 조직이기 때문에 여러 가지 업무가 주어지고 역할을 수행해 나가는 과정에서 다른 기관과 마찬가지로 발전과 갈등이 공존한다.

보육교사들의 이직사유 중 가장 많은 내용은 어린이집 내 사람관계에서의 갈등으로 조사되었다(김혜경, 2006 재인용). 그만큼 교직원과의 긍정적인 사람 관계형성은 교직에 대하여 만족도를 높여 상대적으로 어린이집 운영의 효율성을 높이게 됨으로써 결국 보육의 질까지 높아지게 되는 것이다(박세정 외, 2015).

2) 바람직한 관계형성

기관에서 업무를 처리하는 것부터 문제 상황에 대처하는 반응방식, 학부모와의 관계형성 등 모든 면에서 주인의식을 가지는 것이 필요하다. 기타 교직원들의 일에 중요성에 대하여 인정해 주어야 한다. 보육교사는 사무원, 취사부, 관리인, 위생원, 간호사 등과 같은 기타 교직원과 원활한 사람관계를 맺기 위하여 먼저 그들에게 평등한 동료로서 인격을 존중하며 인간적인 유대관계를 유지하여야 한다.

대부분의 경우 취사부, 관리인, 운전기사, 위생원은 보육교사보다 연령이 많은 분들이 많으므로, 이들과의 관계에서는 예의 바르게 행동하고, 그들이 가진 연륜과 경력을 인정해 주는 것이 필요하다. 업무상의 협조를 구하는 일의 경우에도 내용은 일방적인 요청일지라도 그 내용을 전달하는 방식에 있어서는 협조를 요청하고 의견을 구하는 형식을 갖추는 것이 기타 교직원과의 원활한 관계를 유지하기 위한 요령이다(이순형 외, 2013).

(1) 교직원들 이해하기

원장과 보육교사나 동료와의 관계는 달리 기타 보육교직원들은 어린이집에서 담당하는 업무가 보육교사와 다르고 근무 장소나 근무시간도 다르기 때문에 서로에 대하여 이해도나 친밀도가 떨어질 수 있다. 이러한 관계를 원활하게 유지하기 위하여 의식적인 노력이 중요하다. 그냥 지나치지 않고 인사를 꼭 나눈다거나 경조사에 참여하고 가능한 상황에서는 서로 일을 돕기도 하면서 친밀하고 긍정적인 관계를 형성, 유지하도록 해야 한다.

(2) 교직원들과 서로 존중하고 예의지키기

원장과 보육교사와 교직원들의 담당업무가 다르고, 보수에서도 차이가 나지만 같은 어린이집에 근무하며 함께 협조하는 관계로서 서로의 업무를 존중해야 하고, 또한 대부분 취사부, 위생원, 관리인 등 기타 보육교직원에 속하는 분들은 보육교사보다 나이가 많은 경우가 많으므로, 예의를 지키고 연륜을 인정하는 태도가 매우 중요하다(성미영 외, 2015 재인용).

5. 보육교사와 부모

주양육자인 부모가 자녀의 전반적인 발달에 필요한 영향을 미치는 시기이다.

결혼 여성들의 사회참여 증가로 인하여 어린이집에서 많은 시간을 보내는 영유아가 늘어나고 있어, 주된 양육자인 부모와 보육교사의 협조적인 관계가 더욱 필요하다. 그래서 보육교사와 학부모는 영유아의 성장과 발달을 위한다는 측면에서 공통된 목표를 가지고 있으므로 어린이집에서 이들이 원활한 관계를 유지하는 것이 매우 필요하다.

1) 보육교사와 부모의 관계특성

부모는 보육교사와 영유아의 긍정적인 성장과 발달이라는 공동의 목표를 공유하고 보육교사와 부모는 서로 믿음이 있을 수 있고 지지적일 때 영유아의 성장 및 발달에 가장 좋은 결과를 가져오지만, 그 반대가 되면 영유아의 교육 및 발달에 부정적 영향을 끼치게 된다.

보육교사와 부모의 관계는 형식적 관계의 차원과 실존적 만남의 차원에서 해석할 수 있다(박연호, 1989).

첫 번째 차원은 '합법적 · 공식적 관계'이며 '비영구적인 관계'의 만남이다. 즉, 사회가 부여한 제도 안에서 보육교사의 역할과 부모의 역할이 정확하며 영유아에 대하여 동등한 교육의 권리를 가진다. 따라서 영유아의 교육을 넘어서는 사적인 관계는 배제하고 공적인 관계를 유지해야 한다는 차원에서의 관계이다. 그러므로 부모는 보육교사를 전문가로 인정하고 기관에서의 생활과 가정에서의 생활이 연속적으로 이루어질 수 있도록 노력하여야 하며, 보육교사는 부모와의 갈등이 최소화되도록 전문적 지식을 공유하되 부모 또는 "최초의 보육교사"로 전문적 견해를 가지고 있다는 점을 인정하고 존중하여 교육의 효율성을 극대화시킬 수 있어야 한다.

두 번째 차원은 부모의 기관 선택에 의해 우연적으로 혹은 간접적으로 결정되는 '비선택적 결합관계'이며, 영유아가 졸업할 때까지만 일시적으로 형성되는 '부분적인 관계'이다. 하지만 이 시기의 만남은 다른 교육영역에서보다 상대적으로 비중이 크며 성인의 인격 기초가 형성되는 시기이므로 보육교사와 부모의 관계형성은 매우 필요하다. 공적인 관계형성이 성공하려면 서로 공감하는 믿음의 형성이 바탕이 되어야 하므로 보육교사와 부모와의 관계 이전에 여기서도 인격체로서의 만남을 중요하게 생각하는 태도가 중요하다. 또 부모가 기관에 모든 것을 일임하지 않도록 상호 동반자의 태도를 가질 수 있게 보육의 전반적인 부분을 연계하고 효율적인 의사소통을 위하여 부모가 적극적으로 참여할 수 있는 열린 분위기를 조성하여야 한다.

(1) 등 · 하원 시 부모와의 상호작용

대부분의 어린이집은 차량을 운행하여 등 · 하원 시 담임교사와 학부모가 상호작용을 하지 못하고 있지만 개별적으로 등 · 하원을 하는 어린이집에서는 매일의 영유아 등 · 하원 시 보육교사와 부모의 상호작용이 반복적으로 이루어지고 있다. 등 · 하원 시 상호작용은 매일 반복적 · 지속적으로 행하여지는 특징이 있다.

보육교사는 등 · 하원 시에 자연스럽게 이루어지는 상호작용을 잘 활용하여 부모와 신뢰 있고 친밀한 관계를 맺는 것이 중요하다.

- 등원 시 부모와의 상호작용—어린이집에 영유아를 등원시키는 학부모와의 상호작용에서 보육교사가 꼭 확인하여야 할 것은 영유아의 건강상태이다. 영유아의 건강상태를 살피고 다치거나 상처가 난 곳은 없는지를 살펴 아동의 건강상태에 대하여 부모와 이야기를 나누고 관련된 정보를 공유하는 것은 사후에 발생할 수도 있는 영유아의 컨디션 난조나 상처의 원인 등에 대하여 논쟁과 갈등을 미연에 예방할 수 있기 때문이다. 따라서 전날 하원 이후 등원시간 전까지 영유아에게 일어난 일이나 특이사항에 대하여 부모와 이야기를 나눔으로써 보육교사가 함께 하지 못한 영유아의 가정생활에 대하여 이해를 높일 수 있다. 이는 보육교사와 영유아, 보육교사와 부모의 경험에 공유를 증진시킴으로써 더욱 친밀한 관계를 형성하는 데 도움이 된다. 등 · 하원 시

부모와 보육교사가 직접 만나지 않는 경우 보육수첩을 통하여 의사소통이 이루어질 수 있는 기능을 대신할 수 있으므로 보육교사는 성실히 보육수첩을 기재하여야 하며, 부모에게 질문을 하는 등 상호작용을 이끌어 낼 수 있도록 노력하여야 한다.

등원 시 보육교사는 영유아를 진심으로 환영하는 태도를 보여주어야 한다. 보육교사에 대한 부모의 신뢰를 높이는 데 일조할 수 있다. 영유아를 어린이집에 맡기고 나오는 부모의 입장을 생각하며 부모의 불안감을 쉽게 이해할 수 있어야 한다. 보육교사는 부모가 편안한 마음으로 아이를 어린이집에 맡길 수 있도록 신뢰관계를 구축하기 위하여 노력하여야 한다(성미영 외, 2015 재인용).

(2) 부모와의 그룹상담

어린이집은 보육교사와 학부모가 공식적으로 상호작용하는 첫 기회는 주로 그룹상담을 통해서다. 그룹상담은 주로 학기 초에 실시하기 때문이다. 오리엔테이션 행사가 첫 대면을 하는 자리가 되는 경우가 많으나 오리엔테이션은 주로 원장이 진행하는 반면, 그룹상담은 주로 학급단위로 이루어지기 때문에 보육교사가 주체가 되고 있다. 그룹상담에서는 학부모들에게 자신을 소개하고 학급의 운영계획 등을 설명하며, 학부모들의 건의사항이나 질문을 받아 이에 대답하는 형식으로 이루어지고 있다. 학급별 학부모 대표를 선출하기도 한다. 그룹면담은 학부모와 보육교사가 서로에 대한 학부모들에게 좋은 인상을 남기도록 노력하여야 하는데, 따뜻하고 온정적이면서 영유아를 잘 이해하여 전문적인 보육교사의 인상을 남길 수 있도록 노력하여야 한다(성미영 외, 2015 재인용).

(3) 부모와의 일대일 상담

그룹으로 진행되는 학급단위 그룹상담과 달리 일대일 상담은 개별로 진행되며 시기도 주로 한 학기를 마친 이후에 진행되는 것이 일반적이다. 그러나 일대일 상담의 시기 및 횟수는 어린이집별로 다르게 진행되며, 특별히 학부모와의 일대일

상담이 필요한 특정 영유아의 경우 별도의 계획에 의하여 일대일 상담이 진행되기도 한다. 일대일 상담은 해당 영유아에 대하여 보육교사가 이해하고 있는 것과 영유아의 어린이집에서의 생활상 및 특이사항 등을 학부모에게 이야기하고, 가정에서의 생활에 대한 정보를 얻는 시간이다. 보육교사는 영유아의 장점을 부각시켜 학부모가 방어적 태도를 갖지 않도록 하여 협력적인 방향으로 이끌어 나가야 한다.

학부모와 직접 일대일 상담을 하지 못할 때 유선(전화)을 이용하기도 한다. 유선(전화)통을 이용하는 일대일 상담은 시간과 공간의 제약을 덜 받는다는 장점이 있지만 서로 얼굴표정을 볼 수 없기 때문에 서로 간의 의사소통에 있어서 사실과 다르게 해석하는 확률이 아주 높아질 수 있다. 그래서 유선(전화)을 통하여 일대일 상담을 할 때에는 보육교사가 전달하고자 하는 내용을 최대한 상세하고 부드럽게 이야기할 수 있도록 해야 한다. 혹시 상담의 내용이 오해의 소지가 많거나 심각한 상황이라고 판단되면 가급적 유선(전화) 상담을 하지 않고 직접 만나서 이야기 나눌 수 있도록 계획을 하여야 한다.

일대일 상담 시 영유아에 대하여 보육교사의 관찰기록이나 영유아의 활동 결과물로 구성된 포트폴리오 등을 준비하면 어린이집에서의 영유아의 생활상이나 보육교사가 전달하고자한 메시지가 더 명확히 전달될 수 있다.

표 7-10 **일대일 상담을 성공적으로 이끌기 위한 Tip**

① 보육교사로서의 권위와 전문성을 나타내는 복장과 용모를 갖춘다.
② 첫 만남에서 환한 표정으로 부모를 맞는다.
③ 상담 장소는 독립된 장소로 다른 사람의 출입이 신경 쓰이지 않는 곳을 정한다.
④ 영유아의 장점을 먼저 부각시킨다.
⑤ 영유아의 문제점을 이야기할 때에는 해결 방안을 함께 제시한다.
⑥ 학부모의 이야기를 경청하고 공감한다.
⑦ 학부모가 나름대로의 문제해결책을 내놓을 때 이를 최대한 존중하되 바람직한 방향으로 이끈다.
⑧ 학부모는 영유아에 대하여 어떠한 이야기에도 예상보다 훨씬 민감하게 반응한다는 것을 기억한다.

출처: 성미영 외(2015). 보육교사론.

(4) 부모와의 문제 상황에서의 상호작용

학부모와 보육교사의 상호작용이 늘 상호적이지는 않다. 오히려 서로의 생각이나 상대방에게 바라는 부분이 일치하지 않아 불만이 생기는 경우가 많다. 따라서 이러한 불만은 상호작용을 통하여 공식적으로나 비공식적으로, 개인적으로나 단체적으로 표현된다. 공식적이거나 단체적으로 불만이 제기되는 부분은 대개 사안이 더 중요하거나 학급 내의 더 많은 영유아의 안녕과 배치되는 경우가 많다. 그러므로 보육교사가 단독으로 이를 처리하려 하지 말고 원장과 상의하여 적절한 해결책을 강구하는 것이 바람직하다.

이러한 상황이 발생했을 때 보육교사도 본능적으로 방어적이게 되기 쉽다. 따라서 방어적인 태도는 문제해결에 도움이 되지 않는다. 보육교사는 부모와의 입장에서 생각해 보려고 노력하고, 이해하려고 노력하여야 하며, 실제 상호작용에서도 최대한의 학부모의 의견을 받아들이고 일부라도 수용하는 태도를 보여주는 것이 좋다. 혹시 학부모의 요구가 터무니 없거나 다른 영유아의 이익에 배치되어 전혀 받아들여질 수 없을 때에는 이러한 상황에 대하여 차근차근 설명하고 학부모의 의견이 부분적으로라도 반영된 수용 가능한 대안을 제시하는 것이 좋다. 이때 가장 중요한 것은 이러한 부정적인 상호작용으로 인하여 기본적인 신뢰관계가 깨어지지 않도록 하는 것이다. 일시적인 불만이나 갈등은 해결할 수 있고, 해결 과정에서 서로를 더 잘 이해하는 계기가 될 수도 있지만 이로 인하여 기본적인 관계가 손상된다면 이후의 모든 상호작용에 해가 되는 영향을 끼치게 될 것이다(성미영 외, 2015 재인용).

2) 보육교사와 부모 관계의 전략

현재 우리정부는 보육이 부모들만의 책임이 아니라 정부가 상호 동반자적 역할을 담당하기를 요구하고 있으며, 특히 보육기관의 역할과 필요성은 점차 확대 증가하고 있다. 그러므로 교육이 효과적으로 이루어지기 위하여 가정에서의 교육과 보육기관에서의 교육이 일관적이어야 한다(Fitzgerald, 2004). 전문적이고 일관성 있는 교육을 위한 전략은 다음과 같다.

(1) 보육교사의 전문지식과 정보를 공유하는 협력적 관계

가정과 학부모의 역할이 시대에 따라서 변화하면서 초·중등학교에서의 학교운영위원회와 마찬가지로 어린이집에도 평가인증지표 중 “가정과 지역사회와의 협력” 영역에 운영위원회 관련 항목이 포함되어 있다. 예전에는 교육에 있어서 부모의 역할이 소극적이었던 것에 비하여 현재에는 능동적이고 참여의 유형과 폭이 좀 더 여러 가지로 넓어지면서 부모의 교육적 지평도 함께 넓어지는 효과가 있다. 특히 넘치는 교육정보들 가운데에서 보육교사는 올바른 정보와 잘못된 정보를 구별해 주는 역할도 담당하여야 한다. 이처럼 보육교사는 부모와 상호 동반자이면서 협력자라는 인식을 통하여 전문지식과 교육적 정보를 여러 가지 방식으로 공유함으로써 함께 발전될 필요가 있다.

그러므로 부모가 어린이집 운영에 참여할 수 있게 교육 방향이나 운영에 대하여 쌍방향 의사소통이 가능하도록 여러 가지 형식의 대화의 기회를 마련하고, 영유아에 대하여 일반적 정보와 교육에 대해 정보를 부모와 수시로 공유하여 연계성을 높이고, 한편으로는 기관과 가정의 교육이 얼마나 연계되고 있는지의 결과도 공유함으로써 교육의 일관성을 높일 수 있다.

(2) 보육교사로서의 전문성 높이기

보육교사는 부모에게 교육적 지식을 조언하기 위해서는 보육교사로서 자신감과 책임의식이 있어야 하고, 그렇게 되려면 현재 위치에서 전문가가 되어야 할 것이다. 보편적으로 부모의 연령이 보육교사보다 많은 경우 또는 보육교사가 미혼인 경우 자녀를 키워 본 경험이 없다면 부모 앞에서 멸시하는 자신감을 잃거나 학력이나 사회적 지위가 높은 부모 앞에서는 비굴한 자세로 대하기가 쉬우며, 그 반대의 경우에서는 은연중에 거만한 태도로 부모를 멸시하게 되는 경우도 있을 수 있다.

따라서,

① 전문가라는 말은 그 분야에서 상대방의 우위에 서 있다는 말이 아예 아니다.

② 영유아 보육교사는 전문가로서 고도의 지적 능력의 요구, 사회기여도, 장기간의 사전 교육과 계속적인 현장교육, 자율성 등을 갖추어야 한다(이은화 외, 2001).

③ 사회에서 원하는 교사상 혹은 편중되지 않고 편애하지 않고 일관된 판단을 할 수 있기를 강요받는다.

④ 보육교사도 인간이라는 점에서 누구나 실수할 수 있는 존재이다.

⑤ 전문가를 언급한 이유는 보육교사 자신이 완벽한 존재로서의 전문가가 아님을 수용하고 스스로의 판단에 오류가 없는지를 전문적 지식을 바탕으로 재차 확인하는 태도를 가지라는 의미이다.

한편으로는 전문적 교육지식도 숙련하여야 하지만 그 이상으로 영유아에 대하여 보육교사의 체계적이고 전문적인 사전준비가 중요하다. 부모와의 상담 한 가지만 예를 들더라도, 영유아는 단편적 · 일회적으로 평가할 수 없는 발달적 특성을 가지고 있으므로, 발달과정에서 일어나는 영유아 한 사람 한 사람의 변화, 활동의 객관적 관찰 자료, 수행 결과물과 작품, 활동과정에서 발달적 변화가 일어난 장면을 촬영한 사진이나 동영상 자료 등 포트폴리오 형식으로 종합적인 평가 자료를 분석하고 요약하여 부모와 상담할 필요가 있다. 또 부모에게 가정에서 관찰한 영유아의 흥미와 강점, 수행 정도와 생활습관 등을 사전에 기록하도록 협조를 요청하여 영유아에 대하여 보육교사와 부모 상호 간에 심도 있고 여러 가지 경로를 통하여 상호작용을 할 수 있어야 한다.

때때로 영유아에 대하여 어떠한 자료도 없이 보육교사의 단편적인 기억만으로 부모와 상담을 나누는 보육교사가 있다. 이는 보육교사 스스로가 전문성을 격하시키는 태도라고 할 수 있으므로, 영유아의 행동에 대하여 나누는 짧은 대화라고 하더라도 단순히 영유아의 행동만을 전달하는 데 그치지 않고 전문가적 견해도 함께 제시할 수 있는 능력을 갖추기 위한 노력이 필요하다(박세정 외, 2015).

(3) 보육교사는 다양한 부모의 유형과 요구 파악하기

보육교사는 부모와의 성공적인 관계를 수립하는데 있어서 여러 가지 능력이 중요하다. Child Study Association(1954)에서도 ① 자녀에 대하여 부모의 걱정과 관심이 무엇인지 이해하는 능력, ② 인간에 대하여 기본적 이해능력, ③ 부모의 감정을 이해할 능력, ④ 타인의 걱정을 지원할 능력, ⑤ 부모와 동일시할 능력, ⑥ 차이점을 받아들일 능력, ⑦ 집단과 개인 부모를 보호할 능력 등을 강조하고 있다.

부모와 상호작용을 하다 보면 같은 상황에서도 다른 반응을 보이는 경우가 많으며, 각각의 요구에 원만하게 대처하기 위하여 부모의 특성을 알고 접근하는 것이 좋다. 물론 모든 사람들이 정해진 유형으로 나누어질 만큼 단순하지는 않으므로, 부모의 유형을 나누는 것이 바람직한 방법은 아닐 수 있지만 다양한 부모의 개별적 특성을 전부 이해하기는 어려우므로 인간 이해의 측면에서 몇 가지 유형으로 나누어 접근한다면 부모를 이해하는 데 도움이 될 수는 있다. 예를 들면, 어린이집에서 모든 것을 해 주기를 바라는 의존적인 유형, 자신의 자녀만 생각하는 유형, 다른 자녀와 비교하는 유형, 감정적인 유형, 지나치게 수용적이거나 극단적으로 비판적인 유형 등 욕구에 따라서 더 나누어질 수 있다.

그러나 어떤 유형에 속하는 부모이든 목적은 자신의 자녀에 대하여 걱정에서 출발한 근원적인 욕구라는 점을 보육교사가 먼저 이해하는 것이 중요하다. 각 유형에 대처하는 것은 부모의 구체적인 요구를 파악한 이후의 문제이다. 부모가 적대적 태도를 보이거나 감정적으로 고조된 상태는 부모의 일차적 욕구와는 별개의 문제이므로, 보육교사는 부모의 정서적 입장을 고려하되 그 정서에 함께 휘말리지 않아야 하며 부모의 근본적 욕구가 무엇인지에 초점을 맞추어 대화를 하는 것이 바람직하다.

(4) 부모 참여의 적절함 유지하기

부모와 협력적 관계를 위하여 보육교사는 전문적 지식을 함께 공유하고 학부모는 여러 가지 경로로 교육에 참여하는 것이 바람직하지만 보육교사는 기관과 부모 사이의 적절한 관계를 유지시켜 주는 역할을 할 필요가 있다.

부모의 입장에서는 어린이집과 항상 의견이 일치되지 않을 수도 있지만, 부모가 참여한다는 것은, 부모의 뜻을 관철시키기 위함도 아니고, 어린이집의 운영에 또는 보육교사의 교육방식에 무조건 개입하여 참견하는 것과도 의미가 다르다. 반대로 각종 매체를 통하여 지나칠 정도로 많이 접한 교육정보에 대하여 부담을 어린이집이나 보육교사에게 넘기고 부모들은 참여를 하지 않으려는 경우도 문제가 된다. 보육교사와 부모는 각자의 역할을 분명히 하면서도 서로 책임이 편중되지 않게 각각의 입장에서 책임을 분명히 할 필요가 있다. 부모에 따라 교육에서 중요시하는 것과 요구가 다를 수 있으므로, 어린이집의 교육방향과 운영방침을 명확히 한 상태에서 다양한 부모의 요구를 어떻게 적용하고 또 발전시켜 나갈지를 생각해야 한다.

보육교사는 '부모에게 말해 놨으니'라는 생각에, 그리고 부모는 '교사에게 부탁했으니까'라는 생각에 서로가 지도를 등하시하여 문제를 방치해 두어 결국은 자녀의 문제를 해결하지 못하는 상태로 졸업하게 되는 경우가 있기 때문이다.

(5) 효과적인 의사소통 전략

교육의 첫째 요건은 일관성 있는 가정과 어린이집의 긴밀하고 효과적인 의사소통을 통한 연계일 것이다. 부모와 보육교사 사이에 의사소통은 부모와 보육교사의 공통관심인 영유아에 대하여 서로의 교육적 가치, 신념, 행위를 나눔으로써 상대방을 이해하는 과정이다(위수정, 2001). 부모와의 관계에서 효과적인 의사소통을 위한 전략은 다음과 같다.

① 부모와의 공감적 이해를 통한 신뢰감 형성하기

보육교사는 부모와의 관계 맺음에서 가장 중요한 것은 신뢰감 형성이다. 보육교사가 부모를 자녀교육에서 일차적 보육교사로 생각하고 부모는 보육교사를 전문가의 입장에서 신뢰한다면 이는 효과적인 부모역할을 통하여 부모의 교육전문성도 발전시키는 동시에 부모로서의 자존감도 증진되며, 이를 바탕으로 한 부모와의 신뢰적 관계는 영유아보육의 전반적인 부분에서 적극적인 지원을 가능하게 하여 차후 어린이집 운영에 대하여 협조와도 직결되는 요소로 작용한다.

또한 부모가 말하는 내용 중에도 간접적인 표현으로 정확한 이해가 어려울 수 있으므로 적극적 경청뿐만 아니라, 요약, 명료화 등의 상담기법을 통하여 부모의 이야기를 제대로 들었는지 확인하고, 한편으로는 부모의 욕구가 무엇인지를 파악하기 위하여 비언어적인 표현에 대하여 대화의 표현 위로 드러내 주는 과정이 중요하다.

또한 보육교사는 부모와의 상담을 통하여 알게 된 사적인 내용이나 영유아의 개별적 특성에 대하여 비밀을 보장해야 한다. 문제를 해결한다는 이유만으로 동료교사와 공적인 자리에서 상의하는 일은 주의해야 한다. 겨우 어린이집의 운영과 직결되는 문제라면 부모의 동의를 얻어 어린이집과 상의하되 사적 비밀이 일관성 있게 유지된다면 부모는 보육교사를 더욱 신뢰할 것이다.

표 7-11 **감정포착을 위한 일상적 정서의 의미와 이해**

일상적 정서	의 미
두려움	위험하거나 위협적인 상황을 느끼면서 그것을 피할 방법을 모를 때 유발
불안	공포의 원인 혹은 원천을 모를 때 유발되는 공포의 일반적인 상태, 즉 어떤 사람이 불편함을 느끼면서도 그 원천을 모르는 상태를 말하며, 일정한 대상이 없이 전반적으로 걱정이 많은 상태
기쁨	바라던 목표가 달성되었을 때 생기는 것으로, 그 강도는 목표의 중요성, 획득하는 과정에서 겪는 어려움, 획득과 우연성의 정도에 의해서 결정
분노	분노는 목표달성과 관련되어 있으며, 목표획득을 좌절시키는 사람과 사물에 의해 유발, 즐거움, 분노를 기본적 정서라 하며, 이러한 정서들은 일반적으로 목표 달성과 관련되어 있음

성공감과 실패감	자신의 수행 결과를 자신의 기대와 비교해 볼 때 생김. 즉 성공감은 기대를 만족시켰거나 그 이상일 때, 실패감은 기대에 미치지 못했을 때 각각 생김
자부심과 수치심	자신의 행위가 자신의 기대에 미치는지를 평가하여 자신을 좋게 혹은 나쁘게 지각할 때 유발
죄책감	수치심과는 다른 것으로 수치심이 바라는 행동을 달성할 능력이 없어서 유발되는 데 반해 죄책감은 자신의 행동이 잘못되었거나 비도덕적인 것으로 지각되었을 때 유발. 통상적으로 자기의 이상적 자아에 일치하지 못하거나 사회적인 행동 기준을 깨뜨리는 경우에는 수치감과 죄책감을 복합적으로 느끼게 됨
사랑	타인에게 이끌리고 또 이끌리고 싶은 욕망을 느낄 때 유발. 또한 사랑하는 사람에 대한 헌신의 감정도 사랑의 특징임
증오	타인을 싫어할 뿐만 아니라 그 대상을 파괴하고 싶은 욕망이 있는 정서
질투	사랑하는 사람이 자기 아닌 타인에게 애정을 준다고 지각할 때 생김
시기	자신이 바라는 어떤 것을 타인이 소유하고 있다고 지각할 때 생김. 사랑, 증오, 질투, 시기는 그 상황적 조건이 타인과의 관계라는 점에서 공통적임

출처: 이장호 외(2006). 상담연습 교본.

표 7-12 **부모와의 바람직한 의사소통 방법**

① 부모의 표현에 관심과 주의를 집중하고 적극적인 경청과 공감적 이해하기
② 눈을 마주치며 이야기하고, 팔짱을 끼는 등의 방어적인 자세는 피하기
③ 부모의 말을 끝까지 듣고 판단하고 상대의 표현방식이나 격한 감정보다는 메시지의 초점을 파악하기
④ 부모의 정확한 감정과 욕구를 파악하되 고의성이 없을 경우 부모의 감정에 휘말리지 않기
⑤ 부모의 자아를 보호하고 부모의 의견이 중요하다는 존중을 표현하기
⑥ 비난자, 판단자의 입장을 배제하고 대처능력이 없는 부모를 책망하지 않기
⑦ 한 번에 한 가지의 주제를 다루고 순간을 모면하기 위한 너무 빠른 해결책은 피하기

② 진솔함과 신중함 구분하기

보육교사는 부모와의 상호작용 시 운영과 관련된 곤란한 요구나 질문을 하는 부모로 인하여 신입 교사들이 당황하여 실수를 하는 경우가 있다. 이때 보육교사는 답변을 바로 하여야 한다고 생각하거나 혼자서 해결해야 한다는 생각보다는 교직원들과 상의하여 차후 빠른 시간 내에 답을 드린다고 응대하는 것이 결과적으로 부모에게 더 신뢰감을 줄 수 있다.

특히 신입(초임) 보육교사는 우선 잘 모르는 것은 함부로 대답하지 않도록 주의하고, 다른 반 보육교사나 영유아에 관련된 질문에 대한 답변은, 잘 알고 있는 사실이라도 담당교사에게 직접 질문하도록 한다. 보육교사는 윤리적인 기준에서 공유할 수 있는 정보가 있고 숙고해야 할 정보가 있음을 인지하여야 한다. 솔직함이라 생각하고 사적 비밀이나 영유아의 개별 특성에 대해 답변하는 보육교사는 오히려 신중하지 못한 보육교사로 학부모에게 비춰 질 수 있다. 그런 답변을 하지 않는다고 해서 전문성 없는 보육교사처럼 보이는 것이 아니라 오히려 그 반대로 높은 평가를 받을 수 있다.

③ 보육교사 자신의 실수 인정하기

보육교사의 경력이 많고 적음을 떠나서 사람은 누구나 실수할 수 있다. 부모가 부탁하는 전달사항을 잊어버리거나 영유아의 소지품을 보내지 못하는 등 사소한 것에서 버스 하원 장소나 시간을 착각하는 등의 안전과 관련된 실수에 이르기까지 어린이집에서 일어나는 실수는 여러 가지이다. 하지만 자녀만을 생각하는 부모에게는 보육교사의 실수가 상대적으로 크게 느껴질 수 있다.

- 실수의 경중을 평가함에 우선하여 무엇보다 중요한 것은 솔직하게 인정하는 자세가 신뢰의 첫 단계가 될 수 있다고 할 수 있다.
- 실수를 하지 않으면 더 좋았겠지만 이미 실수를 했다면 솔직해지는 것이 좋다.
- 같은 실수를 매번 하거나 잦은 실수를 반복하는 것은 보육교사의 유능성과 관련이 된다.
- 실수했을 때 거짓말을 하거나 변명을 하기보다는 자신의 실수를 그대로 인정한 후 진심으로 사과하고, 같은 실수가 발생하지 않게 상황의 원인을 분석하여 차후 유사한 상황일 경우 대처방법에 대하여 연구하는 자세가 더 중요하다.

이런 단계에서는 이미 부모의 신뢰가 깨진 상태이므로 실수를 인정하는 것만이 긍정적인 인상을 주지 않으며 오히려 부정적인 인상을 남기게 된다.

평상시에 기록하는 습관은 실수를 많이 줄여 줄 수 있다. 특히 어린이집 및 유치원에서는 하루 일과 중 부모의 사소한 전달사항이 많은 편이므로 기록으로 정확히 남기면 실수를 줄일 수 있을 것이다. 또 계획해서 수행하는 과정이나 자신을 반성하는 평가의 요소까지 기록의 특성에 포함되어 있으므로, 업무에서의 실수나 보완할 점 등을 기록한 후 차후 이행 여부를 확인한다면 보육교사의 성장에도 도움을 줄 수 있을 것이다.

6. 기관 구성원 간의 협력을 위한 지침

어린이집 생활환경에 직접적으로 관여하는 인적 자원에는 보육교직원과 영유아가 있고, 더 넓게는 부모, 지역사회 전문가까지 포함할 수 있다. 보육교직원에는 어린이집을 총괄하는 원장, 실제 보육업무를 담당하는 보육교사, 영유아의 식단과 음식을 책임지는 영양사와 조리사, 영유아 및 보육교직원의 건강을 담당하는 간호사나 간호조무사, 차량 운행을 하는 경우 운전기사 등이 있다. 어린이집 내에는 여러 가지 사람관계가 존재하는데, 여기서는 이들 관계를 원활히 하기 위하여 건설적 상호작용 방식에 대하여 설명하고자 하는 것이다.

1) 사람관계를 위한 일반 지침

여러 가지 관계 속에서 우리는 생활해 가며 그 관계로 인하여 즐거움을 얻기도 하고, 고충을 경험하기도 한다. 원활한 관계는 그 관계가 지속적으로 유지되는 경향이 있고, 그렇지 않은 관계는 짧은 시간에 깨어지는 것을 종종 볼 수 있다. 첫 단추를 끼우는 것부터 신중히 관계를 형성하고, 한번 만들어진 관계는 특별한 문제가 없는 한 지속되도록 노력하는 것이 좋다. 성공적인 사람관계를 위하여 다음과 같은 제언을 찾아볼 수 있다(김혜숙 외, 2013).

- 상대방을 존중하라.
- 자기를 개방하라.
- 효과적인 의사소통 방법들을 적절히 이용하라.
- 정직하고 성실하라.
- 협력하라.
- 서로 간의 이해의 폭을 넓혀라.
- 건설적인 비판을 수용하라.
- 경청자가 되라.
- 자기주장적이 되라.
- 긍정적으로 사과하고 행동하라
- 칭찬하라.
- 유머감각을 살리라.
- 융통성을 가져라.
- 먼저 베풀라.
- 친절하라.

사람관계는 인간과 인간 사이의 관계로, 내가 상대방과의 관계 속에서 자신을 어떻게 표현하는지, 상대방을 어떻게 대하는지가 중요한 요소로 지적되고 있다. 사람관계 개선을 위한 기본적으로 상대방을 존중하여야 하고, 상대방의 말에 귀 기울이고 수용적이며, 친절하고, 베풀려는 마음을 지녀야 하며, 자신을 드러내고, 긍정적으로 사과하고 행동하며, 서로 간 이해와 신뢰가 있고, 효율적인 소통을 위하여 효과적인 의사소통 방법들을 활용하는 것이 중요하다.

2) 보육교사와 영유아 관계를 위한 지침

보육교사와 영유아 사이의 관계는 보육교사가 다른 구성원들과 맺는 관계와 비교하여 볼 때, 우선 연령 및 발달수준 면에서 차이를 보인다. 영유아는 인생의 전반부에서 한창 성장하고 있는 영유아들로 보육교사에 비하여 부족한 부분이 있다. 어린이집에서 영유아를 대상으로는 보호적 측면이, 영유아를 대상으로 교육적 측면이 중시된다. 각 대상을 보살필 때 초점을 맞추는 부분은 다르더라도 보호와 교육 모두 보육교사가 영유아와 관계를 형성하고 유지하는데 작용한다. 즉,

어린이집에서 영유아는 보육교사의 도움을 필요로 하는 상황이 있고, 보육교사는 영유아가 도움을 받고 조금씩 성장해 나가는 모습에 보람을 느낀다.

보육교사는 영유아와 건설적 상호작용을 위하여 다음의 상호작용 방식을 따르는 것이 좋다(민성혜 · 신혜원 · 김의향, 2013).

■ **몸 사용하기**
- 정서적 유대관계를 위해 몸을 사용하기
- 정확한 의사전달을 위해 몸을 사용하기
- 긍정적 정서전달을 위해 몸 사용하기
- 신체발달을 촉진하기 위해 몸 사용하기

■ **목소리 사용하기**
- "나도 너와 같은 마음이야"
- "나도 너와 같은 속도야"
- "잘 들리지?"
- "날 따라 해도 돼"

■ **영유아들의 신호에 민감하기**
- 지속적으로 영유아들에게 관심을 가지고 관찰하기
- 학부모와 협력 작업하기
- 동료교사들과 이야기하기

■ **영유아들의 신호의 성격에 따른 반응하기**
- 일단 웃으면서 쳐다보기
- 이름을 불러 주기
- 신호가 정확하게 해석되었는지 의심이 들 때는 확인하기
- 즉각 반응을 해 주지 못할 상황이면 구체적으로 언급하고 양해 구하기

■ **적절히 반응하기**
- 인정하기와 긍정적 강화
- 용서하기
- 이끌어 주기
- 따라하기
- 일관성

■ **현명한 결정하기 – "지금 뭐가 우선이지?"**
- 안전과 관련된 것에 먼저 반응하기

- 적극적인 개입이 필요한 것부터 반응하기
- 자긍심이 부족한 영유아에게 먼저 반응하기
- 도우미를 찾아 반응을 부탁하기

■ **원활한 상호작용을 위한 환경 조성하기**
- 환기가 잘되고 온도가 적절한 환경
- 놀잇감이 충분하고 적절한 환경
- 긍정적인 분위기의 환경
- 밀집 공간이 없는 환경
- 전시 공간이 마련된 환경
- 자랑 시간이 마련된 환경

■ **긍정적인 해결전략**
- 나의 불편함과 상대편의 불편함을 알아보기
- "어떻게 하면 우리 모두가 좀 나아질 수 있을까?"
- 시간을 좀 벌어 보기
- '우리 모두가 불편한 환경이라면' 재구성해 보기

■ **피해야 할 상호작용**
- 명령하기
- 비교하기
- 정답 요구하기
- 보편적일 것 요구하기
- 표정 굳히기
- 말로만 지시하기
- 무시하기

보육교사는 영유아가 보내는 신호를 인지하고 이에 적절히 반응하는 것이 중요하다. 영유아가 보이는 발달적 특성을 감안하여 영유아의 눈높이에 맞춰 몸과 목소리를 사용하여 반응한다면, 보다 원활한 상호작용이 이루어질 수 있다. 보육교사와 영유아 사이에 긍정적 방향을 검토하는 것이 중요하다. 반면, 영유아를 대하는 데 있어 무표정한 얼굴을 하거나, 영유아의 말에 귀를 기울이지 않고 무시하거나, 명령 또는 비교하는 식의 말은 하지 않는 것이 좋다. 보육교사의 이러한 반응은 영유아가 자신을 평가하는 근거가 되고, 보육교사의 바람직하지 못한 말과 행동을 영유아가 따라하면서 문제가 커질 수 있다(정옥분 외, 2015).

Chapter 8

어린이집의 조직문화

1. 어린이집 조직문화의 개념
2. 어린이집 조직문화에 대한 선행연구 고찰

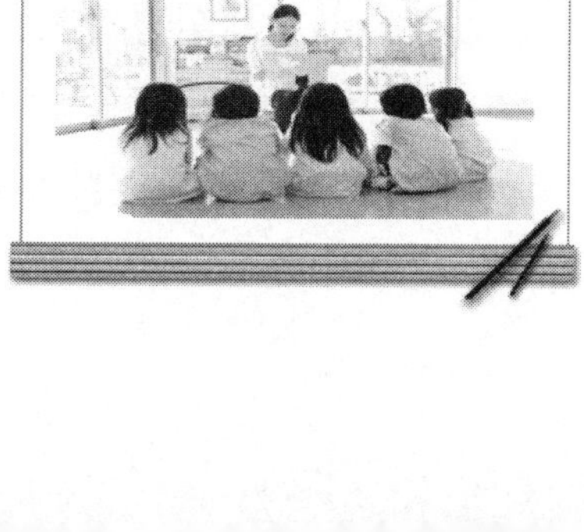

어린이집의 바람직스러운 조직문화는 보육의 목적을 달성하기 위하여 어린이집 보육과정에서 구성원들이 집단 경험을 공유하면서 나타나는 사고방식 및 생활방식을 의미한다. 현실에서는 맞벌이로 불가피한 현실에서 영아기부터 사회와 같이 크는 영유아들이 많아지고 있다. 유치원보다는 어린이집은 최근에 연구되기 시작되었으며, 어린이집 교직원들은 영유아들을 신체적 · 정서적으로 안전하게 보호하여야 하고, 교육적 서비스를 제공한다는 면에서 기본적으로 영유아를 위하여 보호, 교육, 가족 서비스 등의 포괄적인 서비스를 제공하는 가장 중요한 인력이라고 할 수 있다(이성희, 2005). 어린이집은 영유아를 건강한 사회 구성원으로 육성하고 보호자의 경제적 · 사회적 활동을 원활하도록 돕는데 주요 목적을 두고 있기 때문에 어린이집 보육교사는 부모를 대신하여 하루의 대부분을 영유아와 함께 보내면서 영유아의 정서적 · 심리적 발달에 긍정적 영향을 줄 수 있는 중추적이며, 고도의 전문적이고 복합적인 역할을 수행하여야 한다. 이러하듯 어린이집 보육교사는 영유아에게 중심이 되는 인적 자원이기 때문에 그들의 심신과 프로적인 소질은 매우 귀중하다.

그러므로 어린이집 보육교사의 신심과 프로적인 소질 형성에 막대한 영향을 미치는 어린이집 교직원을 위해 문화에 대하여 알아보기 위한 어린이집 조직의 일반적 특성, 그 안에서 교직을 수행하고 있는 어린이집 교직원으로서 수긍하는데 도움을 제공하고자 한다(염지숙 외, 2015).

1. 어린이집 조직문화의 개념

여러 조직은 그 나름의 특별하게 다른 특수성을 가지고 있으며, 이러한 특수성은 물리적 환경보다는 조직 구성원의 역동적인 상호작용에 의하여 형성되고, 단체 구성원에 의하여 형성되는 특수성을 조직문화 또는 조직풍토라고 한다, 조직풍토는 조직 내적인 환경을 중심으로 설정하는 개념이 보편적이고 합리적이며, 조직 내적인 환경에서도 사회체제와 문화를 조직풍토로 보여지는 것이 일반적이다(이외자, 2000).

조직문화는 조직과 조직 구성원들 간의 상호작용에 많은 영향을 미쳐 교직원의 일과 교직원의 교육적 실행을 좌우할 수 있는 중요한 요인이 되며, 조직구조와 조직 구성원들의 행동은 조직 효과성과 친밀한 관계를 갖고 있다고 볼 수 있다(Jorde-Bloom, 1988). 다시 말해, 어린이집의 조직문화는 기관 조직의 상태 및 상황에 대하여 조직원들이 가지고 있는 단체적 인식이며, 교직원들의 긍정적인 교육활동의 질에 영향을 주고 교육의 효과성에 직접적인 영향을 미치게 된다. 조직문화는 교직원의 직무만족도에 영향을 미치게 되며(김미해, 2000; 김금진, 1999; 김영인, 1996), 교직원의 역할 수행에 영향을 미치는 데에 대한 요인이다. 그런데 바람직스런 조직문화를 조직과 조직 구성원들이 전문적 역할을 잘 수행하도록 돕는 문화라고 하면, 교직원은 교직원으로서의 전문적인 일을 할 수 있도록 돕는 조직문화가 바람직스런 문화일 것이다.

교직원은 어린이집이라는 조직이 추구하는 목표와 가치관에 영향을 받는 한편, 조직문화를 형성하는 대단한 요인으로서 어린이집의 조직문화에 영향을 줄 수 있다. 그러므로 교직원과 어린이집은 상호간에 영향을 주고받는 친밀한 관계에 있으므로, 교직원 자신에게 맞는 조직문화를 찾으려고 하기보다는 교직원과 교직원으로서의 역할과 직책이나 임무를 다할 수 있도록 돕는 조직문화는 무엇인지 살펴보고 탐구하며 그러한 조직문화를 구성하고자 하는 노력이 필요하다(고미경, 2007).

1) 어린이집의 조직문화 특성

어린이집과 유치원의 사용률을 비교하여 보면, 유치원보다 어린이집에서 영유아 보육 및 교육을 받는 비율이 높아지고 있는 실정이다(나정, 2003), 그러므로 어린이집에서 근무하는 교직원의 숫자도 더 증가되고 있는 실정이다.

어린이집은 규모, 기능, 구성원 등이 학교조직과 많은 차이가 있다. 교육을 한다는 목적 행위에 비추어 보면 학교조직과 가장 유사하나 교육만이 아니라 영유아들이 건강하고 안전한 보호와 생활이라는 측면이 학교조직과는 다른 문화를 요구하게 된다. 보육서비스 질과 어린이집 조직문화의 관계를 분석한(조인숙, 2005) 어린이집 조직의 가시적인 특징은 다음과 같다(고미경, 2007).

(1) 영유아를 건강하고 안전하게 돌보는 어린이집은 보육과 교육이 매우 중요한 기능이므로 다른 학교조직에 비하여 부모와 시설 간, 교직원과 영유아 사이의 친근 감, 관심, 지원 등이 더욱 강조된다는 것이며, 어린이집에서의 교직원과 영유아의 관계는 가족적이며, 더 많은 스킨십을 하게 되고, 따뜻하고 안정적인 양육자로서의 역할을 우선적으로 하게 되어야 한다.

(2) 어린이집은 타 조직에 비하여 그 규모가 작고 인적 구성이 단순하여 과학성, 체계성, 합리성이 강조되기보다는 가족적 분위기가 강조된다는 것이 관점이다.

(3) 어린이집 근무조건이 열악하여 이직률이 높고, 공동체에 대하여 의식이 적어 응집력이 나약하다는 점이며, 어린이집 조직의 성격은 가족적인 응집력을 많이 요구하지만 모순이 있는 근무조건이나 조직관리 측면에서 그러한 응집력을 방해하는 경우가 많은 것으로 나타나게 된다.

(4) 어린이집 조직 구성원의 연령이 20~30대로 50% 이상을 차지하고 대부분이 여성이라는 것이 관점이다.

(5) 어린이집의 교직원의 업무 성격이 매우 독립적이고 개인적인 반면 업무량이 상당하기 때문에 상호나 소통의 시간이 절대적으로 부족하다는 점이며, 어린이집은 업무를 위하여 회의조차 시간이 부족하여 체계적인 의사소통의 기회가 적다.

(6) 설립 주체에 따라 어린이집은 국 · 공립, 법인 외 민간, 직장, 그리고 가정, 부모협동 등 설립 주체가 매우 다양하며 어린이집의 운영 현황과 특성, 그리고 재정의 상황 등이 매우 복잡하다는 것이 관점이다.

(7) 어린이집은 원장, 교직원, 영유아, 학부모, 지역사회 등의 여러 가지로 구성원들이 서로 상호작용하면서 복잡한 사람 관계망을 형성하고 있는 조직으로 구성원과 기관의 특성에 따라 여러 가지 형태의 문화를 형성할 수 있으며, 어린이집은

운영 시간에 따라 반일제, 종일제, 시간제, 방과후, 야간 및 24시간 보육으로 구분할 수 있다. 각 유형에 따라 운영시간, 운영방법 등이 달라진다. 운영 시간에 따른 구분 이외에도 보육 형태에 따라 영아 전담, 장애아 전담, 장애아 통합, 위기 보육등으로 나뉘어지므로 그에 따른 하위 문화는 상당히 많을 수 있으나 각 유형별 문화에 관련된 구체적 연구는 현재 거의 이루어지지 않고 있다(염지숙 외, 2015).

따라서 최근 이루어진 직장어린이집 문화 특성에 관련된 내용만 다음과 같이 소개하고자 한다.

이윤미(2010)의 논문을 중심으로 살펴보면, 직장어린이집 교직원의 문화를 관계적 문화와 구조적 문화로 나누어 다음과 같이 설명하고 있다.

(1) 관계적 문화로 교직원-부모 관계와 같은 회사에 소속된 직장동기로서의 이중적 관계를 갖게 되어 상호간 상황에 따른 대상 인지와 역할 수행에 혼란을 가져오며, 부모들이 근로자와 복지서비스 수혜자로 인식하는 경향이 커 교직원 휴대폰을 통하여 문자 메시지나 교사-부모 관계에서 지켜야 할 예의에 어긋나는 비형식적인 의사소통 방식을 취하기도 한다. 또, 교사와 부모가 졸업 이후에도 관계가 지속되며 부모들이 노동조합을 통하여 자신의 의사를 표현하고 관철시키는 경향이 크다. 원장과 교직원의 관계에서는 원장과 교직원 모두 회사의 동일한 인력 규정에 의하여 동등한 관계를 형성하는 특성이 있고, 교직원들 사이에 개인 업무만 처리하는 개인 중심의 관계가 나타나고, 특이한 점은 사내 식당에서 교대로 동료교직원과 점심을 먹으며 관계형성에 의미가 있는 사적 교류를 할 수 있다는 점이다. 어린이집 교직원들과 회사와의 관계에서는 보육에 대하여 전문성 인식의 부재와 일방적인 회사 방침이나 정보를 전달받는 제한된 의사소통 구조를 보이고 있다.

(2) 문화에서는 구조적 부모와 교직원의 만남이 잦고, 보육교직원이라는 직업에 대하여 자부심은 낮았으나 직장에 대하여 자부심은 높아 장기근속 의지가 강한

것으로 나타났으며, 회사의 일률적 행정 절차로 인하여 업무 효율성이 저하되며 회사의 조직문화에 온전히 통합되지 못하게 되는 특성이 나타나고 있다.

어린이집은 조직 구성원의 수가 적고 대부분이 여성으로 이루어진 조직이므로 정의 관계가 중시될 수 있어서 역할 관계와 정의 관계가 공존하는 문화적 특성을 보일 가능성이 있으며, 이러한 정의 관계는 가족 같은 분위기, 나아가 구성원간의 친화가 우선시되는 집단 문화적 성향을 형성할 수 있다.

유치원과 어린이집 조직문화에 대하여 일반적인 사항만을 비교하면 다음과 같다.

표 8-1 **유치원과 어린이집 조직문화 차이점**

구분	차이점	공통점	차이점
	유치원		어린이집
환경적 측면	• 사립의존도 높음 (기관별 독특한 문화 형성)	• 집단적 문화 (소규모, 동질문화) • 가정과 같은 분위기 • 사립(민간) 의존도 높음	• 유치원보다 설립주체, 운영유형 다양 (유형별로 더 다양한 문화 형성)
관계적 측면	• 동년배 동료교사, 미혼 교사 다수	• 위계적 문화 (교사-주임-원장 직급에 따른 위계 철저) • 학부모와의 관계 중시 • 여성위주(여성문화)	• 상대적으로 더 많은 인적 자원(영양사, 간호사 등)과의 교류 • 동료교사 연령차 크고, 기혼교사 다수
사회적 측면	• 상대적으로 높은 사회적 지위(교사로서의 자부심 있음) • 교육에 대하여 학부모의 요구가 높음	• 개발문화(끊임없는 교사 자기개발 지향) • 다양하고 폭넓은 업무 능력지향	• 상대적으로 낮은 사회적 지위(교사로서의 정체감 부족) • 보호에 대하여 학부모의 요구가 높음

출처: 염지숙 외(2015).

2) 어린이집의 조직문화 유형

어린이집의 조직문화를 구분하는 목적은 각 조직문화의 가치를 판단하고 평가

하려하는 것이 아니라, 조직문화가 가지고 있는 공통된 특성과 문제를 살펴 조직문화를 좀 더 이해하고자 유형별로 분류되는 것이다.

Quinn과 McGrath(1985), Denison과 Spreitzer(1991)를 참고하여(염지숙 외, 2015) 조직문화 유형이 다음과 같이 정리되어 있다.

(1) 집단문화(Group Culture)

어린이집의 집단문화는 공동작업, 집단적 의사결정에 대하여 존중, 일상사 나누기, 긴밀한 사람관계를 통하여 업무 진행, 잦은 회식, 가족적인 분위기 형성을 통하여 이루어졌으며, 개별적 업무보다는 교직원들 사이의 팀워크로 이루어지는 결과를 중요시하고 어린이집 운영과 보육계획 수립 등에 있어서 개인적인 의견을 수용하기보다는 회의를 통하여 전체적인 의견 및 제안에 수용하기, 하루 일과 중 직무에 관련된 일 이외에 개인적인 사항을 공유하기, 공적 업무뿐만 아니라 사적인 일에서도 서로를 배려하는 우호적인 태도로 사람관계 형성에 주력하기, 퇴근 후 회식과 모임의 자리 자주 마련하기, 가족 같은 관계 유지를 위하여 노력을 통해 강력한 집단문화가 형성되고 있다.

외부 문제나 목표에 대하여 집중도가 낮고 내부지향적인 조직문화 유형이다. 구성원들의 동기를 유발하여 상호간의 신뢰감과 화목, 우의적 관계와 집단의식을 강조하는 반면, 환경 변화에 대하여 적응행동에 있어서는 비교적 소극적인 경향을 보이며, 인간관계, 유연성 및 친밀감에 주력하며, 집단의 응집성, 멤버십, 팀워크를 강조하며 이를 통하여 성취감을 높이고자 한다. 구성원들 간의 신뢰감과 친밀감, 인간적 유대감, 집단의 결속력과 사기, 구성원들 사이의 개방성과 공동의식, 문제발생 시 구성원들 사이의 상부상조, 인간적 배려, 참여적 의사결정과 같은 특징이 강하게 나타난다.

(2) 개발문화(Developnental Culture)

상호간의 구성원 협조를 통해 동기를 유발하고 능력을 최대한 발휘하며, 외부환경에 적극적으로 대응해 나가는 특징이 있다. 새로운 방침에 대한 적극 수용, 포상제도, 관습에서 벗어난 새로운 규칙 시행 등의 개발문화 유형이 나타난다. 자신이

조직이 외부환경에 대하여 많은 변화를 지각하고 여러 가지 보육 프로그램과 정책을 도입하려는 노력을 경주하고 있으며, 정해 놓은 평가항목에 따라 평가하고 결과에 대하여 성과급, 해외연수, 자질향상 참여 프로그램 참여 등의 포상을 실시하며, 관습에서 벗어난 시도라도 어린이집에서 새로운 규칙을 만들어 시행해 보는 등의 개발문화가 나타났으며, 유연성과 융통성 있는 업무처리가 강조된다. 리더는 창의력과 과감성을 가지고 새로운 가능성, 외부지원에 특별한 관심을 가지고 있다. 조직원들에게 창의적 사고와 자기개발을 강조하며, 뭔가 새로운 것을 생산해 내기를 요구한다. 환경변화에 대하여 적응행동에 있어서는 외부환경을 인식하고 그것에 적절히 반응하며 비교적 적극적인 경향을 보인다. 조직 내부를 통합시키는 역할을 한다.

(3) 위계문화(Hienardhical Culture)

공식조직과 절차에 의하여 구성원들에게 안전하고 분명한 업무처리를 강조하며, 조직의 장기적인 존속을 위하여 운영의 지속성을 강조하면서 환경변화에 적극적으로 대처하는 것보다는 안정과 현상유지에 더 많은 노력을 기울인다. 하달식의 의사소통, 원장의 강한 통제, 문서작성을 통하여 명문화 추구, 교직원 재량권 발휘 기회 부족 등의 문화적 특성이 나타났으며, 보육교직원은 어린이집 원장으로부터 통제와 관리를 받는 입장이며, 교직원 재교육과 역할 분담 등에서 원장 주도의 타율적인 내규를 따르고 있으며, 모든 서류에 대하여 원장의 결재 원칙 등이 존재하며, 명확한 공식절차, 규정, 관습화된 업무처리, 서열의식과 같은 특성이 비교적 강하게 나타난다. 내부지향적이며 능률, 통일, 안전, 질서, 규율 등이 강조되며 리더는 보수적이고 행동이 신중하다.

(4) 합리문화(Rational Culture)

조직관리를 강조하면서 환경변화에 적극적으로 대처해 나가는 특징이 있어서 체계적이고 능률적인 목표설정과 계획수립, 능률적인 과업달성, 실적 위주의 업무관리와 같은 특성이 비교적 강하게 나타나며 과업문화(task orientation)라고도 한다. 인적 자원의 효율적 활용, 합리적인 역할분담, 보육활동의 결과물 홍보, 영유아들의 긍정적인 발달 변화를 근거로 한 보육교직원의 평가, 보육계획 수립에 의해 보육서비스 실천, 공평한 인간관계 대원칙 등의 합리문화가 나타나고, 어린이집 평가인증제도를 도입하고 실천함으로써 인적 자원을 효율적으로 운영하여 보육의 효과를 높이는데 주력하고 있으며, 구성원 각자 자신의 취약 부분에 대하여 개선의 노력을 기울여야 한다. 또한 교직원들의 직무 능력을 판단하는 기준으로 영유아의 긍정적인 발달 변화를 적용하거나 보육계획을 구체적으로 수립하고 실천하는 것을 중요하게 분위기 등을 보여 합리문화를 갖고 있는 것으로 나타나고 있다. 문제가 발생하면 토론과 합의에 의하여 해결하며, 의사결정은 전문성을 지닌 전문가에 의하여 이루어지고 있다. 리더는 지시적이고 목표 지향적이며, 일정한 구조와 생산성 향상을 고무해야 하며, 합리적이며 신속하고, 논리적이며 효율적이어야 한다(고미경, 2007; 염지숙 외, 2015).

특히 어린이집과 같이 조직 구성원의 수가 적고 대부분이 여성들로 이루어진 조직에서는 역할관계보다 '정'의 관계가 중시될 수 있어 가족과 같은 분위기, 구성원 사이 친화가 우선시되는 단체의 문화적인 성향이 형성될 수 있다고 한다. 또한 어린이집의 문화는 소속기관의 특성(운영주체, 역사) 및 교직원의 특성(직위, 학력, 연령, 총 경력)에 따라 차이가 있었고, 긍정적인 특성뿐만 아니라 그 이면에 부정적인 측면이 배어들어 있는 것으로 밝히고 있다. 2005년 영유아보육법이 개정되어 적용된 이래로 보육의 질 개선에 정부의 개입이 본격화되었고, 이에 발맞추기 위하여 어린이집은 물리적 · 인적 환경을 재정비하고 보완하는 과정에서 각 기관의 특성에 따라 다른 조직문화를 형성한 것으로 해석하고 있다.

부정적인 문화적 특성으로는 어린이집 원장의 일관성이 결여된 태도, 새로운 정책 도입 시 구성원들을 위하여 설명과 설득의 부재, 보육인력의 부족으로 인하여 과중한 업무 등인 것으로 나타나 원장과 교직원 사이에 감정적 결속을 다지고 친밀한 인간관계를 구축할 수 있는 기회를 적극적으로 모색해야 함을 주장하고 있다.

이상의 내용을 요약하면 어린이집은 교육과 보육이라는 서비스를 동시에 제공하여야 하며 사랑과 배려가 가득 담긴 가정과 같은 특징이 강조되고, 조직 구성원은 20대와 기혼녀로 주를 이루며 근무조건이 열악하고 의사소통의 기회가 적다고 할 수 있다(염지숙 외, 2015 재인용).

3) 어린이집의 조직문화와 교직원의 직무만족도와 직무스트레스

(1) 교직원의 직무만족도의 개념

유능한 교직원은 전문적이고 보육의 질을 향상시키는 매우 중요한 요소이다. 또한 교직원의 주요업무는 영유아들을 잘 교육하고 보육하는 일이다. 더불어 교직원이 어린이집이라는 조직 안에서 교육과정을 구성하고 교육 및 보육의 목적을 달성하기 위하여 각자에게 맡겨진 역할을 수행하여 교직원들이 자신이 맡은 직무에 대하여 어느 정도 만족하느냐에 따라 어린이집 생활이 긍정적일 수도 있고 부정적일 수도 있기 때문에 교직원의 직무만족은 어린이집 교육의 성과를 결정하는 변인이 된다. 따라서 어린이집 교직원은 자신의 직무에 만족하는 것은 보육서비스의 질을 결정하는 매우 중요한 하나의 요인이라 할 수 있다(조성연, 2004 재인용).

영유아 교직원은 자신이 속한 조직에서 교육의 목적을 달성하기 위하여 각자에게 맡겨진 역할을 이처럼 주어진 직업이 얼마만큼 개인의 자아를 충족시켜 주는가의 척도를 직무만족도(서울대학교 교육문제연구소, 1981)라 하며 이는 만족과 불만족을 평가하는 도구가 될 수 있다. 그러므로 어린이집의 만족도에 따라 개인의 삶뿐만 아니라 어린이집의 조직운영도 달라질 수 있을 것이다. 또한 어린이집의 교직원이 직무에 만족하지 못하는 경우 이러한 직무 불만족은 직무스트레스를 야기하며 직무에 대하여 부정적인 태도는 조직의 전반적인 직무성과와 보육서비스에 부정적인 영향을 미치게 된다(조성연, 2004). 새로이 교직원들이 자기의 직무환경에 대하여 만족 혹은 불만족을 느끼는가에 따라 어린이집 교육의 성패뿐만 아니라 교직원 자신에게도 상당한 영향을 끼치게 된다. 그러므로 조직 생활에서 매우 중요하게 작용하는 것은 직무에 대하여 만족 여부이며 조직에 대하여 만족이 높은 사람일수록 자신의 직무환경에 대하여 만족한다고 할 수 있다(안구철, 1996, 재인용; 김정림, 2011).

직무만족에 대하여 학자에 따라 정의는 가장 다양하게 정의하고 있으며 그 내용을 살펴보면 다음과 같다.

표 8-2 **직무만족에 대한 정의**

연구자	정 의
김창걸(1985)	직무만족이란 교직원이 직무를 수행해 가는 과정에서 내·외적 욕구가 충족되어 직무에 대하여 열의, 관심, 호의의 감성적 태도를 갖는 척도이며, 그것은 개인이 갖는 가치관에 따라 다르게 나타날 수 있다고 하였다.
유정혜(1996)	"교직원 개인이 직무와 교직 경험을 통하여 느끼는 심리적 내·외적인 환경, 물리적 상황 요인에 대해 갖게 되는 긍정적인 감정의 충족 상태라 볼 수 있다"고 정의하였고 이것은 개인의 태도, 가치관, 신념 및 욕구 등의 수준이나 정도에 따라 다르게 나타난다고 하였다.
Gorton(1976)	"직무만족이란 개인이 교직원으로서 역할을 수행하는 과정에서 자신의 개인적·전문적 욕구를 충족시키는 정도"로 보았으며 Steers와 Porter는 "개인이 직무와 직무 경험을 통하여 느끼는 정서상태"라고 정의했다(C. Browm Company Pubishers, 1976; 정명의, 2003 재인용)
Locke(1983)	모든 사람에게 동일한 욕구와 정해진 위계가 있다는 접근법에 대하여 반발과 인간의 욕구는 사람마다 다양하다는 논리에 근거하여 직무만족을 개인의 가치들과, 직무와 그 환경에 대하여 지각들 사이에 상호작용에 의하여 주로 기인하는 것이라고 보았다.

Vroom(1964)	직무만족을 사람들이 현재의 수행하고 있는 역할에 대하여 감정상태라고 하였으며, Tiffin McCormick(1965)은 직무만족을 직무에서 체험된 모든 직무로부터 유래하는 욕구충족의 정도이며, 이는 개인적이므로 각 개인의 가치체계에 따라 상이한 형태를 나타낸다고 하였다.

출처: 김정림(2011). 어린이집 교사가 지각한 원장의 감성 리더십과 조직문화가 직무만족도에 미치는 영향. 석사학위 논문.

(2) 어린이집 교직원 직무만족의 하위요인

교직원의 직무만족은 경제적, 정신적, 사회적으로 교직원에 대하여 높은 존경과 평가가 이루어질 때 가능하다. 다시 말하면 교직의 직무만족이란 어린이집의 조직 내의 교직원들이 사회적, 경제적, 심리적으로 만족하고, 어린이집의 외부의 부모, 사회인으로부터 존경받는 의식이 함양되었을 때 교직원에 대하여 자긍심과 만족을 높일 수 있다. 이와 같은 교직원 만족은 어린이집 교육 및 보육 활동에 적극적으로 참여하여 어린이집 교육 및 보육목표 달성에 긍정적으로 기여하여야 한다(김성규, 2009 재인용).

교직원의 직무만족을 결정하는 요인에는 크게 직무 성격과 교직원 개인의 특성에 따라 다를 수도 있다고 볼 수 있으며 교직의 직무만족 요인은 직무의 특성과 연구자의 목적에 따라 여러 가지로 인정되고 있다. 이와 같은 다양성은 바로 직무 환경자체가 그만큼 다양하다는 것을 의미한다고 볼 수 있으며, 공통적으로 설정되는 직무만족의 하위요인에는 성취감, 안정감 등의 내재적 보상과, 보수 등과 같은 외재적 보상, 조직에서의 사람관계, 근무조건 등이 포함되고 있다. 여기 학자들이 제시한 직무만족의 요인을 살펴보면 다음과 같다.

표 8-3 직무만족의 하위요인

연구자	직무만족의 하위요인
김경화(2006, 재인용) 노종희(2001)	동료애, 혁신성, 교직의식, 업무부담, 보상, 발전성, 자율성

김종철(1989)	신분보장, 보수와 후생, 승진의 기회, 인간관계
김창걸(1983)	교직관, 행정적 지원, 교육과정 운영, 인간관계, 인사관리, 사회관계
한국교육조직학회 (1995:143)	성취, 성취에 대한 인정, 도전적이고 보람 있는 일, 책임의 증대 성장 및 승진
Bently와 Remple (1970)	교장과의 관계, 교수만족, 교사 간 관계, 봉급, 교사의 근무부담, 교육과정 문제, 교사신분, 지역사회의 지원, 시설 및 봉사
Herzberg(1968)	지위, 정책 및 관리, 작업조건, 급여, 안정성
Jorde Bloom(1998)	인간관계, 복지 후생과 보수, 사회적 인정, 직무자체에 대한 신념, 근무환경, 업무량, 보수와 승진
Kim과 Lodaman (1994)	급여, 승진기회, 전문적 도전감, 전문적 자율성, 근무조건, 동료와의 관계, 영유아와의 관계
Klecker 와 Loadman(1976)	급여 및 부가혜택, 전문적 발전기회, 개인, 전문적 도전감 수준, 자율성 및 의사결정 권한, 일반적 근무조건, 동료와의 관계, 영유아와의 관계
Lock(1973)와 Locke(1976)	직무자체, 임금, 승진, 인정, 복리후생, 작업조건, 감독, 동료, 회사정책
Weiss 외(1967)	활동성, 독립성, 다양성, 사회적 지위, 인간관계적 감독, 기술적 감독, 도덕적, 가치, 안정성, 사회봉사, 권위, 능력 활용, 회사의 정책 및 실제 보상, 승진, 책임, 창의성, 동료관계, 직업적 성장, 근무조건, 독립성, 인정

출처: 김정림(2011). 어린이집 교사가 지각한 원장의 감성 리더십과 조직문화가 직무만족도에 미치는 영향. 석사학위 논문.

다음에 제시되는 문항은 교직원이 현재 하고 있는 일에 어느 정도 만족하는지 알아보기 위한 것이다. 교직원이 되었을 때 자신의 직무만족도를 체크하는 데 사용할 수 있다.

문항계산방법: ○표시가 없는 문항은 그대로 ○표시가 있는 문항은 역으로 계산(즉 5 →1, 1→5로)

표 8-4 **직무만족도 체크리스트**

내 용	전현 그렇지 않다①	그렇지 않다 ②	그런 편이다 ③	조금 그렇다 ④	매우 그렇다 ⑤
동료교사와의 관계					
· 동료교사들은 나에게 관심이 있다.					
· 나는 동료교사들과 잘 지낸다.					
· 동료교사들과 나는 사적인 관심사에 대해 서로 함께 이야기를 나눈다.					
· 동료교사들을 서로 알고 지내기가 어렵다°					
· 동료교사들은 나의 업무 수행에 결정적인 영향을 미친다.					
· 나는 동료교사들에게 신뢰감을 못 느낀다.°					
· 동료교사들은 내게 매우 비협조적이다.°					
· 나와 동료교사들은 생각과 자료를 서로 주고받는다.					
· 동료교사들과 나는 경쟁적이다.°					
· 동료교사들은 나를 격려하고 지지한다.					
소계					
원장과의 관계					
· 원장은 나의 업무를 존중한다.					
· 원장은 너무 바빠서 내가 어떻게 일을 하고 있는지 모른다.°					
· 원장은 내가 하는 일에 지나치게 관여한다.°					
· 원장은 나에게 도움이 되는 평가를 제공해 준다.					
· 원장은 나의 의견을 묻는다.					
· 원장은 직무 수행 능력이 뛰어나다.					
· 원장은 의존할 만하지 못하다.°					

• 원장은 내가 새로운 아이디어를 시도하는 것을 격려한다.					
• 원장은 내가 부적절한 사람이라고 느끼게 만든다.°					
• 원장은 예측 불가능한 사람이다.°					
소계					
직무 자체					
• 나는 나의 업무에 대한 통제권을 갖고 있다.					
• 내가 하는 일은 도전적이고 매력적인 것이다.					
• 내가 하는 일은 학부모에게 존경받는 일이다.					
• 내가 하는 일은 잡무가 많다.					
• 내가 하는 일은 단조롭다.°					
• 내가 하는 일은 창의적이지 못하다.°					
• 내가 하는 일을 처리하는 데 항상 시간이 부족하다.					
• 내가 하는 일은 유아들의 삶에 중요한 영향을 미친다.					
• 내가 하는 일은 내가 받은 교육의 적용이 잘 안 이루어진다.					
• 내가 하는 일은 나에게 성취감을 준다.					
소계					
근무환경					
• 나는 일하는 시간을 융통적으로 조정할 수 있다.					
• 내가 근무하는 곳의 교사와 유아의 비율이 적당하다					
• 나는 항상 내가 필요로 하는 물건이 어디에 위치하고 있는지 안다.					
• 나는 교사라는 직업에 대하여 답답함을 느낀다.°					
• 내가 일을 좀 더 잘하기 위해서는 새로운					

설비와 자료가 필요하다.°					
• 내가 근무하는 곳은 실내 장식이 잘 되어 있다.					
• 내가 근무하는 곳은 매우 청결하다.					
• 내가 근무하는 곳에는 사적인 대화를 나눌 수 있는 장소를 발견하기 어렵다.°					
• 내가 근무하는 곳은 정책과 절차는 명료하다.					
• 내가 근무하는 곳은 소란스럽다.°					
소 계					
보수와 승진 기회					
• 내가 받는 보수는 적당하다.					
• 내가 받는 보수는 경력과 능력을 고려해 볼 때 공정하다.					
• 내가 받는 보수는 동료교사들과 비교해 볼 때 공정하다.					
• 나는 장래성이 없는 일을 하고 있다.°					
• 상여금, 건강보험, 퇴직금 보장제도가 부적절하게 되어 있다.°					
• 나는 언제든지 해직당할 가능성이 있다.°					
• 나에게 주어지는 휴일과 가정학습 기간이 충분하다.					
• 내가 받는 보수는 받아야 하는 것보다 적다.°					
• 나에게 승진, 발전의 기회가 너무 제한되어 있다.°					
• 나는 내년에 나의 보수가 인상될 것이라고 기대한다.					
소 계					
어린이집에 대한 본인의 느낌					
• 나는 적어도 2년 이상 근무할 생각이다.					
• 나는 종종 그만둘 생각을 한다.°					
• 나는 단지 시간을 보내고 있는 중이다.°					

• 나는 우리 원에 대하여 자부심을 느낀다.					
• 나는 우리 원에서 전념해서 일하지 못 한다.°					
• 나는 업무 시간 외에도 노력을 많이 기울인다.					
• 나는 우리 원을 그만둔 후에 이곳에 무슨 일이 일어나는 지에 대해 신경 쓰지 않을 것이다.°					
• 나는 우리 원만큼 좋은 곳을 발견하지 못 했다.					
• 나는 우리 원에서 전념해서 일한다.					
• 나는 때때로 이 직업에 발목을 잡힌 느낌이다.°					
소 계					

출처: 박은혜,(2013). 유아교사론.

4) 어린이집 교직원의 직무스트레스

(1) 교직원의 직무스트레스의 개념

어린이집의 보육교직원 뿐 아니라 모든 사람들이 살아가면서 어느 정도의 스트레스를 받는 경험을 하게 된다. 스트레스란 개인과 환경이 조화가 되지 않아 불쾌하고 부정적인 정서를 경험하는 것이다. 직무스트레스는 직무를 수행하는 과정에서 인간, 사물, 또는 사건으로 인해 경험하는 불쾌한 정서이다. 스트레스는 감정이나 심리적인 측면에서만 머무는 단순한 걱정 거리와는 달리 생리적인 측면에서도 영향을 미치게 된다.

(2) 교직원의 직무스트레스의 원인

직무스트레스는 적절한 삶에 긴장감을 주어 활력을 가지게 하지만 지나친 스트레스는 인간을 쇠약하게 만든다, 교직원들의 스트레스를 유발하는 요인은 물리적 환경 요인, 개인적 요인, 조직 풍토적 요인 등 가장 다양한데, 김정휘(1994)는 이를 다음의 〈표 8-5〉와 같이 정리하고 있다.

표 8-5 스트레스 유발 요인

연구자	주요 스트레스 유발 요인	세부 스트레스 유발 요인
Beer와 Gupta (1978)	환경요인	- 직무 요건 및 과제 특성 - 역할 요건 또는 기대 - 조직의 특성 및 조건 - 조직 외적 요건 및 조건
	개인요인	- 심리적 조건(성격 및 행동 특성) - 신체적 조건 - 생활 단계 조건 - 인구통계학적 특성
	과정요인	- 심리적 과정 - 신체적 과정
Ivabcevucg와 Matteson (1980)	물리적 환경 요인	- 조명 - 소음 - 온도 - 진동 - 공기오염
	개인 수준 요인	- 역할 갈등 - 역할 모호성 - 작업 과정 - 책임성 - 직업 발달 요인
	집단 요인	- 집단 응집력 부족 - 부적절한 집단 지원 - 집단 내 및 집단 간 갈등
	조직 요인	- 조직풍토 - 조직 구조 - 조직 영역 - 과제 특성 - 기술
	조직 외적 요인	- 가족 - 이사 - 경제력
Brief와 Schuler (1980)	조직 특성 및 과정	- 조직의 정책 - 조직의 구조 - 조직의 과정
	직무 요건 및 역할 특성	- 작업 조건 - 대인 관계 - 직무 요건 - 역할 특성
	개인 특성 및 기대	- 경력 관계 - 개인적 특성

Quick과 Schuler (1980)	과업 요건	- 직업 범주 - 관리 직무 - 경력 발달 - 일상 직무 - 작업 과정 - 직무 불안정
	물리적 요건	- 온도 - 조명 - 음파 및 진동 - 사무실 설계
	역할 요건	- 역할 갈등 - 역할 모호성
	대인 관계 요건	- 지위 부조화 - 사회적 밀도 - 조급한 성격 - 지도 유형 - 집단 입력
Baron (1986)	조직 요건	- 직업 요건 - 역할 갈등 - 역할 모호성 - 작업 과적 - 책임 과다 - 사회적 지원 부족 - 의사결정에의 참여 부족 - 불공형한 업적 평가
	개인적 요인	- 생활 사건 - 태도
Beech, Bums 와 Scheffeid (1982)	업무 부하의 문제	- 업무 과부하 - 업무 과소하
	직무상의 욕구 좌절상의 문제	- 역할 모호성 - 역할 갈등 - 고도의 전문호 - 불만스런 경력 개발 제도 - 불만스러운 의사소통 - 관료 사회의 문제
	직업 변화	- 과학발달 - 승진 - 재배치 - 조직 개편 - 수요, 공급 과잉 - 은퇴

출처: 박은혜(2013). 유아교사론.

◆ 어린이집 교사의 직무스트레스에 관한 사항이다. 다음의 문항을 읽고 자신의 상황에 해당된다고 생각하는 번호에 표시해 보자.

① 전혀 그렇지 않다　② 별로 그렇지 않다　③ 보통이다
④ 비교적 그렇다　⑤ 매우 그렇다

표 8-6 **직무스트레스 체크리스트**

내 용	①	②	③	④	⑤
1. 학습 활동에 참여하지 않으려는 아이들에게 동기를 부여하기 어렵다.					
2. 내가 맡은 학급에는 항상 문제를 일으키는 영유아들이 있다.					
3. 내가 담당하고 있는 학급의 영유아 수가 너무 많다.					
4. 나는 영유아들을 적절히 통제하지 못한다.					
5. 부적응 아동을 어떻게 지도해야 할지 모르겠다.					
6. 수업 및 학급 운영을 위하여 준비하는 것 이외의 기타 업무를 정해진 근무시간 내에 마치기에는 시간이 부족하다.					
7. 보육 활동에 필요한 수업 자료가 너무 부족하다.					
8. 보육활동을 계획하고 조직하는 데 너무 광범위한 능력이 요구된다.					
9. 우리 어린이집은 사무직원의 도움이 거의 없다.					
10. 나는 현재의 내 업무를 감당하기 어렵다.					
11. 수업 및 학급 운영을 위하여 준비할 시간이 충분하지 않다.					
12. 필요 이상으로 행사가 너무 많다.					
13. 청소 설거지, 차량 지도 등의 잡무가 너무 많다.					
14. 교구 제작에 대하여 과다한 요구를 받고 있다.					
15. 우리 어린이집은 교사들을 위하여 행정적 지원이 부족하다.					
16. 어린이집 운영이 교육 실제와 맞지 않는다.					
17. 나의 의견이 무가치하게 받아들여질 때가 있다.					
18. 권한에 비해 너무 많은 책임을 부여한다.					
19. 우리 어린이집은 좋은 수업에 대한 인식이 부족하다.					
20. 어린이집에 관련된 많은 문제에 대해 내가 어떻게 생각하는가를 허심탄회하게 말할 수 없다.					
21. 내가 맡은 학급의 일에 대해 상사의 간섭이 심하다.					
22. 우리 어린이집 운영 방식은 일관성이 없다.					

23. 나는 교사들 간의 분위기가 갈등적인 어린이집에서 근무한다.					
24. 교수-학습 활동을 도와줄 보조교사가 부족하다.					
25. 우리 어린이집 교사들 간에는 서로 협조하는 정신보다는 경쟁이 심하다.					
26. 우리 어린이집은 교사들 간의 관계가 좋지 않다.					
27. 우리 어린이집에는 자기에게 부여된 업무를 적절히 수행하지 않는 교사들이 더러 있다.					
28. 우리 어린이집의 교사들 간에는 파벌이 존재한다.					
29. 우리 어린이집은 교사들의 의사소통이 잘 이루어지지 않는다.					
30. 많은 학부모들이 어린이집 문제에 관해 무관심하다.					
31. 우리 어린이집 학부모들은 어린이집 문제에 지나치게 관여 한다.					
32. 우리 어린이집 학부모들은 어린이집에 많은 것을 요구한다.					
33. 학부모와의 관계가 원만하지 못하다.					
34. 영유아들 간의 싸움이나 안전사고 등으로 어린이집에 항의하는 학부모가 많다.					
35. 나의 보수는 나의 임무와 책임에 상응하지 못한다.					
36. 급여일의 변동이 잦다.					
37. 영유아들을 가르치는 일에 보람을 느끼지 못한다.					
38. (미혼자의 경우) 결혼 후에도 계속 근무하고 싶지만 어린이집에서 원하지 않는다. (기혼자의 경우) 결혼 후 가정생활과 직장 생활을 병행하는데 많은 어려움이 있다.					
평 균					

출처: 박은혜(2013). 유아교사론.

(3) 교직원의 직무스트레스 관리

교사의 직무스트레스는 적절하게만 유지된다면 삶의 활력을 유지할 수 있으나 지나치게 된다면 여러 가지 질병을 야기하게 된다. 사람이 살면서 스트레스를 전혀 피할 수 없다면 이를 적당하게 관리하고 대처할 필요가 있다. 직장에서 생긴 스트레스는 개인적인 차원과 조직적인 차원에서 해소할 수 있을 것이다.

구분	내 용
개별적인 차원	· 교육적 전략 : 영유아에 대하여 전인적 성장 기대, 실현 가능한 보육목표 설정 · 신체적 전략 : 여러 가지 종류의 운동이나 악기 다루기, 취미 생활하기 등 · 사회적 전략 : 동료교사로 구성된 사회적인 지원집단 만들기, 동료와의 대화, 정확한 정보수집 등 · 정서적 전략 : 영화 감상, 음악 감상 등 · 환경적 전략 : 시간 관리, 갈등 해결 등 · 정신적 전략 : 명상이나 기도하기, 낙천적인 인생관 가지기 등
조직적 차원	· 모든 구성원을 인격적으로 존중하고 우호적으로 대하는 관계 조성 · 개방적이고 양방향으로 이루어지는 의사소통 · 지지적이고 긍정적인 조직 풍토 조성 · 교육과정 운영에서 교사의 자율성 인정 · 학습공동체 형성

출처: 박은혜(2013). 유아교사론.

이상의 스트레스 관리 전략을 원인에 맞추어 구체적으로 제시하면 다음의 〈표 8-7〉과 같다.

표 8-7 **스트레스 유발 요인 및 조절 전략**

스트레스 원인	스트레스 조절 전략
시간 부족 및 과다한 업무	· 모든 업무를 기록한다. · 반드시 해야 할 업무와 아닌 업무를 분류한다. · 업무의 우선순위를 매긴다. · 업무의 마감 날짜를 정한다. · 수행한 업무는 확인 표시를 한다.
수업 계획 및 실행	· 자신이 할 수 있는 범위에서 계획을 세운다. · 보육 계획서를 구체적으로 작성한다. · 동기 유발 및 수업 진행 과정을 기록, 암기한다.

<table>
<tr><td colspan="2"></td><td>• 영유아들의 다양한 반응을 예상한다.
• 동료교사들과 의논한다.</td></tr>
<tr><td colspan="2">자료 부족 및 환경의 문제</td><td>• 어린이집에 있는 자료 중 활동 가능한 자료를 파악한다.
• 자료가 부족할 경우, 영유아들의 가정에 있는 자료를 활용한다.
• 자료를 제작할 경우 제작이 용이하고 효율적인 방법으로 제작한다.</td></tr>
<tr><td rowspan="3">인간관계</td><td>선배 교사나 원감과의 관계</td><td>• 선입견을 갖지 않고 개방적인 자세를 갖는다.
• 모든 일은 일차적으로 선배 교사나 원감과 의논한다.
• 대화를 위해서 노력하고 대화시간을 많이 갖는다.</td></tr>
<tr><td>동료교사들과의 관계</td><td>• 가장 자신 있고 서로 도울 수 있는 점에 대해서 논의한다.
• 어려운 점을 서로 의논하고 돕는다.
• 서로 협동해서 할 수 있는 일을 찾아보고 제안한다.</td></tr>
<tr><td>영유아와의 관계</td><td>• 영유아들과 대화할 수 있는 시간을 갖는다.
• 다양한 문제해결 방안을 생각하고 적용해 본다.</td></tr>
<tr><td colspan="2">평 가</td><td>• 동료교사의 평가를 긍정적으로 수용한다.
• 자기 스스로 반성하고 평가하도록 노력한다.</td></tr>
</table>

출처: 박은혜(2013), 조운주(2006). 유아교사론.

① 교사의 스트레스 조절하기

보육교사는 영유아를 잘 보육하기 위해 일상생활에서 겪는 스트레스에 건강하게 대처하고, 개인의 행복감을 증진시켜 심리적인 어려움에 부딪혔을 때 신속하게 회복하는 것이 중요하다.

• 스트레스의 정의—스트레스란 개인에게 가해지는 여러 가지 요구에 대응하는 과정에서 환경과 상호작용하는 개인이 경험할 수 있는 긴장이나 압박감으로 개인의 심리 및 신체적 건강에 부정적 영향을 미칠 수 있는 요인이다(권미경 · 이순형, 2010).

적당한 스트레스는 우리에게 적절한 긴장감을 주어 생활에 활력을 주고 업무수행 능력을 증진시켜 주지만, 스트레스가 너무 강하거나 만성화되면 오히려 수행능력을 저하시키고 정신건강 뿐만 아니라 신체적으로도 유해한 결과를 초래하게 된다.

스트레스는 받아들이는 사람에 따라 긍정적/부정적으로 작용할 수 있다. 스트레스를 긍정적으로 받아들이고, 스트레스의 부정적인 영향이 오래가지 않도록 적절히 해결하는 것이 매우 중요하다.

〈나의 스트레스 수준 체크하기〉

다음 문항들에 해당하는 내용을 최근 1개월 동안 얼마나 자주 느꼈거나 생각했는지 체크해 보세요. ■ 전혀 그렇지않다: 1점 ■ 약간 그렇다: 2점 ■ 대체로 그렇다: 3점 ■ 매우 그렇다: 4점
1. 쉽게 짜증이 나고 기분의 변동이 심하다.
○ 전혀 그렇지 않다. ○ 약간 그렇다. ○ 대체로 그렇다. ○ 매우 그렇다.
2. 피부가 거칠고 각종 피부 질환이 심해졌다.
○ 전혀 그렇지 않다. ○ 약간 그렇다. ○ 대체로 그렇다. ○ 매우 그렇다.
3. 온 몸의 근육이 긴장되고 여기저기 쑤신다.
○ 전혀 그렇지 않다. ○ 약간 그렇다. ○ 대체로 그렇다. ○ 매우 그렇다.
4. 잠을 잘 못 들거나 깊은 잠을 못 자고 자주 잠에서 깬다.
○ 전혀 그렇지 않다. ○ 약간 그렇다. ○ 대체로 그렇다. ○ 매우 그렇다.
5. 매사에 자신감이 없고 자기비하를 많이 한다.
○ 전혀 그렇지 않다. ○ 약간 그렇다. ○ 대체로 그렇다. ○ 매우 그렇다.
6. 별다른 이유 없이 불안 초조하다.
○ 전혀 그렇지 않다. ○ 약간 그렇다. ○ 대체로 그렇다. ○ 매우 그렇다.
7. 쉽게 피로감을 느낀다.
○ 전혀 그렇지 않다. ○ 약간 그렇다. ○ 대체로 그렇다. ○ 매우 그렇다.
8. 매사에 집중이 잘 안 되고 일(학습)의 능률이 떨어진다.
○ 전혀 그렇지 않다. ○ 약간 그렇다. ○ 대체로 그렇다. ○ 매우 그렇다.
9. 식욕이 없어 잘 안 먹거나 갑자기 폭식을 한다.
○ 전혀 그렇지 않다. ○ 약간 그렇다. ○ 대체로 그렇다. ○ 매우 그렇다.
10. 기억이 나빠져 잘 잊어버린다.
○ 전혀 그렇지 않다. ○ 약간 그렇다. ○ 대체로 그렇다. ○ 매우 그렇다.

출처: 강남구정신보건센터.

√ 체크해 보세요

〈스트레스 관리〉

10-15점	스트레스가 거의 없습니다.
16-20점	약간의 스트레스를 받고 있습니다.

21-25점	비교적 스트레스가 심한 편이므로 스트레스를 이겨내기 위한 대책이 필요합니다.
26-30점	심한 스트레스를 받고 있으므로 신체 상태에 대한 정기적인 검진과 더불어 스트레스를 줄이기 위한 적극적인 대책이 필요합니다.
31점 이상	매우 심한 스트레스를 받고 있으므로 전문가와 상담이 필요합니다.

출처: 국가건강포털.

스트레스를 피할 수 없다면 이를 적절하게 관리하고 대처할 필요가 있다. 스트레스를 잘 관리하기 위해서는 적극적인 마음과 실천이 중요하다.

- "스트레스 상황을 알고 신호에 귀를 기울여요."

우리는 불행한 사건뿐만 아니라 행복한 사건을 겪을 때에도 스트레스를 받게 된다. 개인마다 다른 스트레스 경고 징후를 가지며, 주로 신체증상이나 감정의 변화로 나타난다. 예측 불가능하거나 익숙하지 않은 사건이 발생될 때 스트레스 상황에 놓아질 수 있으므로 미리 스트레스 상황에 대하여 인식하고 대비하는 것이 좋다.

- "모두 다 잘할 수 없어요. 할 수 있는 만큼만..."

스스로의 능력을 있는 그대로 받아들이고, 해결 가능한 일과 불가능한 일로 구분하는 것은 스트레스 관리를 위해 매우 중요하다. 이후 일에 대한 아쉬움이 남겠지만 대안이 없는 일에 에너지를 쏟으며 스트레스받지 말고 초연해지는 연습이 필요하다. 어린이집에서 다른 교사들에게 도움을 요청하지 않고 스스로 모든 것을 해야 한다고 생각하는 것도 스트레스의 요인이 될 수 있다.

- "시간을 잘 관리해요."

스트레스의 관리를 위하여 먼저 시간을 잘 관리하는 것도 매우 중요하다. "가장 중요한 것이 무엇인가?"라는 질문을 통해 우선순위를 매기는 것이 첫 번째 단계이다. 이후 일을 하면서 효율성을 증대시키고 자투리 시간을 활용하는 등의 방법을 같이 사용하면 도움이 된다.

② 교사의 분노 조절하기

· **분노의 정의**—분노란 자기의 욕구나 목표를 달성하고자 하는 정당한 행동이 방해받거나 격심한 스트레스를 유발하는 사건에 당면해서 경험하게 되는 불쾌한 정서적 생리적 반응(홍경자, 2008)을 말한다.

어린이집 동료교사와의 관계 혹은 영유아와의 갈등 속에서 분노를 조절하는 것이 얼마나 어려운 일인지 경험한 적이 있었을 것이다. 분노는 낯선 사람보다는 밀접한 관계에서 더 많이 경험하게 되는데 그 이유는 상호작용이 더 빈번하고 서로의 생활에 더 깊이 관여되어 있기 때문이다.

· **분노 조절하기**

- 자기 이해하기 : 스트레스나 분노는 현재의 문제에 원인이 있기보다는 과거의 상처에서 비롯되거나 충족되지 못했던 욕구가 숨겨져 있는 경우가 많다. 그렇기 때문에 교사는 먼저 과거의 나로부터 원인을 찾아보는 과정이 필요하다.

혹시 과거에 상처받은 경험이 있지는 않은지 되돌아보고 이러한 경험과 마주해 보자. 과거의 상처받은 나의 모습과 지금의 내 모습을 되돌아보고 받아들이는 과정에서 치유를 받을 수 있을 것이다.

> "어느 누구에게나 내면에는 두려움에 떨고 있는 어린아이가 있다. 그 어린아이를 야단치고 강하게 살라고 내치지 않는다. 따뜻하게 안아 줌으로써 아이는 두려움과 불안에서 벗어나게 된다."
>
> \- 루이스 L. 헤이

- 분노상황 인식하기 : 분노를 조절하기 위해서는 화가 나는 상황에 대하여 객관적으로 인식하고 바라보는 것이 중요하다.

> "다시 한 번 생각해 보세요."
>
> 우리 반 아이들은 너무 시끄럽다.
> 우리 반 아이들이 너무 운다.
> 여러 명이 한꺼번에 요구를 한다.
> 교사에게 와서 친구의 행동을 너무 많이 이른다.
> 놀이가 끝난 후에도 정리를 안 한다.

위와 같은 상황에서 짜증이 나거나 화가 난다면, 스스로에게 질문을 던져 보자. 혹시 내가 우리 반 영유아의 발달을 제대로 이해하고 있는지, 너무 예민하게 생각하는 것은 아닌지 생각해 보자. 나를 화나게 하는 상황들이 이 연령의 영유아에게 당연히 나타나는 일은 아닌지 점검해 보자.

"긍정적인 생각과 시각이 긍정적인 마음을 만들어요."

동일한 상황이더라도 우리가 그것을 어떻게 생각하느냐에 따라 부정적 결과를 가져올 수도 긍정적 결과를 가져올 수도 있다. 만일 상대의 실수가 고의적이라는 생각이 들면 분노가 커지지만 진짜 실수라고 생각되면 분노가 덜 생기게 된다. 즉, 긍정적인 생각과 시각으로 상황을 바라본다면 화가 나는 마음을 지금보다 훨씬 줄어들 수 있다.

"나를 화나게 한 원인을 생각해 보세요."

화가 났을 때 '내가 지금 화를 내는 것이 정당한가?', '엉뚱한 사람에게 화를 내고 있는 건 아닌가?'를 돌아보자. 혹시 오늘 컨디션이 좋지 않거나 다른 사람에게 난 화를 우리 반 아이들에게 내고 있는 것은 아닌지 되돌아보자.

"화가 날 땐, 잠깐 멈춰서 흥분을 가라앉혀요."

분노의 감정이 올라올 때, 먼저 멈추고 자신의 신체감각과 느낌을 알아차리는 것이 중요하다. 당장 화가 치밀어 오르더라도 분노호르몬은 잠시 후면 사라지기 때문에, 이를 견디는 것이 중요하다. 눈을 감고 아무 생각을 하지 않거나, 자리에 앉아 낙서를 하는 등 자신만의 방법으로 화를 잠재운 뒤 영유아와 이야기를 한다면 긍정적인 결과를 얻을 수 있다. 크게 심호흡을 하거나 복식호흡이나 명상을 해 보자. 주위 상황을 잊고 호흡에 집중하다 보면 얼마 있지 않아 마음이 평안해지는 것을 느낄 수 있다. 물이나 따뜻한 차를 마셔 보는 것도 좋은 방법이다.

"조용한 곳으로 가서 편안한 마음을 만들어요."

만약 흥분상태가 계속 가라앉지 않는다면 동료교사에게 도움을 요청하고 다른 공간에 잠시 피해 있는 것도 좋은 방법이다. 어린이집에서 계단 아래, 실외놀이터, 교사 휴게실과 같은 조용하고 다른 사람에게 간섭을 받지 않을 수 있는 곳을 찾아보자. 잠시 조용한 공간으로 가서 화가 나는 상황을 피하는 것도 분노를 조절할 수 있는 좋은 방법이다.

"좋아하는 것을 생각해 보세요."

화가 나는 상황 대신에 내가 좋아하는 것들을 생각해 보자. 과거에 즐거웠던 추억을 생각하거나 앞으로 있게 될 휴가, 여행 등을 상상해 보는 것도 좋은 방법이다. 내가 좋아하는 글귀, 사진, 그림을 가까이에 두고 화가 날 때 꺼내 보거나 좋아하는 향기를 맡으면 기분이 좋아질 것이다. 여건이 된다면 주위를 한 바퀴 돌아보는 것도 좋다. 주위를 돌다 보면 나를 즐겁게 수많은 자극(하늘, 나무, 꽃, 차, 건물 등)이 있고, 이렇게 하다 보면 몸과 마음이 상쾌해지는 것을 느낄 수 있을 것이다.

"자신의 감정을 이야기하세요."

자신의 감정을 표현한 후에 사이가 어색해질까봐, 상대가 나를 싫어할까봐 표현하지 않고 묵혀 두는 경우도 있다. 본인 스스로의 기준에서 나오는 화도 있지만 상대에게 받은 화는 관계에서 풀어야 한다. 화나게 한 대상에게 직접 말하지 못한다면, 자신의 감정과 상황을 잘 이해해 주는 동료 혹은 선배교사와의 대화가 도움이 될 수 있다. 물론 자신의 감정대로 이야기를 풀어 나갈 수 있지만 자신을 잘 알고 이해해 주는 동료 혹은 선배교사의 동료교사의 공감을 통해 마음이 풀어지고 자신감을 얻을 수 있기 때문이다.

5) 어린이집 교직원의 문화 개선방안

영유아 보육교육의 변화가 되는 요인은 어린이집의 문화이며 궁극적으로는 교직원이 변해야 한다. “보육교육의 질은 교직원의 질을 능가하지 못한다”라는 말을 인용하지 않더라도, 교직원이 변해야 하며, 이를 위하여 어린이집 및 유치원 교직원들이 전문적 협력 관계로서의 교직원 문화를 형성해야 할 것이다.

교직원이 변화하기 위하여 새롭게 지향하는 목표와 핵심 가치를 정하고, 그것을 구성원 모두가 공유하도록 지원하는 것이 중요하다. 이를 위하여 무엇보다 전문적 교직원 문화의 개선이 왜 필요한지, 무엇을 변화시켜야 하는지에 대하여 기대 가치와 신념체계를 창출하는 것이 매우 중요하다(박영숙, 2003 재인용). 영유아 보육 교직원 문화개선을 위하여 인적 수준, 구조적 수준, 기술적 수준에서 할 수 있는 노력은 다음과 같다.

(1) 인적 수준에서는 변화 의지가 교직원에게서 자발적으로 나올 수 있도록 해야 하며, 어린이집의 비전을 공유할 수 있는 협력관계 형성, 구성원들의 자기계발, 대화와 토론문화 형성 등에 중심을 두어야 한다.

지속적인 학습과정 참여를 통하여 교직원들은 비전을 공유하고 협력관계를 형성하며, 집단에서 자기를 발견하고 계발하며 토론문화를 형성할 수 있게 되므로, 교직원들이 지속적으로 학습하여 나가는 과정에 적극적으로 참여할 수 있는 지원이 이루어져야 한다. 이를 위하여 구체적으로 시도할 수 있는 방법은 원내 또는 원외에는 이루어지는 정기적인 교직원 모임을 실시하는 것이며, 교직원 모임의 형태로 짝꿍모임, 흥미 영역별 교육활동 연구회, 담당 영유아 연령별 교육연구회, 지역별 교육연구회 등을 들 수 있다.

(2) 교직원들의 구조적 창원은 문화 양상에서 나타났던 사회심리적 요인과 관련

되어 있다. 사회심리적으로 특별한 대우를 받지 못하는 영유아 교직원들의 협력관계로서의 교직원 문화 형성을 위해 교육정책의 수립과 교육환경의 개선이 우선시되어야 한다.

- 전문적인 발달 기회와 동료장학의 기회를 갖기가 용이하지 않다.
- 정책적으로 교직원의 승진, 근무여건, 후생 · 복지 개선 등의 배려와 보조교사, 사무직원의 우선 배치를 통하여 업무 부담 감소를 위한 노력이 있어야 한다.
- 적극적으로 교권의 확보 및 영유아교직원의 전문성 향상을 위하여 교직원 재교육의 정책이 정립되어야 한다.
- 교직원들이 더 이상 사명감, 희생정신, 그리고 정서에 호소하여 열악한 환경 속에서도 꿋꿋이 일할 것을 강요해서는 안 된다.
- 교직원들이 소명의식이 자발적으로 생기도록 충분한 외적 보상과 내적 동기 요인을 충족시켜 주어야 한다.
- 제도적인 장치를 통해 사람다운 생활을 할 권리를 보장해 주어야 한다.
- 정책적 · 제도적 지원을 통하여 교직원들은 지속적인 학습문화, 유연한 조직구조 형성, 차명기회 확대를 경험하게 이것이 곧 협력관계로서의 교사문화 형성에 밑거름이 되어야 한다.

(3) 기술적 차원에서는 전문적 교사문화 개선을 위하여 교수-학습 방법을 구축해야 한다. 그러므로 학습을 지원하는 정보인프라, 정보를 활용할 수 있는 역량, 여러 가지 정보 공유체제 형성에 중점을 두어야 한다.

원내 교직원들끼리의 모임을 통하여 전문적 자질을 키우는 것을 기본으로 하도록 정보 공유에 있어서는 공간의 제한을 뛰어넘는 노력과 지원이 필요할 것이다. 또한 협력적 관계를 맺은 교직원들의 학습을 지원할 수 있는 정보인프라, 정보를 활용할 수 있는 역량, 여러 가지 정보공유 체제를 형성하는 구체적인 방안이 요구된다.

인적 차원에서 형성된 집단모임과는 달리 교직원 개개인에 대하여 지적 · 정서적 · 사회적 지원을 섬세하게 해 줄 수 있는 방안이 될 것이다. 온라인을 통하여 정보공유 동아리 또는 교육전문가와의 E-Mentoring이 효과적일 것이다. 첨단 멀티미디어 시대에 인터넷을 통하여 정보공유 동아리를 형성하고 여러 가지 문화와 현상들에 대한 아이디어를 고유하는 장을 마련하는 것이다. 무엇보다 중요한 것은 바람직한 교직 문화를 형성하고자 하는 영유아 교직원의 의지와 실천적 노력일 것이다.

전문적 유아교사 문화형성을 위한 제언

영유아 교사직은 온갖 잡무에 남들이 알아주지 않아 하찮게 보이는 보육의 일까지 전체적으로 힘들면서도 다양한 능력을 요구하는 업무를 해야 하고 낮은 사회적 인식, 제한된 자율권과 같은 사회 · 심리적 제약 등으로 전문적 문화형성의 걸림돌을 가지고 있다고
할 수 있다. 그러나 영유아교사들은 타급 학교교사에 비하며 "열심히"한다는 말을 듣는다. 또한 소규모라는 영유아교사 집단의 특성상 교사들 간의 관계가 인간관계 지향적이며, 가족이고 친밀한 성향을 가지고 있기 때문에 함께 일하고 배우며 아이디어를 공유하고 창조할 수 있는 기초 틀을 갖추고 있다고 하겠다. 그러므로 영유아교사들은 어렵고 힘든 일을 함께 하고 있는 동료교사와 서로 격려하고 위로하고 협력하면서 전문적 유아교사 문화형성을 위한 노력을 부단히 해야 할 것이다.
그러한 노력의 일환으로 무엇보다 우선적으로 해야 할 것은 영유아교사가 수행하는 다양한 업무를 잡다한 업무로만 치부하지 말고 유아를 위해 꼭 필요한 일로 여기고, 즐거운 마음으로 수용하며, 먹이고 입히고 재우는 보육활동도 의미 있게 여겨 교육적으로 승화시키는 것이 필요하다. 유아교사가 하는 청소는 더러운 곳을 치우기만 하는 단순한 일이 아니다. 흩어져 있는 놀잇감을 치우면서 오늘 아이들에게 가장 매력적이었던 놀이와 놀잇감은 무엇이었는지를 알 수 있고, 책상 밑에 떨어져 있는 시금치 조각을 치우면서 편식하는 00이의 복잡했던 상항과 마음을 이해할 수 있고, 책보기 영역 한 구석에 잘 감추어져 있는 매력적인 블록을 치우면서 놀잇감을 혼자 소유하고 싶어하는 △△이의 마음을 알아차릴 수 있고, 미술영역 바구니에 버려져 있는 완성되지 않은 그림을 발견하면서 무언가 불만에 쌓여 있는 ☆☆이의 심정을 헤아릴 수 있다. 유아교사가 하는 청소는 일반인들이 하는 청소와 의미가 다르다. "유아교사가 하는 일은 청소도 교육의 일부이다"라고 한다면 너무 지나친 비약일까? 아닐 것이다. 적어도 유아교육에 뜻을 품고 있는 사람들은 그렇지 않다고 소리 높여 외쳐야 할 것이다.
유아교사 스스로 자신이 하고 있는 일에 대해 자부심을 갖지 못한다면 타인에게 존중을 받는다는 것은 매우 어려운 일이 된다. 유아교사가 수행하는 일을 아무것도 아닌 단순한 일로 치부하는 것이 아니라 그 일이 자지고 있는 특별한 의미를 드러내고 강조하면서 유아교사 스스로의 만족과 보람을 얻은 일이 우선되어야 할 것이다. 이러한 자부심은 유아교육의 전문화와 유아교사의 밝은 미래를 열어 가는 좋은 밑거름이 될 것이다.

2. 어린이집 조직문화에 대한 선행연구 고찰

어린이집 조직문화에 대한 다양한 연구가 이루어지고 있지만, 본 장에서는 교직원의 역할과 연계된 직무에 대한 연구결과를 중심으로 교직원의 직무에 대하여 살펴보고자 한다.

직무와 관련하여 여러 가지 관점에서 교직원의 직무를 구분하고 있다. 한 가지 유형의 구분은 교직원의 직무와 교직원의 역할을 연계하여 ① 교육과정 설계자, ② 일과활동 계획 및 수행자, ③ 상담자 및 조언자, ④ 연구자, ⑤ 행정업무 및 관리자 등으로 구분하는 경우다(박은혜, 2003; Saracho, 1988).

구분	내용
교육과정 설계자 직무	어린이집 철학에 근거한 교육목적을 기초로 교육활동에 필요한 교육계획을 세우고, 영유아의 흥미와 경험을 바탕으로 발달에 적합한 학습내용을 선정 · 조직하여야 한다. 그러므로 지역사회의 특성, 초등학교와 연계성을 고려한 교육내용을 선정하고 조직할 때 융통성을 부여하고 다양한 교육활동을 통합적으로 조직하여야 한다. 교육목표, 내용, 방법의 일치정도를 고려하여 여러 가지 교수 전략을 모색하고 평가 유형 및 방법을 계획해야 한다. 실내외 환경구성 및 영유아의 요구에 적합한 활동실 구성을 계획하는 것이다.
일과활동계획 및 수행자 직무	체계적이고 균형잡힌 일과활동을 계획할 때 활동의 융통성과 여러 가지를 고려하고, 영유아의 흥미와 개인차에 따라 전개하며, 활동 후 하루의 일과를 평가하여야 하며, 활동과 활동 간의 연결시간을 적절히 하고, 문제가 발생하면 내용에 따라 적절히 개입 · 중재하며 영유아와의 긍정적인 상호작용을 도모하여야 한다. 또한 효과적인 교수-학습 방법을 통하여 학습활동 촉진을 위하여 교직원은 필요한 교재 · 교구를 계획하고 활용하며 정리정돈을 해야 한다.

상담자 및 조언자 직무	영유아와의 친밀한 상호작용을 통해 신뢰감이 형성될 수 있도록 하며, 영유아에게 관심과 애정표현 및 개별성을 인정하여야 한다. 영유아 스스로 의사결정을 하도록 도와주며, 창의적인 성장과 자아실현을 도와주어야 한다. 항상 영유아의 정서상태를 파악하여 문제발생시 조언 및 중재를 하여야 하고 특별한 요구를 지닌 영유에 대하여 지원해 줄 수 있어야 한다. 따라서 부모협의회를 운영해야 한다.
연구자 직무	프로그램 평가에 대하여 계획하고 실행하여 적절하게 여러 가지 평가기술을 습득하여 영유아의 학습정도를 파악하고 영유아에 대하여 평가 결과를 교육과정에 반영할 수 있어야 한다. 교사는 현장을 기초로 한 연구를 수행함으로써 새로운 이론 및 활동을 현장에 적용해 보고 현자의 문제 및 실태를 파악함으로써 교육현장 개선을 위한 노력을 해야 한다. 교수기술 향상을 위하여 항상 노력하여야 하며, 이를 위하여 자기장학 및 동료장학에 참여하고 전문가 단체 및 협회에 참여하여 활동함으로써 교직원 자신의 교육관 및 가치를 탐구하고 정립해 나가야 한다.
행정업무 및 관리자 직무	영유아의 영향 및 건강에 대한 기본 지식을 갖추고, 영유아에게 영양과 건강에 대하여 기본교육을 실시하여야 한다. 영양의 균형과 다양성을 고려하여 간식(점심) 식단을 구성하고, 개별 영유아의 체질 및 영양적 요구에 대한 정보를 수집하여 매일 건강상태를 점검해야 한다. 원아모집에 대한 계획과 실행을 하여 학급편성을 하고, 영유아에 대하여 각종 기록을 보관하며, 교직원에 대한 문서의 기록 및 보관을 위하여 지식을 갖추는 것을 포함해야 한다. 교직원은 폭넓은 사람관계도 요구되는데 원장과 원만한 관계, 장학사 및 인근기관 교직원의 유대관계, 학부모와 상호협조 관계를 원만하게 맺고 필요시 활용할 수 있도록 부모와의 긴밀한 연락체계도 수립하여야 한다고 하였다.

출처: 백혜리(2008). 재인용.

Chapter 9

보육교직원 자격제도의 이해

1. 보육교직원 국가자격증 도입의 의의
2. 보육교직원 자격기준
3. 보육교직원의 자격관리

보육교사는 어린이집에서 영유아보육을 직접적으로 담당하는 보육교사로서, 자격기준을 갖춘 경우에만 보육교사직을 수행할 수 있다. 원장과 보육교사의 자격기준은 「영유아보육법」에 근거를 두고 있다. 이 장에서는 어린이집 원장과 보육교사 국가자격증 도입의 의의에 대하여 알아보고 개정「영유아보육법」(2015. 11. 19 시행)에 따른 어린이집 원장과 보육교사의 자격기준에 대하여 구체적으로 살펴본다. 또한 기타 자격으로 누리과정 담당교사와 장애영유아를 위한 보육교사 자격기준에 대하여 알아보며, 국가자격증 신청방법에 대하여 살펴보고자 한다.

1. 보육교직원의 국가자격증 도입의 의의

국가자격증 제도 도입을 통하여 어린이집 원장, 보육교사의 자질 및 전문성을 향상시키고 보육인력에 대한 사회적 인식을 제고하며 궁극적으로는 보육서비스의 질적 수준을 향상시키는데 의의가 있다. 보육교직원의 자격은 영유아보육법에 의해 자격인정 기준만 갖추면 별도의 자격증 없이 자격을 증명하는 서류 제출로 자격을 인정하여 온 바, 자격제도로서의 요건을 갖추지 못하였으며, 이에 단일한 기관에 의한 전문적이고 세부적인 자격 검정 및 자격증 발급 체계를 구축하고 어린이집 원장과 보육교사 자격 관리의 효율성 및 투명성을 제고하기 위해 국가자격증 제도를 도입하게 되었다. 이를 계기로 어린이집 원장과 보육교사의 자격 검정 및 교부절차를 강화하여 국가수준에서 체계적이고 효과적인 자격관리를 도모하였고, 나아가 보육교직원의 직무만족도를 향상시키고 전문인으로서의 자긍심을 높여 궁극적으로 보육인력의 자질과 보육서비스의 질적 수준을 향상시키는 데 많은 기여를 하게 되었다.

1) 보육교직원의 자격요건

어린이집 원장과 보육교사의 전문성을 향상시켜 우수한 인력을 확보하고, 이를 통해서 양질의 보육서비스를 제공함으로써 부모가 영유아를 믿고 맡길 수 있는 보육환경을 조성하고 현행 자격제도 운영상의 일부 미비점을 개선, 보완하고자 「영유아보육법」의 시행령과 시행규칙을 개정하였다. 보육교사로 근무하기 위하여 보건복지부장관이 수여하는 보육교사 국가자격증을 발급받아야 한다. 2014년 현재 보육교사의 등급별 자격기준은 〈표 9-1〉에 제시된 바와 같다.

· 법률적 근거

「영유아보육법」제21조 1항(어린이집의 원장 또는 보육교사의 자격)

① 어린이집의 원장은 대통령령으로 정하는 자격을 가진 자로서 보건복지부장관이 검정 · 수여하는 자격증을 받은 자이어야 한다.

② 보육교사는 다음 각 호의 어느 하나에 해당하는 자로서 보건복지부장관이 검정 · 수여하는 자격증을 받은 자이어야 한다.

1. 「고등교육법」 제2조에 따른 학교에서 보건복지부령으로 정하는 보육관련 교과목과 학점을 이수하고 전문학사학위 이상을 취득한 사람

1의 2. 법령에 따라 「고등교육법」 제2조에 따른 학교를 졸업한 사람과 같은 수준 이상의 학력이 있다고 인정된 사람으로서 보건복지부령으로 정하는 보육관련 교과목과 학점을 이수하고 전문학사학위 이상을 취득한 사람

2. 고등학교 또는 이와 같은 수준 이상의 학교를 졸업한 자로서 시 · 도지사가 지정한 교육훈련시설에서 소정의 교육과정을 이수한 사람

③ 제2항에 따른 보육교사의 등급은 1 · 2 · 3급으로 하고, 등급별 자격기준은 대통령령으로 정한다.

④ 제2항 제2호에 따른 교육훈련시설의 지정 및 지정 취소, 교육과정 등에 필요한 사항은 보건복지부령으로 정한다.

표 9-1 **보육교사 등급별 자격기준**

등급	자격기준	제출서류
보육교사 1급	1. 보육교사 2급 자격을 취득한 후 3년 이상의 보육 업무경력이 있는 사람으로서 보건복지부 장관이 정하는 승급	① 보육교사 2급 자격증 사본 ② 석사학위증명서 원본 ③ 경력증명서 원본

구분	자격기준	제출서류
	교육을 받은 사람 2. 보육교사 2급 자격을 취득한 후 보육관련 대학원*에서 석사학위 이상을 취득하고 1년 이 상의 보육 업무 경력이 있는 사람으로서 보건 복지부장관이 정하는 승급교육을 받은 사람	④ 승급교육 이수증명서 원본 ⑤ 사진파일(인터넷 신청 시 사진등록) ⑥ 자격증 발급신청서(인터넷 신청 후 출력)
	※ 보육관련 대학원*이라 함은	
	가. 학과(전공) 및 학위명에 '보육, (영)유아, 아동'의 단어가 포함된 대학원 나. 가의 경우가 해당되지 않을 경우 보육관련 교과목 이수기준으로 인정(보육관련 교과목 최소 15학점 이상 이수하고 석사학위를 취득한 경우 인정)	
보육교사 2급	1. 전문대학 또는 이와 같은 수준 이상의 학교에 서 보건복지부령으로 정하는 보육관련 교과 목 및 학점을 이수하고 졸업한 사람	① 최종학교 졸업증명서 원본 ② 최종학교 성적증명서 원본 ③ 보육실습확인서 원본(상세보기) ④ 사진파일(인터넷 신청 시 사진등록) ⑤ 자격증 발급신청서(인터넷 신청 후 출력)
보육교사 2급	2. 보육교사 3급 자격을 취득한 후 2년 이상의보육업무경력이 있는 사람으로서 보건복지부 장관이 정하는 승급교육을 받은 사람	① 보육교사 3급 자격증 사본 ② 보육업무 2년 이상 경력증명서 원본 ③ 승급교육 이수증명서 원본 ④ 사진파일(인터넷 신청 시 사진등록) ⑤ 자격증 발급신청서(인터넷 신청 후 출력)
보육교사 2급	* 학점은행제로 2014. 3. 1. 이후 보육관련 교과목 및 학점(17과목 51학점-보육실습포함)을 이수하여 학위를 취득하는 경우 반드시 학위취득 이후에 보육교사 자격증을 신청해야 한다. * 전문대학 또는 이와 같은 수준 이상의 학교에서 보육관련 교과목과 학점 중 일부를 이수하고 전문학사학위 이상을 취득한 사람이, 이후 대학(교) 또는 학점은행제에서 나머지 교과목과 학점을 이수하는 경우 반드시 전문학사학위 이상을 다시 취득해야 함	
보육교사 3급	고등학교 또는 이와 같은 수준 이상의 학교를 졸업한 사람으로서 보건복지부령으로 정하는 교육훈련시설에서 정해진 교육과정을 수료한 사람	① 최종학교 졸업증명서 원본 ② 교육훈련시설 수료증 원본 ③ 교육훈련시설 성적증명서 원본 ④ 보육실습확인서 원본(상세보기) ⑤ 사진파일(인터넷 신청 시 사진등록)

		⑥ 자격증 발급신청서(인터넷 신청 후 출력)

출처: 보건복지부(2014b). 2015년도 보육사업안내.

보육 등 아동복지업무 경력
가. 다음의 어느 하나에 해당하는 경력 1) 어린이집에서 어린이집의 원장, 보육교사, 특수교사[「초 · 중등교육법」제21조 제2항에 따라 특수학교의 정교사, 준교사 또는 실기교사(담당과목이 재활복지과목인 경우만 해당한다)의 자격증을 가진 사람과 이에 준하는 사람으로 보건복지부장관이 인정하는 사람을 말한다. 이하 같다] 또는 치료사로 근무한 경력 2) 육아종합지원센터에서 육아종합지원센터의 장, 보육전문요원, 특수교사, 대체교사 또는 일시보육 담당 보육교사로 근무한 경력 3) 법 제26조의 2 제2항에 따른 일시보육서비스지정기관에서 기관의 장 또는 일시보육 담당 보육교사로 근무한 경력 나. 「유아교육법」에 따른 유치원에서 원장, 원감, 수석교사 또는 교사로 근무한 경력 다. 「아동복지법」에 따른 아동복지시설에서 시설장, 총무, 보육사, 생활복지사, 상담지도원 또는 자립지원 전담용원으로 근무한 경력 라. 「장애인복지법」에 따른 장애 영유아 거주시설에서 장애영유아와 관련된 업무에 종사한 경력 마. 「유아교육법」 및 「초 · 중등교육법」에 따른 특수학교(유치원 과정)에서 특수학교 교원으로 근무한 경력 바. 법률 제7120호 유아교육법 제정으로 폐지되기 전 「유아교육진흥법」에 따른 새마을 유아원에서 근무한 경력 사. 가목부터 바목까지의 아동복지업무를 수행하는 시설 등에서 간호사로 근무한 경력 아. 국가 또는 지방자치단체에서 7급 이상의 공무원으로 보육 등 아동복지에 관한 행정업무에 종사한 경력 ※ 「유아교육법」제20조 규정에 따라 교원(원장, 원감, 수석교사, 교사)으로 근무한 경력만 해당되며 같은 법제23조에 의한 강사, 기간제 교사, 명예교사 등으로 근무한 경력은 해당하지 않음 ※ 자격취득 및 승급을 위한 경력으로 호봉인정 근무경력과는 다른 개념임 ※ 「남녀공용평등과 일, 가정 양립 지원에 관한 법률」에 따른 육아휴직 기간, 「근로기준법」 및 「산업재해보상보험법」에 따른 업무상 재해로 인한 병가기간(1개월 이상)은 보육 등 아동복지업무 경력에서 제외

출처: 보건복지부(2014b). 2015년도 보육사업안내.

2) 보육교직원의 자격검정 및 자격증 발급

(1) 자격검정 발급

어린이집 원장 및 보육교사의 국가자격증 발급은 무시험을 원칙으로 하며, 영유아 보육법령에 의하여 자격기준으로 제출서류에 대하여 검정이 이루어진다. 어린이집 원장과 보육교사 자격증 발급은 보건복지부의 위탁을 받아 (재)한국보육진흥원에서 담당하고 있다. (재)한국보육진흥원에서는 위원장을 포함하여 9인 이상 13인 이내의 위원으로 구성된 어린이집 종사자 자격검정위원회를 통하여 개별 · 특수 사례의 자격인정 여부, 유사 교과목의 인정 여부, 보육실습 조건의 충족 여부, 기타 어린이집 원장 · 보육교사 등의 자격검정을 위해 위원회의 심의가 필요하다고 보건복지부장관이 인정하는 사항을 심의 · 의결한다(성미영 외, 2015).

(2) 자격증 발급신청

보육교사 자격증은 보육교사 1급, 보육교사 2급, 보육교사 3급으로 구분되어 있다. 보육교사 자격증을 발급받고자 하는자는 (재)한국보육진흥원 보육인력개발국 홈페이지에 접속하여 회원가입 후 '자격증 발급 신청서'를 홈페이지에서 신청(신규, 승급, 재교부)을 한 후 발급 수수료(일만원)를 납부(결재)하고 발급 신청서와 자격을 증빙하는 구비서류는 (재)한국보육진흥원에 등기우편으로 송부해야 한다(정옥분 외, 2015).

그리고 자격증 신청방법은 다음 〈표 9-2〉와 같다.

표 9-2 **자격증 발급신청 및 교부 절차**

보육인력 국가자격증 홈페이지 접속
(http://chrd.childcare.go.kr)

↓

홈페이지 회원 가입

↓

자격증 신청 (인터넷 신청)	수수료 결제 (신용카드 결재/ 가상계좌입금/실시간 계좌이체)

↓

[구비서류 제출 (등기우편)]
◎ 구비서류 – "홈페이지 자격기준" 참고
◎ 보내실 곳 - 서울특별시 용산구 청파로 345 주연빌딩 5층 한국보육진흥원 보육인력개발국(☎ 1661–5666)

↓

어린이집 원장 · 보육교사 자격검정
보육교직원 자격검정위원회

↓

자격증 발급
(등기 발송 또는 방문 수령)

☞ 어린이집 원장과 보육교사 자격증 신청은 인터넷 신청만 가능[http;//chrd.childcare.go.kr]
※ 인터넷 신청을 하셨더라도 구비서류는 등기우편으로 제출해 주시기 바랍니다.
☞ 자격증 신청관련 구비서류 안내는 보육인력 국가자격증 홈페이지 "자격기준"을 참고하시기 바람
☞ 자격증 신청 이후 진행현황은 홈페이지 회원 가입 후 "나의 진행현황" 화면에서 조회 가능
☞ 접수된 구비서류 및 수수료는 홈페이지 "나의 진행현황"에서 "서류 접수 완료"로 확인되는시점부터는 일체 반환되지 않음.

출처: 보건복지부(2014b). 2015년도 보육사업안내.

3) 보육관련 교과목 및 학점

어린이집 보육교사 자격증 취득을 위해 전문대학 또는 이와 동등 이상의 학교에서 이수하여야 하는 보육관련 교과목 및 학점 기준은 「영유아보육법 시행규칙」제12조 제1항에 명시되어 있다(표 9-2 참조). 이 규정에 따르면, 보육관련 교과목 중 총 17과목 51학점 이상을 이수하고 졸업하는 경우 보육교사 2급 자격을 취득할 수 있다. 다만 영유아보육법 시행규칙 부칙(보건복지부령 제92호) 제3조(보육관련 교과목 및 학점에 관하여 경과조치)에 따라 다음에 해당하는 사람이 이수해야 할 보육관련 교과목 및 학점은 종전의 규정(12과목 35학점)에 따른다.

- 법 제21조 제2항 제1호에 해당하는 사람으로서 2014년 1월 1일 전에 입학한 사람
- 법 제21조 제2항 제1호의 2에 해당하는 사람으로서 2014년 3월 1일 전에 학위를 취득한 사람

표 9-3 **교과목 및 학점 기준(시행규칙 제12조 제1항)**

영역	교과목	이수과목(학점)
보육필수	아동복지(론), 보육학개론, 영아발달, 유아발달, 보육과정, 보육교사론	6과목(18학점) 필수
발달 및 지도	인간행동과 사회환경, 아동관찰 및 행동연구, 아동생활지도, 아동상담(론), 특수아동이해, 장애아지도	1과목(3학점) 이상 선택
영유아교육	놀이지도, 언어지도, 아동문학, 아동음악, 아동동작, 아동미술, 아동수학지도, 아동과학지도, 영유아프로그램 개발과 평가, 영유아교수방법(론)	6과목(18학점) 이상 선택
건강 · 영양 및 안전	아동건강교육, 아동간호학, 아동안전관리, 아동영양학, 정신건강(론)	2과목(6학점) 이상 선택
가족 및 지역사회 협력 등	부모교육(론), 가족복지(론), 가족관계(론), 지역사회복지(론),보육정책(론),어린이집 운영과 관리	1과목(3학점) 이상 선택

보육실습	보육실습	1과목(3학점) 필수
전체	17과목(51학점) 이상	
비고	1) 상기 교과목 이외에 교과목 명칭이 동일하지 아니하더라도 교과내용이 동일하다고 인정받고자 하는 경우, 동일 교과목 심의를 보육교직원 자격검정위원회로 요청하여 동일과목으로 인정받아야 하며, 심의절차는 자격검정위원회 운영규정에 따른다. 단, 심의결과는 당해 대학에만 인정되고, 타 대학은 미적용(당해 사건에 개별적 효력만 인정) 2) 각 과목은 3학점을 기준으로 하며 최소 2학점 이상이어야 한다.	

출처: 법제처 국가법령정보센터(2015). http://www.law.go.kr. 2015년도 보육사업안내.

어린이집 보육교사의 전문성을 높이기 위해 보육교사 자격을 취득하는 데 이수하여야 하는 보육관련 교과목의 내실화 필요에 따라 보육실습 기준을 변경하였으며, 보육실습이 인정되는 기관으로는 정원 15명 이상의 어린이집 또는 교육과정과 방과후 과정을 운영하는 어린이집「유아교육법」에 따른 교육과정과 방과후 과정을 운영하는 어린이집이 하였고 실습 지도교사 1명당 지도 가능한 보육실습생은 3명 이내로 제한되었다. 또한 실습은 평일 오전 9시부터 오후 7시 사이에 한 경우에만 인정하며 그 외의 시간에 한 실습은 인정이 되지 않는다.

또한 교육훈련시설에서는 보육교사 양성교육과정을 통하여 보육교사를 배출하며, 교육훈련시설의 교육과정은 〈표 9-4〉와 같다.

보육교사 양성교육과정의 교육대상은 고졸 이상의 학력을 갖고 교육생으로 등록한 자로서, 교육훈련 기간은 975시간 이상(실습 160시간 별도)이고, 이수해야 할 교과목은 25과목(65학점) 이상이다. 교과목별 종합평가 기준은 교과목별 시험 80%(중간경가40%, 기말평가40%), 교과목별 출결상황 및 근태 20%, 시험과 출결상황 및 근태를 종합하여 평가한다. 수료인정을 위해 교육훈련 교과목 중 이수해야 할 이수시간별 총 시간의 80% 이상을 수강하고, 과목별 교육훈련 성적이 70점 이상이 되어야 한다. 전체 출석시간 80% 미만자는 제적된다.

표 9-4 보육교사 교육원(인터넷)에서 이수하여야 하는 보육관련 교과목과 학점

영역	교과목(학점)	이수과목(학점)
보육기초	아동복지(론)[3], 보육학개론[3], 보육과정[3]	3과목(9학점) 필수
발달 및 지도	아동발달(론)[3], 인간행동과 사회환경[3], 아동생활지도[3], 아동상담(론)[3], 특수아동지도(특수교육학)[2], 영유아보육의 실제[3], 방과후아동지도[2]	7과목(20학점) 필수
영유아교육	놀이지도[3], 언어지도[2], 아동음악과 동작[2], 아동미술[2], 아동 수학 · 과학지도[2], 교재 · 교구개발[3], 영유아교수방법(론)[3]	7과목(17학점) 필수
건강 · 영양 및 안전	아동간호학[2], 아동안전관리[2], 아동영양학	2과목(4학점) 이상 선택
가족 및 지역사회 협력등	부모교육[3], 지역사회복지[3], 보육정책[2], 어린이집운영과 관리[3], 정보화교육[2]	5과목(13학점) 필수
보육실습	보육실습[3]	1과목(3점) 필수
전체	25과목(65학점) 이상	

1) 각 과목당 평가점수가 70점 이상인 경우에만 이수한 것으로 인정
2) 학점당 시간은 15시간을 기준으로 하되, 보육실습 시간을 4주, 연속하여 160시간 이상으로 함
3) 보육실습은 시행규칙 보육실습에 관한 기준을 준용

출처: 보육사업안내 (2015).

4) 보육실습 기준

보육교사 자격 취득을 위한 보육실습은 현장실습과 이론수업으로 구성된 "보육실습"이라는 교과목으로 이수하는 것이 원칙이고, 보육실습 교과목은 반드시 3학점 이상으로 이수하여야 하며(교육훈련시설의 경우 보육실습 교육과정은 2학점(30시간)으로 편성 · 운영), 평가점수가 80점 이상(B학점)인 경우에만 인정하고, 그러므로 성적증명서를 통해 교과목과 평가점수 확인이 가능해야 한다. 또, 교과목 명칭이 다르더라도 유사 교과목을 이수한 경우 실습기관과 실습기간의 조건을 만족하며 보육실습 교과목을 이수한 것으로 인정한다.

표 9-5 **보육실습 기준**

구분	내용
실습기관	법적으로 인가받은 정원 15명 이상의 어린이집 또는 교육과정과 방과후 과정을 운영하는 유치원
실습 지도교사	보육교사 1급 또는 유치원 정교사 1급 자격을 가진 사람 실습 지도교사 1명당 보육실습생 3명 이내 지도
실습기간	4주, 160시간을 원칙으로 하되, 야간대학 등의 경우에는 실습을 2회에 나누어 실시 가능
실습 인정시간	평일 오전 9시 ~ 오후 7시 사이에 한 경우에만 인정하며 그 외의 시간에 한 실습은 인정하지 아니함
실습의 평가	보건복지부장관이 정하는 보육실습일지와 실습평가서에 근거하여 하되, 평가 점수가 80점 이상인 경우에만 실습을 이수한 것으로 인정

출처: 법제처 국가법령정보센터(2015).

2013년 3월 1일 이후 어린이집에서 보육실습을 이수하는 경우, 어린이집 지원시스템에 보육실습 내용을 등록하고 제출하도록 하고 있다.

보육실습 내용 등록방법은 어린이집 지원시스템 ⇒ [교육관리]⇒[보육실습생관리]⇒[등록]에서 보육실습생 정보와 실습 지도교사 정보입력 ⇒[저장]하여 등록 완료하는 것이다.

보육실습 내용 제출방법은 어린이집 지원 시스템⇒[교육관리]⇒[보육실습생관리]⇒대상자 조회 후[선택]⇒[제출](메시지창 확인)⇒ [확인]하여 제출 완료하는 것이다. 또한 야간대학, 한국방송통신대학, 원격대학에서 실습을 2회로 나누어 실시한 경우에는 보육실습생 등록 및 제출을 각각 하여야 하고, 제출된 내용은 자격취득을 위하여 정보로 전송되므로 제출 이후에는 수정이 불가능하다.

2. 보육교직원 자격기준

어린이집 원장과 보육교사의 전문성을 향상시켜 우수한 인력을 확인하고, 이를 통해 양질의 보육서비스를 제공함으로써 부모가 영유아를 믿고 맡길 수 있는 보육환경을 조성하고 현행 자격제도 운영상의 일부 미비점을 개선, 보완하고자 어린이집 원장 및 보육교사 자격기준「영유아보육법」제21조에 해당하는 자로서 보건복지부장관이 검정 · 수여하는 국가자격증을 받은 자이어야 한다.

1) 어린이집 원장

어린이집 원장의 자격에 대하여 법적 근거는 영유아보육법 시행령 제21조에 따른 원장의 자격 종류는 장애아전문, 일반, 40인 미만, 가정, 영아전담의 6개 유형으로 구분되며, 자격 종류별 정의와 운영 가능한 어린이집의 종류는 다음과 같다.

표 9-6 어린이집 원장이 운영 가능한 자격 종류

구분	정 의	어린이집 근무가능
장애아전문	「장애인복지법」제29조의 규정에 의하여 장애인으로 등록된 영유아만을 20인 이상 보육하는 어린이집의 원장	모든 어린이집의 원장으로 근무가능: 장애아전문, 일반, 40인 미만, 가정, 영아전담
일반	보육정원이 300인 이하인 어린이집의 장	장애아전문 어린이집을 제외한 모든 어린이집의 장으로 근무가능: 일반, 40인 미만, 가정, 영아전담
40인 미만	보육정원이 40인 미만인 어린이집의 장 ※종전 법에 의한 보육교사 자격을 갖춘 자에 한함	40인 미만, 가정
가정	개인이 가정 또는 그에 준하는 설치 운영하는 어린이집으로, 상시 5인 이상 20인 이하를 보육하는 어린이집의 장	가정
영아전담	만 3세 미만의 영아만을 20인 이상 보육하는 어린이집의 장	영아전담

출처: (재)한국보육진흥원 보육인력 국가자격증(2015).

어린이집 원장의 자격은 크게 두 가지 측면에서 초점을 두어 개정되었는데,

우선 어린이집 원장 자격 취득을 위하여 자격 및 경력 요건을 강화하였다. 구체적으로 일반 어린이집 원장의 자격기준 중 유치원 정교사 2급을 1급으로 상향 조정하였고, 가정어린이집 원장 자격 기준을 보육교사 2급에서 1급으로 상향 조정하였다. 어린이집 원장 자격을 취득하기 위하여 '보육 등 아동복지업무 경력'에 포함되는 직종을 제한하여 어린이집 및 아동복지시설 등에서 취사부, 운전기사, 사무원 등으로 근무한 경력은 경력 산정에서 제외되었다. 참고로 어린이집 원장의 자격기준 중 가장 상위조건을 갖춘 자는 일반기준에 더하여 추가 조건 하나 이상을 더 갖추어야 하는 장애아전담 어린이집 원장이라고 한다.

표 9-7 **어린이집 원장 자격기준**

구분	어린이집 원장의 자격기준
가. 일반기준	1) 보육교사 1급 자격을 취득한 후 3년 이상의 보육 등 아동복지업무 경력이 있는 사람 2) 「유아교육법」에 따른 유치원 정교사 1급 자격을 취득한 후 3년 이상의 보육 등 아동복지업무 경력이 있는 사람 3) 유치원 원장의 자격을 가진 사람 4) 「초 · 중등교육법」에 따른 초등학교 정교사 자격을 취득한 후 5년이상의 보육 등 아동복지업무 경력이 있는 사람 5) 「사회복지사업법」에 따른 사회복지사 1급 자격을 취득한 후 5년 이상의 보육 등 아동복지업무 경력이 있는 사람 6) 「의료법」에 따른 간호사 면허를 취득한 후 7년 이상의 보육 등 아동복지업무 경력이 있는 사람 7) 국가 또는 지방자치단체에서 7급 이상의 공무원으로 보육 등 아동복이지 업무에 5년 이상 근무한 경력이 있는 사람
나. 가정어린이집	1) 일반기준에서 정한 자격을 갖춘 사람 2) 보육교사 1급 이상의 자격을 취득한 후 1년 이상의 보육업무 경력이 있는 사람
다. 영아전담 어린이집	1) 일반기준에서 정한 자격을 갖춘 사람 2) 간호사 면허를 취득한 후 5년 이상의 아동간호업무 경력이 있는 사람
라. 장애아 전담 어린이집	일반기준에서 정한 자격을 갖춘 자로서 다음 각 호의 어느 하나에 해당하는 사람 1) 대학(전문대학을 포함한다)에서 장애인복지 및 재활관련 학과를 전공한 사람 2) 장애영유아 어린이집에서 2년 이상의 보육업무 경력이 있는 사람

마. 대학 또는 교육훈련시설이 운영하는 어린이집	「고등교육법」에 따른 대학(전문대학을 포함한다) 또는 법 제21조 제2항 제2호에 따른 교육훈련시설이 운영(위탁 또는 부설 운영을 말한다)하는 어린이집 1) 가목에 따른 일반기준에서 정한 자격을 갖춘 사람 2) 어린이집을 운영하는 대학의 전임강사 또는 교육훈련시설의 전임교수 이상으로서 보육관련 교과목에 대하여 3년 이상의 교육 경력이 있는 사람
바. 가목부터 라목까지의 어느 하나에 해당하는 사람은 보건복지부령으로 정하는 사전직무교육을 받아야 한다.	

출처: 법제처 국가법령정보센터(2015). http://www.law.go.kr.

영유아보육법 시행규칙 제17조에 근거하여 어린이집 원장의 국가자격 검정은 무시험검정으로 하되 영유아보육법 시행령 제21조의 자격기준에 따라 제출서류에 대하여 심사를 통하여 자격을 취득할 수 있다. 보육교사 자격 취득과 마찬가지로 보건복지부장관의 위임을 받은 한국보육진흥원에서 신청자의 자격기준 서류를 심사하고 자격을 관리하고 있으며, 자격증은 보건복지부장관이 검정 · 수여하고 있다(박세정 외, 2015).

표 9-8 **어린이집 원장 자격기준에 해당하는 경력(2014년 3월 이후)**

구분	경력인정 기준
보육 등 아동복지 업무 경력	• 어린이집에서 어린이집의 원장, 보육교사, 특수교사[「초 · 중등교육법」 제21조 제2항에 따라 특수학교의 정교사, 준교사 또는 실기교사(담당과목이 재활복지 과목인 경우만 해당한다)의 자격증을 가진사람과 이에 준하는 사람으로 보건 복지부장관이 인정하는 사람을 말한다. 이하 같다] 또는 치료사로 근무한 경력 • 육아종합지원센터에서 육아종합지원센터의 장, 보육전문요원, 특수교사, 대체교사 또는 일시보육 담당 보육교사로 근무한 경력 • 법 제26조의 2 제2항에 따른 일시보육서비스 지정기관에서 기관의 장 또는 일시보육 담당 보육교사로 근무한 경력 • 「유아교육법」에 따른 유치원에서 원장, 원감, 수석교사 또는 교사로 근무한 경력 • 법률 제7120호 「유아교육법」 제정으로 폐지되기 전「유아교육진흥법」에 따른 새마을 유아원에서 근무한 경력

	· 가목부터 바목까지의 아동복지업무를 수행하는 시설 등에서 간호사로 근무한 경력 · 국가 또는 지방자치단체에서 7급 이상의 공무원으로 보육 등 아동복지에 관한 행정업무에 종사한 경력
보육업무 경력	· 어린이집에서 어린이집의 원장, 보육교사, 특수교사 또는 치료사로 근무한 경력 · 육아종합지원센터에서 육아종합지원센터의 장, 보육전문요원, 특수교사, 대체교사 또는 일시보육 담당 보육교사로 근무한 경력 · 법 제26조의 2 제2항에 따른 일시보육서비스 지정기관에서 기관의 장 또는 일시보육 담당 보육교사로 근무한 경력
아동간호업무 경력	병원 소아과나 신생아실, 보건소 모자보건센터, 초등학교 보건실 등에서 근무한 경력

출처: 법제처 국가법령정보센터(2015). http://www.law.go.kr.

2) 보육교직원

보육교직원이란 어린이집 원장과 보육교사의「영유아보육법」제17조에 근거를 두고 있다. 어린이집 원장과 보육교사 국가자격증 도입의 의의에 대하여 알아보고, 기타 자격으로 누리과정 담당교사와 장애영유아를 위한 보육교사 자격기준과 영양사, 조리사 자격기준에 대해 알아보고자 한다.

(1) 누리과정 보육교사

3~5세 누리과정을 담당하는 보육교사는 1 · 2급 보육교사, 특수교사를 원칙으로 하며 집합교육(8시간)과 원격교육(15차시) 형태로 이루어지는 만 3~5세 누리과정 담당교사 연수를 받아야 하는데, 반드시 두 가지 연수를 순서에 상관없이 모두 이수하여야만 누리과정 담당교사 연수 최종 이수자로 확정된다. 누리과정 담당교사 연수는 중앙육아종합지원센터에서 담당하고 있다.

표 9-9 누리과정 교사 연수내용

구분	내용	시간	연수신청
집합 연수	- 총론 - 5개 영역 이해와 실제 - 혼합연령 학급운영 - 3~5세 연령별 누리과정 지도서	8시간	어린이집 지원 시스템에서 신청
원격 연수	- 5개 영역의 지도 지침 및 유의점 - 실내 · 외 환경구성 - 3~5세 연령별 학급 누리과정 운영의 실제 - 혼합연령 학급 누리과정 운영의 실제 - 평가하기	15차시 +평가 (60점 이상)	중앙육아종합지원센터 e-러닝 홈페이지에서 신청

출처: (재)한국보육진흥원(2014). 중앙육아종합지원센터(2015).

(2) 장애영유아 보육(특수)교사 및 치료사

어린이집에서 장애아를 보육할 경우 장애아 9명당 1명의 특수교사를 배치하여야 하고 추가로 치료사를 배치할 수 있다. 보육교사 임면권자가 특수교사 또는 치료사를 채용하는 경우에는 자격 기준을 갖춘 자를 채용하여야 하고, 교직원 임면보고를 받은 시장 · 군수 · 구청장은 자격의 적격성 여부를 확인하여야 하며, 특수 및 치료사의 자격은 원장 또는 보육교사 자격과 달리 보건복지부장관이 국가자격증을 발급하지 않으므로, 어린이집 및 시 · 군 · 구청에서 자격의 적격성 여부를 확인하고 자격이 없는자를 채용되는 일이 없도록 한다.

① 특수교사의 자격기준

- 초 · 중등교육법 제21조 제2항에 의하여 교사자격기준 중 특수학교 정교사 1급 및 2급, 준교사 자격증을 취득한 자
- 초 · 중등교육법 제21조 제2항에 의하여 교사자격기준 중 치료교육 과목의 특수학교 실기교사 자격증을 취득한자(2007. 10. 26. 이전에는 실기교사 자격증 표시과목이 치료교육, 2007. 10. 26 이후에는 실기교사 자격증 표시과목이 재활복지인 경우에 한함)

• 대학(전문대학 및 대학원을 포함한다)에서 특수교육 또는 재활관련 학과를 전공하고 졸업한 자

- 특수교육 또는 재활관련 학과를 전공하고 졸업한 자란 다음에 제시된 기본교과목 및 학점을 이수하고 졸업자를 말한다. 8과목(16학점) 이상으로 교과목은 〈표 9-10〉과 같다.

표 9-10 **특수교육 또는 재활관련 교과목 및 학점**

기본 교과목 및 학점
교육학개론, 실기교육방법론, 치료교육 실기, 특수교육학개론, (특수아)통합교육, 개별화 교육계획, 언어치료학 개론, 영유아교수방법론, 특수아(장애아)보모교육론, 특수아 행동지도, 정신지체아 교육, 청각장애아 교육, 정서장애아 교육, 학습장애아 교육, 지체부자유아 교육, 언어발달장애, 자폐장애교육, 특수아 상담 및 가족지원, 특수교육 측정 및 평가, 시각장애아교육, 장애아동보육론, 감각장애아교육, 특수교구 · 교재제작, 보육실습, 아동발달론
8과목(16학점) 이상

출처: 법제처 국가법령정보센터(2015). 보육사업안내(2015).

※ 보육사업 안내의 특수교사 및 장애아 담당 보육교사 자격기준에 해당하는 경우 어린이집에서 특수교사 및 장애아 담당 보육교사로 근무 가능. 다만, 2016년 3월 1일부터 순차적으로 만 3세 이상의 경우에는 장애아동복지 지원법령에 따라 자격 기준을 충족한 사람이 특수교사 및 장애영유아를 위한 보육교사로 근무할 수 있음('16. 3. 1부터 만 5세 이상, '17. 3. 1부터 만 4세, '18. 3. 1부터 만 3세의 장애영유아 대상)

• 교과목과 명칭이 다르더라도 다음의 유사 교과목을 이수한 경우에도 기본교과목을 이수한 것으로 인정한다.

표 9-11 **유사교과목 인정기준**

기본 교과목	유사 교과목명
교육학개론	–
실기교육방법론	–
치료교육실기	–
특수교육학개론	재활 및 특수교육, 유아특수교육개론, 특수아동교육, 특수교육개론,

	특수교육학, 유아특수교육학, 특수아동지도
(특수아)통합교육	장애영유아통합교육, 통합교육, 특수아 통합 및 보육 세미나
개별화교육계획	개별화교육프로그램, 프로그램 개발 및 평가
언어치료학개론	언어지도 및 치료, 언어치료학, 언어치료 및 실습, 언어장애아교육
영유아교수방법론	장애영유아 교수법, 장애아동 보육론, 특수아동지도, 특수아동 프로그램 개발 및 평가, 특수교육공학
특수아(장애아)부모교육론	부모교육 및 훈련, 부모교육과 가족치료, 특수아부모교육, 부모교육론
특수아동행동지도	아동관찰 및 행동연구,행동수정, 학습이론과 행동수정, 장애아문제행동지도
정신지체아교육	정신지체교육, 정신지체아 교수방법 및 실습, 정신지체인 교육과 재활, 정신지체아 심리 및 교육, 특수아심리
청각장애아교육	언어청각장애아교육, 청가장애, 청각장애인 교육과 재활, 청각장애교육, 청각장애아심리 및 교육
정서장애교육	정서장애교육, 정서 및 행동장애아교육, 정서학습장애아교육, 정서 및 사회부적응아 교육, 정서행동장애인 교육과 재활, 정서 및 행동장애아 심리 및 교육, 정신건강
학습장애아교육	정서학습장애아교육, 학습장애인 교육과 재활, 학습장애아 심리 및 교육, 경도장애아 교육
지체부자유아교육	지체아동교육, 지체부자유교육, 지체장애인 교육과 재활, 지체부자유아 심리 및 교육
언어발달장애	언어청각장애아교육, 언어지도, 언어지도 및 치료, 의사소통장애개론, 언어장애아교육
자폐장애교육	자폐스펙트럼장애 교육
특수아 상담 및 가족지원	재활상담, 장애가족상담, 가족복지 및 치료, 특수아 상담, 가족상담
특수교육측정 및 평가	심리검사와 평가, 심리평가 및 진단, 장애유아 진단평가, 장애진단 및 평가, 장애아 심리 및 검사, 장애진단과 평가, 특수아(장애아)진단 및 평가
시각장애아교육	시가장애인 교육과 재활
장애아동보육론	보육학개론
감각장애아교육	감각 장애아동교육
특수교구 · 교재제작	특수교구 및 교재개발, 특수교육공학, 재활공학
보육실습	전담보육 또는 통합어린이집 실습
아동발달론	인지발달, 언어발달, 운동발달, 적응행동발달, 사회성 발달, 발달심리

출처: 보육사업안내(2015).

② 자격의 적격성 판단기준

자격의 적격 판단기준	자격증빙 서류
· 특수학교 정교사, 준교사, 치료교육 과목의 특수학교 실시교사에 대해서는 교육부장관이 발급하는 자격증을 소지한 경우 자격의 적격성 인정 · 대학에서(전문대학 및 대학원 포함) 특수교육 또는 재활관련 학과를 전공하고 졸업한 자에 대하여 자격증빙 서류를 제출받아 관련 교과목 이수 여부를 확인하고 자격의 적격성 인정	– 신규채용자 : 졸업증명서(공통), 성적증명서(공통), 유사 교과목확인서(해당자에 한함) – 특수교사로 근무한 경력자: 경력증명서

③ 치료사의 자격기준

· 치료사 자격의 인정범위

- 국가에서 발급한 치료사 자격증 소지자(물리치료사, 작업치료사, 임상심리사 등)
- 자격기본법에서 정한 절차에 따라 국가가 공인한 치료관련 민간자격을 소지한 자
- 한국학술진흥재단에 등재(후보)된 학술지를 발간하는 학회에서 소정의 절차를 거쳐 발급하는 치료사 자격증 소지자[언어치료(교육)사, 행동치료사, 미술치료사] 등에 한함

※ 한국학술진흥재단에 등재된 학회명: 한국언어청각임상학회, 한국언어치료학회, 한국정서·행동장애아교육학회, 한국미술치료학회, 대한작업치료학회, 한국전문물리치료학회, 한국아동심리재활학회, 한국재활심리학회 등

- 한국언어장애전문가협회에서 발급하는 언어치료사 자격증 소지자
  한국언어장애전문가협회는 한국언어청각임상학회 및 한국언어치료학회에서 발급하던 자격증을 통합하여 발급하는 기관이므로 인정

· 어린이집 근무조건—치료사 자격이 인정되는 자로서 어린이집에 채용된 자는 채용 후 6개월 이내에 일반 직무 또는 특별직무 보수교육을 이수하여야 한다.

- 채용에서의 특례인정—특수교사 자격이 인정되는 자는 치료사로 채용할 수 있다.
- 특수교사 및 치료사 자격의 경과 조치
- 종전 지침에 의해 특수교사 및 치료사의 자격을 인정받아 어린이집에서 특수교사(치료사 포함)로 계속 종사하고 있는 자에 대하여는 개정된 자격기준에 의한 자격이 있은 것으로 인정된다.
- 단, 직종을 변경하여 근무하는 경우와 어린이집에서 퇴직 후 새로이 어린이집에 종사하고자 하는 경우에는 개정된 자격에 해당되어야 한다(보육사업안내, 2015).

◇ 장애아동복지지원 법령에 따른 특수교사 및 장애영유아를 위하여 보육교사 자격기준 및 배치(2016. 3. 1부터 순차적으로 시행)

1. 특수교사 자격
- 근거 : 장애아동복지지원법 시행령 제5조 제1항
- 자격기준 : 「초 · 중등교육법」제21조 제2항에 따른 특수학교 정교사 2급 이상의 자격증(유치원 과정만 해당한다)을 소지한 사람

2. 장애영유아를 위한 보육교사 자격
- 근거 : 장애아동복지지원법 시행령 제5조 제2항
- 자격기준 : 다음 각 호의 자격을 모두 갖춘 사람

① 「영유아보육법」제21조 제3항에 따른 보육교사 2급 이상의 자격증을 소지한 사람
② 「고등교육법」제2조에 따른 학교에서 보건복지부령으로 정하는 특수교육 또는 재활 관련 교과목 및 학점을 이수한 사람
* 특수교육 또는 재활 관련 교과목 및 학점은 장애아동복지지원법 시행규칙

3. 특수교사 및 장애영유아를 위한 보육교사 배치
- 근거: 장애아동복지지원법 시행령 제6조
- 배치 시기

① 만 5세 이상의 장애영유아 : 2016년 3월 1일부터
② 만 4세의 장애영유아 : 2017년 3월 1일부터
③ 만 3세의 장애영유아 : 2018년 3월 1일부터
- (경과조치)이 법 시행당시('12. 8. 5) 어린이집에 배치된 특수교사 및 「영유아보육법시행규칙」 제10조에 따른 장애아 담당 보육교사로서, 「장애아동복지지원법」 부칙 제3조 및 동법 시행령

부칙 제2조에 따른 직무교육과정 (온라인교육 40시간, 온라인교육 평가, 집합교육 40시간)을 2016. 3. 1까지 최종 이수한 사람은 「장애아동복지지원법」시행령 제5조에 따른 특수교사 또는 장애영유아를 위한 보육교사 자격을 충족한 것으로 인정

출처: 보육사업안내(2015).

(3) 영양사 및 취사부

어린이집은 영유아들이 장시간 머무르는 곳이기 때문에 식사 제공은 필수적이다. 영양사는 영유아의 발달단계, 영양 상태를 고려하여 식사와 간식의 양과 종류를 조절하여 식단을 작성하고, 영유아로 하여금 올바른 식습관을 형성되도록 배려하는 역할을 하게 된다. 그러나 현실적으로 볼 때, 영양사도 어린이집에 거주하기 어려우므로 영유아보육법에는 영유아 100인 이상을 보육하는 경우에 1명의 영양사를 두는 것을 원칙으로 하되, 어린이집 단독으로 영양사를 두는 것이 힘들 때에는 동일 시·군·구의 5개 이내 어린이집이 공동으로 영양사를 둘 수 있다고 명시하고 있다. 따라서 영유아 40인 이상을 보육하는 어린이집의 경우 취사부 1명을 두어야 하며, 영유아 60인을 초과할 때마다 조리를 담당하는 취사부를 1명씩 증원하도록 규정하고 있다(김연진 외, 2011).

3. 보육교직원의 자격관리

어린이집의 원장을 포함한 보육교직원의 임면 및 경력에 관한 사항은 시장·군수·구청장이 관리하도록 되어 있다. 어린이집은 보육교사의 채용, 휴직, 출산휴가, 육아휴직, 퇴직 등의 사항을 보육통합정보시스템에 입력하고 보육교사의 임면 및 경력과 관련하여 시·군·구청에 보고하여야 한다. 그러므로 보육교사의 자격정지 및 취소 처분도 관할 시·군·구청장이 하며, 이와 관련한 세부기준이 정해져 있다(정옥분 외, 2015).

1) 보육교직원 임면(채용)보고 및 경력관리

(1) 보육교직원 채용

① 어린이집 원장

시행령 제21조의 어린이집 원장 자격기준을 갖춘 자로서 어린이집 원장 국가자격증을 발급받은 자를 채용. 다만, 자격증 발급을 신청하고 자격검정이 완료되어 자격증 발급이 예정된 자(자격번호가 부여된 자)는 자격증 발급 조건부로 채용 가능하다.

※ 국가자격증 발급 여부는 보육통합정보시스템에 보육교직원 등록 시 조회가능
어린이집 원장은 전임하여야 하므로 상근이 어려운 경우 채용대상에서 제외

② 보육교사

시행령 제21조의 보육교사 자격기준에 해당하는 자로서 보육교사 국가자격증을 발급받은 자를 채용. 다만, 자격증 발급을 신청하고 자격검정이 완료되어 자격증 발급이 예정된 자(자격번호가 부여된 자)는 자격증을 발급받은 것으로 본다.

※ 국가자격증 발급 여부는 보육통합정보시스템에 보육교직원 등록 시 조회가능
보육교사의 출산휴가, 육아휴직, 장기 병가 등의 사유 발생 시 채용하는 대체교사(임시 교사)도 보육교사 자격기준을 갖춘 자이어야 함

※ 종전 전문대학 등의 졸업예정자에 대한 보육교사 채용 특례는 인정하지 않으므로 반드시 국가자격증 소지자만 채용 가능

③ 특수교사, 치료사, 간호사, 영양사, 조리원

· 특수학교 교사, 치료사, 간호사(면허), 영양사 자격증 소지자를 채용
· 다만, 특수교사의 경우 자격 인정을 위하여 증빙서류를 제출받아 기본교과목

(8과목 16학점 이상) 충족한 자를 채용할 수 있다.

- 상시 1회 50명 이상에게 식사를 제공하는 어린이집의 조리원 중 1명 이상은 조리사 자격을 갖추어야 한다(식품위생법).

(2) 채용방법

- 국가 또는 지방자치단체로부터 보육교직원의 인건비를 보조받는 어린이집의 경우 보육교직원의 채용은 공개경쟁을 원칙으로 한다.
  - 국·공립어린이집의 경우 국가 또는 지방자치단체의 장이 선발고사 등을 통하여 별도로 보육교사를 채용·배치할 수 있다.
- 교직원 채용 시 임금, 근로시간 및 그 밖의 근로조건 등을 명시한 근로계약을 체결하여야 하며, 이 경우 근로계약과 관련하여 부당한 내용(결혼, 출산, 육아휴직 등으로 인하여 퇴직 요구 등)이 포함되어서는 아니 되며, 관할 행정기관은 이를 적극 지도·감독하여야 한다.
  - 근로계약은 가능한 계약기간을 명시하지 않는 계약을 원칙으로 한다.

(3) 채용 시 구비서류

임면권자가 보육교직원을 채용할 경우에는 반드시 다음 구비서류를 제출받아 자격의 적격 여부를 판단하고, 관련 서류를 보관한다.

① 공통서류
- 인사기록카드
- 주민등록등본
- 채용신체검사서(공무원 채용 신체검사서 준용 가능)

※ 채용기간이 1개월 미만인 대체교사(임시교사)는 보건소의 전염성질환(폐결핵, 장티푸스, 전염성피부질환 등)에 대한 건강진단결과서(구 보건증)로 갈음할 수 있다.

※ 특별활동강사, 노인일자리파견 파견자도 보건소의 전염성 질환(폐결핵,장티푸스, 전염성 피부질환 등)에 대한 건강진단결과서(구 보건증) 제출

※ 채용신체검사서는 전염성 질환 및 정신질환 등에 대한 검사를 포함하고 있는 경우에는 명칭에 관계없이 채용 신체검사서로 인정 가능

※ 식품위생법 제40조제1항 및 동법 시행규칙 제49조에 의한 건강진단 대상자(영양사, 조리사, 조리원)는 전염성 질환(장티푸스, 폐결핵, 전염성 피부질환)에 대한 검사 결과 포함하여 제출

② 원장 및 보육교사

・원장 및 보육교사 국가자격증 사본

- 국가자격증 발급 예정자는 자격증 취득 후 자격증 사본 구비

③ 특수교사 및 치료사

특수학교 교사 및 치료사 자격증 및 자격을 증명하는 서류

④ 간호사・영양사 등 자격을 요하는 교직원

간호사 및 영양 등 자격을 요하는 교직원은 자격증(면허증) 사본을 제출한다.

(4) 교직원 결원 시 채용시기

임면권자는 보육교직원 결원시 1월 이내에 신구 교직원을 채용한다.

(5) 성범죄 경력 조회 및 관리

・채용 시 임면권자는 「아동청소년의 성보호에 관한 법률」 제56조에 따라 교직원으로 채용하고자 하는 자의 성범죄 경력 조회를 경찰청 온라인시스템(명칭: 범죄경력회보서 발급시스템. http://crims.police.go.kr)을 통하여 신청 및 회보서를 확인한다.

- 이용방법: 공인인증서 로그인, 취업예정자의 동의를 얻어 시설(기관)장이 신청서 작성 및 회보서 확인(시설정보 사전 등록 → 취업예정자 등 동의 → 기관(시설)장 작성 및 신청 · 발급)

※ 자세한 사항은 「성범죄 경력조회 신청 및 회보 관련 경찰청 온라인 서비스 활용 안내 (보육사업기획과-309, '15. 1. 12)

※ 특별활동 강사, 노인일자리 사업 파견 인력 등 어린이집에 사실상 노무를 제공하는 자, 보육실습생 및 누리과정 운영 도우미에 대해서도 필히 성범죄자 경력조회를 실시하여야 한다.

※ 어린이집을 설치 · 운영하고자 하는 자(대표자)에 대해서도 성범죄 경력조회를 실시하여야 하며 성범죄 경력 조회 결과 어린이집을 설치 · 운영을 할 수 없는 자에 대해서는 어린이집 인가를 승인하지 않도록 하며 설치 · 운영 중인 자에 대해서는 인가를 취소하여야 한다.

- 성범죄 경력조회 결과 어린이집에 취업 또는 사실상 노무 제공이 제한되는 자는 배제하여야 하고, 근무 중인 자에 대해서는 해임해야 한다.
- 관할 시 · 군 · 구청장은 「아동청소년의 성보호에 관한 법률」 제57조에 따라 임면보고 된 보육교직원에 대하여 "성범죄 경력자의 취업 점검 · 확인(연간)계획"을 수립하고 연 1회(상 · 상반기, 부분 또는 전수조사 기능) 이상 점검 · 확인 실시하고 시 · 도에서 취합하여 보건복지부로 보고한다.

※ 성범죄 경력조회 및 취업점검 확인 등에 대한 자세한 사항은 「성범죄가 취업제한제도 및 아동 · 청소년 대상 성범죄 신고의무제도 안내」 및 여성가족부 아동청소년성보호과(02-2100-6408~~9)로 문의

(6) 보육교직원 임면(채용)보고

보육교직원이란 어린이집에서 영유아의 보육, 건강관리, 보호자와 상담, 그 밖

에 어린이집의 관리 · 운영 등의 업무를 담당하는 자로서 어린이집 원장 및 보육교사와 그 밖의 직원을 말한다. 보육교사는 「영유아보육법 시행령」 제21조[별표1]의 보육교사 자격기준에 해당하는 자로서 보육교사 국가자격증을 발급받은 자를 채용하는 것이 원칙이나, 자격증 발급신청을 하고 자격검정이 완료되어 자격증 발급이 예정된 자(자격번호가 부여된 자)는 자격증을 발급받은 것으로 보고 채용할 수 있다. 한편 보육교사의 출산휴가, 육아휴직, 장기병가 등의 사유 발생 시 채용하는 대체교사도 보육교사 자격기준을 갖춘 자이어야 한다.

- 보육교사를 채용할 경우에는 인사기록카드, 주민등록등본, 채용신체검사서, 국가자격증 사본을 제출받아 자격의 적격여부를 판단하고 관련 서류를 보관하여야 한다.
- 「아동 · 청소년의 성보호에 관한 법률」 제56조에 따라 채용하고자 하는 자의 성범죄 경력조회를 관할 경찰서에 요청하고 결과서를 관할 구에 임면보고 시 인사기록카드, 채용신체검사서, 자격증 사본과 함께 제출하여야 한다.
- 성범죄 경력조회 부분은 강화되어 현재 관할 시장 · 군수 · 구청장은 「아동 · 청소년의 성보호에 관한 법률」 제57조에 따라 임면보고 된 보육교직원에 대해 '성범죄 경력자의 취업 점검 · 확인(연간)계획'을 수립하고 연 2회(상 · 하반기) 이상 점검 · 확인 실시하며 시 · 도에서 취합하여 보건복지부로 보고하도록 되어 있다.
- 아동학대가 사회적 문제로 떠오르면서 2015년부터는 성범죄 경력조회 시 아동 학대 관련 범죄 경력조회도 함께 하도록 해야 하고, 조회결과 어린이집에 취업이 제한되는 자는 채용에서 배제하여야 하며, 근무 중인 자에 대해서는 해임하여야 한다.
- 어린이집 원장은 보육교직원의 채용, 휴직, 출산휴가, 육아휴직, 1개월 이상의장기병가 · 연수 · 휴가 · 퇴직 등의 임면사항을 보육통합정보시스템에 즉시 등록하고, 이를 14일 이내에 관할 시장 · 군수 · 구청장에게 보고해야 한다.

- 보육교사 등의 출산휴가, 육아휴직, 장기병가 등의 사유 발생 시 영유아보육을 담당하기 위하여 채용된 대체교사에 대하여 임면사항도 관할 시장·군수·구청장에게 보고하여야 한다.
- 근로계약에 의해 어린이집 운영시간(07:30~19:30) 중 정규 보육교사(담임)를 대신하여 일정시간을 근무하는 보육교사, 누리과정 보조교사 등은 근무일수(주 또는 월), 1일 근무시간이 명시된 근로계약서를 첨부하여 시장·군수·구청장에게 시간제 보육교사로 임면보고해야 한다.

보육교사를 포함한 보육교직원의 채용 및 임면보고 절차는 〈표 9-12〉와 같다.

표 9-12 **보육교직원 채용 및 임면보고 절차**

보육교직원 채용 (원장, 보육교사, 특수교사, 조리원 등)	·채용주체: 어린이집 설치자 ·채용조건: 자격지준을 갖춘 자 ※ 어린이집 원장 및 보육교사는 국가자격증을 발급받은 자를 채용하여야 함
⇩	
교직원 임면보고	·임면보고 절차: 어린이집 →시·군·구청장 (채용 후 14일 이내) ·임면보고 시 구비서류 – 인사기록카드, 채용신체검사서, 자격증사본, 성범죄 경력 조회결과서, 아동학대 관련범죄 전력 조회 회신서 ※ 자격증 사본은 일정자격이 필요한 자(간호사, 영양사 등)에 한하며, 원장 및 보육교사는 보육통합정보시스템으로 확인 가능한 경우 제외 ※ 인사기록카드 서식 전산화로 "아이사랑보육 포털", "보육통합시스템"을 통해 임면보고 가능 ('15. 2. 2~), '15. 6. 30까지는 기존 제출방법과 시스템을 통한 제출이 가능하나, '15. 7. 1부터는 시스템을 통해서만 교직원 임면보고 가능
⇩	

교직원 자격의 적격성 확인	· 확인주체 : 시 · 군 · 구청장 · 확인대상 : 어린이집 원장, 보육교사, 특수교사, 치료사, 영양사, 간호사 · 확인방법 : 각 자격별 자격증명 서류 및 보육통합정보시스템
⇩	
교직원 결격사유조회 및 범죄경력조회	· 결격사유조회 및 범죄경력조회 주체 : 시 · 군 · 구청장 · 내용 : 교직원 결격 사유(법 제20조)
⇩	
경력관리시스템 입력 관리	· 교직원 임면 사항을 경력관리시스템에 입력 관리

출처: 보육사업안내(2015).

(7) 보육교직원 경력관리

2005년 1월 30일 영유아보육법 개정으로 보육교직원의 임면 및 경력에 관한 사항을 시장 · 군수 · 구청장이 관리(법 제20조)하게 되었고, 2005년 7월 31일 경력관리스템이 도입되었다. 보육교직원 임면보고를 받은 시장 · 군수 · 구청장은 보육교직원 자격 및 결격사유에 이상이 없는 자(주당 30시간 이상 근무하는 교직원)에 대해 경력관리시스템(보육통합정보시스템)에 임면 사항을 입력을 하고 관리해야 한다.

· 교직원의 출산휴가, 육아휴직, 자격정지, 자격취소, 퇴직 등의 사항도 경력관리시스템에 입력하고 관리한다.
· 보육교사의 출산휴가, 육아휴직 등의 사유 발생 시 영유아보육을 위하여 채용된 대체교사(임시교사) 및 시간제 보육교사에 대하여 임면사항도 경력관리시스템에 입력하고 관리한다.
· 보육교직원 경력(재직)증명서를 발급받고자 하는 경우 시장 · 군수 · 구청장은 경력 관리 프로그램에 의해 이를 발급해야 한다.

- 시장 · 군수 · 구청장은 명의 대여 등의 방법으로 허위 등록하여 근무한 것으로보고된 경력에 대해 삭제 조치해야 한다.
- 보육교직원 경력관리시스템 도입 전 어린이집에 근무한 경력이 있는 자가 해당경력을 인정받기 위해 어린이집에 근무한 사실을 공적으로 증명할 수 있는 서류를 관할 시장 · 군수 · 구청장에게 제출해야 한다.
- 보육교직원이 경력 관리시스템 도입 전 어린이집에 근무한 경력증명서의 발급을 요청할 경우에 시장 · 군수 · 구청장은 제출된 서류 및 근무 시기별 경력 인정 기준에 따라 해당 경력을 인정하고, 경력관리시스템에 입력하고 관리해야하며 경력증명서를 발급한다.

보육교사의 어린이집 종사한 사실을 공적으로 입증하는 증빙서류는 〈표 9-13〉과 같다.

표 9-13 **어린이집에 종사한 사실을 공적으로 입증하는 서류**

구분	관련 증명서류
어린이집 원장	건강보험, 국민연금, 산재보험, 고용보험, 배상보험, 자동차보험, 소득세원천징수부, 국고보조금 교부신청(인건비, 보육료, 자량운영비, 간식비, 교재 · 교구비 등) 관련서류, 처우개선비를 지급받은 관련서류, 급여계좌입금관련 영수증 또는 금융거래 통장사본, 지도 · 점검관련 서류, 교직원 임면보고서 등 경력을 공적으로 확인할 수 있는 서류
보육교사 등	건강보험, 국민연금, 고용보험료 납입영수증, 소득세원천징수부, 처우개선비를 지급받은 관련 서류, 급여계좌입금 관련 영수증 또는 금융거래 통장사본, 그 밖에 교직원 임면보고서 등 경력을 공적으로 확인할 수 있는 서류

출처: 보육사업안내(2015).

※ 2001. 3. 31까지 근무한 경력

- 시장 · 군수 · 구청장이 보관하고 관리하여 보육교직원 관리대장에 의해 경력 인정한다.
- 다만, 보육교직원 관리대장이 별도로 보관하고 관리되지 않은 경우에는 경력

을 인정 받고자 하는 자가 어린이집에 종사한 사실을 공적으로 증명할 수 있는 서류를 제출했을 때에는 해당 경력을 인정한다.

※ 2001. 4. 1.~2005. 7. 30까지 근무한 경력

경력을 인정받고자 하는 자가 해당 어린이집 원장이 발급한 경력증명서 및 어린이집에 종사한 사실을 공적으로 증명할 수 있는 서류를 제출하면 경력을 인정한다.

2) 보육교직원 자격정지 및 취소

(1) 보육교직원 자격정지

어린이집 원장 및 보육교사의 자격정지 및 취소 처분은 관할 신장 · 군수 · 구청장이 할 수 있다. 자격정지 처분의 세부기준에 따라 일반원칙은 다음과 같다.

① 위반행위의 횟수에 따라 자격정지 기준은 그 위반행위가 있는 날 이전 최근 3년간 같은 위반행위로 자격정지 처분을 받은 경우에는 적용한다.

② 위반행위가 둘 이상인 경우에는 그 중 무거운 처분기준의 1/2까지 늘릴 수 있으며, 이 경우 각 처분기준을 합산한 기간이나 1년을 초과할 수 없다.

③ 특별자치도지사 · 시장 · 군수 · 구청장은 위반행위의 동기 · 내용 및 횟수 등을 고려하여 자격정지 기간을 1/2의 범위에서 늘리거나 줄일 수 있다.

단, 늘리는 경우에도 1년을 초과할 수 없다. 어린이집 원장의 자격정지 및 보육교사 자격정지 개별기준은 〈표 9-14〉와 〈표 9-15〉에 제시된 바와 같다.

표 9-14 어린이집 원장 자격정지 개별기준

위반행위	근거 법조문	처분기준		
		1차 위반	2차 위반	3차 위반
가. 어린이집의 원장이 업무수행 중 고의나 중대한 과실로 손해를	법 제46조 제1호			

입힌 경우로서 다음의 어느 하나에 해당하는 경우				
1) 영유아에게 중대한 생명 · 신체 또는 정신적 손해를 입힌 경우		자격정지 1년	자격정지 1년	자격정지 1년
2) 어린이집의 운영일 및 운영시간에 관한 기준을 고의적으로 위반하여 손해를 입힌 경우		자격정지 1년	자격정지 1년	자격정지 1년
3) 비위생적인 급식을 제공하거나 영유아 안전 보호를 태만히 하여 영유아에게 생명 · 신체 또는 정신적 손해를 입힌 경우		자격정지 6개월	자격정지 1년	자격정지 1년
4) 그 밖의 경우		자격정지 3개월	자격정지 6개월	자격정지 1년
나. 보육교사 · 간호사 또는 영양사 등 해당 업무 수행에 필요한 자격이 없는 사람을 채용하여 해당 업무를 수행하게 한 경우	법 제46조 제2호	자격정지 3개월	자격정지 6개월	자격정지 1년
다. 법 제23조에 따른 보수교육을 연속하여 3회 이상 받지 아니한 경우	법 제46조 제3호	자격정지 1개월	자격정지 3개월	자격정지 6개월
라. 거짓이나 그 밖의 부정한 방법으로 보조금을 받거나 보조금을 유용한 경우	법 제46조 제4호			
1) 아동 또는 보육교직원을 허위로 등록하는 등 거짓이나 부정한 방법으로 다음의 어느 하나의 금액에 해당하는 보조금을 교부받은 경우				
가) 5백만원 이상		자격정지 1년	자격정지 1년	자격정지 1년
나) 3백만원 이상 5백만원 미만		자격정지 6개월	자격정지 1년	자격정지 1년
다) 1백만원 이상 3백만원 미만		자격정지 3개월	자격정지 6개월	자격정지 1년

라) 1백만원 미만		자격정지 1개월	자격정지 3개월	자격정지 1년
2) 보조금을 목적 외로 사용하는 등 거짓이나 부정한 방법으로 다음의 어느 하나의 금액에 해당하는 보조금을 유용한 경우				
가) 5백만원 이상		자격정지 1년	자격정지 1년	자격정지 1년
나) 3백만원 이상 5백만원 미만		자격정지 6개월	자격정지 1년	자격정지 1년
다) 1백만원 이상 3백만원 미만		자격정지 3개월	자격정지 6개월	자격정지 1년
라) 1백만원 미만		자격정지 1년	자격정지 3개월	자격정지 1년

출처: 보육사업안내(2015)..

※ 다의 경우 예시

2006년에 직무교육을 이수한 어린이집 원장의 경우 만 2년이 경과한 2008년 직무교육을 이수하여야 하며 그 해에 교육을 받지 못한 경우, 다음 해인 2009년 12월까지 받아야 함. 2009년에도 받지 않았다면 1회 위반, 2010년에도 받지 않았다면 2회 위반, 2011년에도 받지 않았다면 3회 위반이 되어 1차 자격정지 1개월, 2012년에도 받지 않을 경우 2차 자격정지 3개월, 2013년에도 받지 않을 경우 3차 자격정지 6개월

표 9-15 **보육교사의 자격정지 개별기준**

위반행위	근거 법조문	처분기준		
		1차 위반	2차 위반	3차 위반
가. 보육교사가 업무 수행 중 그 자격과 관련하여 고의나 중대한 과실로 다음의 어느 하나의 손해를 입힌 경우	법 제47조 제1호			

1) 영유아에게 중대한 생명 · 신체 또는 정신적 손해를 입힌 경우		자격정지 1년	자격정지 1년	자격정지 1년
2) 비위생적인 급식을 제공하거나 영유아 안전 보호를 태만히 하여 영유아에게 생명 · 신체 또는 정신적 손해를 입힌 경우		자격정지 6개월	자격정지 1년	자격정지 1년
3) 그 밖의 경우		자격정지 2개월	자격정지4 개월	자격정지 6개월
나. 법 제23조의 2에 따른 보수교육을 연속 하여 3회 이상 받지 아니한 경우		자격정지 1개월	자격정지 3개월	자격정지 6개월

출처: 보육사업안내(2015).

어린이집의 보육교사의 자격정지 처분을 하고자 하는 경우 시장 · 군수 · 구청장은 어린이집 원장 또는 보육교사의 자격정지 처분을 하고자 하는 경우 법 제49조 규정에 의해 청문을 실시하여야 한다. 단, 청문대상자가 정당한 사유 없이 이에 응하지 아니하거나 청문이 사실상 불가능한 경우에는 제외된다.

- 청문결과 등을 바탕으로 시장 · 군수 · 구청장은 어린이집 원장 또는 보육교사의 자격정지기간을 결정하여야 한다.
- 특별자치도지사 · 시장 · 군수 · 구청장은 위반행위의 동기 · 내용 및 횟수 등을 고려하여 자격정지 기간을 1/2의 범위에서 늘리거나 줄일 수 있다. 단, 늘리는 경우에도 1년을 초과할 수 없다.
- 어린이집의 대표자는 어린이집 원장의 자격이 정지된 기간 동안 그 직을 대리할 어린이집원장을 두어야 하고, 어린이집 원장은 보육교사의 자격이 정지된 기간 동안 그 업무를 대행할 보육교사를 채용해야 한다.

보육교직원의 자격정지 절차도는 〈표 9-16〉과 같다.

표 9-16 **보육교직원 자격정지 절차도**

자격정지 사유 발생	• 영유아보육법 제46조 내지 제47조 규정에 의한 어린이집 원장 · 보육교사의 자격정지 사유 발생
⇩	
행정처분 여부의 결정	• 사유의 경중을 판단하여 행정처분을 부과할 것인지에 대한 여부 결정
⇩	
청문의 통지	• 청문개시 10일 전까지 통지 • 청문의 내용에는 처분을 하고자 하는 내용 및 법적 근거, 청문주재자의 소속 · 직위 · 성명, 청문의 일시 및 장소, 청문에 응하지 아니하는 경우의 처리 등의 내용이 포함되어야 함
⇩	
청문 실시	• 행정절차법의 규정을 준수하여 청문 실시
⇩	
자격정지 기간의 결정	• 시장 · 군수 · 구청장은 위반행위의 동기 · 내용 및 횟수 등을 참작하여 1/2범위 내에서 경감 · 가중 가능
⇩	
자격정지 처분	• 처분을 하고자 하는 원인이 되는 사실과 처분의 내용 및 법적 근거 등 처분의 이유를 명확히 제시하고, 문서로 시행
⇩	
사후조치	• 어린이집 대표자: 원장의 자격정지 시 그 직을 대리할 어린이집 원장을 두어야 함 • 어린이집 원장: 보육교사의 자격정지 기간 동안 그 업무를 대행할 보육교사를 채용하여야 함 • 보육통합정보시스템에 자격정지 처분 사항 입력 • 전국 시 · 도지사 및 시장 · 군수 · 구청장에게 자격정지 결정사항 통보, 자격정지자가 채용되는 사례가 없도록 관리 • 한국보육진흥원에 자격정지 결정사항 공문 통보, 사후 관리 철저 지시(성명, 생년월일, 정지시작 · 종료일, 처분근거 법조문 반드시 포함)

출처: 2015년도 보육사업안내.

(2) 보육교직원 자격취소

어린이집 원장 및 보육교사 자격취소 사유를 살펴보면 (법 제48조) 거짓 또는 그 밖의 부정한 방법으로 자격증을 취득한 경우, 자격취소 사유가 발생한 어린이집 소재지 관할 시장 · 군수 · 구청장은 청문을 실시하고, 청문결과 자격 대여사실이 확인된 경우 대상자의 자격 취소 결정을 한다.

① 자격취득자가 업무 수행 중 당해 자격과 관련하여 고의 또는 중대한 과실로 손해를 가하고 금고 이상의 형의 선고를 받은 경우

② 「아동복지법」 제17조의 금지행위를 하여 같은 법 제71조 제1항에 따른 처벌을 받은 경우(보육교사와 어린이집 원장 둘 다 취득한 경우에는 두 자격 모두 취소(법제처 법령 해석 총괄과-1310, '08. 8. 22)

③ 다른 사람에게 자기의 성명이나 어린이집의 명칭을 사용하여 어린이집의 원장 또는 보육교사의 업무를 수행하게 하거나 자격증을 대여한 경우(법 제22조의 1 위반)

④ 자격정지 처분기간 종료 후 3년 이내에 자격정지 처분에 해당하는 행위를 한 경우

⑤ 자격정지 처분을 받고도 동기간 이내에 자격증을 사용하여 자격관련 업무를 행한 경우

⑥ 자격정지 처분을 3회 이상 받은 경우

⑦ 거짓이나 그 밖의 부정한 방법으로 보조금을 교부받거나 보조금을 유용하여 금고 이상의 형을 선고받은 경우 포함한다. 보육교직원의 자격취소 관련 일반절차는 〈표 9-17〉과 같다.

표 9-17 **보육교직원 자격취소 일반절차**

단계	내용
자격취소 사유 발생	· 원장 및 보육교사의 자격취소 사유 발생(법 제48조 위반)
사실여부 확인 (시 · 군 · 구)	· 시 · 군 · 구 보육담당자는 어린이집 지도 · 점검 등을 통하여 사실여부를 확인하고 필요할 경우 관련자의 확인서 등을 확보
청문 통지 및 실시 (시 · 군 · 구)	· 청문 실시 10일 전 당사자에게 청문 출석 통지 · 행정절차법의 규정을 준수하여 청문 실시
자격취소 처분 통지 및 사후조치 (시 · 군 · 구)	· 당사자에게 자격취소 처분 결정 통지 · 보육통합정보시스템에 자격취소 처분사항 입력 · 전국 시 · 도지사 및 시 · 군 · 구청장에게 자격취소 결정 사항 통보, 자격취소자가 채용되는 사례가 없도록 관리 · 한국보육진흥원에 자격취소 결정 사항 통보, 사후관리철저 지시(성명, 생년월일, 자격번호, 자격취소일, 처분 근거 법조문 반드시 포함)

출처: 2015년도 보육사업안내.

※ 어린이집 원장 및 보육교사 자격취소 후 재교부 제한기간

· 「영유아보육법」 제48조 제2항에 따라 어린이집 원장 또는 보육교사 자격이 취소된 사람은 자격이 취소된 날부터 2년 이내에는 재교부 받을 수 없다.

- 다만, 제48조 제1항 제3호에 따라 자격이 취소된 경우에는 그 취소된 날부터 10년 이내에는 자격을 재교부 받을 수 없다.

Chapter 10

보육교사의 성장을 돕는 보수교육과 장학

1. 보육교직원의 보수교육
2. 장학

1. 보육교직원의 보수교육

어린이집에 종사하는 보육교사는 일정 연한이 되면 보수교육을 받아야 한다. 보수교육에는 직무교육과 승급교육이 있다. 직무교육은 다시 일반직무교육과 특별직무교육으로 구분되고, 승급교육은 3급에서 2급 승급교육과 1급 승급교육으로 구분된다.

1) 보육교직원의 보수교육의 종류와 내용

보육교직원의 자질 향상을 위하여 실시하는 교육으로써, 보육에 필요한 지식과 능력을 유지 · 개발하기 위해 보육교직원이 정기적으로 받는 직무교육과 보육교사가 상위 등급의 자격(3급 →2급, 2급→1급)을 취득하기 위해 받아야 하는 승급교육 및 어린이집 원장의 자격을 갖추기 위하여 받아야 하는 사전 직무교육을 말한다.

(1) 어린이집 원장의 보수교육

<table>
<tr><th colspan="5">직무교육</th><th>사전직무교육</th></tr>
<tr><td colspan="2">일반직무교육</td><td colspan="3">특별직무교육</td><td rowspan="3">어린이집 원장
사전직무교육</td></tr>
<tr><td colspan="2">어린이집
원장
직무교육</td><td rowspan="2">영아보육
직무교육</td><td rowspan="2">장애아보육
직무교육</td><td rowspan="2">방과후보육
직무교육</td></tr>
<tr><td>기본</td><td>심화</td></tr>
</table>

(2) 어린이집 보육교사의 보수교육

직무교육		승급교육	
일반직무교육	특별직무교육	2급 보육교사	1급 보육교사

보육교사 직무교육		영아보육 직무교육	장애아보육 직무교육	방과후보육 직무교육	승급교육	승급교육
기본	심화					

출처: 2016년 보수교육과정 매뉴얼

(3) 보수교육 대상자

- 보수교육은 현직 보육교직원을 대상으로 실시하므로 어린이집 원장, 보육교사 등의 자격을 소지한 자라도 교육 개시 당시 어린이집에 근무하지 않는 자는 보수교육을 받을 수 없다(어린이집 원장 사전직무교육은 어린이집에 근무하지 않는 경우라도 신청 및 이수 가능)
- 현직 보육교직원 외에 교육비 전액 자비 부담을 전제로 보수교육을 받을 수 있다.
- 보수교육 대상자 선정 기준으로 '보육업무 경력'은 영유아보육법시행령

(4) 보육교사 직무교육

구분	보육교사 2급 승급	보육교사 1급 승급	보육교사 일반직무교육 (기본)	보육교사 일반직무교육 (심화)
교사의 발달단계 (경력 등)별 교육대상자	· 보육교사 3급 후 만 1년 경과한 자	· 보육교사 2급 후 2년경과 또는 석사학위 취득시 6개월 경과한 자 · 자격취득 경로다양(3급에서 승급, 대학졸업 및 대학원 신규 졸업자, 학점인정 과정 이수)	· 보육교사로서 경력 만 2년 경과 또는 보육교사 직무교육(승급교육 포함)을 받은 해부터 만 2년 경과한 자	
직무 변화	· 영아반 담임 또는 비담임	· 영아반 또는 유아반 담임	· 영아반 또는 유아반 담임	· 원내 원감의 역할 수행

	→ 유아반 담임	· 기관 내 평가인증업무 실무담당	· 주임교사 · 각 연령 내 보육계획 및 행사업무	(조직관리, 행사 및 보육계획 수립)
보수교육 과정의 성격	· 실습 및 사례를 통한 기초 이론 이해 · 유아반 담임을 위한 준비 · 지식,기술과 보육교사로서의 태도 형성	· 이론과 실무담당 능력보강 · 현장의 보육직무에 필요한 역량 중심 교육 · 교사로서의 소진을 해소하기 위한 스트레스 관리	· 각 담당 연령에 맞는 상호작용방법 선택 · 기관 구성원과의 협력관계 유지 · 디지털 교수매체, 인성교육 등 현장에 필요한 교과목 운영	· 조직의 중간관리자로서 어린이집 시설운영관리, 동료교사 멘토링, 프로그램 개발 등의 직무 중심 · 경력에 따른 정신적 피로도 감소를 위한 치료
보수교육 과정의 목표	· (공통)인성소양, 건강 안전 · 건강관리 · 누리과정 이해 · 상호작용 및 실무능력 · 보육계획 수립 및 부모상담	· (공통)인성소양, 건강 안전 · 보육과정 이해 · 상호작용 및 실무능력 · 평가인증 및 상담준비를 위한 영유아 관찰 및 평가능력 · 보육계획 수립 및 부모교육 계획 · 교사로서의 자기계발	· (공통)인성소양, 건강 안전 · 상호작용 및 실무능력 강화 (실습) · 보육계획 수립 및 부모상담	· (공통)인성소양, 건강 안전 · 최신 보육 프로그램의 실제 · 연간보육계획 수립 · 방과후 활동에 대한 계획 및 관리 · 부모참여 실제

출처: 2016년도 보수교육과정 매뉴얼.

※ 일반직무과정 기본 및 심화과정은 보육업무경력 등을 감안하여 교육대상자가 선택하여 이수할 수 있음.

(5) 승급교육

- 보육교사 3급 자격을 취득한 후 보육업무 경력이 만 1년 이상 경과한 자는 2급 승급교육을 받을 수 있다.
- 보육교사 2급 자격을 취득한 후 보육업무 경력이 만 2년 이상 경과한 자는 1급 보육교사 승급교육을 받을 수 있다(승급을 위한 보육교사 경력은 자격증 상의 자격인정시점을 기준을 산정).

- 다만, 보육교사 2급 자격을 취득한 후 보육관련 대학원에서 석사학위 이상을

취득한 자는 보육업무 경력이 만 6개월 이상 경과한 경우 1급 승급교육을 받을 수 있다.

- 직무교육과 승급교육을 같은 해에 받아야 하는 경우에는 승급교육을 받은 자는 직무교육을 생략할 수 있다.

(6) 어린이집 원장 사전직무교육

영유아보육법 시행령[별표1] 제1호의 가목부터 라목(일반, 가정, 영아전담, 장애아 전담 어린이집 원장)까지 어느 하나의 자격을 취득하고자 하는 자는 어린이집 원장 사전직무 교육을 받아야 한다.

※ '14. 3. 1 이후 원장 자격증 신청자는 사전직무교육 이수가 원칙(단, 영유아보육법 부칙 <법률 제7153호, 2004. 1. 29>에 따라 자격이 인정되는 자는 예외)

※ 1회 교육 이수시, 시행령[별표 1] 제1호의 타 자격 취득을 위한 사전직무교육 중복이수 불필요

표 10-1 **교육구분별 보수교육 대상자**

<table>
<tr><th colspan="4">교육구분</th><th>교육대상</th><th>교육시간</th><th>비고</th></tr>
<tr><td rowspan="5">직무교육</td><td rowspan="4">일반직무교육</td><td colspan="2">보육교사</td><td rowspan="2">현직에 종사하고 있는 보육교사로서 보육업무 경력이 만 2년을 경과한 자와 보육교사 직무교육(승급교육 포함)받은 해부터 만 2년이 경과한 자</td><td rowspan="2">40시간</td><td rowspan="2">매 3년마다</td></tr>
<tr><td>기본</td><td>심화</td></tr>
<tr><td colspan="2">원장</td><td rowspan="2">현직에 종사하고 있는 원장으로서 어린이집원장 직무교육을 받은 해부터 만 2년을 경과한 자</td><td rowspan="2">40시간</td><td rowspan="2">매 3년마다</td></tr>
<tr><td>기본</td><td>심화</td></tr>
<tr><td>특별직무교육</td><td colspan="2">영아보육</td><td>영아보육을 담당하고 있는 일반직무교육 대상자와 영아보육을 담당하고자 하는 보육교사 및 어린이집 원장</td><td>40시간</td><td>이수하고자 하는 자</td></tr>
</table>

		장애아 보육	장애아보육을 담당하고 있는 일반직무교육 대상자와 장애아보육을 담당하고자 하는 보육교사 및 어린이집 원장	40시간	이수하고자 하는 자
		방과후 보육	방과후보육을 담당하고 있는 일반직무교육 대상자와 방과후 보육을 담당하고자 하는 보육교사 및 어린이집 원장	40시간	이수하고자 하는 자
승급 교육	2급 승급 교육		보육교사 3급의 자격을 취득한 후 보육업무 경력이 만 1년이 경과한 자	80시간	이수하고자 하는 자
	1급 승급 교육		보육교사 2급의 자격을 취득한 후 보육업무 경력이 만 2년이 경과한 자 및 보육교사 2급의 자격을 취득한 후 보육관련 대학원에서 석사학위를 취득한 경우 보육업무 경력이 만 6개월이 경과한 자	80시간	이수하고자 하는 자
원장 사전 직무 교육	–		영유아보육법 시행령[별표 1] 제1호의 가목부터 라목(일반, 가정, 영아전담, 장애아전담 어린이집 원장)까지 어느 하나의 자격을 취득하고자 하는 자	80시간	이수하고자 하는 자

출처: 2015년도 보육사업안내.

※ 어린이집에서 특수교사나 치료사로 근무하는 자도 일반·특별직무교육 대상자로서 보수교육을 이수하여야 한다(일반직무교육이나 특별직무교육 중 선택적으로 이수할 수 있음).

※ 보수교육을 연속하여 3회 이상 받지 아니하는 경우 어린이집 원장 또는 보육교사 자격이 정지 될 수 있으므로 보수교육 대상자는 필히 보수보육을 이수하여야 한다.

예) 2012년에 직무교육을 이수한 어린이집 원장 및 보육교사의 경우 만 2년이 경과한 2014년에 직무교육을 이수하여야 하며 그 해에 교육을 받지 못한 경우, 다음 해인 2015년에도 받지 않았다면 1회 위반, 2016년에도 받지 않았다면 2회 위반, 2017년도에도 받지 않았다면 3회 위반에 해당한다.

표 10-2 **보육교사 일반직무교육**

<table>
<tr><th colspan="2" rowspan="2">영역</th><th colspan="2">보육교사 일반직무교육(기본)</th><th colspan="2">보육교사 일반직무교육(심화)</th></tr>
<tr><th>교과목</th><th>시간</th><th>교과목</th><th>시간</th></tr>
<tr><td colspan="2" rowspan="3">인성소양
(8시간)</td><td>• 보육교사와 인권
– 인권에 대한 이해
– 보육교사와 아동의 인권 존중 이해</td><td>3</td><td>• 보육교사의 인문적 소양
– 행복한 보육교사 되기</td><td>3</td></tr>
<tr><td>• 보육교사의 직무역량 강화
– 보육교사 직무 이해
– 보육교사 의사소통기법 훈련</td><td>3</td><td>• 보육교사의 직무역량 강화
– 보육교사 리더십 키우기
– 기관 구성원간 멘토링 실행</td><td>3</td></tr>
<tr><td>• 보육교사의 건강관리
– 보육교사의 신체 · 정신건강 관리의 중요성 및 위해 용인
– 보육교사의 신체 · 정신건강 관리 방안</td><td>2</td><td>• 보육교사의 건강관리
– 보육교사의 신체 · 건강 관리 방법
– 보육교사의 정신 · 건강 관리 방법</td><td>2</td></tr>
<tr><td colspan="2" rowspan="3">건강 안전
(9시간)</td><td>• 안전사고 예방교육
– 재난대비, 교통안전 등</td><td>3</td><td>• 안전사고 예방교육
– 재난대비, 교통안전 등</td><td>3</td></tr>
<tr><td>• 보건위생 관리
– 감염병 및 약물오남용, 응급 처치</td><td>3</td><td>• 보건위생 관리
– 감염병 및 약물오남용, 응급 처치</td><td>3</td></tr>
<tr><td>• 아동학대, 성폭력, 실종 예방 및 사후관리
– 아동학대의 이해
– 성폭력 및 실종 예방교육</td><td>3</td><td>• 아동학대, 성폭력, 실종 예방 및 사후관리
– 아동학대의 이해
– 성폭력 및 실종 예방 교육</td><td>3</td></tr>
<tr><td rowspan="2">전문 지식 · 기술
(23시간)</td><td rowspan="2">장애 및 다문화실제
(4시간)</td><td>• 다문화교육 이해와 실제
– 현장사례 중심 분석</td><td>2</td><td>• 다문화교육 과정 심화
– 다문화교육 프로그램 개발</td><td>2</td></tr>
<tr><td>• 장애통합보육 운영 실제
– 개별화 프로그램 이해, 개발</td><td>2</td><td>• 장애통합보육 운영 실제
– 개별화교육 프로그램 적용 및 부모 협력 강화</td><td>2</td></tr>
</table>

	보육활동 운영의 실제 (16시간)	• 영유아 관찰 및 기록 실제 – 신체 · 인지 · 언어 · 정서 등 발달 관찰 및 사례분석	3	• 영유아 관찰 기록의 활동 – 관찰 기록 분석 및 영유아 발달 평가와 상담 활용능력 키우기	3
		• 영유아 부적응 행동의 이해 – 부적응 행동 유형의 이해(불안, 위축, 공격, 주의산만 등)	2	• 영유아 행동 유형별 발달 지원 – 부적응 행동 예방과 지도	2
		• 보육정보 탐색의 적응과 사례 – 인터넷 등 정보 활동방법 – 보육통합정보시스템 이해	2	• 보육교사의 놀이참여 및 확장 연계 – 영유아 놀이 관찰, 개입을 통한 확장 및 연계 교수 · 학습방법	2
		• 디지털시대의 교수매체 활용 및 적용 – 인터넷, 스마트기기 등의 교수 매체로서의 활용 방법 이해 및 실습	3	• 영유아 프로그램 계획 및 운영 – 보육대상 및 철학에 따른 보육프로그램 운영	3
		• 영유아 인성교육의 실제 – 기본생활습관 지도 및 활동에 따른 인성교육 실제 사례	3	• 영유아 인성교육의 심화 – 영유아의 발달특성에 따른 인성교육 계획 실습	3
		• 영아보육교사의 상호작용 전략(선택) – 영아 발달, 흥미, 놀이에 따른 교수방법 학습	3	• 어린이집 시설 · 설비관리(선택) – 어린이집 시설 · 설비관리 능력학습	3
		• 유아보육교사의 상호작용 전략(선택) – 유아발달, 흥미, 놀이에 따른 교수방법 학습	3	• 동료 수업 멘토링(선택 – 동료교사간 수업지원 능력 학습	3
		• 보수교육기관 자체개발 교과목(선택)	3	• 보수교육기관 자체개발 교과목(선택)	3
	가족 및 지역 사회 협력(3시간)	• 부모–교사 의사소통의 이해와 실제(선택) – 부모–교사간 의사소통 이해 및 갈등상황 시 소통능력 함양	3	• 열린어린이집 계획 및 운영(선택) – 열린어린이집 개념과 환경구성 – 열린어린이집 계획과 운영실제	3

		・부모 개별 면담 기법(선택) – 성공적인 부모 면담을 위한 대화법	3	・지역사회 연계 프로그램 사례분석(선택) – 지역 내 육아인프라 연계 능력함양	3
계		16과목(선택 5과목)		16과목(선택 5과목)	40

출처: 2016년도 보수교육과정 매뉴얼.

※ 「보육활동 운영의 실제」영역 선택 3과목 중 1과목, 「가족 및 지역사회 협력」영역 선택 2과목 중 1과목 등 일부 교과목을 선택하여 이수 가능

※ 「보건위생관리」교과목은 심폐소생술, 응급처치 실습 등 이론보다 실습 위주로 교육하도록 함

표 10-3 **특별직무교육**

영역	영아보육 직무교육	장애아보육 직무교육	방과후보육 직무교육	시간
보육기초	・현대사회 변화와 영아 보육 ・영아보육의 이해 ・영아학대 예방과 아동 권리	・장애인복지와 보육정책 ・장애아보육의 이해 ・장애아학대 예방과 아동 권리	・현대사회 변화와 방과후 보육 ・방과후보육의 이해 ・아동학대 예방과 아동 권리	6
발달 및 지도	・영아발달의 특성 ・영아 일상생활지도 ・영아행동관찰과 평가 ・영아감각 및 대・소근육 발달 지도	・장애이해 교육과 협력 ・장애 진단과 발달지체 영유아 선별 ・교육진단과 개별화 교육 프로그램 ・활동참여를 위한 보육 과정 수정	・아동발달의 특성 ・초등학교 교육과정의 이해 ・아동일상생활지도 ・문제행동 수정과 지도	8
영유아 교육	・놀이를 통한 사회성발달 ・놀이를 통한 정서발달 ・놀이를 통한 언어발달 ・놀이를 통한 인지발달 ・교수매체 개발 및 활용 방안 ・어린이집 표준보육과정 운영의 실제 ・놀이를 통합 감각탐색 및 신체발달	・장애아 사회성지도 ・장애아 의사소통지도 ・장애아 음악치료 ・장애아 미술치료 ・교수매체 개발 및 활용 방안 ・어린이집 표준보육과정 운영과 개별화 교육의 실제	・학습 및 과제지도 ・친구관계와 생활지도 ・아동언어교육 ・아동독서교육 ・아동예체능교육 ・초등학생을 위한 교수법 실제 ・어린이집 표준보육과정과 초등교육과정의 이해	12

영유아의 건강 · 영양 및 안전	· 영아 건강 · 안전관리 (필수) · 영아 영양관리 및 식생활 지도	· 장애아 건강 · 안전관리 (필수) · 장애아 영양관리 및 식생활지도	· 초등학생 건강 · 안전관리(필수) · 초등학생 영양관리 및 식생활지도	4
가족 및 지역사회 협력 등	· 영아 부모와의 의사소통 실제 · 다양한 가정의 영아지원	· 장애아 가정에 대한 이해 · 장애아를 위한 지역사회 연계의 이해와 실제	· 학령기 부모 상담실제 · 방과후 아동을 위한 지역사회연계	4
보육사업 운영	· 영아보육교사의 역할과 자세(필수) · 어린이집 운영과 관리 · 보육정보 탐색	· 장애아보육교사의 역할과 자세(필수) · 어린이집 운영과 관리 · 보육정보 탐색	· 방과후보육교사의 역할과 자세(필수) · 어린이집 운영과 관리 · 보육정보 탐색	6
계	21과목	20과목	21과목	40

출처: 2015년도 보육사업안내.

※ 영아보육 직무과정 중 영아 건강 · 안전관리와 영아보육교사의 역할과 자세, 장애아보육 직무과정 중 장애아 건강 · 안전관리와 장애아보육교사의 역할과 자세, 방과후보육 직무
과정 중 초등학생 건강 · 안전관리와 방과후보육교사의 역할과 자세는 2시간 이상 필수과목으로 편성 · 교육하여야 한다.

※ 또한 안전관련 교육은 심폐소생술, 응급처치 실습 등 이론보다 실습 위주로 교육하도록 한다.

표 10-4 보육교사 승급교육

영역	2급 승급교육		1급 승급교육	
	교과목	시간	교과목	시간
인성 · 소양 (11시간)	· 아동복지와 인권의 이해 – 아동권리에 대한 민감성 증진	4	· 아동복지와 인권의 실제 – 아동권리에 대한 민감성 증진	4
	· 보육교사의 역할과 윤리 – 보육교사 2급의 역할 및 직업윤리	4	· 보육교사의 역할과 윤리 – 보육교사 1급의 역할 및 직업윤리	4
	· 보육교사의 건강관리와 힐링 – 보육교사의 신체 및 정신건강 이해	3	· 보육교사의 건강관리와 힐링 – 보육교사의 신체 및 정신건강 이해 – 실습중심 질환 예방법 및 대처법	3
건강 · 안전 (12시간)	· 영유아 건강 안전교육 계획 및 실행 – 건강 안전교육 계획 및 실행 실습	3	· 영유아 건강 안전교육 계획 및 실행 – 건강 안전교육 계획 및 실행 실습	3
	· 안전사고 예방교육 – 재난대비, 교통안전 등	3	· 안전사고 예방교육 – 재난대비, 교통안전 등	3

		• 보건위생 관리 – 감염병 및 약물오남용, 응급처치	3	• 보건위생 관리 – 감염병 및 약물오남용, 응급처치	3
		• 아동학대, 성폭력, 실종 예방 및 사후관리 – 아동학대 예방 기초, 개입과정 – 성폭력, 실종 예방교육	3	• 아동학대, 성폭력, 실종 예방 및 사후관리 – 아동학대 이해 및 어린이집에서의 아동학대 – 성폭력, 실종 예방	3
전문지식·기술 (55시간)	장애 및 다문화 실제 (8시간)	• 다양한 가정의 영유아 이해 – 다양한 가정의 이해 – 다양한 가정 영유아의 특성에 따른 발달적 지원 방법	4	• 다문화가정의 영유아 지원 – 다문화가정 영유아의 생활 및 발달지원, 보육 지원 등 사례 중심	4
		• 장애영유아의 이해 – 발달기 영유아의 다양성 이해 – 영유아 선별, 장애진단, 조기중재의 중요성	4	• 장애영유아의 이해 및 지원 – 특수 영유아 특성별 지도 – 기관 내 장애영유아 지원 관리 방안	4
	보육활동 운영의 실제 (39시간)	• 영유아 관찰 사례 이해 및 실제 – 관찰의 기초, 관찰 기록 이해 – 일상생활 및 놀이행동, 상호작용 관찰 실습	4	• 영유아 관찰 및 평가 – 관찰도구의 활용 – 관찰 기록을 평가에 활용하는 방안	4
		• 대·소집단활동 운영 – 대·소집단활동 운영을 위한 교수 학습방법	4	• 대·소집단활동 운영의 실제 – 대·소집단활동 운영 실습	4
		• 신체·예술(음률)활동 운영 – 신체·예술영역 발달의 이해 – 신체·예술활동 운영 방법	4	• 신체·예술(음률)활동 운영의 실제 – 신체·예술(음률)활동 운영 실습	4
		• 언어·수과학활동 운영 – 언어·수과학영역 발달의 이해 – 언어·수과학활동 운영 방법	4	• 언어·수과학활동 운영의 실제 – 언어·수과학활동 운영 실습	4
		• 역할·쌓기놀이활동 운영 – 역할·쌓기놀이영역 발달의 이해 – 역할·쌓기놀이활동 운영방법	4	• 역할·쌓기놀이활동 운영의 실제 – 역할·쌓기놀이활동 운영 실습	4
		• 보육계획 수립 및 보육일지 및 평가 – 보육계획의 원리, 연계성 있는	4	• 보육일지 작성의 실제 – 보육일지 작성 실습	4

		보육계획 – 보육일지 작성의 원리, 일과 계획 · 실행 · 평가 작성			
		· 표준보육과정의 이해 및 평가 – 제3차 어린이집표준보육과정 총론, 0–1세 보육과정(6개 영역 목표, 내용체계), 2세 보육과정(6개 영역 목표, 내용범주, 내용) – 표준보육과정 운영평가	4	· 보육실습 지도의 적용과 사례 – 보육실습 지도의 의의, 계획, 운영, 평가	4
		· 누리과정의 이해 및 평가 – 3–5세 누리과정 5개 영역 목표, 내용범주, 내용 – 누리과정 운영평가	4	· 어린이집의 개인정보 보호 관리 – 개인정보 보호 관련법에 대한 이해 – 개인정보가 포함된 문서 관리 – CCTV 관련 개인정보 관리	4
		· 영유아 행동의 발달적 이해 – 사례중심 발달영역별 영유아 행동의 이해 및 지원	4	· 영유아 문제행동 조기발견 – 영유아 사회 · 정서발달과 적응 지도 – 발달적 지원과 치료적 접근이 필요한 영유아 이해 – 사례중심 문제행동 지원방법	4
		· 실내외 놀이 환경 구성 – 실내외 놀이 환경 구성의 기본 요건, 원리, 실제 및 평가	3	· 어린이집 환경 구성 및 관리 – 어린이집 환경 구성의 원리 및 관리 실제	3
	가족 및 지역사회 협력 (8시간)	· 다양한 부모–자녀 관계의 이해 – 가족형태의 다양화, 부모역할, 건강한 부모–자녀 관계 형성	4	· 부모참여 계획 및 실행 – 부모참여의 실제 및 활성화 방안	4
		· 부모참여 및 상담 실제 – 부모 참여활동 계획 – 부모상담을 위한 준비 및 실습	4	· 지역사회 연계활동 계획 및 운영 – 보육과정, 장소, 활동에 따른 지역사회 연계활동 계획	4
평가시험 (2시간)		· 2급 승급교육 평가시험	2	· 1급 승급교육 평가시험	2
계		**21과목+평가시험**	**80**	**21과목+평가시험**	**80**

출처: 2016년도 보수교육과정 매뉴얼.

※ 「보건위생 관리」 교과목은 심폐소생술, 응급처치 실습 등 이론보다 실습 위주로 교육하도록 함

표 10-5 **어린이집 원장 사전직무교육**

<table>
<tr><th colspan="2">영역</th><th>교과목</th><th>시간</th></tr>
<tr><td colspan="2" rowspan="3">인성 · 소양
(12시간)</td><td>• 아동권리와 아동학대
– 아동권리 이해 및 UN아동권리협약</td><td>4</td></tr>
<tr><td>• 원장직무의 이해 및 윤리
– 원장직무 이해 및 윤리 경영</td><td>4</td></tr>
<tr><td>• 원장의 건강관리와 힐링
– 만성질환 및 스트레스관리법 등</td><td>4</td></tr>
<tr><td colspan="2" rowspan="6">건강 · 안전
(18시간)</td><td>• 영유아의 건강 안전교육의 계획 및 관리
– 사례중심 건강 안전교육 계획 및 관리</td><td>3</td></tr>
<tr><td>• 안전사고 예방 및 대응
– 재난대비, 교통안전 등</td><td>3</td></tr>
<tr><td>• 보건위생 관리
– 응급처치, 질병관리, 감염병 및 약물오남용</td><td>3</td></tr>
<tr><td>• 아동학대, 성폭력, 실종 예방 및 사후관리
– 아동학대, 성폭력, 실종 이해 및 예방
– 신고의무자의 역할</td><td>3</td></tr>
<tr><td>• 친환경 급식 및 영양관리
– 급식 운영의 관리사항 및 준수사항
– 영아기 · 영유아기의 영양관리</td><td>3</td></tr>
<tr><td>• 시설 · 설비 안전과리
– 어린이집 시설 · 설비 안전관리 원리
– 어린이집 시설 · 설비 기준
– 실내외 시설의 안전평가 기준과 평정</td><td>3</td></tr>
<tr><td rowspan="5">전문지식
· 기술
(48시간)</td><td rowspan="2">장애 및
다문화
관리
(8시간)</td><td>• 다문화가정과 연계한 영유아 지원
– 다문화가정 영유아 교육 및 부모교육</td><td>4</td></tr>
<tr><td>• 장애통합보육의 운영관리
– 장애통합보육 프로그램 및 인력 관리</td><td>4</td></tr>
<tr><td rowspan="3">기관
운영의
실제
(32시간)</td><td>• 보육정책의 최신 동향
– 보육정책에 대한 관점
– 우리나라 보육정책의 변화, 최근 동향 및 이슈
– 보육정책의 전망과 과제</td><td>3</td></tr>
<tr><td>• 보육관련 법규의 이해
– 영유아보육법, 아동복지법, 근로기준법 등</td><td>3</td></tr>
<tr><td>• 어린이집 인사관리
– 인사관리의 주요 단계 및 내용
– 인력개발을 위한 교직원 재교육, 복지, 평가 등</td><td>3</td></tr>
</table>

		• 재무회계 관리 – 재무회계의 중요성, 재무회계 관리 기본 원칙 이해 – 재무회계 운영과정 (예산 · 집행 · 결산)	3
		• 조직관리와 리더십 – 어린이집 조직 특성의 이해 – 건강하고 효율적인 조직관리를 위한 원장의 리더십	4
		• 사례별 발달지원 및 전문가 연계 – 영유아 발달지원 및 관리 실제 – 지역사회 의료전문가와의 네트워크 방법	4
		• 보육교직원의 수업 멘토링 – 보육교직원의 수업 능력 지원	4
		• 보육 프로그램 개발과 운영 – 보육 프로그램의 특성 이해 및 운영 지원	4
		• 어린이집의 개인정보 보호 관리 – 개인정보 보호 관련 법규의 이해 – 개인정보 관리계획 수립 및 관리 점검 – 개인정보 유출 시 대응 방안	4
	가족 및 지역사회 협력 (8시간)	• 부모참여 계획 및 운영 – 부모교육, 부모상담, 운영위원회 등	4
		• 어린이집과 지역사회 지원의 연계 – 지역사회 지원 파악 및 활용 사례	4
평가시험 (2시간)		• 원장 사전직무교육 평가시험	2
계		22과목 + 평가시험	80

출처: 2016년도 보수교육과정 매뉴얼.

표 10-6 **어린이집 원장 일반직무교육**

영역	원장 일반직무교육(기본)		원장 일반직무교육(심화)	
	교과목	시간	교과목	시간
인성 · 소양 (8시간)	• 보육철학과 윤리 – 보육철학과 보육이념 – 원장의 역할윤리	3	• 아동권리와 보육철학 – 철학적 인간이해 및 아동권리 이해	3
	• 원장의 건강관리 – 건강의 개념 및 건강관리 – 신체 · 정신건강 관리의 이해	3	• 원장의 건강관리 – 성인기의 건강관리, 건강한 생활습관, 스트레스와 건강	3

<table>
<tr><td colspan="2"></td><td>· 보육교직원의 인문소양
– 행복에 대한 인문학적 고찰</td><td>2</td><td>· 보육교직원의 문화적 소양
– 예술적 소양 증진을 위한 지역 문화인프라 연계교육</td><td>2</td></tr>
<tr><td colspan="2" rowspan="3">건강 · 안전
(9시간)</td><td>· 안전사고 예방 및 대응
– 재난대비, 교통안전 등 관련 법안 및 사례</td><td>3</td><td>· 안전사고 예방 및 대응
– 재난대비, 교통안전 등 관련 범안 및 사례</td><td>3</td></tr>
<tr><td>· 보건위생 관리
– 응급처치, 질병관리, 감염병 및 약물오남용</td><td>3</td><td>· 보건위생 관리
– 응급처치, 질병관리, 감염병 및 약물오남용</td><td>3</td></tr>
<tr><td>· 아동학대, 성폭력, 실종 예방 및 사후관리
– 아동학대, 성폭력, 실종 이해 및 예방을 위한 지원
– 아동보호서비스 체계</td><td>3</td><td>· 아동학대, 성폭력, 실종 예방 및 사후관리
– 아동학대, 성폭력, 실종 이해 및 예방을 위한 지원
– 아동보호서비스 체계</td><td>3</td></tr>
<tr><td rowspan="5">전문
지식
·
기술
(23
시간)</td><td rowspan="2">장애 및
다문화
실제
(4시간)</td><td>· 다문화교육 프로그램 이해와 실제
– 현장사례 중심 분석</td><td>2</td><td>· 다문화교육 프로그램 개발
– 다문화교육 프로그램의 현황 분석 및 개발</td><td>2</td></tr>
<tr><td>· 장애통합보육 운영 실제
– 기관 내 장애통합보육의 운영 이해
– 개별화교육 프로그램의 실제</td><td>2</td><td>· 장애통합보육을 위한 운영 관리
– 기관 내 특수교사 및 담임 교사의 협력 지원</td><td>2</td></tr>
<tr><td rowspan="3">기관
운영의
실제
(16시간)</td><td>· 어린이집 내 영유아 관찰과 평가
– 영유아 놀이와 행동 관찰 기록 방법
– 관찰기록을 통한 아동평가 이해</td><td>3</td><td>· 아동발달 진단도구의 이해와 활용
– 기관에서 보육교사가 활용할 수 있는 아동발달 진단도구 및 방법 이해</td><td>3</td></tr>
<tr><td>· 보육계획과 보육일지 작성 관리
– 보육교사 지도 원리 및 보육계획 수립 지도
– 보육일지 작성 원리 및 작성 지도</td><td>2</td><td>· 보육 프로그램 개발 및 평가
– 보육 프로그램의 이해 및 개발 실제
– 영아반 · 유아반 프로그램 평가</td><td>2</td></tr>
<tr><td>· 영유아 생활지도를 위한 교사 교육
– 영유아 생활지도의 기초와 교사 교육
– 영유아 생활지도의 실제에서의 교사 지원</td><td>2</td><td>· 교사교육 프로그램 개발 및 운영
– 교사교육 프로그램 개발을 위한 개념 및 중요성
– 교사교육 프로그램 운영의 실제</td><td>2</td></tr>
</table>

		• 원장의 대외협력 관리 – 원장의 대외협력 직무에 대한 이해 – 부모 및 지역사회의 요구 대처 관리	2	• 원장의 리더십과 조직관리 – 원장의 리더십 유형 점검 – 리더십 유형별 조직관리 특성 및 바람직한 리더십	2
		• 영상정보처리기기(CCTV)의 관리 및 운영 – CCTV 관련 규정 및 법규 이해 – CCTV 열람관리 방법 – CCTV 관련 개인정보 유출 예방 관리	2	• 개인정보 보호와 디지털매체 윤리의 실제 – 개인정보 보호 관련법에 대한 이해 – 어린이집 내 개인정보 관리 방법 – 디지털매체 사용 예절과 윤리(사례중심 이해)	3
		• 우수 보육 프로그램 사례(선택) – 우수 보육 프로그램의 최신 동향 – 보육 프로그램의 개선	3	• 우수 보육 프로그램 동향(선택) – 우수 보육 프로그램의 최근 동향, 사례 분석 – 우수 보육 프로그램 개발 및 지원방안	3
		• 보수교육기관 자체개발 교과목(선택)	3	• 보수교육기관 자체개발 교과목(선택)	3
	가족 및 지역 사회 협력 (3시간)	• 부모자원활용 계획과 운영(선택) – 어린이집 운영에 부모참여 활성화를 위한 방안	3	• 부모 요구조사 및 활용(선택) – 연간운영계획 및 의사결정을 위한 부모 요구조사 방법 및 활용 이해	3
		• 어린이집과 지역사회 자원 연계의 실제(선택) – 지역사회 연계 참여 – 지역사회 연계 실제	3	• 어린이집과 지역사회 지원 연계 계발(선택) – 지역사회 연계 활용 – 지역사회 연계활동 계획	3
계		16과목(선택 4과목)	40	16과목(선택 4과목)	40

출처: 2016년도 보수교육과정 매뉴얼.

※ 「기관 운영 실제」 영역 선택 2과목 중 1과목 「가족 및 지역사회 협력」 영역 선택 2과목 중 1과목 등 일부 교과목을 선택하여 이수 가능

※ 「보건위생 관리」 교과목은 심폐소생술, 응급처치 실습 등 이론보다 실습 위주로 교육하도록 함

2) 보육교직원 보수교육의 절차 및 실시

(1) 보육교직원의 보수교육의 절차

영유아보육법에 의하여 보육교사 3급 양성교육 및 보육교직원 보수교육의 효율적 관리, 사용자 편의성 제고를 위하여 「보육교직원 교육통합관리시스템」을 구축하고 운영된다.

양성교육 및 보수교육의 수요조사, 대상자 선정(시 · 군 · 구), 대상자 승인(시 · 도), 이수자 명단 통보(교육기관) 등을 교육통합관리시스템을 통하여 실시한다.

- 시 · 도지사는 영유아보육법 제51조 및 시행령 제26조에 따라 관할 지역 보육교직원 및 어린이집 원장 사전직무교육 이수 희망자에 대한 보수교육을 실시하여야 한다.
- 대학(전문대학 포함), 보육교사교육원 등의 전문기관에 위탁하여 실시할 수 있다.

※ 위탁근거 : 영유아보육법 제23조, 행정권한의 위임 및 위탁에 관한 규정

- 시 · 도지사는 매년 2월 말까지 관할 지역의 교육 수요를 파악하여 보수교육 실시 계획을 수립해야 한다.
- 보수교육 수요는 관할 지역의 현직 교직원을 기본으로 파악하되, 승급교육의 경우 보육교사교육원의 보육교사 3급 양성과정을 수료하여 신규 배출되는 인원을 고려하여 파악해야 한다.

※ 시 · 도지사는 시 · 도 홈페이지 등을 통해 자비부담 대상자에 대한 보수교육 수요도 파악하여 반영. 승급교육 대상자에 대하여는 교육 수요를 정확히 파악하여 승급교육을 받지 못하는 사례가 발생하지 않도록 조치해야 한다.

- 예외적으로 원장 사전직무교육의 경우, 현직 보육교직원 외 교육 수요도 반드시 반영할 수 있도록 사전수요 조사, 과거 관할 지역의 원장자격 신청 실적 등을 참고하여 주요를 파악해야 한다.

※ 휴 · 면직 중인 보육교사, 유치원. 초등학교 교원, 사회복지사, 간호사 등

- 연간 교육실시 계획은 교육수요 및 예산배정 현황을 고려하여 수립해야 한다. 다만, 예산집행 현황을 고려하여 추가 수요 발생시에는 당초 계획을 변경하거나 추가 교육 계획을 수립할 수 있다.
- 시 · 도지사는 예산의 범위를 초과하여 보수교육 수요가 발생되었을 경우 추가 교육계획을 수립할 수 있으나, 이 경우 보수교육 비용을 지원하지 않고 교육생이 보수교육 비용은 자부담하는 조건으로 교육을 실시할 수 있다.
- 시 · 도지사는 다음의 어느 하나에 해당하는 전문기관에 보수교의 실시를 위탁할 수 있다.

- 대학(전문대학 포함) 또는 이와 동등 이상의 학교(보육관련 학과가 설치된 대학(전문대학)에 한함)
- 법 제21조 제2항 제2호에 의한 보육교사 양성 교육훈련시설(보육교사교육원)
- 정부출연 연구기관 등을 설립하고 운영 및 육성에 관한 법률에 의하여 설립된 정부출연 연구기관
- 보육관련 비영리 법인 및 단체
- 육아종합지원센터

- 시 · 도지사는 연초 수립된 보수교육계획에 따라 보수교육 실시를 위탁할 전문기관의 선정 공모 계획을 수립한다.
- 시 · 도지사는 수탁기관 공모 계획에 근거하여 위탁기준, 수탁기관 선정 절차 및 방법 등을 자체 게시판이나 인터넷 홈페이지 등을 이용하여 10일 이상 공고한다.
- 보수교육의 실시를 위탁받고자 하는 기관은 교육과정운영계획서, 교수 요원의 자격 및 경력을 증명하는 서류를 첨부하여 위탁신청서를 시 · 도지사에게 제출해야 한다.
- 시 · 도지사는 매년 3월 말까지 지방보육정책위원회의 심의를 거쳐 보수교육 실시수탁기관을 결정하고 보수교육 실시 위탁계약서를 체결〈서식 Ⅳ-5 참고〉한 후 수탁기관에 보수 교육기관 위탁계약증서를 교부해야 한다.

· 수탁기관 결정 시에는 교육훈련에 필요한 시설기준, 교육과정 및 교수요원의 확보상황 등을 종합적으로 검토하여 적정한 기관을 선정한다.

※ 수탁기관 결정시 교과목별 교수요원 확보 현황, 전년도 보수교육 운영실적 등도 감안해야 한다.

· 위탁계약 기간은 당해 연도를 원칙으로 한다.

· 시 · 도지사는 수탁기관이 다음 어느 하나에 해당하는 행위를 한 경우에는 시행규칙 제22조에 근거하여 보수교육 실시의 위탁을 취소할 수 있다.

- 법 제36조 및 영 제24조의 규정에 의한 보조금을 목적 외의 용도에 사용한 경우
- 법 제36조 및 영 제24조의 규정에 따른 보조금을 거짓이나 그 밖의 부정한 방법으로 교부받은 경우
- 규칙 제20조의 규정에 의한 보수교육의 실시기준에 위반하여 보수교육을 실시한 경우
- 교육자격 미달자에게 보수교육을 실시하고 수료증을 발급하거나, 교육수료 인정기준 미달자에게 수료증을 발급한 경우

· 시 · 도지사는 보수교육 대상자가 연간 보수교육 일정을 인지할 수 있도록 보수교육 실시 전문기관별 교육일정을 자체 홈페이지나 중앙 및 각 시 · 도 육아종합지원센터 등에 게시하여 연중 안내해야 한다.

- 보건복지부는 안내상황에 대해 점검 실시한다.

· 당해 시 · 도에서 특별직무교육 대상자가 적어 보수교육과정을 설치 · 운영할 수 없을 경우에는 보건복지부에서 실시하는 온라인 특별직무교육을 받을 수 있도록 안내해야 한다.

(2) 보육교직원의 보수교육 실시

① 보수교육 대상자 선정

· 시 · 도지사는 관내 시 · 군 · 구로 하여금 보수교육 실시 전문기관의 교육

과정별 교육개시 전까지 보수교육 대상자를 선정

- 시장 · 군수 · 구청장은 자체 계획에 따라 현직 교직원 중에서 보수교육 대상자를 선정하되 다음 기준에 따라 선정
  - 일반직무교육은 의무 이수 대상자를 우선으로 선정
  - 1급 보육교사 승급교육의 경우 2급 자격 취득 후 교육 개시일 전까지 보육업무 경력이 만 2년이 경과한 자 중에서 선정. 단, 2급 자격을 취득한 후 보육관련 대학원에서 석사학위 이상을 취득한 경우에는 보육업무 경력 만 6개월이 경과한 자 중에서 선정
  - 2급 보육교사 승급교육의 경우 3급 자격을 취득한 후 교육 개시일 전까지 보육업무 경력이 만 1년이 경과한 자 중에서 선정
  - 어린이집 원장 사전직무교육의 경우 원장 자격취득을 위한 경력 요건을 충족한 사람과 신청 당시, 자격 취득을 위한 경력요건이 만 1년 이내로 남은 사람을 우선적으로 선정
- 시 · 도지사는 교육과정별 보수교육 대상자를 최종 확정하고 보수교육 실시기관에 통보하여 대상자가 적절히 교육을 받을 수 있도록 함
- 시 · 도지사는 보수교육 대상자를 보수교육 실시 전문기관에서 선정할 수 있도록 할 수 있으나, 현직 교직원 중에서 보수교육을 받을 수 있는 자격을 갖춘 자를 선정하도록 관리 · 감독

※ 보수교육을 이수할 수 있는 자격이 있는지 여부는 "보수교육 대상자" 참고
어린이집 원장 또는 어린이집을 설치 · 운영하는 자는 특별한 사정이 없는 한 보육 교사 등 보육교직원이 보수교육을 이수할 수 있도록 지원 · 허락

② 보수교육의 실시

보수교육 실시 전문기관은 시 · 도지사로부터 통보받은 과정별 보수교육 대상자에게 보수교육을 실시한다.

※ 시 · 도지사로부터 통보받은 과정 이외의 보수교육 과정을 운영하고자 하는 경우에는 필히 시 · 도지사에게 사전에 교육과정 운영 승인을 받아야 하며, 교육실시 후 교육대상자 명단 등을 시 · 도지사에게 통보(2015년도 보육사업안내).

2. 장학

1) 장학의 개념 및 목적

교육의 질은 교사의 질에 의해 결정된다는 말이 있을 정도로 교사의 역할은 중요하며 교육의 환경 요인이라고 볼 수 있는 인적 환경의 최대 변수는 교사라고 말할 수 있다.

가장 효과적인 교육의 질적 관리는 보육교사 스스로가 유아의 발달과 학습을 촉진시켜 주기 위한 목적 아래 보육 실제의 전체성과 다양성을 고려하여 유아에게 미칠 영향을 항상 염두에 두고서 자신이 계획, 운영하고 있는 교육실제에 대하여 진지한 자기 성찰의 기회를 가짐으로써 가능하리라 생각된다. 유목적적이고 전통성이 있는 교육기관으로서의 역할을 다하기 위해서는 유아가 속한 사회적, 물리적 환경에 대한 끊임없는 재고찰과 계획이 이루어져야 하며, 전문인으로서 보육교사의 역할과 책임은 보육 프로그램이 도달해야 할 이상적 가치와 기대의 수준에 도달하는 것이고 이러한 노력이 계속될 때 유아를 위한 학습환경과 교육경험의 질은 향상될 것이다. 보육교사는 보육 이론과 실제 그리고 유아발달의 이해와 교육과정의 구성 등 다양한 지식이 있어야 하고, 실행에 있어 일관성이 있어야 하며, 근본적으로는 인간존엄에 기초한 유아 개개인의 가치, 즉 개인적, 사회적 가치에 대한 중요성을 인식하고 교육에 임해야 한다. 이러한 과정 속에는 이론의 발달과 수정뿐 아니라 교과기술의 증진도 함께 이루어져야 한다. 교사의 사고와 행동이 통합될 때 교사는 가장 높은 수준의 전문적 지위에 오르게 될 것이다.

따라서 보육의 질적 관리를 위해서는 교사와 교사교육에 대한 연구와 지원이 있어야 할 것이다. 교사의 질적 향상과 교육의 질을 위하여 최근에 교사 교육자들은 교사교육의 효율성을 높이기 위한 노력의 일환으로 교사의 발달 단계에 따라서 관심사와 요구가 다르므로 각 교사의 개인차를 인정하여 교사의 개인적 성장을 돕고 이에 따라 교사교육의 내용과 방법, 유형을 달리 접근하는 것이 필요하다는 점을 시사해 준다. 이를 위한 교사 장학의 역할은 보육의 질적 관리와 교사의 전문성 향상을 위해서 직전교육 뿐 아니라 효율적인 현직교육 또한 이루어져야 한다는 점도 시사해 주고 있다.

Gregore(1973)는 지속적 효과를 낼 수 있는 교사 연수 프로그램을 개발하기 위하여 교사들의 전문적 발달 단계를 형성 단계(becoming stage), 성장 단계(growing stage), 성숙 단계(matuting stage), 원숙한 전문적 수행 단계(full functioning professional stage)로 나누었다.

Burden(1980)도 비교적 다양한 영역에서 교사 발달에 따른 관심사를 제시하였다. 전문적 교사들은 경력에 따라 다른 기술, 지식, 행동, 태도, 관심사를 가지며 이러한 특징들의 변화는 일정한 발달 유형을 따르며 이는 생존 단계(suvival stage), 조정 단계(adjustment stage), 성숙 단계(maturity stage)로 제시하였다.

임승렬(1990)은 유아교육 교사의 전문가로서의 성장을 촉진시켜 줄 수 있는 바람직한 현직 교육을 계획 · 운영하기 위해 연구한 결과 각 발달 단계를 거치는 시기는 교사의 연령과 경력에 따라 다르나 생존 단계, 적응 단계, 성숙 단계의 3단계가 있음을 밝혔다. 부임 후 1년간을 생존기로, 2년에서 4년을 적응기로, 교직 경력 5년 이상을 성숙기로 보고 그에 따른 관심사는 이전의 연구들과 유사함을 나타냈다. 적응기에 대해서는 Katz가 제시한 강화기와 유사하지만 교사가 유아의 요구를 충족시켜 주기 위하여 새로운 학습 방법, 수업 방법 등을 추구하는 경향을 보임으로써 다르다고 하였다.

이승연(1993)은 현직 교사들에게 적절한 교육을 제공하기 위한 기초로서 교사의 발달에 초점을 두고 유아교육 교사의 전반적인 관심사 경향과 경력 및 기타 변인에 따른 관심사를 알아보기 위하여 Tsai(1990)의 유아교육 교사의 관심사 평정척도를 이용하였다. 연구 결과 우리 나라 유아교육 교사들은 교직에 관련된 전반적인 문제에 관심이 높으며 특히 생존 관심사에 높은 관심을 보인 것으로 나타났다. 또한 경력에 따라서는 경력 1년 미만에서는 생존 관심사에, 경력 1년에서 5년인 경우에는 강화 관심사에, 경력 3년에서 5년인 경우에는 갱신 관심사에, 경력 5년 이상인 경우에는 성숙 관심사에 많은 관심을 가지고 있는 것으로 나타나 경력이 증가할수록 생존에 대한 관심은 낮아지고 성숙에 대한 관심은 높아지는 것으로 나타났다.

이는 대체로 Katz(1972, 1985)의 발달 단계와 유사하게 나타난 것이다. 또한 경력 이외의 분석에서는 학력에 따른 것은 성숙 관심사에만, 근무 기관의 유형에서는 갱신 · 성숙 관심사에만 의미 있는 차이를 보였고 학급 담당에 따른 비교에서는 유의미한 차이가 없는 것으로 나타나 교사의 관심사에 영향을 미치지 못하는 것으로 밝혀졌다. 한편 현직 교육에서의 참여 횟수와 직무만족도에서는 참여횟수가 많을수록, 만족도가 높을수록 관심사의 수준이 높아지는 경향이 있었으며 관심사의 네 단계에서 통계적으로는 유의한 차이를 보임으로써 교사의 전문적 관심 수준에 의미 있는 영향을 미치는 것으로 나타났다.

교사를 위한 직전교육(pre service) 및 현직교육(in service)을 비롯한 훈련과정은 우수한 교육 프로그램을 논함에 있어서 핵심이 된다. 독특한 특성을 갖고 있는 폭넓은 연령범주의 유아 시기를 담당하는 교사의 교육이 직전 교육만으로는 결코 완성될 수 없고 교사가 된 이후에 교육 현장에서의 경험과 더불어 제공되는 자극이 교사의 전문성 발달에 중요한 역할을 하기에 교직에 있어 전 기간 동안 적절한 지식과 정보, 기술들을 익혀 나가는 전문성의 지속적인 성장은 중요하다. 모든 직업을 가진 사람들이 임용 후에 자기 직업에 대한 새롭고 유용한 지식, 기술, 정보 등을 얻고 자기 자질의 향상을 위해 계획적인 교육이나 연구 및 연수에 참여하는 것이 바로 현직교육의 넓은 틀인 것이다(김형호, 1975). 상급 학교로의 진학이나 각종 일반연수 및 자격 연수과정 같은 현직교육이나 유아교육기관의 교수-학습 과정에 관한 현장 workshop 훈련과정의 참여는 서로의 사고를 교환하고 공유하며 교수 기술의 증진을 이끌어 주기도 한다. 지역사회 내에서 동료 교사 간의 조언자가 되어 주거나 다른 프로그램을 방문하거나 주제별로 team study를 하는 것도 효과적인 현직교육의 일부가 된다. 개인적으로는 국내 · 외 유아교육협회에 가입하는 것이나 학술지를 정기 구독하고 교육 정보 자료센터를 활용하는 노력도 따라야 한다. 그러나 현직교육에서 다루어야 하는 것은 한 가지만이 아니다. 직전교육의 모든 내용이 포함되어지고 거기에 더해 직접 대상자의 요구에 호응한 교육까지 더해져서 내용에 있어서는 매우 유동적이라고 볼 수 있다.

Decker와 Decker(1976)는 현직교육의 내용으로서 아동의 운동, 감각, 지각, 인지, 언어, 정서발달, 공간구성, 교재 · 교구의 배열, 학습과 평가, 아동-성인간 상호작용, 영양 및 건강과 안전에 대한 정보를 제공해 주는 내용으로 현직교육이 이루어져야 한다고 제시하였다. 이정환(1991)은 유아교육 교사들의 전문성 신장을 위한 연수 교육과정의 체계화에 관한 연구에서 바람직한 교사의 현직교육 정책 방향, 내용과 방법 등을 제시하였고 정미라(1993)는 현직교육의 내용과 방법의 새로운 정비와 함께 현장에 기초를 둔 계속적인 연구의 기회와 여건에 대해 필요성을 역설하였다.

이에 대해 교사교육을 통칭하여 장학이라 본다면 장학은 교사가 지적으로나 사회적으로 고립에 빠지기 쉬운 직업상 위치를 해결하는 방법이기도 하다. 또한 Reiman & Thies-sprinhall(2004)은 교사가 과중한 업무로 새로운 정보와 지식에 습득기회가 적을 수 있으므로 장학을 통하여 전문성을 시장하도록 도울 수도 있다고 장학의 필요성을 강조하였다.

결국 교사 발달을 돕는 장학의 궁극적인 목적은 교사가 스스로 자신을 전문가로 인식하고 자신의 전문성 향상을 위하여 끊임없이 노력해 가도록 이끌어 주는 것이다.

2) 장학의 종류

(1) 직접적 장학

교사란 장학을 주도해 가는 사람으로서 스스로 자기 의지에 따라 장학을 실천해 나아가야 한다. 그러나 처음부터 모든 교사가 자기 의지에 따라 장학을 실천하기란 어려울 수 있고 모두가 이러한 방법을 선호하는 것도 아니다. 예비교사나 초임교사, 또는 경력교사 중에서도 특정한 교수 기술을 향상시키고자 하는 경우라면 그 부분에 대하여 구체적인 도움을 얻는 것이 교사의 발달에 효과적이다. 직접적 장학이란 이에 도움을 주기 위한 것이다.

직접적이란 장학사가 교사의 요구를 수렴하여 교사가 원하는 도움을 구체적으로 제시해 준다는 의미이다. 그러나 직접적 장학이란 장학사가 교사에게 모든 것을 지시하고 교사는 그대로 따라하는 수동적 · 전통적인 장학의 의미와는 다르다. 직접적인 장학에서 장학사는 답을 몰라 갈등하는 교사에게 답을 쉽게 찾을 수 있는 길을 직접적으로 제시해 주는 역할을 할 뿐이며, 결국 답을 찾는 것은 교사의 몫이다. 교사의 발달을 돕는 장학의 어떠한 유형도 교사와 장학사가 주종의 관계에서 지시받고 지시에 따르는 것을 지향하지 않는다.

① 임상장학이란?

임상장학은 직접적 장학으로 교사중심 장학이라고도 한다.1920년대에 이미 소개되었으나, Cogan이 임상장학이라는 용어로 그 개념과 절차를 구체화된 것에 의해서이다(Sullivan & Glanz, 2000). 1950년대 말 하버드대학의 교사 양성교육 프로그램에서 Cogan과 그의 동료들에 의해 개발된 임상장학은 1970년대 초반까지는 보편화되지 못하고, 교육 현장에 적용 가능한 모형이라기보다는 하나의 교육 이념 정도로 인식되었다.

그때까지는 일반적으로 장학담당자가 잠시 교실을 방문하고 교사와 협의하거나 간단히 보고받는 것만으로도 교사의 교수 방법은 충분히 개선될 수 있다고 생각하였다. 이와 같이 교사들이 교수 방법을 배우고 개선하고자 할 때 겪게 되는 어려움을 과소평가하는 것은 교사 양성교육과 현직교육에 있어서 중요한 문제가 된다. 일반적으로 교사들은 교수법에 대하여 교육받기 이전에 이미 초·중등학교 시절을 보내면서 학생으로서의 자신의 경험을 통해 고정된 교수 방식을 갖게 된다. 새로운 교수 방법을 배우기 위해서는 먼저 기존의 고정된 인식부터 변화되어야 하기 때문에 이는 결코 단순한 일이 아니다. 이러한 이중 과업을 이루기 위해서는 오랜 시간이 걸릴 뿐 아니라 체계적인 방법이 필요한데, 임상장학이란 이에 도움을 주기 위한 것이다.

Goldhammer(1969)는 '임상장학'에서 '임상'이란 장학담당자와 교사 간의 대면 관계를 나타내기 때문에 임상장학이란 가까이에서 일어나는 장학을 의미하며, 교사의 전문적 교수행동을 위한 실질적인 장학이라고 본다. 특히 인간적으로 친밀하면서도 전문적인 관계 속에서 교사의 행동에 초점을 두는 것으로서, 장학담당자의 세밀한 수업관찰과 교사와의 세부적인 상호작용이 중요시된다.

특히 임상장학이란 지시적이기보다는 상호작용적이고, 독재적이기보다는 민주적이며, 장학담당자 중심이라기보다는 교사중심적인 장학의 대안적 모형이라고 할 수 있다(Acheson & Gall, 1980). 자신의 수업을 분석할 수 있고 다른 사람의 도움과 변화에 개방적이며 무엇보다 자기 주도적인 책임감 있는 교사로 발전시키기 위한 방법으로서 이러한 관점은 효과적인 장학의 기본 가정과 맥을 같이 하는 것이다. 교사의 반성적 교수 실제에 있어서 중요한 요소인 자기 분석과 자기 주도성을 강조한다(Pajak, 1993).

Goldhammer와 Anderson 그리고 Krajewski(1980)는 임상장학의 특징을 다음의 아홉 가지로 제시하였다.

- 임상장학이란 교수 개선을 위한 기술이다.
- 수업 과정에 대한 세심한 개입이다.
- 목표 지향적으로서, 교사의 개인적인 발전에 대한 요구와 학교의 요구 간에 조화를 이루고자 한다.

- 교사와 장학사 간의 전문적인 관계에 기초를 둔다.
- 임상장학에서는 상호 간의 높은 신뢰를 요구하는데, 이는 정장에 대해 이해하고 지원하는 기본이 된다.
- 임상장학은 융통성이 있으며 계속적인 변화를 요구하면서도 매우 체계적이다.
- 이상과 실제 간의 차이를 줄이기 위해 생산적인 긴장을 일으킨다.
- 장학사가 교수-학습에 대한 분석과 생산적인 인간관계 형성에 대하여 많은 것을 알고 있다고 가정한다.
- 장학사에게 관찰 기술 측면에서의 기초 훈련은 물론 효과적으로 장학을 실천하기 위한 계속적인 교육을 요구한다.

결국 임상장학이란 교사 자신의 교수 개선에 직접적인 도움을 주고자 고안된 수업 지원체계라 할 수 있다. 단순한 교사 평가가 아니라 교수 향상을 위한 것이며, 일반적인 느낌이나 간접적인 증거라기보다는 교실 내의 활동 속에서 개별 교사를 직접 관찰하고 교사와 장학담당자 간에 직접적이고 상호적인 관계를 형성하여 합리적으로 수업을 계획하고 참관하여 집중적이고 객관적인 분석을 하는 체계적인 순환 방식의 장학이라 할 수 있다. 즉 효과적인 임상장학이란 교사와 장학담당자가 설정된 교육 목표에 대한 정보를 확인하고 수집 · 해석하는 데에 초점을 둔 문제해결 과정이 되어야 하며 충분한 시간을 두고 동료의식과 협동을 기초로 하여 교수 향상을 위한 방법을 찾고 개선해 가도록 해야 하는 것이다.

② 임상장학의 모형

- Goldhammer의 모형—이 모형은 관찰 전 협의회, 관찰, 분석과 전략, 장학협의회, 그리고 협의회 후 분석의 5단계로 구성된다.

첫째, 관찰 전 협의회에서 장학담당자와 교사는 수업목표, 실시되고 있는 전체 프로그램과 수업목표와의 관계, 관찰 대상 행동 및 시간이나 길이, 장소 등에 대한 규칙, 그리고 관찰 후 협의회까지의 간격에 대하여 고려해야 한다.

둘째, 관찰 단계는 관찰 후에 분석하고 타당한 결정을 내리기 위하여 수업에 대한 객관적이며 광범위한 자료를 수집하기 위한 것이다. 특히 교사가 장학담당자에게 의존하지 않고 객관적으로 자기 분석을 할 수 있도록 자율성을 기르는 데 도움을 주기 위함이며 사전에 협의된 행동을 협의된 시간과 장소에서 협의된 방법대로 실제적 · 객관적으로 기록하여야 한다.

셋째, 분석 단계는 관찰된 자료의 의미를 파악하고 다룰 수 있게 하기 위한 것으로서, 교사로 하여금 자신의 수업에 대하여 자율적 · 적극적으로 검토하게 하며 장학담당자로 하여금 교사의 수업자료를 평가하여 제시 · 도록 한다. 분석 시에는 메모나 녹음 및 녹화 테이프 등으로 교사의 반복적인 행동 유형에 대한 자료를 찾고 그 의미를 평가한다.

전략 단계는 다음의 장학협의회를 어떻게 개최할지에 대해 결정하는 단계로서 협의할 문제, 인용할 자료, 의도하는 목적, 어디서 시작하여 어디서 끝낼지, 누가 무엇을 해야 할지 등을 구체적으로 계획한다.

넷째, 장학협의회 단계는 장학담당자와 교사가 수업에 대하여 토의하고 앞으로의 수업에 대한 계획을 세우며, 교사 스스로 자기 장학을 할 수 있도록 하기 위한 단계이다. 수업과정에서의 문제점을 파악하고 검토하며 다른 전문 교사와 함께 협력하여 평가를 재반영한 수업을 계획하는 시간이 된다. 교사로 하여금 자기 장학을 할 수 있는 동기와 기술을 발달시킨다.

다섯째, 협의회 후 분석 단계는 장학담당자가 자신의 행동을 검토하기 위한 것으로서, 장학이 생산적으로 이루어졌는가에 대하여 평가하고 장 · 단점을 분명히 하며, 다음 장학을 수정 · 계획하는 단계이다. 효과적으로 협의회 후 분석을 이루기 위하여 장학 단계에서 수집한 모든 자료와 협의회 과정을 녹음한 자료를 토대로 하여야 한다. 이때 교사는 협의회 후 분석과정을 지켜보게 함으로써 오류를 범하여 교사의 생각과 차이를 보일 것이라는 불안을 없앨 수 있다.

· Cogan의 모형—이 모형은 Goldhammer 모형의 단계를 확장시킨 것으로서,

교사와 장학담당자 간의 관계 수립하기, 교사와 함께 계획하기, 관찰 전략 계획 세우기, 수업 관찰하기, 교수-학습 과정 분석하기, 협의회 전략 세우기, 협의회, 계획의 재수립의 8단계로 이루어져 있다.

첫째, 교사와 장학담당자 간의 관계 수립하기에서 Cogan은 교사와 장학담당자 간의 동료 관계 수립은 임상장학 과정의 어떠한 단계보다도 중요하다고 보았다. 이러한 첫 단계에서 장학담당자는 교사와 임상적 관계를 수립하고, 교사가 임상장학과 그 결과에 대하여 이해할 수 있도록 도와주어야 하며 장학 시 교사가 갖게 되는 새로운 역할과 기능으로 교사를 유도해야 한다.

둘째, 교사와 함께 계획하는 단계에서 교사와 장학담당자는 함께 학습단원을 구체적으로 계획한다. 이렇게 교사와 장학담당자가 함께 계획함으로써 교사에게는 장학 시 자신의 새로운 역할을 배울 수 있는 기회를 주며, 장학담당자에게는 교사의 교수 목표, 교수 전략, 학생에 대한 지각, 내용과 경험 선정, 그리고 그 이전의 학습 과정에 대하여 가치 있는 정보를 얻을 수 있게 한다.

셋째, 관찰 전략 계획 세우기 단계에서 장학담당자는 관찰과 자료 수집의 목적과 과정 그리고 물리적 · 기술적인 절차를 계획하는데, 임상장학의 과정에 익숙해지게 되면 교사도 관찰 계획에 참여하게 된다.

넷째, 수업 관찰하기 단계에서 장학사는 수업활동을 관찰하는데, 반드시 교사와 장학담당자의 원만한 상호 관계, 충분한 수업 계획, 수업 관찰 전략을 세운 후 관찰이 이루어져야 한다. 또한 언어적 · 비언어적 · 정의적 영역 모두를 관찰대상으로 하고 적절한 매체를 사용하여 객관적으로 기록해야 한다.

다섯째, 교수-학습 과정 분석하기 단계에서 분석 유형은 일반적으로 장학담당자가 혼자서 완전히 분석하는 형태거나 교사가 혼자서 완전히 분석하는 형태거나 협의회에서 장학담당자와 교사가 함께 협동하여 부분적으로 분석하는 형태이다. 이러한 절차는 임상장학 과정에서 나타나는 교사의 발전 응력과 요구를 고려하여 결정된다.

여섯째, 협의회 전략 계획 세우기 단계의 경우 장학의 초기에는 협의회 계획을 대체로 장학담당자가 단독으로 수립하지만 점차 협의회 계획을 교사와 장학담당자가 함께 하는 것이 바람직하다. 협의회를 위한 일정한 형태나 정해진 절차가 있는 것은 아니다. 오히려 장학담당자와 교사가 협의회의 유용성을 최대화시키기 위하여 계획을 세우는 것이 필요하다. 협의회에서 일반적으로 사용되는 전략은 ① 임상 주기 전략, ② 사건에 대한 연대 목록, ③ 학생 행동에의 초점, ④ 교수 전략, ⑤ 비지시적 전략, ⑥ 역할극 전략, ⑦ 결합된 전략, ⑧ 소크라테스식 전략의 8가지이다.

일곱째, 협의회 단계에서 참여자는 주로 장학담당자와 교사인데, 필요한 경우에는 다른 사람도 참여할 수 있다. 때로는 장학담당자 없이 교사와 다른 사람에 의하여 진행될 수도 있다. 협의회를 효과적으로 진행시키기 위해서는 먼저 수업관찰 직후 장학담당자가 교사에게 처음으로 하는 말에 주의를 해야 하며 협의회의 정서적인 분위기 또한 고려해야 한다.

마지막으로 계획의 재수립 단계에서 교사와 장학담당자는 다음 수업에서 교사가 시도하고자 하는 변화에 대하여 다시 계획한다.

(2) 상호협력적 장학

① 동료장학이란?

상호협력적인 면에서 동료장학이나 동료 코칭이라고 불리는 장학 유형이다. 2~3명의 교사가 자신의 전문성 발달을 위해 함께 협력하고자 하는 비교적 형식화된 과정이다. 구체적으로 교사들이 서로 상대방의 수업을 관찰하여 피드백을 주거나 공동 관심사에 대해 토의하는 방법 등을 활용하여(Glatthorn, 1997) 상호 협력적으로 전문성 발달을 이루어 가는 것이다.

이 장학유형은 대상이 장학담당자이든, 동료 교사이든, 원장, 원감이든 장학을 담당하는 사람과 장학 대상자가 서로 동등한 관계에서 상호 협의하에 장학의 전 과정을 이끌어 가는 것이다. 즉, 어느 한쪽이 장학협의에 대한 책임을 지는 것이 아니라 양쪽 모두 하나의 바람직한 결과를 향해 합의해 나가는 방법이다.

특정한 연구 과제나 시범과제를 정하여 관심 있는 동료 교사끼리 자료를 공동으로 제작하고 연구 및 세미나를 하거나, 경력교사와 초임교사가 짝을 지어 서로 수업을 공개하고 협의하는 것뿐 아니라 지식과 기술 및 정보를 상호 주고받기 위한 다양한 형태의 활동이 이에 해당된다.

교사를 수직적인 관계에서 지도하는 형태가 아니라 교사 자신이 상대 교사의 발달을 도와주는 협력자 역할을 할 수 있다는 관점은 교사의 자질을 믿는 임상장학에서 그 뿌리를 찾을 수 있다.

이와 같이 이 장학은 여러 가지 형태로 이루어질 수 있다. 교사들은 스스로 팀을 조직하거나, 적어도 한 명을 원장 또는 장학 요원에 의해 선발된 교사로 하여 조직할 수 있다. 일단 팀이 조직되면, 임상장학에서 비지시적 장학에 이르는 당양한 형태로 함께 협력해 나간다. 전통적인 관점에서는 장학의 형태를 수업을 관찰하기 위한 몇 가지 형태에 국한해 왔다. 그러나 동료장학은 수업 관찰 이상으로 그 의미를 확대한다. 교사들은 서로 비형식적으로 자신이 직면한 문제에 대해 토의하고 아이디어를 나누며, 수업 준비를 도와주고 제언해 주며, 도움을 주고받는다. 교사들은 서로서로 비형식적 피드백을 제공하면서 그들이 중요하다고 생각하는 교수의 쟁점에 대해 토의하며 교수의 강조점은 교사가 중요하다고 보는 특정 문제에 초점이 맞춰질 수 있다. 또한 한편으로는 여전히 관찰한 교사의 교수 실제에 대한 일반적인 느낌 또는 기본적인 것만을 다루면서 특정한 것을 강조하지 않을 수도 있다. 교사들끼리 또는 장학담당자와 교사의 상호 협력 과정에서 자연스럽게 이를 통해 무엇을 보고 논의하고 싶은지 결정해 나갈 수 있다.

교사들은 관찰 기술과 임상장학의 형태에 익숙해지면, 문제를 명료화하고 훈련하며, 계획을 세우고 해결하는 역할을 맡게 될 것이다. 장학담당자는 교사들로 하여금 목표 설정과 명료화, 목표 달성 방법을 스스로 해 보게 함으로써 장학 주체로서의 책임을 지게 한다. 또한 이러한 책임감과 주체성을 토대로 교사들이 자발적이며 지속적으로 상호 협력적 장학을 실행할 수 있도록 돕는다.

초임교사를 돕기 위한 수습 교사 프로그램은 바람직한 것이고, 여러 가지 갈등을 느끼고 있는 교사를 돕기 위한 경력교사 멘터 프로그램도 모두 그 나름대로 가치 있는 것이다. 그러나 그러한 것들은 의도성이 강한 것이므로 자칫 또 다른 지시적 장학이 될 수 있다. 동료장학을 통해 누가 도움을 받게 되는지, 수업을 관찰하는 교사와 관찰받는 교사 모두 관찰 결과 자신의 수업에서 활용할 수 있는 어떤 아이디어를 얻을 수 있을지 등의 문제도 동시에 고려하여야만 성공적인 장학이 될 수 있을 것이다.

② 상호 협력적 장학형태

- 동료 간 협의—동료 관계는 기관장과의 수직적인 관계에서 오는 부담감이 없기 때문에 교사들은 동료 간의 협의 과정을 통해 많은 것을 배울 수 있다. 상호 신뢰할 수 있는 동료끼리 교육계획안을 함께 작성한 뒤 서로 분석해 보거나 구체적 교수 방법에 대해 협의할 수 있는 기회는 교사의 교수법 향상에 도움이 된다. 또한 초임교사의 경우 경력 2~3년 된 교사와의 협의 기회를 갖게 됨으로써 교사 역할에 대한 구체적인 도움은 물론 심리적인 지지를 얻을 수 있다. 단, 동료 간의 원만한 인간관계 형성은 교사 개개인에게 소속감이나 직무만족도를 높이는 주요 요인이 되므로 획일적이거나 지나친 동료 협의회로 관계 형성을 악화시키는 것은 지양되어야 한다.
- 멘터링—멘터링은 경력 있고 능숙한 교사들이 초임이나 기술이 서툰 교사를 위해 전문적이고 개인적인 발달을 증진하기 위한 시범적인 모델의 역할로서 충고, 격려, 상담하는 방법을 말한다. 멘터는 경력교사들 중에서 선발되어 교사와 함께 현재의 전문적 목표를 성취하기 위해 계획하고, 지원하며, 자문해 주는 역할을 한다.
- 동료 지원집단—동료 지원집단이란 교사 자신의 전문적 성장을 위해 함께 일하는 교사들의 작은 집단이다. 동료 지원집단의 교사들은 서로 도움을 주고받으면서 교수 실제와 대안적인 전략들에 관심을 가지게 된다. 동료 지원집단은 전문적인 발달을 위한 포트폴리오를 작성하고 구성원들 모두가 전문적 발달을 이룰 수 있도록 구체적인 계획을 세운다. 동료 지원집단의 구성은 장학 요원과 교사들에 의해 결정된다. 이들은 정기 모임의 원칙을 마련하기

위해 장학 요원의 도움(예: 일하는 시간 면제해 주기, 보상금 지급, 전문적 발달을 위한 시간 내주기)을 필요로 한다.

- 동료 코칭—동료 코칭은 교수 과정을 되돌아보고 검토할 목적으로 교사에게 제공하는 두 동료 간의 신뢰하는 배치이다. 동료 코치의 3가지 일반적인 양식에는 ① 있는 그대의 반영 : 지적할 것을 기록하지만 교수 행동에 간섭하지는 않는 것, ② 협력적인 코칭 : 원하는 도움을 주는 교수 행동에 간섭하지는 않는 것, ③ 전문가적인 코칭 : 관찰자가 교사의 학습 또는 특정 기술을 향상되게 하도록 돕는 피드백을 주는 것 등이 있다. 동료 코칭은 교사들이 바라는 자기 분석, 반성, 그리고 성장을 위한 기회를 주는 데 매우 유용하다. 동료 코칭팀은 전문성 발달의 목표 성취 방법이나 포트폴리오 안에 포함할 자료 및 전문성 발달 계획 방법을 함께 고안한다. 동료 코칭은 안전하고 질적인 환경과 권한의 평등함 속에서 함께 나누고 서로를 배려한다. 동료 지원집단처럼 동료 코칭팀은 장학 요원의 관찰, 모임, 그리고 정보 공유의 지원을 필요로 한다.

(3) 자기 주도적 장학

① 자기 주도적 장학이란?

자기 주도적 장학은 교사가 자기 스스로 자신을 개발하려는 내적 동기에 의해 이행되는 자율적 장학의 한 형태이다. 인간은 누구나 자기실현의 욕구와 의지를 가지고 있다. 교사 역시 스스로 성장하고 싶은 욕구를 지닌 인간이다. 따라서 직접적 장학이나 동료 장학과 같이 외적으로 주어지는 동기보다는 교사 자신의 성장에 대한 욕구를 북돋워 주는 것이 가장 효과적인 장학의 방법이 될 수 있다. 다시 말해, 자기 주도적 장학은 교사 각자가 자율적 사명의식을 가지고 교직 성장을 위하여 스스로 관리하고 반성하며, 연구를 통하여 자기 연수를 함으로써 교직의 전문성을 고양해 나가는 것이다. 이와 같이 교사 자신이 스스로를 분석하고 평가한 후, 발달을 위한 방법을 계획하고 안내하며, 전개시켜 나가는 장학의 형태를 자기 주도적 장학 또는 자기 장학이라고 한다. 교사의 발달을 돕는다는 기본 전제가 가장 바람직하게 실현된 형태가 바로 이러한 자기 장학이 계속적으로 이루어지는 상태라고 할 수 있을 것이다.

구체적으로 자기 주도적 장학이란 교사 스스로 자기 발전을 위한 일정한 목표를 세워 놓고 그 목표를 향해서 독립적으로 노력하는 것으로서 자기 평가나 자기 분석을 중요시한다. 교사 개인의 목표와 직무 수행의 목표, 성취 방법, 필요한 자원, 평가 방법 등을 제시하여 정기적으로 이행 과정을 반성하는 교사의 자기 평가나, 자신의 수업을 녹화하거나 학생의 반응을 조사하여 자신의 교수 행동을 분석하는 자기 분석 방법 등을 기초로 한다(신옥분, 1994). Yager(1987)는 자기 장학은 자기 인식(self-awareness), 자기 실행(self-action), 자기 평가(self-avaluation)가 계속적인 피드백을 받으며 반복적으로 일어나는 과정이라고 정의하고 자기 개선에 가장 중요한 요인은 자기 인식이며 인식과 실행은 많은 연관이 있다고 보았다. 이러한 자기 인식이 바로 자기 분석의 과정이 된다.

전문성은 고정된 능력이 아니라 지속적으로 변화하면서 성숙되어 가는 것이며 이는 자연히 이루어질 수 없고 반드시 의도적인 노력이 뒷받침되어야만 하는 것이다. 따라서 교사는 변화하는 사회의 요구를 충족시킬 수 있도록 자신의 전문적 지식과 기술을 발달시키는 데 부단히 노력해야 하며, 이러한 전문성 신장은 교사로서의 전 생애를 통해 꾸준히 이루어져야 한다.

자기 장학의 중요한 특징을 정리하면, 첫째는 교사 자신의 자율성과 자기 발전의 의지 및 능력을 기초로 한 교사 자신의 평가와 사정으로부터 시작한다(Glatthorm, 1997)는 것이며, 둘째는 전문적인 제반 영역에서 교사 자신의 성장과 발달을 도모하는 것이고, 셋째는 원칙적으로 교사 자신이 스스로 계획을 세우고 이를 실천하여 그 결과에 대하여 자기반성을 하는 활동(강영삼 외, 1995)이라는 것이다.

자기 주도적 방법이 모든 교사에게 도움이 되는 것은 아니다. 어떠한 방법이든 교사의 발달 특성에 적합해야 그 효과를 거둘 수 있는 것이다. 대체로 자기 주도적 장학은 초임교사보다 경력교사에게 적절한 경우가 많으나, 교사의 개인적 성향이나 능력, 상황 등을 종합적으로 고려하여 발달에 맞는 구체적인 자기 장학의 방법을 찾는다면 초임교사도 도움을 받을 수 있다.

② 교사 발달 단계에 따른 자기 주도 장학유형

Katz(1985)가 제시한 교사 발달 단계에 Fuller(1969)의 관심사 이론을 적용하여 교사 발달 단계에 따른 적절한 자기 장학의 방법을 제시하면 다음과 같다.

생존기의 교사는 지원, 이해, 격려, 위로, 지도 등을 받고자 하며 수업 현장에서 즉각적으로 사용할 수 있는 도움을 원한다. 이를 위해 선배 교사 또는 동료 교사의 조언을 구할 수도 있으며, 자신의 수업을 비디오로 녹화하고 분석하여 반성적 사고의 기회를 갖는다.

강화기의 교사는 전 단계의 경험을 강화하고 개별적인 문제와 아동과 문제 상황에 관심을 갖기 시작하므로, 이 시기에는 전문가와의 접촉으로 조언을 구하거나, 또는 각종 연수에 참여함으로써 자신의 교수 기술을 향상시켜 나갈 수 있다.

갱신기의 교사는 새로운 아이디어, 자료, 기술, 접근법 등을 시도하므로, 다른 프로그램을 운영하는 교사들과의 만남, 전문 협회 참석, 전문 서적 탐독, 타 기관 방문이나 수업참관의 기회를 갖는 방법 등이 도움이 된다. 또한 시범 연구를 맡거나 자신에게 맞는 현장 연구를 실시함으로써 자신의 문제해결 능력을 기른다.

성숙기의 교사들은 교사로서 완전한 자신감과 경험을 갖추게 되는 시기이므로 교육 철학, 성장과 학습의 본질, 학교와 사회와의 관계, 교직 등에 관해 나름대로의 안목과 관점을 갖게 된다. 그러므로 이 시기의 교사들에게는 전문가와의 협의나 세미나 참석, 학위 프로그램이나 과정, 폭넓은 독서, 다양한 분야의 전문가들과의 상호 접촉이 필요하다.

(4) 기타 장학

① 발달장학

발달장학은 Glickman이 개발한 장학 유형으로 자기 주도적 장학의 기법을 좀더 교사 개인발달에 맞추어 장학방법을 적용한다는 점이 다르다고 할 수 있다. 4가지 발달단계에 적용하는 방법들이 지시적 접근, 비지시적 접근, 상호 협동적 접근의 방법을 적절히 맞추어 사용한다는 것이다.

아이들처럼 교사도 다른 개체임을 인정하여, 발달의 차이가 있음을 존중하고, 서로 다른 경력이나 관심사, 학력, 인생주기 등을 고려하여 적합한 유형을 선택하고 적용해 보는 장학 유형이다.

② 수업장학

수업장학의 궁극적 목적은 교사의 수업행동에 대한 변화를 통해 유아들의 학습을 촉진시키기 위한 것이다. 교사의 수업장학에 직접적으로 영향을 주기 위한 전문적인 지도 및 조언을 할 수 있다. 교육청에서는 수업장학을 통해 우수 모델을 선발하여 교사용 매체로 보급하기도 한다. 각각의 원에서는 초임교사가 경력교사의 수업을 참관하는 형태로 수업의 질을 향상 시키기 위한 장학의 방법이기도 하다.

③ 자율장학

각각의 원에서 원장 및 교사들이 상호간의 협조와 이해하에 자율적으로 교사의 전문성을 높이기 위해 노력하며, 교사들의 교육의 질을 높이기 위한 교수-학습 방법 및 환경 개선을 위해 노력한다. 각 교사의 필요에 맞는 장학을 실행할 수 있는 장점이 있어 효과적이다. 동료 교사간의 상호 이해 및 협조를 통해 장학받는다는 부담감을 조금 낮출 수 있다. 또한 인근원과의 교차적인 장학도 가능한데, 행정기관의 개입 없이 자율적으로 운영함이 원칙이다.

3) 어린이집의 조력과 연수

(1) 어린이집의 조력

유아교사 마다의 특성과 여러 상황을 고려하여 사용될 수 있는 장학의 기법에는 반성적 저널 쓰기, 교사 이야기 쓰기, 관찰하기, 연수에 참여하기, 전문 서적 읽기, 현장 연구, 멘터링 등이 있다.

유아교사의 발달을 돕기 위해서는 교사의 발달 수준을 고려하여 장학의 유형을 결정해야 할 뿐 아니라 각 교사에게 적절한 장학의 방법을 사용하는 것이 중요하다.

① 반성적 저널 쓰기

교사들은 교사 양성교육 프로그램에 입문하기 이전부터 교수-학습에 대해 각자 자신의 신념체계를 가지고 있다. 교수 행위가 이러한 신념체계에 의존함에도 불구하고 겉으로 드러내 놓고 토론할 기회가 적기 때문에, 교사들은 자신이 어떠한 신념을 가지고 교수 행위를 하고 있는지에 대해 의식하기가 어렵다. 반성적 사고는 바로 이렇게 감추어진 신념들을 드러내어 검토하고 분석할 수 있는 기회를 제공해 주는 것이다. 교사는 자신의 교수 행동에 해애 끊임없이 반성적인 사고를 함으로써 사고와 실천 사이의 간격을 좁혀 갈 수 있다. 이와 같은 반성적 사고의 기회를 제공해 주는 방법으로 저널 쓰기가 효과적이다.

저널 쓰기는 자신이 무엇을 알고 있는지, 무엇을 느끼는지, 무엇을 하고 있는지, 왜 해야 하는지를 고려함으로써 교사 자신의 반성적 사고를 기르는 데 도움이 된다(Yingr & Clark, 1981). 이는 자신의 개인적인 생각을 적는다는 점에서는 일기 쓰기와 비슷하지만 글의 내용이 개인적인 차원에서 그치는 것이 아니라 전문가로서의 차원, 즉 공인으로서의 교사의 생각을 담는다는 점에서 차이가 난다(박은예, 1996).

이와 같이 반성적 저널 쓰기는 유아교육기관과 학급에서 일어나는 실천 행위를 스스로 관찰, 분석, 평가할 수 있는 수단이 되어 교사 자신이 자율적 의사결정자가 되도록 도와준다. 또한, 유아교사들로 하여금 신념을 가지게 하고 지식을 겉으로 분명히 드러나게 하며, 감정과 사고 사이의 내적인 대화를 가능하게 해 주기 때문에 그 자체만으로 전문성을 향상시키는 방법이 될 수 있다.

② 교사 이야기 쓰기

이야기는 사건에 대한 의미를 부여하고 경험에 대한 특별한 느낌을 전달해 주며(Gee,1985), 인간의 경험을 표현하고 이해하기에 가장 좋은 방법이다(Connelly & Clandinin, 2000). 교사의 이야기는 교사의 역할을 수행하고, 교사가 되는데 영향을 준 개인의 발달과 개인의 이전 경험을 조명할 수 있게 해 준다(Raymond, Butt, & Townsend, 1992). 교사의 이야기에는 직접적인 교수를 통해 전달할 수 없는 교사로서의 삶과 관련된 종합적인 요소가 담겨 있기 때문에 이야기를 표현하고 공유하는 교사 개인에게도 의미가 있을 뿐만 아니라 장학 요원에게도 교사의 발달을 도울 수 있는 방법과 연구 자료로 활용될 수 있다.

교사의 이야기 쓰기에는 여러 유형의 내용이 나타나는데 가령, 경력 있는 교사의 이야기에는 교사로서 지니는 갈등, 수업의 실패나 성공담과 같은 실제 상황이 묘사되어 있으며, 이와 같은 내용은 예비교사들에게 수업 장면을 간접적으로 경험하게 하는 것이 되기도 한다(Connelly & Clandinin, 1980). 또 이야기 쓰기에는 예비교사와 현직교사가 전문교사가 되기 위하여 알아야 할 내용과 익혀야 할 태도가 무엇인가에 대한 내용이 포함되어 있기도 하다. 교사의 이야기 쓰기에 나타나는 내용은 대략적으로, 사회에 대해 비판적인 시각으로 바라본 문제점들, 실습생이나 초임교사가 직면하는 문제나 좌절에 대한 내용, 수업 실제에 대한 반성, 교사의 과거에 대한 회상과 미래에 대한 예상이 담겨 있는 교사의 자전적 내용을 바탕으로 한 자아 인식의 과정, 교육의 의미와 목적을 재발견하여 바람직한 교육을 기대하도록 하는 교사로서의 희망과 같은 것들이다(Rreskill, 1998).

이러한 교사의 이야기 쓰기에 나타난 내용들을 통해 교사의 관점에서 교수에 관한 지식을 이해하게 하고 교육 실제를 개선함에 있어 교사를 참여자로 할 수 있게 하며, 그 이야기 내용 가운데에서 교육 이론을 찾아낼 수도 있게 한다. 한편, 교사의 이야기 쓰기는 교실 현장에서 교사의 행동을 관찰하는 것과는 다르며, 줄거리의 제약으로 인해 교육의 사회적 · 역사적 · 철학적인 복잡성을 충분히 보여줄 수 없다는 약점이 있다(Preskill, 1998). 또한, 개인의 가치나 신념이 보다 우위의 사회적 가치에 의해 제한될 수도 있어서(McEwan, 1997) 교사의 이야기를 중심으로 교육 현장의 여러 가지 문제를 이해하고자 하는 노력이 얼마나 가치로운지의 문제가 제기되기도 한다(Martin, 1995). 하지만 교사의 이야기 쓰기를 통하여 교사의 지식과 교수의 내밀한 부분에 대해 이해할 수 있으며, 이러한 이해를 바탕으로 교사의 발달을 도울 수 있다는 점에서 여전히 그 중요성을 찾을 수 있다.

③ 관찰하기

일반적으로 유능한 교사에게 요구되는 것은 유아에 대한 경청과 지각력 있는 관찰, 유능한 의사소통 능력이다(Quick & Dasovich, 1994). 이 가운데에서도 교사의 교수 방법을 향상시 · 도록 돕기 위해서는 관찰 기술을 발달시키는 것이 특히 중요하다. 조직적으로 관찰하고 이에 대해 피드백을 하고 분석하는 일련의 반성적 과정은 교사의 전문성 발달을 위해 중요하다. 이는 교사들이 가르치는 경험에 의해 교수에 대하여 배우는 것처럼, 계획적이고 조직적인 방법으로 행동을 분석하고 반성해 봄으로써 그들의 실제에 대해 반성하는 것을 배우기 때문이다. 그렇지만 교실을 관찰하는 것은 쉬운 일이 아니다. 관찰자의 이전 경험이나 편견, 선입견, 그리고 기대들로 인해 관찰되는 사실들을 잘못 해석할 수도 있으며, 발 빠르게 진행되는 교실의 상황이 관찰에 용이하지 않기 때문이다(Good & Brophy, 1997).

교사의 발달을 돕기 위해 실시하는 관찰에는 교사의 유아에 대한 관찰, 동료교사에 대한 관찰, 그리고 교사 자신에 대한 교사의 관찰이나 장학 요원으로부터의 관찰이 있을 수 있다. 유아에 대한 관찰은 교사가 유아를 이해하고 그들의 사고 내용을 파악하는데 도움을 준다. 교사는 관찰을 통해 유아가 성인이나 다른 유아 또는 사물과의 상호작용에 있어서 나타내는 뚜렷한 차이에 대한 통찰력을 갖게 된다. 유아에 대한 객관적인 관찰은 교사라면 누구나 지녀야 할 기본적인 기술이지만 특별한 관찰 기술을 개발하는 것은 경력교사에게 보다 더 필요한 것이기도 하다(Caruso & Fawcett, 1999). 이러한 관찰에는 특정 시간이나 사건에 제한 없이 관찰자에게 흥미 있다고 생각되는 것을 기록하는 일화기록법과 정해진 시간 내에서 행동을 표집하는 시간표집법, 특정 행동이 일어날 때에 그에 대해 관찰과 기록을 하는 사건표집법이 있으며, 관찰에 대한 기록을 서술식으로 할 수도 있지만 일정한 기록양식을 사전에 준비하여 이에 따라 표기하는 행동목록법과 평정척도법 등 매우 다양한 방법이 있다(이은해, 1998).

또 교사는 자신에게 어려운 특정 교수에 초점을 두고, 이에 보다 유능하다고 판단되는 동료 교사의 관찰을 통해 많은 것을 배울 수도 있다. 예비교사의 경우에는 실습 시에 지도교사로부터 자신의 수업에 대한 조언을 얻을 수도 있겠지만, 역할을 바꾸어 지도교사의 수업을 관찰하고, 나아가 지도교사의 수업에 대한 의견이나 평가를 자기 나름대로 해 볼 수도 있다. 이처럼 다른 교사의 수업을 관찰하고 분석해 보는 기회를 통해 교사는 자신의 교수 활동을 발전시켜 나갈 수 있다.

마지막으로 교사가 자신에 대한 관찰을 해 볼 수도 있다. 교사는 자신의 수업을 녹화된 필름을 통해 보면서 스스로 분석해 보는 방법과 동료 교사를 포함한 장학 요원으로부터 관찰되어 적절한 안내와 조언을 받는 방법이 있다. 장학 요원이 교사에 대해 관찰하는 경우에는 교사 관찰에 앞서, 유아에게 초점을 맞추어 교사와 서로의 생각을 교환해 보는 것도 좋다. 가령, 자유선택활동 시간 동안의 구성주의 활동에 참여하고 있는 유아들에 대해 지도 방법이나, 유아의 선택의 폭, 유아에 대한 적절한 기대 등에 대해 상호 의견을 나누어 볼 수 있다. 이러한 접근은 교사가 장학 요원이 교사에 대해 관찰하는 것에 대하여 덜 방어적이 되게 하여 교사에 대한 체계적인 관찰을 시작하기에 좋은 출발점을 만들어 준다. 다음으로 교사 자신에 대한 관찰로 초점을 옮겨 가는데, 이때 교사 자신이 장학 요원에게 자신의 교실 내 언행에 대해 관찰하여 조언해 줄 것을 요청해 올 수도 있다(Van Scoy & Freeman, 1998).

④ 연수에 참여하기

유아교사들은 교직에 입문한 뒤에도 계속해서 인성적인 자질과 전문적인 자질을 연마하고 발전시켜 훌륭한 교사로서의 면모를 새롭게 갖추어 가는데, 이처럼 교사 양성 교육과정 이후에 교육 현장의 교사의 성장과 발전에 도움을 주고자 하는 것이 바로 현직교육이다. 즉, 양성교육이 교사가 되기 위한 기초를 형성하게 하는 것이라고 한다면, 현직교육은 끊임없는 자기반성과 성장을 도모하도록 하는 것이다. 이와 같은 현직교육이 필요한 것은, 응용과학에 속하는 유아교육이 가장 효과적으로 수행되기 위해서는 계속해서 현장을 배우며 응용 · 적용하고 연구해야 하기 때문이며, 미래의 삶을 살아갈 교육대상자에게 앞선 교육을 해야 하고, 교사 자신이 성장 · 발전하는 자신에 대해 자긍심을 가질 수 있게 하기 때문이다(이은화 외, 1995).

현직교육은 한 가지의 주제를 중심으로 단기간에 실시하는 연수가 일반적인데, 이 또한 먼저 교사들의 요구를 충분히 반영하여, 그들이 필요로 하는 특정 내용을 집중적으로 다루면서 일정 기간을 할애하여 단계적으로 실시할 경우에 매우 효과적일 수 있다. 또한 교사의 발달 수준에 적합한 과제나 관심사를 반영하여 실시한다면 보다 적극적인 교사들의 참여를 이끌어 낼 수 있으리라 기대된다.

⑤ 전문 서적 읽기

교사들에게 정기적으로 전문 서적을 읽도록 하는 것은 어렵다. 그러나 교사들에게 2주에 하루 정도 책을 읽을 수 있는 시간을 정하여 읽도록 하거나, 정기적인 교사 모임 시간 중에 보조 인력이 다소 여유 있는 시간을 활용하여 독서 시간을 가지게 하는 방법 등으로 이를 유도해 볼 수 있다(Greenberg. 1975). 또 책이나 잡지를 교사들이 여가에 볼 수 있도록 전시해 두고 정기적으로 교체해 줌으로써 전문 서적을 접할 수 있게 해 줄 수도 있다.

교사의 필요성에 의해 그에 적절한 전문 서적을 대한다면, 이는 교사가 지닌 기존의 교육에 대한 관점까지도 변화시킬 수 있는 영향력을 행사할 수도 있다(조부경 · 백은주, 2001). 전문 서적 읽기를 장학의 방법에서 사용할 때에는 무엇보다 교사들의 읽기 능력의 차이를 인정하고 책을 읽는 능력이 부족한 교사의 경우에는 어렵지 않은 절절한 자료를 제공하여 지속적으로 격려함으로써 편안함을 느끼고 전문 서적 읽기의 필요성을 인식할 수 있게 해 주는 것이 중요하다.

⑥ 현장 연구

현장 연구는 일반적으로 교사가 자신의 수업을 향상시키기 위하여 자신이 배운 것을 사용해 보고, 자신들의 일을 체계적으로 검증해 보는(Borgia & Schuler, 1996;

Cornett, 1990) 교실 내에서 이루어지는 연구(Chattin-McNichols & Loeffler, 1989)라고 할 수 있다.

먼저 교사는 자신의 관심사에 대한 다양한 정보를 수집하고 분석하여 특정 주제에 초점을 맞추고, 이 주제에 대한 유아들의 반응이나 문헌에서의 연구 결과를 토대로 구체적인 연구문제와 방법을 결정하게 된다. 다음으로 교사는 실제 학급에서 실시해 보고 그 결과를 검증하는 과정을 거쳐 애초에 자신이 예상한 결과와 비교, 평가해 볼 수 있다. 현장 연구는 또한 개인적으로 혹은 그룹으로도 할 수 있다.

⑦ 멘터링

멘터링은 경력 있고, 능숙한 교사들이 초임교사나 기술적 측면에서 지원이 필요한 교사들을 위해 전문적이고 개인적인 발달 증진을 위한 시범적인 역할을 보여주고 격려하는 장학의 과정이다(Missouri, 1996; Sullivan & Glanz, 2000). 멘터를 제공받는 입장에서는 자신들을 도와주는 유용한 인적 지원이 있어서 좋은 것이고, 멘터의 입장에서는 멘터를 함으로써 자신의 전문적 성장을 꾀할 수 있다는 점에서 상호 유익하다고 하겠다. 주로 경력교사와 초임교사가 멘터와 멘터를 제공받는 역할을 하지만 때로는 경력 교사라 하더라도 멘터를 제공받기도 한다.

멘터의 역할은 두 가지 점에서 장학 요원과는 다르다. 먼저 멘터들은 주로 동료 교사로서 안내와 지원을 하며 피드백을 주고 상담을 한다는 것과 다른 또 하나는 공식적인 평가를 하지 않는다는 점이다. 많은 지식과 기술을 가진 숙련된 교사들이야말로 멘터 역할의 적임자일 수 있다. 이러한 멘터의 역할을 통해 의사소통 기술과 성인학습과 같은 분야에 있어 새로운 도전과 학습을 가능하게 하며, 숙련되지 않은 교사로부터도 배울 기회를 가지게 된다. 그렇지만 모든 숙련된 교사가 좋은 멘터가 될 수 있는 것은 아니다. 멘터가 되기 위해서는 유아만이 아니라 성인이 배우고 성장하는 일에 도움을 주는 것에 기본적으로 흥미를 가지고, 또 자신을 학습자로 생각하며 창의적이고 융통성이 있으며, 반성적이고 성인들과의 대인관계 기술이 좋고 다양성을 존중하는 사람이라야 한다.

멘터의 입장에서 피드백을 줄 때에는 특정 교수 행위에 초점을 두고 구체적으로 언급해 주며, 멘터를 받는 교사의 변화되어야 할 행위에 대해 말해 주어야 한다. 일반적인 칭찬이나 비난은 피하고, 피드백 그 자체여야 하며 즉각적인 반응이 바람직하고, 제공된 피드백이 이해되었는지 확인할 필요가 있다. 한편 멘터를 제공받는 입장에서는 멘터로부터의 피드백을 경청하며 바로 방하는 태도를 취하지 않도록 하고, 피드백이 유용한지의 여부를 판단하고 결정해야 하며, 지적된 내용을 반영하는 반응적 태도를 취하여야 한다. 아울러 피드백 방법에 불만이 있다면 이를 표현하여 서로가 함께 나아가는 장학이 되도록 힘써야만 한다.

(2) 어린이집의 연수

어린이집은 다양한 요구를 수용하되 시설운영 철학을 가져야 하고 보육정책의 변화를 수용하는 운영해야 한다. 이때, 보육의 진두지휘자는 교사이므로 교사를 고려하는 적절한 맞춤형 연수가 필요하다. 법령에 따르면 표준보육과정(29조), 평가인증제도(30조), 건강, 영양, 안전관리에 관한 서비스 강화(31조~33조)에 따라 다양한 교사연수의 기회가 제공되어야 한다. 특히, 안전과 건강관리에 대한 교육은 우선순위이다. 보통 이 3가지는 육아지원종합센터에서 주도적으로 교육을 연간 편성하여 운영하므로 이에 참여하는 방법이 있다.

그러나, 다양한 연수를 통해 교사는 성장할 수 있다는 전제하에 현장에서는 다양한 교육 참여를 지원하고 있으나 현실적으로 시간의 제약이 많기에 찾아가는 현장 방문형 교육이나 자율적인 원내 장학으로 연수하거나, 사이버 과정을 통해 연수를 받기도 한다.

① 교사가 받아야 할 연수의 내용

첫째, 3년마다 받는 일반직무교육이 보수교육으로 운영되고 있다. 또한 특정 보육 형태에 대한 직무교육은 담당반이 되었거나 원할 때 신청하여 교육받기도 한다.

둘째, 보육과정 운영을 위한 교육이 있다. OECD 국가들의 유아교육 보육 동향 연구에 따르면 영유아와 교사 간의 교육적 관계는 영유아의 학습에 대한 전문적 직원뿐 아니라, 개별 영유아의 일반적인 복리를 위하여 보호, 보육, 관심 등을 포함할 때 가장 효과적일 수 있다고 말하고 있다(육아정책개발센터, 2008).

따라서 어린이집에서 보육과정을 운영할 때 영유아들과 교사, 교사와 교직원들의 관계 질을 높일 수 있도록 질 높은 교육과 보호·양육을 포함하는 보육과정을 운영해야 한다(박찬옥 외, 2014).

이를 위한 교육은 표준보육과정과 누리과정을 이해하고 적용하는 교육중심으로 이루어져야 한다. 아래는 영아들의 보육과정 영역을 나타낸 것이다. 교사는 이에 대한 교수방법 역시 병행하여 습득하여야 한다(보건복지부, 2014).

표 10-7 **표준보육과정**

구분	기본생활	신체운동	의사소통	사회관계	예술경험	자연탐구
0~1세, 2세 보육과정	건강하게 생활하기	감각과 신체 인식하기	듣기	나를 알고 존중하기	아름다움 찾아보기	탐구하는 태도 기르기
	안전하게 생활하기	신체 조절과 기본 운동하기	말하기	나와 다른 사람의 감정 알기	예술적 표현하기	수학적 탐구하기
		신체활동에 참여하기	읽기	더불어 생활하기	예술 감상하기	과학적 탐구하기
			쓰기			

출처: 보건복지부(2014), 제3차 표준보육과정.

셋째, 영유아의 발달 단계와 이를 전달해야 할 부모상담은 어린이집 교사가 배워야할 교육이라 하겠다. 영유아의 발달상황에 대하여 교사와 부모가 서로 대화하는 시간을 갖고 함께 고민하고 협의하거나 상담을 통하여 영유아가 어린이집에서 적응하는 상황이나 발달 상태를 부모에게 알려줌으로써 부모와 어린이집이 연계하는 목적을 갖고 있는 중요한 활동이므로 바르게 숙지할 수 있도록 연수를 하여야 한다.

넷째, 다양한 측면에서 어린이집을 성숙시키기 위한 교육들이다. 미국의 경우 프로그램의 전반적인 측면을 평가하는 National Association for the Edudcation of Young Children(NAEYC, 2013)에서는 0~8세까지의 발달에 적합한 보육 및 교육 환경을 측정하기 위해 교사-아동 상호작용, 교육과정, 교사-부모 상호작용, 교사 자격 및 발달, 운영, 교사 편제, 물리적 환경, 건강 및 안전, 영양 및 급식 등 9개 영역에 걸쳐 프로그램 인증 기준을 제시 · 평가함으로써 보육 서비스의 질을 관리하고 있다(NAEYC, 2013; 한국보육진흥원, 2014, 재인용).

우리나라에서도 평가인증제라는 제도를 국가가 운영하도록 법제화되어 있어, 이를 위한 연수가 필요하다. 기본적인 소양을 갖추고 있는 교사들이지만 심화하여 교사 연수가 이루어져야 함은 물론이다. 다음 표는 특히 교사들이 운영하는 활동들과 관계된 사항을 평가하는 내용으로 거의 대부분의 문항에서 교사가 내용숙지를 하여야 함을 볼 수 있다(이은해 외, 2003).

표 10-8 **각 영역별 연수 내용**

영 역	하위영역	문항수
물리적 환경	실내공간과 설비 실내외 시설과 설비의 안전 실외 공간과 설비	11
건강 · 안전 · 영양	실내시설의 청결과 위생 급 · 간식의 관리 유아의 건강과 안전	11
학습 환경	영아반 : 보육실의 구성 놀잇감의 구비 정도 유아반 : 보육실 구성 놀잇감과 교재의 구비 정도	19
교육 경험 및 활동	영아반 : 놀이경험과 활동 유아반 : 활동의 균형과 선택 가능성 다양한 놀이와 행동	14
교사 · 영유아 상호작용	영아반 : 언어적 상호작용	18

	태도 · 교사의 수용적 · 반응적 태도 긍정적 행동지도 유아반 : 언어적 상호작용 태도 · 교사의 수용적 · 반응적 태도 긍정적 행동지도	
전 체		73

출처: 이은해 외(2003). 어린이집 프로그램 관찰척도: 사용지침.

② 교사연수 장학계획 예시

교사는 인정과 수용을 하는 사람이다. 자율적, 창의적, 다양성, 민주적, 부적응 행동 지도, 개인적 자질을 갖춰야 한다.

인성 측면에서는 인간에 대한 애정과 신체적 건강, 정신적 건강 및 도덕적 건강, 사려성과 민감성, 원만한 인간관계, 자존감과 효능감, 전문적 자질을 요구한다.

전문성 측면에서는 특별한 지식, 지식에 근거한 대상파악, 효과적인 교수방법개발, 인간에 대한 장기적인 기여, 주체적인 전문성 신장을 요구한다. 이렇게 많은 교사에 대한 요구들이 있기에 교사는 끊임없이 재충전과 재교육이 필요한 것이다.

다음은 교사연수의 내용들이다. 교사가 모든 교육을 한 번에 이수할 수는 없으므로 원장은 교사를 위한 성찰의 기회를 통해 부족한 교육을 스스로 받을 수 있도록 배려하며, 교사는 자신의 부족한 점이나 강화할 점, 흥미 등에 따라 적절한 교육을 선택하여야 한다.

표 10-9 **교사유형별 교육의 계획 예시**

항목	내용
신입교사교육	건강, 영양, 안전관리에 관한 교육 –안전점검 방법 및 안전점검표의 활용법, 영유아의 발달단계 특성을 고려한 안전교육 방법 숙지 시설운영 철학 부모상담기법

전체교사	표준보육과정 운영 효과적인 상호작용 교수방법 평가인증지표에 대한 심화교육 보육교사 힐링 프로그램
경력교사	중간 관리자를 위한 심화과정 학회 등에 참석하기
영아반 교사	안정애착과 기질의 적용에 대한 장학 발달론
유아반 교사	프로젝트교수법, 레지오 에밀리아 교수법 등 전문 프로그램운영법 각영역별 이해교육 놀이지도법

출처: 보건복지부, 한국보육진흥원(2015). 어린이집 평가인증 안내 '3차지표시범사업용 일부.

표 10-10 교사교육의 연간계획 예시

<table>
<tr><th>구분</th><th colspan="4">연 간 계 획</th></tr>
<tr><td>원장</td><td colspan="2">· 원장 전문교육
· 영유아보육학회 참가
· 아이코리아 연수</td><td colspan="2">· 회계교육
· 보육 세미나 참가
· 대한어린이교육협회</td></tr>
<tr><td rowspan="3">교사</td><td rowspan="2">교육 강좌</td><td rowspan="2">· 전통문화 이해
· 표준보육과정 교육
· 소방 안전교육
· 적응훈련 영유아 상담
· 유아생활지도 연수
· 부모상담 교육</td><td>타 시설 탐방</td><td>· 영영아 보육시설 탐방
· 지역 직장보육시설 탐방
· 우수 보육시설 참관</td></tr>
<tr><td rowspan="2">자체 교육</td><td rowspan="2">· 유아 음악교육
· 보육시설 안전교육
· 보육시설 재난대피교육
· 표준보육과정 이해교육
· 전통 문화체험교육
· 하루 일과 동영상 촬영
– 연령별 수업장학
· 반별 물리적 환경장학
· 연령별 교차장학</td></tr>
<tr><td>워크숍</td><td>· 음률교육
· 예술 체험교육
· 유아 수 · 과학교육 연수
· 영유아 응급처치교육
· 영유아 영양 · 위생교육
· 영유아 미술치료교육</td></tr>
<tr><td>기타</td><td>기사</td><td colspan="3">차량 운행 안전교육, 어린이 통학버스교육</td></tr>
</table>

교직원	영양사 취사부	위생교육, 취사부교육, 영양교육

표 10-11 **원내 자율장학의 운영 예시**

기본 형태	목표	대 상 자	횟수	활동형태
교사 연수	· 자질 향상 도모 · 교수 능력 향상 · 교수 발문법 개선 · 개별연수 · 전문성 향상 · 교수–학습방법의 개선	· 전체교사	연1회	· 초청연수 · 타 어린이집 견학
수업 장학	· 장학담당자와 대면적 관계를 통한 교수기술 향상 도모 · 수업방법의개선 · 능동적 자율장학의 운영 · 교사의 문제해결	· 초임교사, 2년차 교사 · 특별한 문제의 교사 · 수업, 연구 담당교사 · 자발적 희망교사	연2회	· 임상장학 · 수업연구 · 수업관련 지도 조언 · 수업계획안
동료 장학	· 교사의 개인적 · 전문적 발달 도모 · 상호보완적 관계 유지 · 교사의 자질, 전문성 활용 · 자발적 동기 제공 · 교수–학습방법 개선 · 협력적 관계성	· 경험, 능력과 초임교사	연2회	· 교사협의회 · 동료간 수업연구 · 유아관찰 · 수업사례 분석
자기주도 장학	· 자기발전의 의지와 능력 기초 · 전문적 영역에서 성장 · 발달 도모 · 전문적 교수능력 성장 · 자율적 수업 개선	· 전체교사	연2회	· 자기수업 반성 · 자기수업 녹음 · 자료개발
교차장학	· 교수능력 향상 · 교사, 영유아 상호작용 능력 향상	· 전체교사	연1회	· 수탁시설 교차장학

Chapter 11
보육교사의 교실 외 역할수행

1. 양육자로서의 역할
2. 관찰자로서의 역할
3. 교육 프로그램자로서의 역할
4. 부모 및 지역사회 교류자로서의 역할

역할이란 그 직업의 직무 또는 업무와 관련하여 기대되는 행동을 의미한다. 역할은 직무를 수행하는 사람에게 기대되는 행동이며 직무는 수행하는 일 자체를 의미한다. 보육교사의 역할은 그 직무와 지위에 따라 그리고 보육대상과 연령에 따라 달라질 수 있으며 단순히 몇 가지로 역할을 설명하기가 어렵다. 특히 보육교사의 역할은 영유아를 돌보고 보호하며 교육하는 일들을 동시에 해야 하는 직업적 특성으로 인해 보다 복잡한 역할을 해야 한다. 보육교사를 "보호자의 위탁을 받아 만 5세 미만의 영유아를 보육하는 사람으로 영유아보육법에 의해 어린이집에서 영유아의 보육, 건강관리 및 부모와의 상담, 그 외에 어린이집 관리, 운영 등의 업무를 담당하는 사람"이라고 정의하고, 또한 보육교사는"표준보육과정의 내용이 제시하는 영유아의 전인적 성장을 위하여 교육서비스와 함께 영유아의 안전과 건강관리를 위한 서비스를 실행할 의무가 주어진다"라고 정의함으로써 보육교사의 지위를 법적으로 보장하고 있으며, 보육교사는 영유아의 전인적 성장을 돕는데 필요한 보호와 교육적 측면의 지식을 갖춘 전문가이며 영유아의 성장과 발달에 직접적으로 영향을 주는 중요한 인적 자원이라고 할 수 있으며 조금 더 면밀하게 보육교사의 역할과 자격에 대하여 알아보고자 한다.

보육교사 자격관리사무국(2005)에서 정의한 보육교사의 역할을 살펴보면 다음과 같다.

① 보육교사는 영유아의 성장·발달의 자연스러운 과정에 있어 보호와 교육적 측면의 전문가로서 신체적, 사회적, 정서적, 지적 발달을 균형 있게 격려할 수 있도록 교육 방법을 연구하고 적용한다.

② 보육교사는 교실환경을 구성하고 영유아를 가르치는 교육자로서 영유아의 연령과 발달 수준을 의식하여 적절한 자극을 제공한다.

③ 보육교사는 부모들이 자녀에 대한 걱정 없이 안심하고 사회·경제활동을 할 수 있도록 부모와의 정보교환 교류자로서 원활한 의사소통을 통하여 보육교사나 어린이집에 대하여 신뢰감을 형성하는 역할을 담당하여야 한다(천은영 외, 2014).

카츠(Katz, 1980)는 보육교사의 역할을 세 가지 유형으로 제시하고 있다.

① 모친유형(matemal model)은 영유아들을 안전하고 편안하며 행복하게 하고 긴장을 풀어 주며 내적 갈등을 해결하는데 중점을 두고 있다.

② 치료모형(thcrapeutic model)은 약한 영유아를 보호하고 안전한 환경을 만들어 주는 것부터 자연적인 환경에 대처하기 위하여 힘과 전략을 발달시키도록 돕는다.

③ 교수모형(instrctional model)은 지식과 정보를 전달하고, 유아들의 기술을 발달시키도록 하는 데 중점을 두고 있다.

또한 보육교사는 양육, 교수, 교수 프로그램 계획자이며 교수 조직자, 부모 및 지역사회 교류자로서의 역할을 수행해야 하며, 이러한 역할에 대하여 보육교사의 인식이 매우 중요하다.

1. 양육자로서의 역할

1) 양육자로서의 역할

최근 우리사회는 다양한 근로 형태가 등장하면서 부모의 근로시간 범위도 넓어졌다. 그에 따라 부모 대신 보육교사가 영유아를 먹이고, 씻기고, 가르치는 등의 일을 해결해야 하는 흐름으로 변화하였다. 이러한 사회변화는 보육교사의 대리양육자로서의 역할의 증가를 의미한다. 영아와 양육자 사이에 형성되는 친밀한 정서적 유대감인 '애착'은 영유아가 성장하면서 발달의 여러 면에 영향을 미친다. 부모와의 애착관계는 이후의 다른 사회적 관계 형성에 미치는 영향이 크다. 따라서 주양육자와 영아의 안정애착 형성은 발달과정상 중요한 문제다. 그러나 취업여성의 증가로 인하여 영유아가 어머니와 보내는 시간은 감소되었다. 대신 보육교사는 영유아의 보호와 양육이라는 양육자의 역할을 일정 시간 대신한다. 양육의 역할이란 영유아를 보호하고 발달과 학습이 최적으로 이루어지도록 가르치고 지원해 주는 것이며 영유아에게 심리적인 편안함과 안정감을 주어야 한다.

전통사회에서는 아동을 우주적, 신적 존재로 보고 아동 자체를 완성된 하나의 인간으로 인정하는데, 이는 현대적 관점에서 아동을 불완전한 미완성의 존재라고 보는 것과는 확연한 차이가 있었다. 또한 조기교육과 태교를 매우 중시하였으며, 부모의 역할, 특히 어머니의 역할을 중시하였으며, 정성을 다하는 양육을 강조하였다. 어머니의 역할을 "낳고, 품고, 기르고, 먹이고, 감싸는"것으로 규정하고 있으며 이는 한국인 특유의 자애로운 어머니상의 원형이라고 할 수 있다. 전통적으로 육아는 여성의 몫이었고, 또한 우리 전통사회의 어머니의 모습이 희생을 많이 담고 있고 현장에 여성교사가 대부분을 차지하다 보니 많이 나아지고 있지만 아직은 교사의 전문성이 덜 인정받고 있다. 보육이 부모의 양육책임을 초월해서 존재하는 것이 아니고 양육의 지원이고, 어린이집 영아들의 연령 하향화로 인해 교사의 역할에 대한 기대가 정도를 넘거나 지나치게 되면, 교사에게는 스트레스의 원인이 될 수 있다. 보육교사와 부모는 서로가 자녀의 건강한 성장과 행복을 위한다는 분명한 목적을 공유하고 열린 마음을 지니고 서로 상호보완적인 존재로서 자녀양육에 협조해야 하며, 무엇보다도 교사는 사적인 감정에 치우치지 말고 전문가답게 대처하도록 해야 할 것이다.

2) 영아담당 보육교사의 양육자로서의 역할

영아를 담당하는 교사는 양육자로서의 역할과 발달의 촉진자로서의 역할 모두를 통합적으로 이루어져야 한다. 또한 영유아의 자아존중감 형성을 위하여 영유아를 편견 없이 받아들이고 영유아의 생각을 경청하고 존중하며 수용적 태도로 일관성 있게 수행해야 한다. 교사는 영유아의 건강이나 안전, 건강상태를 파악하고 신체적 질병으로부터 안전하게 보호해야 한다. 교사는 늘 안전사고에 유의하고 갑작스러운 위기상황에 잘 대처할 수 있도록 주의와 관심을 기울이며 주변에 위험 요소가 있는지 사전에 점검하고 예방해야 한다. 교사는 기본생활습관을 배우도록 지도하고 집단생활의 규칙과 질서를 지키고 타인의 권리를 존중하고 배려할 수 있도록 가르쳐야 한다. 교사는 유아들의 잘못을 지적하고 벌을 주기보다는 바람직한 행동의 모델을 제시하고 일관성 있는 훈육을 하며, 칭찬과 격려를 많이 해 준다. 양육자로서의 역할은 어머니의 역할과 비슷하다고 할 수 있으나 단순한 보호 기능만을 하는 것이 아니므로 유아의 성장과 발달에 대한 전문적 지식을 갖추어야 한다.

만 2세 미만의 영아들은 발달의 특성상 성장이 매우 빠르고 성인의 보호와 돌봄이 가장 필요한 시기이다. 또한 인생의 기초를 형성하는 시기로 교사가 개별 영유아의 성장 · 발달에 직접적인 영향을 미치기 때문에 교사의 역할이 중요하다. 따라서 교사는 영유아의 다양성과 개인차를 존중하며, 효율적인 업무수행을 위해 전문가로서의 역할을 수행해야 한다. 영아기의 경험은 이후 발달에 결정적인 영향을 미치기 때문에 교사의 역할이 중요하다. 따라서 교사는 영유아의 다양성과 개인차를 존중하며, 효율적인 업무수행을 위해 전문가로서의 역할을 수행해야 한다. 영아기의 경험은 이후 발달에 결정적인 영향을 미치기 때문에 영아교사는 단순히 돌봄의 차원을 넘어서 그들의 발달을 최대한 지원해 주는 역할을 해야 한다.

영아는 신체활동을 통해 주변 세계와 환경을 알아가고 옹알이에서 시작하여 말을 배우고 걸음을 걷게 된다. 영아는 감각활동과 신체의 움직임을 통해 외부 세계를 탐색하고 주변의 사람들과의 상호작용을 하면서 세상을 경험한다. 이들에게 있어 주어지는 감각적 자극과 성인이나 다른 영아와의 상호작용의 내용에 따라 이들의 삶의 여정이 달라질 것이다.

3) 유아담당 보육교사의 양육자로서의 역할

영아교사와는 달리 유아교사의 역할은 보다 전문적인 역할을 더 강조하게 된다. 유아기에는 자아개념이 발달하고 자아존중감이 형성되며 자신과 주변 환경에 대하여 호기심이 왕성한 시기이다. 유아반 교사의 역할은 유아가 자신의 잠재력을 스스로 발휘하고 자신의 성장과 발달에서 주도적인 역할을 하도록 지원해야 한다.

구체적으로 나열하면 유아교사는,

① 유아들에게 다양한 경험을 제공하여 호기심과 탐구심을 키워 준다.

② 예리하고 지속적인 관찰을 통해 유아 개개인의 관심과 요구를 발견하여 그에 대응하는 융통성 있는 보육과정을 운영한다. 이를 위해 교사는 영유아의 발달 수준과 특성, 행동 특성 및 행동변화 등을 관찰하여 기록하고 이를 토대로 보육전략을 수립하고 운영한다.

③ 교사 자신의 방식을 고집하기보다는 유아 자신의 방식대로 배울 수 있는 기회를 제공함으로써 창의적인 사고를 발달시키도록 돕는다. 이를 위해 보육교사는 유아를 믿고 옹호해 주는 지지자여야 한다.

④ 유아의 동기를 유발할 수 있는 개방된 질문을 하고 유아에게 탐구할 수 있는 충분한 시간을 제공한다. 이때 교사에게는 유아들의 반응을 기다릴 수 있는 인내심이 요구된다.

⑤ 유아 개개인의 요구와 흥미에 관심을 갖는 것도 중요하나, 학급 운영의 측면에서 학급 전체를 통솔하고 관리할 수 있어야 한다. 이것은 유아들을 통제해야 한다는 것이 아니라 규칙이 학급에서 계속 합리적으로 지켜질 수 있도록 살펴봄이 중요하다는 것을 의미한다.

⑥ 영유아의 보육과정이 효과와 효율성을 높이기 위해 평가자의 역할이 중요하다. 특히 보육교사는 자신이 계획한 보육과정 전반에 대해 평가해야 한다. 영유아의 발달수준의 적합성, 모든 아동이 참여하는지, 특별한 요구가 있는 아동이 배제되지는 않았는지, 발달의 전 영역이 고르게 다루어지고 있는지, 프로그램간의 상호 연계와 통합은 잘 이루어지고 있는지, 영유아가 즐거워하는지, 개별적 요구가 반영되었는지, 시간 배분은 잘되었는지 등을 준거로 한다.

2. 관찰자로서의 역할

교사는 영유아의 발달, 환경 및 활동에 대하여 항상 관찰하고 평가하는 역할을 수행해야 한다. 영유아의 발달은 갑자기 이루어지는 것이 아니기 때문에 영유아의 발달특성과 수준을 정확히 이해하고 판단할 수 있는 관찰과 평가하는 능력이 있어야 한다. 교사는 하루 일과를 통하여 영유아들을 주의 깊게 관찰하고 이것을 바탕으로 자신의 교육계획의 수행을 점검하고 교육목표의 달성 여부를 확인해야 한다. 영유아에 대한 관찰과 평가를 바탕으로 교육활동을 계획하고 반영한다.

3. 교육 프로그램자로서의 역할

교사는 현장을 기초로 한 연구를 수행함으로써 새로운 이론 및 활동을 현장에 적용해 보고 현장의 문제 및 실태를 파악하고 교육현장 개선을 위해 노력해야 한다. 또한 교사는 학습을 위해 환경구성을 하고, 학습을 계획하며, 이를 수행하고 평가한다. 교사는 유아에 대한 지속적인 관찰을 바탕으로 유아의 발달에 적합한 교육을 수행한다. 교사는 교육과정의 목표, 내용, 교수법 등을 잘 알고 개별 교육기관의 조건에 따라 융통성 있는 교육을 지향해야 한다. 교사는 지식이나 정보의 전달자, 지시자, 통제자가 아니라 유아들이 학습에 흥미를 느낄 수 있도록 적절한 동기를 유발시키고 적절한 질문을 하고, 문제해결을 하고, 유아 스스로 능동적인 학습을 이끌어 나갈 수 있도록 적절히 도와주는 역할을 하는 것이 바람직하다. 교사는 유아의 발달수준과 개인차를 고려하여 학습을 계획하고, 유아 간에 상호작용을 통해 학습이 일어나도록 노력한다.

유아에게 질문하고, 이야기 나누기를 하는 등 언어적 상호작용을 하며, 눈맞춤과 미소짓기, 쓰다듬기, 얼굴표정 읽기 등의 비언어적 상호작용을 한다. 유아의 개별성을 고려하여 긍정적이고 지원적인 상호작용을 통하여 유아의 최적의 발달과 교육적 효과를 기대할 수 있다. 또한 새로운 교수법이나 최근의 교육 프로그램에 대한 동향, 유아 발달에 대한 지식 및 정보의 습득을 위해 끊임없이 노력한다. 또한 교육활동을 계획하고 실행하면서 교사 자신의 교수활동에 대해 반성적 사고를 하고 전문성 신장을 위해 노력한다. 교육적 열정을 가진 교사들은 공통적으로 좋은 어머니들처럼 학생들을 세심하게 배려하고 개별학생들에게 대하여 많고 정확한 정보를 가지고 있다. 좋은 교사는 그 어떤 사람들보다 좋은 어머니에 비유하는 것이 매우 적절하다. 왜냐하면 교사는 예술가, 연구가, 임상의학자, 전문가, 설득자, 상담자, 대화자, 도덕적 귀감 등으로 비유되어 왔는데 이러한 역할은 결국 유아의 전인적인 성장과 발달을 위해 영유아를 보살피고 가르치는 어머니인 보호자의 역할과 교사인전문가의 역할이기 때문이다. 다음은 Katz(1984)의 어머니 역할과 교사의 역할을 비교하면 다음과 같다.

표 11-1 **어머니와 교사의 역할 구분**

역할	어머니	교사
기능의 영역	확산적, 제한 없음	특정적, 제한적임
애정의 강도	높음	낮음
애착	적절한 애착	적절한 격리
합리성	적절히 비합리적임	적절히 합리적임
자발성	적절히 자연발생적임	적절히 의도적임
편애	편애적임	비편애적임
책임의 영역	개인	전체 집단

4. 부모 및 지역사회 교류자로서의 역할

어린이집은 지역사회 속에 위치하고 있어서 자연스럽게 지역사회와 네트워크를 형성한다. 어린이집 자체가 하나의 생동감 있는 유기체로서 아이들과 지역사회의 구성원들이 만나는 역할을 해야 하며, 이런 과정 가운데 어려서부터 아이들은 자신을 둘러싼 지역사회에 관심을 가지고 참여하는 경험을 가짐으로써 지역에 대한 이해와 공동체 의식을 키우게 될 뿐 아니라 나아가 지역에 대한 애향심과 자긍심을 키울 수 있게 된다. 교사는 지역사회가 영유아의 발달에 기여하는 바를 이해하고 지역사회와 서로 도움을 주고받는 상호 보완적 협력관계를 유지해야 한다. 어린이집은 지역사회의 특성과 요구, 지지 및 지원에 따라 운영체계 전반에 영향을 받게 되며, 어린이집 역시 지역사회에 영향을 미쳐서 지역사회 주민의 복지 향상에 기여해야 한다. 따라서 교사는 지역사회 단체 및 주민들과 원만한 관계를 형성하고 인적·물적 자원을 교류함으로써 질 높은 활동이 가능하도록 해야 한다.

또한 교사는 부모가 어린이집에 신뢰감을 가지고 맡길 수 있도록 원만한 관계를 형성하고 유지하며 부모로 하여금 기여할 수 있는 기회를 마련한다. 유아교육기관의 하루 일과나 행사, 자녀양육에 관한 정보를 제공하고 보육일지, 가정통신문, 안내 게시판 등을 활용하여 부모와 의사소통을 한다. 부모와 정기적인 면담 기회를 갖고 유아의 발달이나 생활에 대한 정보를 교환하고 의견을 나눈다. 강연회나 워크숍, 수업참관, 부모참여 수업이나 행사에 부모를 참여시키고 기여하도록 한다. 지역사회와의 협력적인 관계를 통하여 풍부한 자원을 활용한다. 교사는 유아교육기관을 지역사회에 소개하고 유기적인 협력을 통하여 다양한 사회문화적 자원을 이끌어낼 수 있다. 소방서나 경찰서, 은행 등 지역사회의 기관방문, 지역 전문가 초청, 지역 행사 참여 등을 통해 유아들도 이웃을 돕는 의미 있는 시간을 가질 수 있다.

1) 지역사회의 자원 활용

지역사회 다른 기관과의 친밀한 관계와 교류를 통해 도움을 받는 것뿐 아니라 유아가 지역사회 환경을 이해하고 적응할 수 있도록 경험을 제공한다. 특히 공원, 휴식공간, 농장, 과수원 등의 자연적 자원이나 병원, 경찰서, 도서관, 초등학교, 대학, 주민자치센터, 소방서 등의 지역사회기관을 방문하거나 혹은 필요한 물품 등을 받아 활용할 수 있다. 또한 지역사회기관과 연계하여 지속적인 프로그램을 운영하는 것은 매우 바람직하다. 예를 들면 지역사회의 도서관과 연계하여 책이나 놀잇감을 주기적으로 빌려 보거나 유아들이 정기적으로 방문하여 책을 빌리는 활동을 할 수 있다. 또한 지역에서 주관하는 문화공연이나 각종 대회 등의 문화적 자원을 활용한다(교육과학기술부, 2012).

2) 지역사회의 자원봉사자 활용

의사, 간호사 등 지역사회의 기관에 종사하는 지역의 인적 자원을 자원봉사자로 활용할 수 있다. 현실적인 예를 들어 보자면 밭 가꾸기를 할 때 지역에서 농사를 지어 본 적이 있는 어른을 자원봉사자로 모시거나, 지역에서 전해오는 이야기나 민요와 관련된 활동을 할 때 이에 대한 정보를 갖고 계신 할머니나 할아버지를 초청하여 할머니와 할아버지가 아이들에게 구전으로 내려오는 전래동화나 민요 등을 들려주면, 자연히 아이들에게 전래동화와 민요가 대물림되어지는 것이고, 할머니가 약손으로 아이들의 배를 쓰다듬어 주면 전통육아가 살아나게 되는 것이다. 이는 적극적인 의미로 노인-아동 상호작용 프로그램의 일환으로 진행되는 것이다. 핵가족화 현상으로 아이들의 인간관계의 범위가 극히 제한되어 사회화 기능의 약화되고, 육아라는 우리의 자생적 육아전통이 소멸되는 데에 좋은 해결책이 될 수 있으며, 나아가 세대 간의 단절을 막을 수 있는 계기가 될 것이다.

3) 지역에 대한 기관의 개방 및 자원봉사 활용

어린이집에서는 시설을 개방하여 지역사회 구성원들이 이용할 수 있도록 하며, 어린이집에서 개최하는 운동회나 음악회 등 각종 행사에 지역주민들이 참여하여 다양한 지식을 얻고 유익한 경험을 할 수 있도록 한다. 지역주민이 방문할 수 있는 편안한 분위기를 조성하여 친목 도모 등 지역주민과의 친밀감 형성에 노력하며, 자녀교육에 대한 강연과 상담을 해 주고, 지역 내의 다른 아동들에게 여러 가지 프로그램을 제공할 수 있다. 이를 통해 보육에 대한 주민들의 역할 및 책임을 인식시켜 주는 계기가 될 수 있다. 또한 유아들이 지역 청소활동이나 지역에 위치한 노인시설을 방문하여 할머니, 할아버지와 함께 지내는 활동을 함으로써 기관과 지역사회 간의 유대를 보다 긴밀하게 할 수 있도록 상호지원을 주고받을 수 있다. 고아원을 방문하는 등의 경험은 유아에게 타인을 생각하고 타인을 위해 사회봉사할 수 있는 자질을 길러 줄 수 있다.

Chapter 12

보육교사의 직업윤리

1. 보육인의 윤리규정 이해 및 준수
2. 우리나라의 교직 윤리규정
3. NAEYC의 윤리강령과 선서문

1. 보육인의 윤리규정 이해 및 준수

NAEYC 윤리강령은 보육교사들의 책임 있는 행동에 대한 가이드를 제공하고 있고 영유아의 보호와 교육현장에서 직면하는 중요한 윤리적 딜레마를 해결하기 위한 보편적인 기준을 제공하고 있다. 0~8세 이르기까지 아동을 위한 프로그램의 최우선적인 초점은 아동과 그들의 가정에 대한 윤리적 책임, 동료교사 및 기관에 대한 책임과 지역사회와 공동체에 대한 책임 4영역으로 나누어 있고 윤리기준을 제시하고 있다(문혁준 외 2011).

우리나라의 실정에 맞게 한국보육진흥원(2013)에서 제시한 보육인의 윤리선언, 어린이집 원장 및 보육교사 윤리강령과 현재 우리나라에서는 실습생에 대한 제대로 된 윤리강령이 없어서 미국 캘리포니아 주에서 제정(California Students Teacher's Association, 1959)된 '교육실습생 강령'을 우리나라 보육실습생에 맞도록 수정하여 소개한다(오영희 외, 2011).

【보육인 윤리선언】

- 나는 영유아의 건강한 성장과 발달을 지원하는 보육교사(어린이집 원장)로서 직무상의 윤리적 책임을 다하여 다음 사항들을 지킬 것을 다짐합니다.
- 나는 내가 영유아에게 지대한 영향을 미치는 존재임을 잊지 않으며, 항상 스스로의 말과 행동에 신중을 기한다.
- 나는 영유아의 인격과 권리를 존중하며, 어떠한 경우에도 영유아에게 해가 되는 일을 하지 않는다.
- 나는 영유아 가정의 다양성을 이해하고 존중하며, 상호 신뢰하는 동반자적 관계를 유지한다.
- 나는 동료를 존중하고 지지하며, 서로 협력하여 최상의 보육서비스를 제공하기 위해 노력한다.
- 나는 보육의 사회적 책임과 역할을 인식하고, 영유아의 권익과 복지를 위한

활동에 앞장선다.

- 나는 어린이집 원장·교사 윤리강령을 직무수행의 도덕적 규준으로 삼아 진심으로 다하여 충실히 이행한다.

1) 어린이집 원장 및 보육교사 윤리강령

보육은 영유아를 건강하게 양육하고, 안전하게 보호하며, 발달특성에 적합한 교육을 제공하는 복지서비스이며, 보육인은 사랑과 존중과 전문지식을 바탕으로 영유아의 전인적 성장에 영향을 미치는 전문직업인이다. 그러므로 보육인은 윤리적 의식의 태도를 가지고 사회적 본분에 임해야 한다. 이에 어린이집 원장과 보육교사는 스스로 책무성을 발현하여 윤리강령을 제정함을 밝힌다. 본 강령을 직무수행의 규준으로 삼아, 보육현장에서 발생하는 윤리적 갈등을 해결하고, 생존권, 보호권, 발달권, 참여권 등 영유아의 권리를 보장함으로써, 직무상의 윤리적 책임을 다하여 전문직업인으로서의 위상을 공고히 하고자 한다. 더불어 영유아와 그 가정, 동료와 사회의 존엄성을 존중하는 보육의 실천으로 다각적인 신뢰를 구축하고, 영유아의 잠재력을 최대한 발휘시킴으로써 영유아가 긍정적인 자아개념을 형성하고 유능한 사회인으로 성장할 수 있도록 도와, 궁극적으로는 영유아와 그 가정, 동료와 사회의 통합적·이상적 복지 실현에 기여하고자 한다.

【영유아에 대한 윤리】

- 영유아에게 고른 영양과 충분한 휴식을 제공하여, 몸과 마음이 건강한 사람으로 자라도록 돕는다.
- 성별, 지역, 종교, 인종, 장애 등 어떤 이유에서도 영유아를 차별하지 않고, 공평한 기회를 제공한다.
- 영유아는 다치기 쉬운 존재임을 인식하여 항상 안전하게 보호한다.
- 영유아에 대한 정서적, 언어적, 신체적 학대를 행하지 않는다.
- 어린이집 내외에서의 영유아 학대나 방임을 민감하게 관찰하며, 필요한 경우

관련 기관 ("아동보호전문기관" 등)에 보고하고 조치를 취한다.

- 영유아의 인격을 존중하고, 개인의 잠재력과 개성을 인정한다.
- 개별적 상호작용 속에서 영유아의 요구를 수용하기 위해 노력한다.
- 영유아의 사회 · 정서 · 인지 · 신체 발달을 통합적으로 지원하는 보육 프로그램을 실시한다.
- 특별한 도움을 필요로 하는 경우, 전문가와 협력하여 영유아의 입장에서 최선의 대안을 찾는다.
- 보육활동을 계획, 실행, 평가하는 모든 과정에 영유아의 흥미와 의사를 반영한다.
- 영유아의 개인적 기록과 정보에 대해 비밀을 보장한다.

【가정에 대한 윤리】

- 상호 신뢰를 바탕으로 영유아의 가정과 동반자적인 관계를 유지한다.
- 각 가정의 양육가치와 의사결정을 존중한다.
- 경제적 수준, 가족형태, 지역, 문화, 관습, 종교, 언어 등 어떤 것에 의해서도 영유아의 가정을 차별 대우하지 않는다.
- 보육활동 및 발달 상황에 관한 정보를 정확하게 제공하여 영유아에 대한 가정의 이해를 돕는다. 다문화, 심신장애 등으로 의사소통에 도움이 필요한 경우 문제를 해결할 최선의 방법을 도모한다.
- 어린이집 운영 전반에 관한 정보를 공개하여 영유아 가정의 알 권리에 응한다.
- 보육 프로그램과 주요 의사결정에 영유아의 가정이 참여하도록 안내한다.
- 필요한 사회적 지원, 전문서비스 등 관련 정보를 제공하여 영유아 가정의 복리 증진을 돕는다.
- 영유아 가정의 사생활을 보호하고 익명성을 보장한다.

【동료에 대한 윤리】

<어린이집 원장>

- 최상의 보육서비스 제공에 필요한 인적, 물적 환경의 조성 및 유지를 위해 노력한다.
- 보육교사를 신뢰하고 존중하며 전문성과 자율성을 인정한다.
- 성별, 학연, 지연, 인종, 종교 등에 따라 보육교사를 차별하지 않는다.
- 업무 관련 의사결정이 필요한 경우, 보육교사의 의견 개진 기회를 보장한다.
- 보육교사에게 지속적 재교육 등 전문적 역량 제고의 기회를 부여한다.
- 보육교사에게 적정 수준의 보상(보험, 급여 등)을 안정적으로 제공하며, 복지증진에 힘쓴다.
- 보육교사 개인의 기록과 정보에 대한 비밀을 보장한다.

<보육교사>

- 존중과 신뢰를 바탕으로 협력하며, 서로의 전문성과 자율성을 인정한다.
- 상호간 역량계발과 복지증진에 부합하는 근무환경이 되도록 힘쓴다.
- 어린이집 원장 및 동료와 영유아 보육에 대한 신념을 공유한다.
- 보육교사로서의 전문성 향상을 위해 스스로 노력한다.
- 어린이집 내에서 영유아 및 보육교사의 인권과 복지를 위협하는 비윤리적 사태가 발생한 경우, 법률규정이나 윤리기준("한국보육시설연합회 윤리강령위원회" 참조)에 따라 조치를 취한다.

【사회에 대한 윤리】

- 공보육에 대한 책임을 인식하고, 항상 질 좋은 보육서비스를 제공한다.
- 영유아의 안전을 위협하는 환경이나 정책이 발견될 시, 관계기관과 협의하여 개선한다.
- 공적 책임이 있는 어린이집으로서 재정의 투명성을 유지하고, 부정한 방법으로 사적 이익을 취하지 않는다.

· 영유아의 권익보호를 위해 관련 정책 결정 및 법률 제정에 적극 참여하며, 사회적으로 이를 널리 알리는 데 앞장선다 .
· 지역사회 실정에 맞는 어린이집의 책임과 역할을 인지하고, 실천하고자 노력한다.

2) 보육실습생의 윤리강령

보육실습생은 현장에 나가기 전에 보육실습생의 윤리강령을 확인하고, 숙지하여서 보육실습기관에 책임을 다하도록 노력한다.

【영유아에 대한 책임】

· 보육실습생은 실습생일 가르치는 영유아와의 관계를 갖는 전문적인 실천자이다.
· 보육실습생은 실습기관 및 영유아에 관한 자료는 모든 그 비밀이 보장되지 않으면 안 된다.
· 보육실습생은 자기가 갖는 종교적 · 정치적 견해를 영유아에게 강요해서는 안 된다.
· 보육실습생은 영유아에 대해서 신제/정신/지적/도덕적으로 모범이 되어야 한다.
· 보육실습생은 어떠한 영유아에게도 편견을 가지고 차별대우를 하여서는 안 된다.
· 보육실습생은 영유아의 발달을 이해하도록 부단히 노력하지 않으면 안 된다.

【보육실습기관에 대한 책임】

· 보육실습생은 보육실습기관에 있어서 인정된 연락교섭과 권한 내에서만 행동한다.
· 보육실습생은 자기의 의무, 책임, 특권을 확인한다.

- 법적으로 실습기관의 책임은 원장 및 교사가 부담하게 되어 있으므로 그 통제도 이들이 하게 된다. 따라서 보육실습생은 자기에게 위임된 책임만을 행사한다.
- 보육실습생은 반에 있어서는 지도교사, 기타의 교직원, 대학의 지도교수 및 실습생 관찰자의 권한 및 인격적 위임을 존중한다.
- 보육실습생으로서 실습현장에서 곤란한 문제가 발생했을 때는 먼저 지도교사와 상담한다.

【보육교사 양성기관 또는 해당되는 대학에 대한 책임】

- 보육실습생은 아무리 작은 실수가 있었다 할지라도 그것은 보육실습생이 그의 대표로 되어 있는 보육교사 양성기관 또는 해당되는 대학에 영향을 미친다는 것을 인식하여야 한다.
- 보육실습생은 대학의 지도교수가 교직수행에 적응시키기 위해서 제공되는 원조를 높이 평가하여 이를 건설적으로 활용하여야 한다.

【보육교사직에 대한 책임】

- 보육실습생은 보육교사직에 대한 긍지를 가지고 교직의 일원임을 명심하도록 한다.
- 보육실습생은 항상 보육교사직의 전문사항이나 시사문제에 뒤떨어지지 않도록 독서에 힘써야 한다.
- 보육실습생은 보육교사의 실제나 자격에 관한 법규적인 영역에 관하여 잘 알아야 할 책임이 있다.

2. 우리나라의 교직 윤리규정

우리나라에서는 보육교사의 윤리강령 제정의 필요성을 제기해 왔으나 아직 보육교사를 위한 윤리강령은 없고 대신에 초등 이상의 교원들에게 적용되는 「사도강령」, 「사도헌장」, 「교직 윤리헌장」, 「우리의 다짐」이 있다.

현재 「한국교원단체총연합회」의 전신인 「대한교육연합회」는 1958년 9월 19일에 교사의 윤리에 관한 강령을 채택하였으며, 1982년 스승의 날을 맞아 교원윤리강령을 대폭 개정하여 「사도강령」과 「사도헌장」을 선포하였다. 2005년에는 사도헌장과 사도강령의 포괄적 선언과 서문에 해당하는 교직 윤리헌장과 우리의 다짐을 새로 제정하였다(한국교원교육학회, 2006). 그 내용을 소개하면 다음과 같다.

사도강령

민주국가의 주인은 국민이므로 나라의 주인을 주인답게 길러내는 교육은 가장 중대한 국가적 사업이다. 우리 겨레가 오랜 역사와 찬란한 문화를 계승 · 발전시키며, 선진제국과 어깨를 나란히 하여 인류 복지 증진에 주도적으로 기여하려면 무엇보다도 문화국민으로서의 의식 개혁과 미래 사회에 대비한 창의적이고 자주적인 인간 육성에 온 힘을 기울여야 한다.

그러기 위하여 우리 교육자는 국가 발전과 민족중흥의 선도자로서의 사명과 긍지를 지니고 교육을 통하여 구민 각자의 능력을 최대한으로 계발하여 개인의 자아실현과 국력의 신장 그리고 민족의 번영에 열과 성을 다하여야 한다.

또한 교육자의 품성과 언행이 학생의 성장 · 발달을 좌우할 뿐만 아니라 국민윤리 재건의 관건이 된다는 사실을 명심하고 사랑과 봉사, 정직과 성실, 청렴과 품위, 준법과 질서에 바탕을 둔 사도 확립에 우리 스스로 헌신하여야 한다.

이러한 우리의 뜻은 교직에 종사하는 모든 교육자가 공동체 의식을 가지고 노력하여야만 이루어질 수 있다는 것을 인식하고 사도헌장 제정에 맞추어 우리의 행동지표인 현행 교원 윤리강령으로 개정하여 이를 실천함으로써 국민의 사표가 될 것을 다짐한다.

제1장 스승과 제자

스승의 주된 임무는 제자로 하여금 고매한 인격과 자주정신을 가지고 국가사회

에 봉사할 수 있는 유능한 국민을 육성하는 데 있다. 그러므로

① 우리는 제자를 사랑하고 인격을 존중한다.

② 우리는 제자의 심신 발달이나 가정의 환경에 따라 차별을 두지 아니하고 공정하게 지도한다.

③ 우리는 제자의 개성을 존중하며 그들의 개인차와 욕구에 맞도록 지도한다.

④ 우리는 제자에게 직업의 존귀함을 깨닫고 하고, 그들의 능력에 알맞은 직업을 선택하도록 지도한다.

⑤ 우리는 제자 스스로가 원대한 이상을 세우고, 그 실현을 위하여 정진하도록 사제동행(師弟同行)한다.

제2장 스승의 자질

스승은 스승다워야 하며 제자의 거울이 되고 국민의 사표가 되어야 한다. 그러므로

① 우리는 확고한 교육관과 긍지를 가지고 교직에 종사한다.

② 우리는 언행이 건전하고 생활이 청렴하여 제자와 사회의 존경을 받도록 한다.

③ 우리는 단란한 가정을 이룩하고 국법을 준수하여 사회의 모범이 된다.

④ 우리는 학부모의 경제적 · 사회적 지위를 이용하지 아니하고, 이에 좌우되지 아니한다.

⑤ 우리는 자기 향상을 위하여 전문적인 지식과 전문화된 기술을 계속 연마해야 하는 데 주의한다.

제3장 스승의 책임

스승은 제자 교육에 열과 성을 다하여 맡은 바 책임을 다하여야 한다. 그러므로

① 우리는 사회의 일원으로서 책임과 의무를 다한다.

② 우리는 교재 연구와 교육 자료 개발에 만전을 기하여 수업에 최선을 다한다.

③ 우리는 생활 지도와 중요성을 인식하여 제자들이 올바른 사람이 될 수 있도록 지도에 철저를 기한다.

④ 우리는 교육의 성과를 공정하게 평가하고, 이를 교육에 충분히 활용한다.

⑤ 우리는 제자와 성인들을 위한 정규 교과의 활동에 적극 참여한다.

제4장 교직자와 단체

교육자는 그 지위의 향상과 복지의 증진을 위하여 교직단체를 조직하고 적극 참여함으로써 단결된 힘을 발휘할 수 있다. 그러므로

① 우리는 교직단체 활동을 통하여 교육자의 처우와 근무 조건의 개선을 꾸준히 추진한다.

② 우리는 교직단체 활동을 통하여 교육자의 자질 향상과 교권의 확립에 박차를 가한다.

③ 우리는 편장적 · 편파적 활동에 참가하지 아니하고 교육을 그 방편으로 삼지 아니한다.

④ 교직단체는 교육의 혁신과 국가의 발전을 위하여 다른 직장단체나 사회단체와 연대 협동한다.

제5장 스승과 사회

스승은 제자의 성장 · 발달을 돕기 위하여 학부모와 협력하여 학교와 사회와의 상호작용은 원동력이 되고 국가 발전의 선도자가 된다. 그러므로

① 우리는 학교의 방침과 제자의 발달 상황을 가정에 알리고 학부모의 정당한 의견을 학교 교육에 반영시킨다.

② 우리는 사회의 실정을 정확하게 파악하고 지역사회의 생활과 문화 양상을 위하여 봉사한다.

③ 우리는 사회의 욕구를 교육계획에 반영하며 학교의 교육활등을 사회 널리 알린다.

④ 우리는 국민의 평생교육을 위하여 광범위하게 협조하고 그 핵심이 된다.

⑤ 우리는 확고한 국가관과 건전한 가치관을 가지고 국민의식 개혁에 솔선수범하며 국가 발전의 선도자가 된다.

사도헌장

오늘의 교육은 갱인 성장과 사회의 발전과 내일의 국운을 좌우한다.
우리는 국민 교육의 수임자로서 존경받는 스승이요, 신뢰받는 선도자임을 자각한다.
이에 긍지와 사명을 새로이 명심하고 스승의 기를 밝힌다.
① 우리는 제자를 사랑하고 개성을 존중하며 한마음 한뜻으로 명랑한 학풍을 조성한다.
① 우리는 폭넓은 교양과 부단한 연찬(硏鑽)으로 교직의 전문성을 높여 국밍의 사표가 된다.
① 우리는 원대하고 치밀한 교육계획의 수립과 성실한 실천으로 맡은 바 책임을 완수한다.
① 우리는 서로 협동하여 교육의 자주 혁신과 교육자의 지위 향상에 적극 노력한다.
① 우리는 가정 · 사회 교육과의 유대를 강화하여 복지국가 건설에 공헌한다.

교직 윤리헌장

우리는 교육이 인간의 가차와 존엄성을 높이며, 개인의 성장과 자아실현은 물론 국가와 민족의 미래에 중대한 영향을 준다는 사실을 명심하고 국민으로부터 부여받은 교육자의 책무를 다하기 위해 최선을 다한다.

우리는 균형 있는 지 · 덕 · 체 교육을 통하여 미래사회를 열어 갈 창조정신과 세계를 향한 진취적인 기상을 길러줌으로써 학생을 학부모의 자랑스러운 자녀요 더불어 사는 민주사회의 주인으로 성장하게 한다. 우리는 교육자의 품성과 언행이 학생의 인격 형성을 좌우할 뿐만 아니라 사회 전반의 윤리적 지표가 된다는 사실을 깊이 인식하고 윤리성과 전문성을 높이기 위해 노력한다.

이에 우리 모두의 의지를 모아 교직의 윤리를 밝히고 사랑과 정직과 성실에 바탕을 둔 교육자의 길을 걷는다.

우리의 다짐

하나, 나는 학생을 사랑하고 학생의 인권과 인격을 존중하며 합리적인 절차와 방법에 따라 지도한다.
하나, 나는 학생의 개성과 가치관을 존중하며 나의 사상 · 종교 · 신념을 강요하지 않는다.
하나, 나는 학생을 학업성적 · 성별 · 가정환경의 차이에 따라 차별하지 않으며 주적응아와 약자를 세심하게 배려한다.
하나, 나는 수업이 교사의 최우선 본분임을 명심하고 질 높은 수업을 위해 부단히 연구하고 노력한다.
하나, 나는 학생의 성적 평가를 투명하게 하고 엄정하게 처리하며 각종 기록물을 정확하게 작성 관리한다.
하나, 나는 교육전문가로서 확고한 교육관과 교직에 대한 긍지를 갖고 자기계발을 위해 노력한다.
하나, 나는 교직 수행과정세서 습득한 학생과 동료 그리고 직무에 관한 정보를 악용하지 않는다.
하나, 나는 학생이나 학부모로부터 사적 이익을 취하지 않으며 사교육기관이나 외부업체와 부당하게 타협하지 않는다.
하나, 나는 잘못된 제도와 관행을 개선하는 데 앞장서며 교육적 가치를 우선하는 건전한 교직문화 형성에 적극 참여한다.
하나, 나는 학부모와 지역사회를 교육의 동반자로 삼아 바람직한 교육공동체 형성을 위해 함께 노력한다.

우리나라의 「사도강령」과 「사도헌장」을 대체하여 제정된 「교직 윤리헌장」과 「우리의 다짐」은 내용이 포괄적이고 추상적이며 모호한 용어를 사용하고 있다는 비판을 받아왔다. 또한 과거 사도의 의미를 넘어서서 평생학습 시대를 맞아 선학, 즉 앞서가는 학습자로서의 도리로 그 이미가 확장될 필요가 있어서 좀 더 체계적이고 실천적인 새로운 교원 윤리강령의 필요성이 제기되었다(김신일, 2011).

이에 따라 2011년에 한국교원단체총연합회와 한국교원교육학회는 유네스코 국제교육정책연구소(IIEP)와 공동으로 새로운 교원 윤리강령을 제정하기 위한 준비에 들어갔다.

그러나 이러한 새로운 교원 윤리강령 제정은 초등 이상의 교원을 대상으로 하고 있으며 영유아들의 보편적 발달과 개인차에 대한 구체적인 실천적 원리를 다루는 데 있어서 한계가 있다. 더구나 보육의 특수성에 비추어 볼 때 보육교사들이 부딪치는 윤리적 딜레마를 해결하기 위한 지침으로는 적합하지 못하므로 보육교사를 위한 윤리강령의 제정이 요구된다.

3. NAEYC의 윤리강령과 선서문

1989년 미국 NAEYC(National Association for Education of Young Children)에서는 보육교사를 대상으로 윤리강령과 선서문을 제정, 채책하였고 1997년, 2005년 수정하였다.

1) 윤리강령

NAEYC 윤리강령은 보육교사들의 책임 있는 행동에 대한 가이드를 제공하고 있고 영유아의 보호와 교육현장에서 직면하는 중요한 윤리적 딜레마를 해결하기 위한 보편적인 기준을 제공하고 있다. 0~8세에 이르기까지 아동을 위한 프로그램의 최우선적인 초점은 아동과 그들의 가정에 대한 일상적 실천에 맞추어져 있다. 윤리강령 범주는 아동에 대한 윤리적 책임, 가정에 대한 윤리적 책임, 동료교사 및 기관에 대한 책임과 지역사회와 공동체에 대한 책임 4영역으로 나누어 있고 윤리기준 뿐만 아니라 세부적인 실천강령까지 구체적인 내용을 제시하였다.

선서문은 윤리강령의 일부는 아니지만, 아동 보호와 교육 분야의 독특한 가치와 도덕적 의무를 개인적으로 기꺼이 받아들이겠다는 개인적 선서이다. 그 내용을 소개하면 다음과 같다.

· 핵심가치—아동을 보호하고 교육하는 과정에서 윤리적 행동의 기중은 우리 분야의 역사 속에 깊이 뿌리 박혀 있는 핵심가치(Core values)들에 근거한 것이다. 우리는 다음에 대한 책무를 가진다.

- 아동기를 인생주기에서 독특하고 가치 있는 한 단계로 이해한다.
- 아동의 발달과 지식에 근거하여 직무를 수행한다.
- 아동과 가정 간의 밀접한 유대관계를 이해하고 지원한다.
- 가족, 문화, 집단, 사회의 맥락 속에서만이 아동을 가장 잘 이해할 수 있고

지원할 수 있다는 사실을 인식한다.

- 각 개인(아동, 가족 구성원, 동료)의 존엄성, 가치, 개성을 존중한다.
- 아동과 성인의 신뢰, 존경, 긍정적이 인식 등을 기초한 한 관계 속에서 아동의 모든 잠재력을 발휘하도록 도와준다.

(1) 아동에 대한 윤리적 책임(Ethical responsibilities to chilren)

아동기는 인생주기에 있어서 독특하고 중요한 하나의 단계이다. 우리의 중요한 cordlad,s 각 아동들에게 안전하고 건강하고 영양적이며 반응적인 환경에서 보호와 교육을 제공하는 것이다. 우리는 아동들의 발달과 학습을 지원하고 개인차를 존중하며 아동과 함께 어울려 살고 놀이하며 수행하는 법을 배우도록 돕는 책임을 부여받았다. 우리는 또한 아동의 자아인식(self-awareness), 유능감(competence), 자존감(self-worth), 회복력(resilience), 신체적 안녕(physical well-being)을 촉진할 책임이 있다.

〈이상(ideals)〉

i-1.1 아동 보호와 교육의 지식기초에 익숙해지고 지속적인 교육과 훈련을 통해 익숙해진 상태 유지하기

i-1.2 개별아동의 특정한 지식뿐만 아니라 아동 교육, 아동 발달, 관련 학문 분야의 현재 지식과 연구에 근거한 기본 프로그램 실행하기

i-1.3 개별 아동의 독특한 특성, 능력 그리고 잠재성을 인식하고 존중하기

i-1.4 아동의 약한 부분과 그들의 성인에 대한 의존성을 인정하기

i-1.5 아동의 사회적, 정서적, 인지적, 신체적 발달을 촉진하고 그들의 존엄성과 기여를 존중하는 안전하고 건강한 환경을 창조하고 유지하기

i-1.6 아동을 평가하기에 적합하고, 그 목적에 부합하기 위해 고안되고 사용되며 아동을 이롭게 할 가능성을 가진 평가 도구와 전략을 사용하기

i-1.7 아동의 발달과 학습을 이해하고 지원하며 교육을 지원하고 추가적인 서비

스를 필요로 하는 아동을 확인하기 위한 평가 정보를 사용하기

i-1.8 장애의 유무와 관련하여 아동의 요구와 부합되는 포괄적인 환경 속에서 개별 아동들이 놀고 배울 수 있는 권리를 지원하기

i-1.9 특별한 요구를 필요로 하는 아동들을 포함하는 모든 아동들이 성공적인 보육 가치를 인정받는 것을 보증하기

i-1.10 개별 아동의 문화, 언어, 민족성 그리고 가족 구조가 프로그램에서 인식되고 가치를 인정받는 것을 보증하기

i-1.11 아동이 집에서 사용하는 언어를 유지하고 영어 배우는 것을 지원하는 것뿐만 아니라 그들이 알고 있는 언어를 경험을 제공하기

i-1.12 아동과 가정이 한 프로그램에서 다음 프로그램으로 안전하고 자연스럽게 이동하기 위해서 가족과 함께 일하기

〈**원칙**(principles)〉

p-1.1 우선적으로 우리는 아동들에게 해를 끼치면 안 된다. 우리는 아동에게 정서적인 손상을 주고 신체적으로 해를 끼치고 경멸하고 타락시키고 착취하고 위태롭고 또는 위협을 주는 행위를 하면 안 된다. 이러한 원칙은 이 강령에서 모든 것에 우선한다.

p-1.2 우리는 개별 아동을 인지적으로 자극하고 그들의 문화, 언어, 민족성 그리고 가족 구조를 지지하는 명확한 정서적 · 사회적 환경 속에서 아동을 양육하고 교육한다.

p-1.3 우리는 이익을 부인하기, 특별한 이점을 부여하기, 또는 그들의 성, 인종, 국적, 종교, 의학적 상태, 장애, 또는 배우자 유무/가족 구조, 성적 취향, 가족의 유대관계로 인해 프로그램이나. 활동으로부터 아동을 제외시키기 등 아동을 차별하는 실천에 참여하지 않는다(이 원칙의 관점은 특정 아동집단에게 제공하기 위한 법적 위임장을 가진 프로그램에는 적용되지 않는다.).

p-1.4 우리는 아동과 관련된 결정을 할 때 민감한 정보의 비밀을 보장하면서 (가족과 스텝을 포함) 관련된 지식을 연관시킨다.

p-1.5 우리는 아동 학습과 발달에 대한 정보를 제공하기 위해서 복합적인 출처를 포함하는 적합한 평가 제도를 사용한다.

p-1.6 우리는 참여, 유지 또는 특별한 교육과정에 배치와 같은 결정이 시험점수나 일회성 관찰에 기초하지 않고 복합적인 지식의 출처에 근거하여 확정되도록 노력한다.

p-1.7 우리는 개별 아동들과 개인적인 유대관계를 쌓도록 힘쓴다. 교육 전략, 학습환경, 프로그램에 있어서 개별적인 적용 방법을 수립하고 개별 아동이 프로그램에서 이익을 얻을 수 있도록 가족과 상의하기 위해 노력한다. 만일 이런 노력을 기울였음에도 현재의 상황이 아동들의 요구를 충족시키지 못하거나, 해당 아동이 프로그램으로부터 이득을 보는 다른 아동들의 능력에 심각하게 해를 끼친다면 우리는 그 아동의 성취를 위해 필요한 추가적인 과정과(또는) 배치선택을 결정하기 위해 아동의 가족, 적합한 전문가와 협력한다.

p-1.8 우리는 신체적, 성적, 언어적, 정서적 학대와 신체적, 정서적, 교육적, 의료적 방치를 포함하는 아동학대와 방치의 징후와 위험 요소에 익숙해진다. 우리는 아동을 아동학대와 방치로부터 보호하기 위한 연방법이나. 사회규정을 숙지하고 따른다.

p-1.9 우리가 아동학대 또는 방치를 추정하는 명확한 원인을 찾았을 때, 반드시 해당 기관에 신고하여 적합한 조치가 이루어졌는지 확인한다. 적절히 이루어졌을 때 부모나 보호자는 위탁자가 정해졌는지 통보받을 것이다.

p-1.10 아동이 학대받거나 방치되고 있다는 혐의를 다른 사람이 우리에게 말할 떼는 그 아동을 보호하기 위해 적절한 조치가 취해질 수 있도록 그 사람을 돕는다.

p-1.11 아동의 건강, 안전 또는 복지에 위험들 주는 행위나 상황을 인지했을 때, 우리는 아동을 보호하거나 부모 또는 도움을 줄 수 있는 다른 사람에게 알려주어야 하는 윤리적 책임을 진다.

(2) 가정에 대한 윤리적 책임(Ethical responsibilities to famillies)

가정은 아동 발달에 있어서 가장 중요하다. 가정과 아동 전문가들은 아동복지에 공통적인 관심을 두고 있기 때문에 우리는 아동 발달을 증진시키는 방법에 있어서 가정과 기관 사이의 원활한 의사소통을 통해 우선적으로 협조하고 협력할 책임이 있음을 안다.

〈이상(ideals)〉

i-2.1 가정과 효과적으로 작업하는 것과 관련된 지식기반에 익숙해지고 꾸준한 교육과 훈련을 통해 지식을 유지하기

i-2.2 우리가 지지하는 가정과 상호 간의 신뢰관계를 발전시키고 유대관계를 창조하기

i-2.3 모든 가족 구성원을 환영하고 프로그램에 참여할 수 있도록 격려하기

i-2.4 가정의 소리에 귀 기울이고 그들의 능력을 인지하며 아동 양육을 수행할 때 우리가 지원하는 것처럼 가정으로부터 배우기

i-2.5 각 가정의 존엄성과 선호하는 사항을 존중하고, 그 구조, 문화, 언어, 풍습 그리고 신념에 대해 배우기 위해 노력하기

i-2.6 가정의 육아법의 가치와 그들의 자녀에 대한 결정권 존중하기

i-2.7 개별 아동의 교육과 발달에 대한 정보를 가정과 공유하고, 그들이 아동 교육사업의 현재 지식 기반을 이해하고 참여하도록 돕기

i-2.8 가족 구성원들의 아동들에 대한 이해의 증진을 돕고 부모로서 그들의 기술이 계속 발전하도록 지원하기

i-2.9 가족들에게 프로그램 스텝, 다른 가정, 사회기관, 전문적 서비스와의 상호 작용 기회를 제공함으로써 가정을 위한 지원 네트워크 확립에 참여하기

〈원칙(principles)〉

p-2.1 우리는 법원의 명령이나 다른 법적인 제한이 있는 경우를 제외하고 가족

이 그들 자녀들의 교실이나 프로그램에 참여하는 것을 막아서는 안 된다.

p-2.2 우리는 가족들에게 프로그램의 철학, 정책, 교육과정, 평가 체계 그리고 구성원의 자격 등에 대해 안내하고, 왜 우리가 아동에 대한 윤리적 책임을 아동에게 가르쳐야 하는지 설명한다(Section I 참조).

p-2.3 우리는 적절한 때에 가족들이 정책결정에 참여할 수 있도록 안내한다.

p-2.4 우리는 가족들을 그들의 자녀들에게 영향을 끼치는 중요한 결정에 참여시킨다.

p-2.5 우리는 모든 가족들과 그들이 이해할 수 있는 언어를 통해 효율적인 의사소통을 하기 위해 총력을 기울인다. 우리는 우리의 프로그램에 충분한 자원이 없을 때 해석하고 통역하기 위한 지역사회의 자원을 이용한다.

p-2.6 가족들이 그들의 자녀들과 가정에 대한 정보를 공유한 만큼 우리는 이 정보를 프로그램을 계획하고 실행하는 데 고려한다.

p-2.7 우리는 프로그램의 아동 평가 원리와 목적 그리고 아동들에 대한 평가정보가 어떻게 사용되는지에 대해 가족들에게 알려 준다.

p-2.8 우리는 아동 평가 자료를 비밀사항으로 다루고 합법적인 요구가 있을 때에만 공유한다.

p-2.9 우리는 가족들에게 그들 자녀의 부상이나 사건, 전염병에 노출되는 것과 같은 위험 그리고 정서적 스트레스 발생에 대해 알려 준다.

p-2.10 가족들은 그들 자녀와 관련된 어떠한 연구계획이건 간에 충분히 전달받아야 하며 불이익이 없이 찬성을 하거나 하지 않을 기회를 가진다. 우리는 연구 참여 중에 아동들이 교육, 발달, 혹은 복지를 방해하는 어떠한 것에도 허가하거나 참여하지 않는다.

p-2.11 우리는 가족들의 착취를 보증하거나 지원하지 않는다, 우리는 우리 가족과의 관계를 사적인 이익이나 개인적인 이익을 위해 사용하지 않는다.

p-2.12 우리는 비밀 보호와 아동들 기록의 보호를 위해 문서화된 정책을 개발한다. 이러한 정책 문서들은 모든 프로그램 참가자와 가족들에게 유효

하다. 가족 구성원, 프로그램 참여자 그리고 비밀사항에 대한 권리를 가진 컨설턴트를 넘어서 아동들 기록의 보호는 가족들의 동의가 필요하다(아동학대 또는 방치의 경우는 제외).

p-2.13 우리는 비밀사항의 유출, 가족 사생활 방해 등으로부터 가족의 사생활 권리를 존중하고 비밀을 유지해 주어야 한다. 그러나 아동들의 복지가 위험해 처해 있다고 믿을 만한 이유가 있을 때에는 아동의 양육권을 중재할 법적 책임을 지는 개인뿐 아니라 관계기관과 해당 비밀사항을 공유하는 것이 허용된다.

p-2.14 가족 구성원이 다른 누군가와 충돌하는 상황에서 우리는 모든 참여자들이 전달받은 결정을 이해할 수 있도록 개방된 자세로 임하여 아동들의 관찰 자료를 공유한다. 우리는 특정한 조직만을 옹호하지 않는다.

p-2.15 우리는 조직사회의 자원과 전문적인 지원서비스에 대해 잘 알고 가정을 적절하게 위탁한다. 위탁이 이루어지면 서비스가 적정히 제공되는지 확인한다.

(3) 동료에 대한 윤리적 책임(Ethical responsibilities to colleagues)

서로 돌보고 협력적인 직장에서 인간의 존엄성이 존중되고 직업적인 만족이 촉진되며 긍정적인 상관관계가 발전되고 유지된다. 우리의 핵심가치에 기초한 동료에 대한 기본적인 책임은 생산적인 업무를 지원하고 전문적인 요구를 충족시키는 환경과 관계를 확립하고 유지하는 것이다. 아동에게 적용되는 이상이 우리가 직장에서 상호작용하는 성인에게도 똑같이 적용된다.

① 동료교사에 대한 책임(A-responsibilities to co-workers)

〈이상(ideals)〉

i-3A.1 존중, 믿음, 비밀유지, 공동연구, 동료교사와 협조관계를 확립하고 유지하기

i-3A.2 가장 가능성 있는 아동 보육 프로그램이 제공되는지를 증명하기 위한 공동연구를 위해 동료교사와 자료 공유하기

i-3A.3 그들의 전문적인 요구와 전문적인 발전에 관한 미팅에서 동료교사를 지원하기

i-3A.4 전문적인 성취의 인식을 통한 동료교사와의 조화를 꾀하기

〈**원칙**(principles)〉

p-3A.1 우리는 우리의 프로그램에 대한 동료들의 공헌을 인식하고, 그들의 명성을 저해 시키거나 아동과 가정에 관련된 일의 효용을 저해하는 일에 참여하지 않는다.

p-3A.2 동료교사의 전문적인 행동에 관여할 때, 우리는 먼저 개인적 권위와 구성원 사이의 다양성에 대한 존중을 보여주는 방식으로 우리의 관심을 알게 하고 조직적이고 비밀을 보장해 주는 방법을 통해 문제를 해결하기 위한 시도를 한다.

p-3A.3 우리는 동료교사의 개인적인 특징이나 전문적인 행동을 고려한 표현적인 관점에서 보육하는 것을 연습한다. 진술은 풍문에 의해서가 아닌 아동의 흥미와 프로그램에 관련된 직접적인 지식에 근거해야 한다

p-3A.4 우리는 성별, 인종, 국적, 종교적 믿음, 혹은 다른 정치적 관계, 연령, 배우자 유무/가족 구성, 장애, 성적 취향 등으로 동료교사를 차별하는 일을 하지 않는다.

② 원장(고용주)에 대한 책임(B-responsibilities to employers)

〈**이상**(ideals)〉

i-3B.1 최고 품질의 서비스를 제공하기 위해서 프로그램 협조하기

i-3B.2 아동을 보호하기 위한 법이나 규정을 위반하거나 이 강령의 조항을 위반하지 않음으로써 프로그램의 평판을 떨어뜨리지 않기

〈**원칙**(principles)〉

p-3B.1 우리는 모든 프로그램 정책을 따른다. 우리가 프로그램 정책에 동의하지 않을 경우, 우리는 조직 내에서 건설적인 행동을 통해 변화를 꾀한다.

p-3B.2 우리는 위임받은 경우에만 조직을 대신해서 말하고 행동한다. 우리는 우리가 조직을 위해 말하고 개인의 판단을 표현할 때 사실을 인정하는 것에 주의한다.

p-3B.3 우리는 아동들을 보호하기 위한 법이나 규정을 위반하지 않으며 그러한 위반사항을 발견했을 때 이 강령 안에서 적절한 조치를 취한다.

p-3B.4 만약 우리가 동료의 행동에 관여하고 아동의 복지가 위험에 처해 있지 않다면 우리는 그 개개인에 초점을 맞출 것이다. 만일 아동들이 위험한 상황에 있거나 동료의 관심 하에서도 상황이 나이지지 않는다면 우리는 적절한 관리기관에 동료의 비윤리성이나 무능함을 보고해야 한다.

p-3B.5 우리가 프로그램 내의 양육과 교육의 질에 영향을 끼치는 주변환경이나 조건에 관여할 때, 우리는 프로그램 관리자나 필요에 따라 적절한 기관에 통보해야 한다.

③ **피고용인에 대한 책임**(C-responsibilities to employees)

〈**이상**(ideals)〉

i-3C.1 조직 구성원 사이에서 상호 간의 존중, 협동, 협조, 능력, 복지, 비밀성, 자존감 등을 증진시키는 안전하고 건강한 근무환경과 방침을 촉진하기

i-3C.2 직원이 아동, 가족, 영유아의 양육과 교육영역에 대해 큰 흥미를 갖고 말하고 행동하도록 하는 신뢰할 수 있는 정직한 분위기를 만들고 유지하기

i-3C.3 영유아를 위해 일하는 사람들에게 공평하고 충분한 보상(급여와 이점)이 유지되도록 노력하기

i-3C.4 숙련되고 노련한 실천자가 되기 위한 피고용인의 지속적인 발전을 격려

하고 지원하기

〈**원칙**(principles)〉

p-3C.1 아동과 프로그램에 관한 결정에서 우리는 교육, 훈련, 경험 그리고 직원 구성원의 전문성에 초점을 맞추어야 한다.

p-3C.2 우리는 직원 구성원에게 확신을 주는 안전하고 협력적인 근무조건을 제공해야 하며 그들로 하여금 공정한 수행평가, 문서화된 고충사항, 건설적인 평가 정보 그리고 지속적이 전문가적 발전과 진보의 기회를 통해 그들의 책임을 이행할 수 있도록 해야 한다.

p-3C.3 우리는 프로그램 표준을 정의하는 종합적으로 문서화된 개인방침을 발전시키고 유지해야 한다. 이러한 방침들은 새로운 조직 구성원들에게 주어져야 하며 모든 구성원들이 쉽게 접근하여 확인할 수 있어야 한다.

p-3C.4 우리는 프로그램 기대에 못 미치는 업무수행을 하는 피고요인에게 우려를 표명하고, 가능하다면 그들의 능력이 향상될 수 있도록 도와주어야 한다.

p-3C.5 우리는 정당한 사유가 있을 때 적절한 법과 규정에 따라 피고용인을 면직 실행해야 한다. 우리는 면직되는 피고용인에게 자격 종료의 이유에 대해 설명해 주어야 한다. 만약 면직이 발생하는 경우, 정확히 문서화되고 현실적이며 해당 피고인이 확인 가능한 부적절한 행도의 증거를 기초한 것이 정당화된다.

p-3C.6 평가와 추천이 이루어지는 경우, 우리는 사실에 기초하고 아동의 흥미와 프로그램에 관련하여 판단한다.

p-3C.7 우리는 개인의 능력, 업무성취, 해당 직무에 대한 책임수행 능력 그리고 그의 보살핌을 받는 아동의 발달수준에 적합한 전문적인 준비에 의해서만 채용, 유지, 면직 그리고 승진을 결정한다.

p-3C.8 우리는 성별, 인종, 국적, 종교적 믿음, 연령, 배우자 유무/가족 구성,

장애, 성적 취향을 기준으로 채용, 유지, 면직, 그리고 승진을 결정하지 않는다. 우리는 채용 차별에 관련된 법과 규정을 숙지하고 주의를 기울여야 한다.

p-3C.9 우리는 피고용인의 업무수행에 관련된 문제를 다룰 때 비밀을 유지해야 하며 피고 용인의 사생활에 대한 권리를 존중해야 한다.

(4) 지역사회와 사회에 대한 윤리적 책임(Ethical responsibilities to community and society)

아동들에 관한 프로그램들은 가정과 아동의 복지를 담당하는 기타 기관들로 구성된 근접지역 내에서 운영된다. 지역사회에 대한 우리의 책임은 가정의 다양한 요구를 충족시키는 프로그램을 제공하고 아동에 대한 책임을 공유하는 관계기관, 전문가와 협력하며 가정이 관계기관과 전문가에게 접촉하도록 돕고 현재 가능하지 않지만 필요한 조직사회 프로그램을 발전시키는 것이다.

개인으로서 우리는 아동의 보호와 교육을 위한 가장 적합한 프로그램을 제공하고 정직하고 성실하게 행동해야 하는 우리의 책임을 인식해야 한다. 아동 발달과 교육에서 우리의 특화된 전문적 지식 때문에 아동의 복지와 보호에 대한 책임을 더 큰 사화와 공유하고 있기 때문에 우리는 더 큰 사회에서 아동 프로그램 안에 아동의 가장 큰 흥미를 대변하고 어디서든지 아동을 위한 대변자로서 행동할 공동의 의무를 인식해야 한다.

본 장에서의 이상과 원칙들은 아동교육자 개개인의 업무에 속하는지와 '집단적'이라고 규정된 이상과 원칙을 지정하기 위해 공유된 책임을 지는 각각의 아동교육자들을 이해하도록 아동의 흥미에 총체적으로 몰두하는 보다 전형적인 구분을 짓는다.

〈이상(ideals)--개인적〉

i-4.1 지역사회에 높은 질의 아동 보호와 교육 프로그램과 서비스를 제공하기

〈이상(ideals)--집단적〉

i-4.2 전문가와 관계기관 사이의 협조와 건강, 교육 그리고 아동, 그들의 가정, 보육교사들의 복지문제에 관심을 두는 전문가 간의 공동업무 제휴를 촉진하기

i-4.3 모든 아동이 건강관리, 음식 그리고 보호시설을 제공받고 양육되며 가정과 지역사회의 폭력으로부터 안전하게 생활하는 환경적으로 안전한 세상에 대한 교육, 연구 지지업무를 수행하기

i-4.4 모든 아동들이 질 높은 보호와 교육 프로그램을 접할 수 있는 사회에 대한 교육, 연구, 지지 업무를 수행하기

i-4.5 정보의 복합적인 출처를 포함하는 적합한 평가시스템이 아동의 이익을 위한 목적으로 사용되는지 확인하는 업무를 수행하기

i-4.6 아동과 그들의 요구에 대한 지식과 이해를 증진한다. 아동의 권리에 대한 더 큰 사회적 인식을 꾀하고 모든 아동의 복지를 위한 더 큰 사회적 책무를 수용하기 위한 업무를 수행하기

i-4.7 아동과 가정의 복지를 증진시키기 위한 정책과 법을 지원하고 아동의 복지를 저해 하는 것을 변화시키기 위한 업무수행을 한다. 필요한 정책과 법의 발전에 참여하고 이러한 노력을 하는 개인과 집단에 협력하기

i-4.8 아동기의 보호와 교육분야의 전문적인 발전을 추진하고 이 강령에 반영된 핵심가치를 실현시키기 위한 책무를 강화하기

〈원칙(principles)--개인적〉

p-4.1 우리는 우리가 제공하는 프로그램의 범위와 본질에 대해 진실되고 개방된 교류를 한다.

p-4.2 우리는 우리가 개인적으로 적합하고 전문적으로 인증을 받은 위치에서 지원하고 수용하며 일해야 한다. 우리는 수행할 능력이 없고 자격, 제공할 자원이 없는 서비스를 제공하지 않는다.

p-4.3 우리는 신중히 참고 자료를 확인하고 해당 위치에 적합하지 않고 자격이

나 능력이 없는 사람을 고용하거나 추천하지 않는다.

p-4.4 우리는 우리의 프로그램 실행에 근거한 지식을 보고함에 있어서 객관적이고 정확해야 한다.

p-4.5 우리는 평가 전략과 도구의 적합한 사용에 대해 능숙해야 하며 가족들에게 그 결과를 설명해야 한다.

p-4.6 우리는 우리의 프로그램 안에서 아동을 보호하기 위한 법과 규정을 잘 알아야 하며, 이러한 법과 규정이 지켜지는지 확인하는데 주위를 기울여야 한다.

p-4.7 우리가 아동의 건강, 안정, 복지에 위험을 끼치는 실행이나 상황을 깨닫게 되면 우리는 아동을 보호하거나 부모와 다른 사람에게 알려야 하는 윤리적 책임이 있다.

p-4.8 우리는 우리의 프로그램 내에서 아동을 보호하기 위한 법과 규정을 위반하는 일을 하지 않는다.

p-4.9 우리가 아동기 프로그램이 아동을 보호하는 법과 규정을 위반했다는 증거를 갖게 된다면 우리는 상황을 해결할 수 있는 적합한 기관에 위반사항을 보고하여야 한다.

p-4.10 프로그램이 이 강령을 위반하거나 피고용인으로 하여금 위반하도록 할 때에는 공정한 증거를 확인한 후에 그 프로그램의 본질을 공개하는 것이 허용된다.

〈원칙(principles)**--집단적〉**

p-4.11 정책들이 아동에게 도움을 주지 않는 목적으로 규정되면 우리는 이러한 실행을 변화시켜야 하는 공동체적 책임을 진다.

p-4.12 우리는 아동의 복지를 보장하는 관계 당국이 의무를 이행하지 못하고 있다는 증거를 확보하게 되면 그 문제를 적절한 기관이나 대중에게 보고해야 하는 공동체적 윤리적 책임을 진다. 우리는 상황이 해결될 때까지 계속 지켜봐야 한다.

p-4.13 아동보호기관이 학대받거나 방치된 아동에게 적절한 보호를 제공하지 못한다면 우리는 이러한 서비스를 개선하기 위한 일을 수행해야 할 공동체적인 윤리적 책임을 진다는 것을 인식한다.

2) 선서문

선서문 (Statement of Commitment)

영유아를 담당하는 교사로서 나는 NAEYC 윤리강령의 이상과 원칙에 반영되어 영유아 교육에 대한 가치를 향상시킬 것을 맹세합니다. 최선을 다해 나는

- 영유아를 해롭게 하지 않겠습니다.
- 영유아 교육 프로그램이 영유아 발달과 영유아 교육 최근 이론에 기초하도록 하겠습니다.
- 영유아를 양육하는 가정의 임무를 존중하고 지원하겠습니다.
- 영유아를 보호하고 교육하는 동료들을 존중하고 그들이 NAEYC의 윤리강령을 준수할 수 있도록 지원하겠습니다.
- 지역사회와 사회 내에서 아동, 가정, 교사의 대변자로서의 역할을 다 하겠습니다.
- 직업적 행동의 높은 기준을 유지하겠습니다.
- 개인적 성격, 편견, 신념이 영유아와 가정에 얼마나 영향을 미칠 수 있는지 인식하겠습니다.
- 새로운 사상에 개방적인 자세를 취하고 다른 사람들의 주장으로부터 배울 것은 기꺼이 배우겠습니다.
- 전문가로서 끊임없이 배우고 성장하며 기여하겠습니다.
- NAEYC 윤리강령의 이상들과 원칙들을 존중하겠습니다.

참고문헌

고미경(2007). **전문성 향상을 위한 유아교사론.** 서울: 창지사.

강영삼, 주삼환, 이윤식, 조병효, 진동섭(1995). **장학론.** 서울: 하우.

김경신(2010). **인성교육에 대한 유아교사의 인식과 실태에 관한 연구.** 원광대학교 대학원 석사학위논문.

김경철 외(2016). **보육교사 일반 직무교육.** 경기: 양성원.

김경철, 김광자, 김의향, 김진아, 노희연, 문성숙, 손원경, 신지현, 윤란호, 이영애, 임경옥, 김금진(1999). **학교 조직풍토와 교사의 직무 만족도와의 관계 연구.** 전북대학교 교육대학원 석사학위논문.

김미해(2000). **유치원의 조직 풍토와 교사의 직무만족도에 관한 연구.** 동아대학교 교육대학원 석사학위논문.

김정림(2011). **어린이집 교사가 지각한 원장의 감성 리더십과 조직문화가 직무만족도에 미치는 영향.** 신라대학교 교육대학원 석사학위논문.

김정휘, 공홍과(1994). **교사의 직무스트레스 연구.** 서울: 배영사.

김연진, 조건덕, 민광미, 현정희(2010). **보육학개론.** 서울: 동문사.

김영인(1996). **유치원의 조직풍토와 교사의 직무만족도와의 관계.** 성신여자대학교 교육대학원 석사학위논문.

김현미(2013). **보육교사의 자기효능감과 보육신념이 교사-영아 상호작용에 미치는 영향.** 한국외국어대학교 교육대학원 석사학위논문.

김현자, 김혜금, 이상희(2015). **유아교사론.** 서울: 태영출판사.

김혜경, 고미애(2014). **보육교사론.** 서울: 창지사.

김혜경(2006). **영유아교육기관경영**. 서울: 창지사.

김혜숙, 박선환, 박숙희, 이주희, 정미경(2013). **인간관계론**. 경기: 양서원.

김효은(2014). **보육교사의 MBTI 성격유형에 따른 교사신념과 자기효능감**. 한국방송통신대학교대학원 석사학위논문.

나석희, 이현진(2012). 어린이집 교사들이 보육경험과정에서 겪는 인간관계의 어려움과 해결방안. **유아교육학논집**, 16(1), 69-94.

나정(2003). **한국의 유아교육과 보육정책**. 서울: 한국교육개발원.

문혁준 외(2011). **보육교사론**. 서울: 창지사.

민성혜, 신혜원, 김의향(2014). 개정판 **보육교사론**. 경기: 양서원.

보건복지부(2015a). **2015년도 보육사업안내**.

보건복지부, 육아정책연구소(2016 개정). **보수교육과정 매뉴얼**.

보건복지부(2014a). **2014년도 어린이집 평가인증안내**(40인 이상 어린이집)

보건복지부(2014). **제3차 표준보육과정**. 보건복지부.

보건복지부, 한국보육진흥원(2015). **어린이집 평가인증안내**(3차 지표시범사업용)

박은혜(1996). 반성적 사고와 유아교사교육. **유아교육연구**, 16(1), 175-192.

박선해 외(2013). **보육교사론**. 경기: 공동체.

박선해, 김미정(2015). **보육교사론**. 경기: 공동체.

박세정, 박지영, 석은조, 오성숙(2015). **보육교사론**. 경기: 공동체.

박은혜(2013). **유아교사론**. 서울: 창지사.

박영숙(2003). **교직활성화를 위한 교직문화 변화전략개발 연구**. 서울: 한국교육개발원.

박연호(1989). **교사와 인간관계**. 서울: 법문사.

백혜리(2008). **보육교사론**. 서울: 동문사.

서영숙, 서혜전, 정영희, 양영아, 안소영, 이종현, 남미선(2014). 제3판 **보육과정**. 경기: 공동체.

서울대학교 교육문제연구소(1981).

서울시육아종합지원센터(2015). 1권 **선생님-아이-엄마 아빠 함께 배워요; 영유아를 존중하는 훈육 이해하기**.

성미영, 김진경, 서주형, 민미희, 김유미(2015). **보육교사론**. 서울: 학지사.

조성연, 이정희, 김온기, 황혜정, 나유미, 박진재, 송혜린, 임연진, 나종혜, 권연희(2004). **영유아보육론**. 서울: 창지사.

조인숙(2005). **보육서비스 질과 보육시설 조직문화의 관계분석**. 덕성여자대학교 대학원 박사학위논문.

조운주, 박은혜(2006). **유아교육실습**. 서울: 창지사.

조부경, 백은주(2001). 발달적 장학을 통한 유아교사의 과학 교육에 대한 관점 및 교수 실제의 변화 과정. **유아교육연구,** 21(1), 269-290.

조혜경, 구경선, 곽혜경(2014). **보육교사론.** 서울: 창지사.

정옥분, 김경은, 김미진, 노성향, 박연정, 엄세진, 임정하, 정순화(2015). **보육교사론.** 서울: 학지사.

이명숙(2000). **유치원 교사의 발달 단계에 따른 장학 활동에 관한 인식과 요구도 연구.** 성결대학교 교육대학원 석사학위 청구논문.

이병록(2011). 보육교사의 인간관계가 직무만족에 미치는 영향. **한국사회복지행정학, 13(2), 1-21,**

이순형, 권기남, 김진욱, 민미희, 김정민, 김은영, 이성옥, 정현심, 심도현, 안혜령(2013). **보육교사론.** 경기: 양서원.

이승연(1993). **유치원 교사 발달 단계에 기초한 유치원 교사의 관심사 분석.** 이화여자대학교 대학원 석사학위 청구논문.

이소형(2013). **누리과정의 인성교육에 대한 교사의 인식과 실행.** 서울신학대학교 대학원 석사학위논문.

이은상, 김명희, 김보현, 민광미, 배정호, 성소영, 이소정, 이완희, 홍자영(2013). **보육교사론.** 경기: 공동체.

이정미(2009). **영아보육교사의 전문성 인식과 직무만족에 관한 연구.** 숭실대학교 교육대학원 석사학위논문.

이장호, 금명자(2006). **상담연습교본**(제2판)**,** 서울: 법문사.

이은해(1998). **아동연구법.** 경기: 교문사.

이은해, 최혜영, 신혜영(2003). **어린이집 프로그램 관찰척도: 사용지침.** 서울: 다음세대.

이은화, 배소연, 조부경(1996). **유아교사론.** 경기: 양서원.

이은화, 배소연, 서소영(2001). **유아교사의 발달을 돕는 장학.** 경기: 양서원.

이외자(2000). **교사가 지각하는 유치원 분위기와 교사 헌신성과의 관계.** 인제대학교 석사학위논문.

이윤미(2010). **직상보육시설의 조직문화탐색.** 중앙대학교 대학원 박사학위논문.

염지숙, 이명순, 조형숙, 김현주(2015). **유아교사론**(3판). 경기: 정민사.

임승렬(1990). **전문성을 키워나가기 위한 현장의 조건: 교사의 전문성과 역할.** 한국어린이교육협회 1990년도 가을 세미나 자료.

오진숙(2015). **영아 보육교사의 신념과 효능감이 교사-영아 상호작용에 미치는 영향.** 수원대학교 교육대학원 석사학위논문.

우정순 외(2015). **보육실습.** 서울: 태영출판사.

위수정(2001), **유치원에서의 어머니-교사 의사소통에 관한 연구.** 이화여자대학교 대학원 석사학위논문.

최미숙(2012). **보육교사의 업무수행에 따른 인간관계와 사회적 지지가 직무만족도에 미치는 영향.** 건국대학교 행정대학원 석사학위논문.

하정연 외(2015). **인성과 진로.** 서울: 동문사.

(재) 한국보육진흥원(2015). **안심(인성)보육 교직원연수 교육과정.**

황신숙(2012). **보육교사의 성취목표성향과 교사 효능감 및 교직 헌신도의 관계 연구.** 한양대학교 교육대학원 석사학위논문.

홍순정 외(2013). **전생애 인성교육.** 경기: 양서원.

홍종관(2001). 교사의 효과적인 인간관계에 관한 고찰. **초등교육연구,** 15(1), 217-238.

홍종관(2001). 교사의 효과적인 인간관계에 관한 고찰. 대구교육대학교 **초등교육연구 논총,** 17(1), 217-238.

황해익 외(2015). **보육교사.** 경기: 정민사.

한국보육진흥원(2014). **2014어린이집 평가인증 안내.**

한국보육진흥원(2015). **보육교사 승급교육교재.** 한국보육진흥원.

Acheson, K. A. & Gall, M. D.(1980). Techniques in the clinical supervision of: Preservice and inservice application, New York: Longman.

Burden, P. R.(1980). Teachers perceptions of the characteristics and influences in their personal professional development. Unpublished doctoral dissertation, The Ohio State University.

Caruso, J. J. & Fawcett, M. T.(1999). Supervision in early childhood education: A Developmental Perspective(2nd ed.). New York & London: Teachers College Press, Columbia University.

Chattin-McNichols, J, & Loeffler, M. H.(1989). The first cycle of the teachers research network. Young Children, pp. 20-27.

Child Study Association(1954). Parent Education : Its and goals, New York: Child Study Association of America.

Connelly, F. M. & Clandinin, D. J.(1988). Teachers as curriculum planners: Narrative of experience. New York: Teachers College Press.

Connelly, F. M. & Clandinin, D. J.(2000). Narrative Inquiry: Experience and story in qualitative research. San Francisco: Jossy-Bass Publishers.

Fitzgerald(2004). Parent Partnership in the early years, Continuum.

Fuller, F. F.(1969). Concerns of teachers: A Development of conceptualization. American Educational Research Journal, 6(2), 217-226.

Gee, J.(1985). The Narration of experiences in the oral style. Journal of Education, 167, 9-35.

Glatthorn, A. A.(1997). Differentiated supervision(2nd ed.). Alexandria, VA: Association for supervision and Curriculum Development.

Goldhammer, R.(1969). Clinlcal Supervision. New York: Holt, Rinehart Winston

Good, T. L. & Brophy, J. E.(1997). Looking in classrooms(7th ed.). New York: Longman.

Greenberg, P.(1975). Day care do-it-yourself staff growth program. Winston-Salem, NC: Kaplan Press.

Gregore, A. F.(1973). Developing plans for professional growth. NASSP Bulletin, 57(377), 1-8.

Katz, L. G.(1972). Developmental stages of preschool teachers. Elementary School Journal, 73, 50-54.

Katz, L. G.(1985). Research currents: Teachers as Language A RTS, 62(7), 778-782.

Martin, J.(1995). Autobiographical memory, experiential understanding, and knowledge about teching. Teaching & Teacher Education, 11(4), 421-427.

Maruorie, J. Kostelnik, Alice Phipps Whiren, Anne K. Soderman, Kara M. Gregory(2009). **영유아의 사회정서발달과 교육.** 박경자, 김송이, 권연희, 김지현 역, 경기: 교문사.

OECD(2008). Starting Strong Ⅱ: Early Childhood Education and Care. Paris: OECD. 영유아 교육. 보육 정책Ⅱ.(육아정책개발센터 번역).

Pajak, E.(1993). Approaches to clinical supervision: Altematives for improving instruction. Norwood, MA: Christopher-Gordon.

Preskill, S.(1998). Narrative of teaching and the quest for the second self. Journal of Teacher Education, 49(5), 344-357.

Quick, B. N. & Dasovich, J. A.(1994). The role of supervisor: Meeting the needs of early childhood preservice teachers. (ERIC Document 388-637). Paper presented at the Annual Meeting of the Mid-South Education Research Association. Nashvill, TN.

Raymond, D., Butt, R. & Townsend, D.(1992). Context for teacher development: In sights from teachers story. Understanding teacher development(pp. 143-161). New York: Teachers College Press.

Reiman, A. J. & Thies-sprinthall. L.(1999). Mentoring and supervision for teacher development. **교사 발달에 적합한 장학의 이론과 실제**. (박은혜, 이현옥, 임승렬 공역). 경기: 정민사.

Sullivan, S. & Glanz, J.(2000). Supervision that improves teaching-stratages and techniques. Thousand Oaks, Califonia: Corwin Press, Inc.

Tsai, C. T.(1990). A survey study of Chinese kindergarten teacher concern. Unpublished doctoral dissertation, University of Illinois.

Van Scoy, I. J. & Freeman, N. K.(1998). Through our eyes: Helping emerging teachers see themselves. Journal of Early Childhood Teacher Education, 19(1), 43-53.

Yager, G. G.(1987). Self-supervision, what to do when youre stuck without an assigned supervisor. (ERIC Document Reproduction Service No. ED 284, 140.

Yinger, R. & Clark, C.(1981). Reflective journal writing: Theory and practice. East Lansing, MI: Institute for Research on Teaching.

중앙육아종합지원센터(2015), http://www.central.childcare.go.kr.

(재)한국보육진흥원 보육인력 국가자격증(2015), http://www.chrd,childcare.go.kr.

법제처 국가법령정보센터(2015), http://www.law.go.kr.

범죄경력회보서 발급시스템, http://www.crims.police.g.kr.

(재)한국보육진흥원(2015), http://www.kcpi.or.kr.

저자 소개

✍ 우정순

전) 경기과학기술대학교 외래교수
현) 영유아교육연구소 소장

✍ 김영옥

전) 사랑어린이집 원장
현) 영유아교육연구소 책임연구원

✍ 차승환

전) 경복대학교 외래교수
현) 구립보림어린이집 원장

✍ 배진희

전) 경기과학기술대학교 외래교수
현) 금천구 육아종합지원센터장

✍ 김란옥

전) 백석예술대학교 외래교수
현) 국공립 서창1지구 어린이집 원장

✍ 김정실

전) 시흥시 육아종합지원센터장
현) 유피 영유아교육연구소 소장

보육교사론

초판인쇄 2016년 8월 10일
재판발행 2018년 8월 20일

2018. 8.

저 자 우정순 · 김영옥 · 차승환 · 배진희 · 김란옥 · 김정실
발행인 김현태
발행처 태영출판사

주 소 (08301) 서울 구로구 구로동 104-10 동남오피스텔 201호
전 화 02 · 839-3757, 839-3752
팩 스 02 · 837-3754
등 록 2005년 5월 30일 제12-421호
홈페이지 http://www.taeyeongbook.co.kr
E-mail tys2005@hanmail.net
ISBN 978-89-6302-200-0 93370
정 가 18,000원

NAVER 태영출판사

* 잘못 만들어진 책은 교환해 드립니다.